KB216769

# 킹스 히스토리

## : 사울 왕부터 만왕의 왕 예수까지

# 킹스 히스토리

**저자** 남성덕

**초판 1쇄 발행** 2021. 12. 3.

**발행처** 도서출판 브니엘
**발행인** 권혁선

**등록번호** 서울 제2006-50호
**등록일자** 2006. 9. 11.

서울특별시 송파구 백제고분로28길 25 B101호 (05590)
**마케팅부** 02)421-3436
**편집부** 02)421-3487
**팩시밀리** 02)421-3438

**ISBN** 979-11-90308-60-1 03230

**독자의견** 02)421-3487
**이메일** editorkhs@empal.com

**북카페 주소** cafe.naver.com/penielpub.cafe
**인스타그램** @peniel_books

도서출판 브니엘은 독자들의 원고를 설레는 마음으로 기다리고 있습니다.
위의 이메일로 간단한 기획 내용 및 원고, 연락처 등을 보내주십시오.

도서출판 브니엘은 갓구운 빵처럼 항상 신선한 책만을 고집합니다.

# Kings'

## 킹스 히스토리

### : 사울 왕부터 만왕의 왕 예수까지

남성덕 | 지음

● 42명 이스라엘 왕들을 스토리텔링으로 풀어낸 바이블 스토리

# HISTORY

비니엘

왕이란 무엇인가? 왕은 한 나라를 다스리는 통치자다. 통치권은 세습되었다. 왕이 세워지면 주로 아들에게 통치권이 넘어가면서 아버지를 이어 왕이 되었다. 역사를 살펴보면 거의 모든 나라에 왕이 있었다. 현대에도 왕이 있는 나라들이 있다. 그런 나라의 통치제도를 '입헌군주제'라고 한다.

중국 문화권에서 왕(王)은 하늘과 땅(사람) 사이(二)에 위치하면서 하늘과 땅을 연결하는 존재(一)였다. 유럽 문화권에서 왕을 뜻하는 단어 'King'은 'Kin'이라는 말에서 나왔는데 혈통을 중시한다는 의미였다. 왕은 유래가 깊은 정치제도였다.

고대에 어떤 나라가 있는데 왕이 없다면 어떻게 될까? 또는 왕이 여러 명이라면 어떨까? 그 나라는 힘이 없는 나라였다. 왕이라는 한 사람에게 권력이 집중되지 않고 힘이 분산되기에 그 나라는 곧 사라질 수도 있었다. 왕이 여러 명인 집단지도 체제도 약점이 있기는 마찬가지였다. 그 나라는 약한 나라였다. 그러나 한 명을 왕으로 세우면 그를 중심으로 힘을 모을 수 있기에 강한 나라가 될 수 있었다. 왕은 절대적인 힘으로 나라를 부강하게 만들 수도 있었다.

이스라엘이 나라다운 나라를 이루게 된 것은 출애굽 이후였다. 그들에게는 영토(가나안), 국민(이스라엘 백성), 주권(하나님의 율법)이 있었다. 나라를 구성하는 필수적인 3대 요소를 다 갖추었다. 이스라엘은 가나안에 들어가면 정착할 것이다. 그러면 안정적인 나라를 이루어야 했다. 그때 그들에게 유혹이 왔다. 노예에서 유목민으로, 유목민에서 다시 농민으로 직업이 바뀌어야 하고, 새로운 땅의 기후, 토질, 환경에 적응해야 했다.

어떻게 하면 가나안에 잘 정착할 수 있을까? 성공적으로 이주해서 잘사는 방법은 무엇일까? 이스라엘 백성은 문제를 해결할 중요한 방법을 하나 찾았다. 바로 '왕'이었다. 왕이 세워지면 왕에게 권력을 주고, 왕은 그 힘으로 이스라엘 백성을 이끌면 되었다. 가나안의 나라들은 모두 왕이 있었다. 가나안 땅에서 안정적으로 나라를 세울 이스라엘의 시대적인 과제는 왕이었다.

하나님은 그들이 바라는 것이 무엇인지 아셨다. 왕을 통한 백성의 욕망이 무엇인지도 아셨다. 하나님은 이스라엘 백성이 가나안 땅에 도착하지도 않았을 때, 모세에게 왕제도에 대한 방향을 제시하셨다. 신명기 17장 14~20절 말씀이다.

"네가 네 하나님 여호와께서 네게 주시는 땅에 이르러 그 땅을 차지하고 거주할 때에 만일 우리도 우리 주위의 모든 민족들같이 우리 위에 왕을 세워야겠다는 생각이 나거든 반드시 네 하나님 여호와께서 택하신 자를 네 위에 왕으로 세울 것이며 네 위에 왕을 세우려면 네 형제 중에서 한 사람을 할 것이요 네 형제 아닌 타국인을 네 위에 세우지 말 것이며 그는 병마를 많이 두지 말 것이요 병마를 많이 얻으려고 그 백성을 애굽으로 돌아가게 하지 말 것이니 이는 여호와께서 너희에게 이르시기를 너희가 이후에는 그 길로 다시 돌아가지 말 것이라 하셨음이며 그에게 아내를 많이 두어 그의 마음이 미혹되게 하지 말 것이며 자기를 위하여 은금을 많이 쌓지 말 것이니라. 그가 왕위에 오르거든 이 율법서의 등사본을 레위 사람 제사장 앞에서 책에 기록하여 평생에 자기 옆에 두고 읽어 그의 하나님 여호와 경외하기를 배우며 이 율법의 모든 말과 이 규례를 지켜 행할 것이라. 그리하면 그의 마음이 그의 형제 위에 교만하지 아니하고 이 명령에서 떠나 좌로나 우로나 치우치지 아니하리니 이스라엘 중에서 그와 그의 자손이 왕위에 있는 날이 장구하리라"(신 17:14-20).

이스라엘은 하나님이 주신 땅 가나안에 들어갔다. 그리고 주변 나라들과 자신을 비교했다. 잘나가는 나라들이 부러웠다. 그들의 제도를 가져오고 싶었다. 어떤 제도인가? 왕의 제도! 얼마나 가슴이 뛰는 말인가? 하나님은 그들의 욕망을 아셨다. 왕에게 모든 것을 맡기고 백성은 고민하지 않아도 되니 편했다. 그러나 왕을 세우려면 몇 가지 조건이 있었다.

하나님께서 제시하신 왕의 조건은 첫 번째로 하나님이 택하신 사람이어야 했다(15절). 제도의 문제가 아니라 사람의 문제였다. 왜 하나님께서 택하신 사람이어야 할까? 하나님의 승인이 있어야 한다는 뜻이다. 하나님이 주권을 가지고 계셨다. 어쩔 수 없이 왕을 세우더라도 하나님 통치 아래 있었다. 완벽한 제도, 완벽한 사람은 없다. 왕이든, 대통령이든, 장관이든, 어떤 제도든 완벽할 수는 없다. 그러나 하나님은 불완전한 제도와 사람을 통해 일하신다. 하나님은 왕이 될 사람을 알고 계셨다. 하나님이 왕을 택하셨다.

두 번째로 이스라엘 민족 중에서 세워야 했다(15절). 너무 민족주의적인 것 아닐까? 이유가 있다. 세상 모든 왕이 핏줄을 중요시 여긴다. 왜냐하면 자기 민족을 다스려야 하기 때문이다. 피는 물보다 진하다! 같은 민족 안에서 왕을 뽑지 않으면 그 왕은 헌신하지 않는다. 왕을 뽑은 아무런 의미가 없게 될 것이다. 그래서 이스라엘 민족 중에서 이스라엘 왕이 나와야 했다.

세 번째로 병마를 많이 두어서는 안 되었다(16절). 왕이 되면 병마, 군마를 많이 갖고 싶은 것은 당연한 일이었다. 말이 가진 효능 때문이다. 말은 빠르고 힘이 있다. 잘 훈련된 말 한 마리는 몇십 명 몫을 해낼 수 있다. 전쟁을 벌이거나, 토목공사를 하거나, 운송과 통신에서도 빠르고 효율적인 것이 말이었다. 그래서 왕들은 군마를 보유하기를 원했다. 그것도 많으면 많을수록 좋았다.

그러나 하나님은 그것을 소유하지 말라고 하셨다. 왜일까? 말이 많으면 말에만 모든 것을 맡길 수 있다. 그것은 하나님께서 원하시는 바가 아니었다(시 20:7, 사 31:1-3) 말은 굉장히 특별했다. 말을 가지고 많은 것을 이루고자 하는 욕망을 갖게 되면 하나님보다 말을 의지할 여지가 많았다.

당시에 군마로 가장 유명한 곳은 애굽이었다. 그들에게는 전차부대가 있었다. 말을 교배하고 키우는 기술이 있었다. 왕이 되면 돈이 있기에 애굽에 가서 말을 수입하고 싶어진다. 그러나 그들은 애굽의 노예에서 해방되어 나왔다. 하나님은 말을 사러 애굽으로 가는 것을 노예로 돌아가는 것으로 여겼다. 자유인이 되었는데 말 때문에 노예가 될 수는 없다. 그래서 말을 많이 두어서는 안 되었다.

네 번째로 아내를 많이 두어서는 안 된다(17절). 왕은 권위가 있기에 신하들도 왕에게 함부로 가까이 갈 수 없었다. 왕은 힘이 있기에 왕의 배려만 잘 받으면 부귀영화를 얻어낼 수 있었다. 그래서 어떻게든 왕의 옆에 가고 싶었다. 그러나 아무나 왕에게 갈 수 없었다. 왕에게 가까이갈 수 있는 존재가 있다. 왕의 아내다. 왕의 아내가 되면 왕을 움직일 수 있고 나라 전체를 좌지우지할 수도 있었다.

아내는 남편을 움직일 수 있어서 아내를 많이 두면 줏대 없는 왕이 되었다. 아내들이 왕에게 영향력을 행사하면 공명정대하게 재판할 수도, 올바르게 나라를 이끌어갈 수도 없었다. 다윗은 사울을 피해 도망을 다니면서도 아내를 늘렸다. 그리고 여자로 인해 무너졌다. 솔로몬은 아내들이 가져온 우상들을 섬기는 데 앞장섰다. 아내들로 인해서 나라가 위태로워졌다. 왕은 아내를 많이 두어서는 안 되었다.

다섯 번째로 은금을 많이 쌓아서는 안 된다(17절). 왕에게 부귀의 상징은 금과 은이었다. 금과 은이 많으면 할 수 있는 일도 많고, 주변의 부러움도 살 수 있다. 왕이라는 조건이 은금을 많이 쌓을 수 있게 되어 있다. 그러나 은금을 많이 쌓으려면 백성의 고혈을 빨아야 하며, 은금 외에는 관심을 두지 않게 되며, 은금에 대한 질투로 내외부의 공격을 받을 수도 있었다. 하나님은 왕이기 때문에 은금을 많이 쌓지 말라고 경고하셨다.

여섯 번째는 율법의 모든 말과 규례를 지켜 행해야 했다(19절). 율법을 지키는 것은 하나님을 경외하는 것에서부터 시작된다. 왕은 자신이 모든 문제를 해결할 수 있을 것이라 생각하겠지만 인간은 문제를 해결할 수 있는 존재가 못된다. 왕에게 집중된 권력과 힘으로 잠시 문제를 덮어놓는 효과는 있지만 문제는 다른 곳에서도 계속 터져 나온다.

인간의 문제는 오직 하나님만이 해결할 수 있으며, 하나님께 의탁할 때 나라를 잘 이끌어갈 수 있다는 사실을 잊어서는 안 되었다. 그래야만 백성을 올바르게 이끌 수 있었다. 왕으로서 율법을 지켜야 할 이유다. 하나님을 두려워할 줄 알고, 하나님께 의탁할 때만 진짜 왕이 될 수 있었다.

하나님께서 왕의 제도에 대해서 가르쳐주신 이후에 모세가 죽고 여호수아로 리더십이 이어졌다. 여호수아는 이스라엘 백성을 이끌고 가나안 땅에 들어가서 적을 몰아냈고 잘 정착했다. 그는 지파별로 땅을 분배해주었다. 그들은 배정받은 땅에서 정착하면 되었다. 그런데 여호수아가 죽은 뒤 이스라엘 백성들은 우상을 섬기다가 적에게 짓밟히는 처지가 되었다. 하나님은 사사들을 보내서 그들을 구원해주셨다. 마지막 사사인 사무엘시대에 백성은 드디어 왕을 요구했다. 이제 왕의 이야기로 들어갈 준비가 되었다.

우리는 이 책을 통해서 왕에 대해 살펴볼 것이다. 이야기를 들으면서 하나님께서 제시한 앞의 기준을 가지고 왕들을 살펴보자. 이스라엘의 첫 번째 왕이었던 사울은 어떻게 왕이 될 수 있었고, 왜 실패하게 되었는지, 위대한 왕 다윗은 사울과 어떤 차별점을 가지고 하나님 마음에 합한 왕이 되었는지, 부유하고 넉넉했지만 나라를 두 개로 쪼갠 솔로몬에게는 어떤 한계와 연약함이 있었는지 살펴보자.

솔로몬 이후에 나라가 나뉘었다. 성경에는 남유다와 북이스라엘의 왕들을 혼재해서 기록하고 있어서 분열왕국의 왕들을 구별하는 일이 생각보다 어렵다. 「한글 개역판 성경」 특유의 문체도 그렇고, 남북 왕조를 뒤섞은 묘사도 성경 읽기를 어렵게 만든다.

더욱이 남유다 왕과 북이스라엘 왕 중에 같은 이름이 많아서 누가 남쪽이고 누가 북쪽인지, 누가 선한 왕이고 누가 악한 왕인지 헷갈리게 된다. 그래서 이 책에서는 남유다 왕조와 북이스라엘 왕조의 왕들을 연대기적으로 나누어서 정리했다. 다윗과 솔로몬 이후의 남유다 20명의 왕과 북이스라엘 19명의 왕을 각각 순서대로 기록했다. 남유다와 북이스라엘 왕들의 이야기를 잘 따라가보자. 이제 더는 혼란스러울 일은 없을 것이다.

왕이란 다스림을 말한다. '하나님 나라'를 말할 때 그것이 어떤 특정한 영토가 아니라 하나님께서 다스리는 나라를 말하는 것과 같다. 이 책을 통해 초대 왕 사울부터 다윗과 솔로몬에 이어서 남북으로 갈라진 두 왕국의 여러 왕을 보게 될 것이다. 그들 중에서 누구도 완전한 다스림을 보여주지 못했다.

처음은 좋았으나 점점 변질된 왕이 대부분이고, 처음부터 끝까지 내내 안 좋은 왕도 있고, 나중에 다시 회복된 왕도 더러 있었다. 그러나 왕으로서의 올바른 다스림을 보여준 예는 없었다. 누구도 이상적인 왕이 아니었다.

그렇다면 왕이란 무엇인지, 진실로 '다스린다'는 것이 무엇인지 알아야 한다. 하나님은 이스라엘이 왕을 요구할 때 그들이 사무엘을 버린 것이 아니라 하나님을 버렸다고 말씀하셨다. 사사시대가 어지러웠던 이유는 왕이 없었기 때문이며, 하나님을 왕으로 인정하지 않았기 때문이었다. 이 책은 진짜 왕의 이야기도 다룬다. 하나님의 아들 예수 그리스도시다. 모든 왕의 이야기를 다룬 다음에 예수님의 이야기가 나오는 이유가 바로 거기에 있다.

이 글을 쓰는 데 가장 많이 참고한 것은 「삼국지」와 「수호지」였다. 왕의 이야기 자체가 전쟁사이고, 스펙터클한 전쟁 이야기로 가득했다. 성경은 묘사와 서술이 주를 이루고, 대화와 상황을 통해 눈에 보이듯이 그리고 있는데, 우리는 딱딱하고 어려운 교리로서 성경을 읽었다. 이 책은 이론적이고 교리적인 접근을 과감히 생략하고 더욱더 생동감 있게 왕들의 이야기에 귀를 기울이도록 썼다. 문학적 상상력을 발휘해서 성경시대로 들어가 역사의 현장을 생생하게 걷도록 하였다.

어렸을 때부터 이야기꾼이 되고 싶었다. 아이들이 어렸을 때 성경을 이야기로 들려주며 과장된 표정을 지으면 아이들은 그 자리에 있는 것처럼 이야기에 빨려들었다. 「갓 히스토리」와 「바이블 히스토리」에 이어서 히스토리 3부작의 마지막이며 완성작인 「킹스 히스토리」를 통해 성경 이야기, 특히 왕들의 열전에 마음을 열고 그 속으로 들어가보자. 이 책으로 이야기꾼이 되어 신나게 이야기를 들려주고 싶다. 여러분은 동심으로 돌아가 성경 속에 등장하는 왕들의 이야기에 귀를 기울이기를 바란다. 자, 이제 시작해보자.

글쓴이 남성덕

| Section 3 |  **분열왕국, 북이스라엘의 왕들**

# 왕국의 **시작**과
# 빛나는 **전성기**

# Kings'
# History

# Chapter 01

# 겸손을 잃어버린 첫 번째 왕

## 사울 왕 이전까지의 왕의 이야기

이야기는 430년간 애굽의 노예였던 이스라엘이 해방되던 때로 거슬러 올라간다. 모세는 이스라엘 백성을 이끌면서 그들에게 하나님의 뜻을 전했다. 그것이 〈모세오경〉이다. 바로 왕과 담판을 짓고, 의문과 불신으로 가득한 이스라엘 백성을 이끌고, 거칠고 험한 출애굽의 여정을 인도하면서 언제 그 방대한 〈모세오경〉을 기록할 수 있었을까?

그러나 이순신 장군은 전쟁 중에 「난중일기」를 썼고, 사마천은 황제의 노여움을 사서 투옥된 후 「사기」의 집필을 구상했으며, 헤로도토스는 30대의 나이에 애굽, 메소보다미아, 페니키아 등을 두루 여행하면서 「역사」를 썼다. 난세가 영웅을 낳고, 분주할 때 기록은 더 절박해지는 법이다.

모세는 노예였던 이스라엘 백성이 원래 어떤 조상을 거쳐서 여기까지 이르렀는지 보여주기 위해 〈창세기〉를, 노예에서 자유인이 되기까지 열 가지의 재앙과 출애굽의 기적적인 여정을 드러내는 〈출애굽기〉를, 하나님의 백성으로서 언약과 제사제도를 정리하기 위해 〈레위기〉를, 광야에서의 효율적인 행군과 이동을 위해 백성의 수를 확인하려고 〈민수기〉를, 40년의 광야생활을 마감하면서 중요한 내용을 다시 점검하기 위하여 〈신명기〉를 기록했다.

〈모세오경〉 속에는 약속의 땅 가나안에서 살아갈 수 있는 생존의 모든 방법은 물론이고, 아직 일어나지도 않은 일에 대한 전망도 있었다. 신명기 17장 14~20절에서는 이스라엘 백성이 아직 가나안에 들어가지도 않았는데 그들이 장차 왕을 요구하게 될 것을 예고한다. 하나님은 언젠가 이스라엘 백성에게 왕이 생길 것을 아셨다. 그래서 거기에는 왕도에 대한 지시 사항이 기록되어 있다.

"네가 네 하나님 여호와께서 네게 주시는 땅에 이르러 그 땅을 차지하고 거주할 때에 만일 우리도 우리 주위의 모든 민족들같이 우리 위에 왕을 세워야겠다는 생각이 나거든"(신 17:14).

하나님은 이스라엘 백성이 가나안에 들어가게 되면 어떻게 될지 아셨다. 그리고 이스라엘 백성은 알게 될 것이었다. 가나안 땅에 사는 여러 민족이 각각 왕을 세워서 이끌어가는 왕정 국가라는 것을, 가나안의 왕정이라는 정치 구조에 마음이 기울어지게 될 것을, 하나님은 그것을 용납해주시고 기꺼이 왕정을 통해 이스라엘을 이끌어가실 것임을.

왕정을 열어가기 전에 하나님은 사무엘을 사용하셨다. 사무엘은 어두운 시대를 이끌어간 위대한 인물이었다. 성경에는 난세가 여러 번 등장하는데 그럴 때마다 어김없이 영웅이 나타났다. 모세가 이끌던 출애굽세대는 40년의 광야생활로 인해 다 죽고, 그 다음세대가 여호수아의 인도로 가나안 땅에 성공적으로 진입하게 된다. 어려운 시대였지만 모세도, 여호수아도 영웅으로 등장했다. 문제는 영웅들이 죽은 뒤였다.

여호수아가 죽고 사사시대가 되었다. 〈사사기〉에는 총 12명의 사사가 등장했다. 옷니엘, 에훗, 삼갈, 드보라, 기드온, 돌라, 야일, 입다, 입산, 엘론, 압돈, 삼손. 450년 동안 그들은 영웅처럼 출현했다.

> "가나안 땅 일곱 족속을 멸하사 그 땅을 기업으로 주시기까지 약 사백오십 년간이라. 그 후에 선지자 사무엘 때까지 사사를 주셨더니"
> (행 13:19-20).

마지막 사사인 사무엘이 나올 때까지 450년은 12명의 사사를 통해서 이끌어간 시대였다. 물론 어려운 시대였다. 그것은 사사들을 통해 얻어낸 평화의 시기보다 적게 억압당하는 시기가 갈수록 길어졌기 때문이고, 이스라엘 백성은 반복적으로 죄를 범하면서 불순종을 끝내 벗어버리지 못했기 때문이다. 그렇게 어두운 시대가 깊어지고, 이스라엘 백성은 가나안 족속들에게 동화되고 흡수되어 더는 하나님의 백성이라고 부를 수 없을 지경이 되었다. 그때 사무엘이 등장한다.

"사무엘의 말이 온 이스라엘에 전파되니라"(삼상 4:1).

사무엘이 이스라엘을 이끌어가자 전에는 없던 일이 일어났다. 사무엘은 하나님의 말씀을 대언했고, 이스라엘 백성은 사무엘의 말에 귀를 기울였다. 엘리 제사장이 죽은 뒤에 사무엘은 마지막 사사이며 제사장으로서 이스라엘을 이끌었다. 사무엘은 이스라엘 백성에게 우상을 없애도록 독려했다.

"이스라엘 백성들이여 들으십시오. 여러분은 하나님께로 돌아와야
합니다. 하나님께 돌아온다는 것은 여러분의 가정에 있는 아스다롯
여신상과 이방의 여러 신상을 없애는 것입니다. 우상을 없앤 후에
는 여러분의 마음을 하나님께로 향하게 해야 합니다. 하나님만을
섬기십시오"(삼상 7:3).

이스라엘 백성은 모두 사무엘의 말에 순종했다. 신상을 없앴고 하나님을 섬겼다. 사무엘은 이스라엘의 회개운동을 주도했다. 모든 백성을 미스바에 모이게 했고, 백성에게 만연했던 우상을 없애고 금식하며 회개하도록 했다(삼상 7:5). 이스라엘 백성 전체가 남녀노소 없이 한마음이 되어서 한 장소에 모여 회개운동을 펼친 것은 혁신적인 일이었다.

사무엘은 어린 양을 번제로 바치고 부르짖어 기도했다. 그 틈을 타서 블레셋 군대가 몰려왔다. 백성이 모인 것이 적에게 기회가 되었다. 광장에 모인 이스라엘 백성은 독 안에 든 쥐와 같았다. 이스라엘의 위기가 그들을 하나로 뭉치게 했으나 다른 면에서 그것은 또 위기가 되었

다. 그러나 위기는 이스라엘이 아니라 블레셋 군대에게 미쳤다.

이스라엘 백성은 물을 길어서 하나님 앞에 쏟아부었다. 하늘은 말랐는지 비 한 방울 내리지 않았다. 미스바 광장에 모인 이스라엘 백성은 땡볕에 목이 탔지만 하나님께 드리는 회개의 열매라 생각하고 묵묵히 기도에 집중했다. 사무엘은 하나님께 부르짖었고 어린 양은 번제가 되어 하늘로 올려졌다.

제사에 얼마나 집중했던지 블레셋이 몰려온 것도 몰랐다. 그때 천지를 뒤흔드는 천둥소리가 들렸다. 사무엘은 하나님께서 내리신 것임을 알았다. 제단 위에서 뒤를 돌아보았을 때 블레셋 군사들이 바닥에 뒹굴고 있었다. 이스라엘 백성에게는 가슴 깊은 곳을 울리는 천둥소리가 블레셋에게는 귀를 찢어놓는 굉음이 되었다.

미스바의 후미에 모여 있던 이스라엘 군사들은 무기를 들고 블레셋 군대에게 몰려갔다. 뒤늦게 정신을 차린 블레셋은 벧갈 아래까지 도망쳤다. 그들은 천둥소리에 얼이 빠졌고, 달려드는 이스라엘 군대의 모습에 혼쭐이 났다. 블레셋 군사들이 더는 이스라엘에게 덤벼들지 못할 정도가 되자, 이스라엘 군대는 미스바로 돌아왔다.

도망도 가지 못하고 잡힌 몇몇 블레셋 군사들은 이스라엘 백성 앞에 무릎 꿇고 다시는 도발하지 않겠다고 손이 발이 되도록 빌었다. 이스라엘에서는 한 명의 부상자도 없는 완벽한 승리였다. 사무엘은 큰 돌을 가져와서 미스바와 센의 경계 언덕에 높이 세우도록 지시했다.

"하나님께서 여기까지 우리를 도와주셨다."

돌이 세워지는 것과 동시에 백성의 함성이 높아졌다. 사무엘은 그 돌의 이름을 '에벤에셀'이라고 불렀다(삼상 7:12). 이후 사무엘이 살아 있는 동안 블레셋은 덤벼들 생각조차 못했다. 사무엘은 이 승리로 인해서 에그론과 가드 사이에 있는 성읍들을 이스라엘의 소유로 돌렸다.

블레셋이 백기를 들자 가나안 나라 중 아모리 족속 역시 이스라엘에게 화해를 요청했다. 사무엘이 백성을 모아서 기도했을 뿐인데 강력한 두 개의 나라가 투항하는 일이 벌어졌다. 사무엘에 대한 이스라엘 백성의 신뢰도는 최고 수준이었다.

사무엘은 벧엘, 길갈, 미스바를 순회하면서 백성을 이끌었다. 이스라엘 내부에서 툭하면 벌어졌던 갈등도 봉합되었고, 이스라엘은 점차 하나님의 백성다운 모습으로 세워져 나갔다. 이대로 이스라엘의 전성기가 올 수 있을까?

사무엘이 기초를 잘 닦았으니 사무엘의 아들이 그 정신을 이어받아서 이스라엘을 이끌어가면 그들은 가나안 땅에서 유리한 위치에 설 것이고, 그렇게 이스라엘은 든든하게 세워져 나갈 수 있었다. 그런데 왜 왕정이 필요했던 것일까?

무엇이든 계획은 틀어지는 법이다. 사사이자 제사장인 사무엘이 그의 두 아들 요엘과 아비야가 이스라엘을 이끌도록 잘 훈련하고, 이스라엘 전역에서 다음세대를 이끌어갈 수 있는 후배들을 키워냈다면 이스라엘의 전성기는 도래할 수 있었다. 모세와 여호수아의 시대를 이어서 사무엘의 시대를 통해 이스라엘은 가나안 땅의 진정한 강자가 될 수 있었다. 그런데 사무엘의 두 아들이 문제였다.

"사무엘이 늙으매 그의 아들들을 이스라엘 사사로 삼으니 장자의 이름은 요엘이요 차자의 이름은 아비야라. 그들이 브엘세바에서 사사가 되니라. 그의 아들들이 자기 아버지의 행위를 따르지 아니하고 이익을 따라 뇌물을 받고 판결을 굽게 하니라"(삼상 8:1-3).

이럴 때 어떻게 하는 것이 좋을까? 엘리가 제사장이었을 때 그의 아들들은 심각한 죄를 짓고 있었다. 그런데 사무엘이라는 어린아이가 준비되지 않았던가? 이스라엘에는 사무엘을 통해 배우고 커간 많은 젊은이가 있었을 것이다. 레위 지파 중에서 제사장으로 세울 만한 재목들이 있었을 것이며, 어딘가에는 이스라엘의 미래가 될 주역들이 반짝이는 지혜와 올곧은 성품으로 준비되고 있었을 것이다.

그런데 무엇이 잘못된 것일까? 사무엘은 나이가 들어서 기력이 쇠하고, 그의 아들들은 아버지에게 전혀 미치지 못하고 있었다. 이스라엘 백성은 시대가 완전히 바뀌기를 원했다. 누가 먼저 시작했을까? 백성 한둘의 의견이 모여서 하나의 커다란 흐름이 되었다. 이스라엘을 대표하는 장로들이 사무엘이 거처하는 라마로 찾아갔다.

"사무엘 어르신, 저희입니다."

사무엘은 다음 해에 이스라엘 전역을 돌기 위해 준비하고 있었다. 스산한 바람이 불어 어느새 여름이 끝나가는 것을 알 수 있었다.

"어서들 오시게. 백성들은 변방에서 외부의 침입을 잘 방비하고 있겠지요?"

"여부가 있겠습니까? 올해도 풍년입니다. 블레셋이나 아모리가 이스라엘에 쳐들어올 기미는 보이지 않습니다. 그런데 저희가 걱정하는 것은 따로 있습니다."

장로들은 사무엘 앞에 나란히 앉았다. 그들은 더는 의중을 숨길 수 없어 사무엘에게 가까이 나아와 아뢰었다.

"외부의 적이나 내부적인 갈등은 이제 더 이상 문제가 아닙니다. 이스라엘에는 위대한 지도자를 통해 하나님의 뜻이 드러났고, 평화가 지속되고 있습니다. 그러나 사사이시며, 제사장이시고, 지도자이신 사무엘 어르신께서는 점점 늙어가시고, 어르신의 두 아드님이신 요엘과 아비야는 백성의 신의를 저버렸습니다. 저희가 몇 번이고 어르고 달래보았으나 꿈쩍도 하지 않습니다. 이 일을 어찌하면 좋겠습니까?"

사무엘은 이미 알고 있는 일이었다. 할 말이 없어 헛기침만 할 뿐이었다. 장로들은 목소리를 가다듬고 더 분명하게 말했다.

"우리 주변의 가나안 나라들은 물론이고, 블레셋과 같은 부족국가도 모두 왕을 통한 정치를 하고 있습니다. 왕의 지배력이 높을수록 나라가 부강하다는 사실은 어르신께서도 부인하지 못하실 것입니다. 이스라엘에도 왕을 세워주십시오. 왕을 통해서 이 나라를 이끌어가야 합니다. 허락해주십시오."

사무엘은 자리에서 일어났다. 불편한 심기를 감추기가 어려웠다. 장로들을 돌려보낸 뒤에 기도했다. 도대체 이스라엘은 어떻게 될 것인가? 사무엘의 기도는 늦은 시간까지 계속되었다. 그리고 하나님은 그의 기도에 응답해주셨다.

"여호와께서 사무엘에게 이르시되 백성이 네게 한 말을 다 들으라. 이는 그들이 너를 버림이 아니요 나를 버려 자기들의 왕이 되지 못하게 함이니라. 내가 그들을 애굽에서 인도하여 낸 날부터 오늘까지 그들이 모든 행사로 나를 버리고 다른 신들을 섬김같이 네게도 그리하는도다. 그러므로 그들의 말을 듣되 너는 그들에게 엄히 경고하고 그들을 다스릴 왕의 제도를 가르치라"(삼상 8:7-9).

우리는 여기에서 하나님의 마음을 엿볼 수 있다. 사무엘은 그동안 나라를 위해 애썼음에도 장로들은 사무엘을 인정하지 않는 것 같고, 그의 아들들은 자기 뜻대로 되지 않았으며, 왕이 아니더라도 얼마든지 이스라엘을 세울 수 있을 것 같은데 방법이 없어서 답답했다. 사무엘은 불편하고 섭섭했으나 하나님은 사무엘보다 더 서운하셨다. 이스라엘 백성이 하나님을 외면한 것처럼 여겨졌다. 하나님은 버림받는 기분을 느끼셨다.

사무엘이야 늙어서 인생의 무대에서 퇴장하지만 하나님은 영원하시다. 늙는다거나 노쇠할 일이 없는 영원하신 하나님이다. 그러나 이스라엘은 하나님을 하나님으로 대접하지 않았다. 영원한 왕 되신 하나님을 버리고 인간의 왕을 의지하려는 모습이 하나님을 버리는 것으로 보였다. 온당하지 못한 처사였다.

그러나 하나님은 이스라엘의 요구를 들어주기로 했다. 사무엘에게 왕의 권한이 무엇인지 가르쳐주고, 그러고서도 왕을 원한다면 들어주라고 명령하셨다. 사무엘은 장로들을 소집했다. 왕이 생기게 되면 백성이 희생해야 할 것에 대해서 나열했다.

1. 백성 중 남자들은 왕의 병거와 말을 끌어야 한다.

2. 장로의 아들들이 천부장과 오십부장이 되어서 봉사해야 한다.

3. 왕의 밭을 갈고, 곡식을 거두며, 무기와 병거 만드는 일을 해야
   한다.

4. 백성 중 여자들은 요리하고, 빵을 굽고, 향유를 만들어 왕에게
   바쳐야 한다.

5. 밭, 포도원, 올리브밭의 소산물 중에서 최상급을 왕의 신하들에
   게 진상해야 한다.

6. 곡식과 포도주의 십일조를 바쳐야 한다.

7. 남종, 여종, 뛰어난 젊은이들, 최상급의 짐승들을 바쳐야 한다.

8. 양 떼 중에서도 열에 한 마리는 왕에게 바쳐야 한다.

(삼상 8:11-17)


왕에게 부여되는 파격적인 대우였다. 이것은 무엇을 의미하는가?
하나님께서 왕의 제도를 허락하시는 이유는 무엇일까? 왕정으로 나라
가 굳건하게 세워질 수 있는 근거는 무엇인가? 이러한 질문에 대한 대
답은 하나로 갈음할 수 있다.

위의 여러 가지 조건을 통해 왕의 권한이 얼마나 막강한지, 곧 백성
과 장로들에게 끼치는 손해가 얼마나 큰 것인지 보여줌으로써 이스라
엘 백성이 왕정을 포기하게 만들기 위한 장치가 아니었다. 하나님은 왕
정이라는 시대의 흐름을 인정하고, 그 시대를 사용하셔서 하나님의 뜻
을 드러내려고 하셨다.

즉 왕의 권한이 클수록 왕 주변 신하들의 권리가 커진다. 왕과 신하
들은 하나님과 백성을 위해서 일하기만 한다면 그들의 권한은 더욱 커

질 것이며, 그들이 하사받는 곡식과 짐승의 양과 질은 점점 좋아질 것이고, 그렇게 되면 나라는 전체적으로 부강해질 수 있었다.

사사가 특정한 지파라는 지역적인 한계를 가지고 있었다면 왕정은 나라 전체를 하나로 가져갈 수 있었다. 하나님은 왕정을 통해서 이스라엘이 하나님의 나라가 되는 것을 꿈꾸셨다. 자, 그러면 누가 왕이 되어야 하는가?

## 사울의 등장

사사기의 후반부에 등장하는 레위인 첩사건으로 내전이 일어났을 때 베냐민 지파는 전체 이스라엘의 공적(公敵)이 되어 거의 전멸할 뻔했다. 처음에 승기를 잡았던 베냐민 지파는 이스라엘의 매복작전 때문에 1만 8천 명이나 전사하였고(삿 20:44), 이후 후퇴하는 베냐민 군사 중 5천 명이 죽고, 이어서 2천 명이 쓰러져 겨우 600명만 살아남았다. 한 지파가 사라지는 것은 시간문제였다. 베냐민 지파의 남은 600명은 길르앗 야베스의 처녀 400명과 춤추러 나온 실로의 처녀 200명을 통해 겨우 명맥을 이을 수 있었다.

여호수아시대에 가나안의 주요 거점을 차지하고 제비를 뽑아 땅을 분배했을 때 베냐민 지파의 땅은 유다 지파의 북쪽 접경이었고, 대표적으로는 기브온, 여리고, 게바가 그들의 성읍이었다(수 18:21-28). 사무엘이 이스라엘을 이끌고 있을 때쯤의 베냐민 지파는 과거의 상처를 딛고 다른 지파에 버금가는 인구와 지역을 차지하고 있었다.

베냐민 지파에서 유력한 사람이었던 기스에게는 덩치 크고 듬직한 아들이 있었다. 그의 이름은 사울이었다. 기스는 재산도 많고 넓은 땅도 차지하고 있었으나 자신의 소유에 대해서는 악착같은 면이 있었다. 기르던 암나귀 몇 마리가 울타리를 넘어 달아난 것을 보고 아들에게 암나귀를 반드시 찾아오라고 일렀다.

사울은 종을 데리고 에브라임 산간 지역을 훑고, 더 북쪽으로 올라가 살리사를 지나 사알림까지 갔지만 허탕이었다. 베냐민 지방과 숩 지방까지 샅샅이 뒤지던 사울은 종에게 말했다.

"집을 나선 지 벌써 사흘이 지났는데 나귀는 고사하고 우리까지 잃어버리게 생겼구나. 아버지께 돌아가야겠다."

"나리, 마침 이곳에서 멀지 않은 곳에 선견자가 계십니다. 그분께 여쭤보면 나귀의 행방을 알 수 있으실 겁니다."

나귀를 못 찾으면 아버지가 아들인 자신이 아니라 종에게 역정 낼 것을 헤아린 사울은 종의 제안에 선뜻 대답했다.

"그래, 그것이 좋겠구나. 그러나 선지자께 무엇을 여쭈는데 빈손으로 갈 수는 없는 일 아니냐? 나귀를 찾으러 다니느라 들고 온 빵은 진작 먹었고, 드릴 것이 하나도 없는데 혹시 너에게는 무엇이라도 있느냐?"

"예, 여기 은전 한 닢이 있습니다. 이것이면 충분하지 않을까 싶습니다."

사울은 사무엘에 대해서 정확히 알지 못했던 것으로 보인다. 사무엘이라는 이름은 들어보았겠으나 그가 어떤 모습을 하는지도 몰랐고, 당연히 만난 일도 없었다. 사무엘이 있다는 산당을 찾아 올라가 사무엘을 만나게 되었는데 그는 엉뚱하게도 사무엘에게 이렇게 물었다.

"어르신, 우리는 사무엘이라는 선견자를 찾으러 왔습니다. 혹시 어르신께서는 그의 집이 어디인지 아시는지요?"(삼상 9:18).

사무엘은 왕을 요구하는 이스라엘의 소원을 들어주라는 하나님의 말씀을 듣고 과연 누가 이스라엘을 이끌어갈 왕일지, 어떤 식으로 왕을 만나게 될지 궁금하던 차였다. 종을 데리고 산당을 향해 성큼성큼 올라오는 키 크고 덩치 있는 젊은 사울을 보았을 때 하나님께서 사무엘에게 "저 젊은이가 이스라엘을 이끌어갈 자다"라고 말씀해주실 참이었다. 사무엘은 숨을 고르는 사울에게 대답했다.

"제가 바로 그 선견자입니다. 산당으로 들어가시지요. 두 분께서 암나귀들을 찾고 계신 것을 알고 있습니다. 그보다 하나님께서 온 이스라엘의 미래를 그대에게 맡기셨다는 사실을 알아주십시오."

산당으로 들어가자 저녁상이 차려져 있었고 서른 명 정도 되는 사람들이 사무엘을 기다리고 있었다. 사무엘은 사울을 가장 윗자리에 앉게 하였고 맛있게 요리된 넓적다리 고기를 사울 앞에 벌여놓았다. 자신이 이스라엘의 왕으로 선택되었다는 말을 들었을 때 사울의 반응은 다음과 같았다.

"나는 이스라엘 지파의 가장 작은 지파 베냐민 사람이 아니니이까. 또 나의 가족은 베냐민 지파 모든 가족 중에 가장 미약하지 아니하니이까. 당신이 어찌하여 내게 이같이 말씀하시나이까"(삼상 9:21).

나귀를 찾기 위해 선견자에게 갔던 사울은 자기가 왕이 되어야 한다는 소리를 들었을 때 적잖이 당황했다. 당시 이스라엘은 사사들이 지도자 역할을 했으나 사울이 사무엘을 알아보지 못할 정도로 사사에 대한 인지도는 전체 백성에게 미친 것이 아니었다. 사울 역시 사사이자, 선지자이자, 제사장인 사무엘을 못 알아보았다. 그런데 왕이라는 낯선 직책에 대해서, 그것도 자신이 그 역할을 해야 한다는 말을 들었을 때 그는 어둠 속을 걸어가는 것 같은 답답함을 느꼈다. 왕이란 어떤 존재인지, 왕은 어떤 역할을 해야 하는지 전혀 알 수 없었다. 사울은 혼란스러웠다.

사무엘에게는 사울을 이해시켜야 하는 것과 동시에 이스라엘 백성의 기대를 충족시켜야 하는 두 가지 과업이 주어졌다. 사무엘은 사울을 데리고 하룻밤을 지내며 담화를 나눈 뒤에 아침 일찍 성읍 끝에 이르러 그의 머리에 기름을 부었다. 이스라엘 초대 왕의 대관식은 이렇게 허술하게 진행되었다.

"사울은 들으시오. 이제 집으로 돌아가십시오. 가다 보면 라헬의 묘실 곁에서 두 사람을 만나실 텐데 아버지께서 잃어버린 나귀를 염려하는 것이 아니라 아드님을 잃으셔서 걱정하신다고 얘기할 것입니다. 더 가다보면 다볼의 상수리나무에 이르실 텐데 거기에서 염소 새끼 세 마리를 데려가는 사람, 빵 세 덩이를 지고 가는 사람, 포도주 가죽 부대를 메고 가는 사람, 이렇게 세 사람을 만나실 것입니다. 그들이 당신께 빵두 덩이를 주면 그것을 가지고 블레셋 사람들의 영문을 지나십시오. 그때 춤추며 예언하는 예언자 무리를 만날 것입니다. 사울께서도 그들처럼 예언하게 되십니다. 지금 하나님께서 왕으로 삼으실 것을 믿지 못하는 눈치이신데, 곧 그 일을 다 겪게 될 터입니다. 7일간 기다려주신다면 백성 앞에서 왕으로 선택되었음을 공식적으로 보여드리겠습니다"(삼상 10:1-8).

7일이 지난 후에 사무엘은 이스라엘 백성들을 미스바에 모이게 했다. 뒤쪽 언덕에는 에벤에셀 돌이 우뚝 서 있었다. 백성은 사무엘을 통해서 하나님의 뜻이 어떻게 전달되는지 기대하는 마음이었다.

"하나님께서 너희 이스라엘 백성들에게 말씀하셨다. 너희는 하나님을 버리고 왕을 세워달라고 요구하였으나 하나님은 그것을 허락하셨고, 지금 이 순간 하나님께서 친히 왕을 선택하실 것이다. 각 지파의 대표들은 앞으로 나오도록 하라."

12지파의 대표들이 사무엘 앞에 섰다. 사무엘은 제비를 나눠주었고, 그중에서 베냐민 지파가 뽑혔다. 사무엘은 베냐민 지파의 집안 대표들을 나오게 했고, 그들 중에서 마드리의 집안이, 마드리의 집안에서 기스의 아들 사울이 뽑혔다. 모든 백성이 보는 앞에서 공정하게 뽑았기 때문에 누구도 불평할 수 없었다.

이렇게 사무엘은 모든 백성 앞에서 사울이 왕으로 선택되었음을 보여주었다. 백성은 사울을 인정했을까? 사울은 사무엘의 말처럼 집을 향해 갈 때 자신을 걱정한다는 두 사람을 만났고, 염소와 빵과 포도주를 지고 가는 세 사람을 만났으며, 춤추며 예언하는 무리처럼 예언도 하였다. 한 치의 틀림없이 사무엘이 일러준 그대로 되었다. 그런데도 이스라엘 백성의 기대는 충족되지 않았다.

사울이 예언했을 때 사람들은 "사울도 선지자 중에 있느냐?"라면서 속담을 지어 말할 정도였다(삼상 10:12). 속담이란 언중(言衆)이 만들어 낸 간결한 형태의 여론이었다. 사울에게 하나님의 영이 임하였고,

사울은 전혀 새로운 사람이 되었지만 백성은 사울에 대해서 빈정거릴 뿐이었다.

미스바에서 사울이 제비에 뽑히고 백성이 환호성을 지르며 "왕 만세"를 외칠 때에도 몇몇 불량배는 탐탁지 않게 여기며 "사울 같은 녀석이 어떻게 우리를 구원할 수 있겠는가?"라고 비웃었다(삼상 10:27).

백성의 반응보다 더 중요한 것은 사울 자신이었다. 그 자신도 믿기지 않는 눈치였다. 사울이 제비에 뽑히는 순간에 그는 짐짝 사이에 숨어 있었다(삼상 10:22). 모든 백성의 눈이 그를 주시할 때 자리를 피하고 있었다. 사무엘의 모든 말이 증명되었음에도 스스로 확신이 서지 않았다. 이렇게 되면 왕은커녕 제대로 된 우두머리조차 되기 어려웠다. 이 위기를 타파해 나간 것은 사울 자신이었다.


## 사울의 데뷔

사울은 왕이 되었지만 그의 일상은 이전과 다를 바가 없었다. 그에게는 왕궁은 고사하고 변변한 왕좌도 없었다. 그는 고향에서 아버지의 재산을 지키면서 농사를 짓고 있었다. 사울은 철제 쟁기 날을 벼르고, 두 마리 소의 어깨에 겨리를 지운 뒤에 단단한 땅을 갈아엎는 일을 하고 있었다. 흙이 잘게 부수어지면 땅은 숨을 쉴 수 있고, 잡초는 제거되고, 영양소는 골고루 들어가서 옥토가 되었다.

한창 겨릿소를 몰고 있는데 멀리서 온 전령들이 밭 근처를 배회하는 농사꾼들에게 무언가를 말하니 농사꾼들은 그 자리에 주저앉아서

울었다. 궁금해진 사울은 그들에게 다가가 자초지종을 물었다.

당시 요단 동편에 살던 암몬 족속은 나하스라는 왕을 중심으로 세력을 키우고 있었는데, 군대를 동원해서 요단 강변의 길르앗 야베스를 포위했다. 야베스 사람은 대부분 힘없는 농부였기에 암몬의 어떤 요구든 수용하겠다며 조약을 맺어달라고 요청했다. 나하스 왕은 고개를 조아리는 야베스 주민들에게 말했다.

"우리와 조약을 맺겠다고? 좋다. 너희 남자들은 모두 오른쪽 눈을 빼도록 해라. 두 눈을 다 빼는 것보다 얼마나 자비로운가? 그러고 나서 조약을 맺도록 하자."

암몬의 요구는 굴욕적이었고 불가능한 것이었다. 야베스 주민들은 암몬에게 일주일의 말미를 달라고 했고 이스라엘 전역을 다니면서 자신들의 어려운 상황을 풀어줄 사람을 찾았다. 그들은 사울이 밭을 갈고 있는 곳에까지 사람을 보내 그들의 억울함을 알렸다.

이야기를 들은 사울의 눈빛이 변했다. 사울은 그 자리에서 겨릿소 두 마리의 목을 쳤고 각을 떴다. 밭에 소의 피가 흥건하게 고였다. 야베스에서 온 전령들에게 토막 난 소의 사체를 들려서 보내며 말했다.

"이스라엘 모든 지역을 돌아다니면서 이 토막을 나눠주어라. 사울과 사무엘은 명예를 걸고 암몬 족속과 싸울 터이니 걸어 다닐 수 있는 남자라면 전쟁에 참여하도록 일러라. 이에 응답하지 않고 비겁하게 숨는 자는 그자의 사체가 이 소의 사체처럼 전국에 뿌려질 것이라고 전하라."

소식을 들은 이스라엘 젊은이들이 사울에게로 모여들었다. 베섹 들판에 모인 군사의 수는 이스라엘에서는 30만 명, 유다에서도 3만 명이나 되었다. 그들은 모두 사울 못지않게 흥분해 있었다. 사울은 야베스 주민들에게 말했다.

"당신들을 포위하고 있는 암몬에게 말하시오. 내일 낮이 되면 항복 하겠다고, 그들의 요구를 모두 들어주겠다고 하시오. 암몬의 군사가 아무리 많아도 이스라엘에 비할 수 없고, 암몬의 군사가 아무리 잔혹하다고 해도 이스라엘의 용맹에 미치지 못할 것이오. 내일 낮 해가 중천에 있을 때쯤이면 모든 일이 끝날 것이오."

모든 것은 사울의 말대로 되었다. 성난 이스라엘과 유다의 군사들은 우리를 빠져나간 호랑이처럼 길르앗 야베스를 포위하고 있는 암몬에게 진군했고, 굴욕적인 조항을 요구했던 암몬의 군사들은 이스라엘에게 일격을 당해 쓰러지거나 도망가기에 바빴다. 이 모든 일이 이루어지기까지 채 반나절도 걸리지 않았다(삼상 11:11).

이 전쟁의 중심에는 사울이 있었다. 사울은 **기브아**에 살고 있었다. 사울을 대신해 인원을 점검하고, 작전을 짜서 암몬과의 일전을 대비한 사람은 모두 기브아 주민들이었다(삼상 11:9). 사울은 길르앗 야베스 사람들을 위해서 의분(義憤)을 터뜨렸고, 겨릿소 두 마리를 토막 내 전체 이스라엘이 공분하게 했으며, 들판에 온 이스라엘의 군사들을 불러 모았다. 그런데 이와 비슷한 일은 이전에도 있었다.

사사기 19장 이후를 보면 한 레위인이 도망쳤던 첩을 데려온 사건이 나오는데, 그는 첩과 함께 에브라임 산골의 자기 집으로 돌아가던 중에 날이 저물자 **기브아**라는 마을로 들어가게 되었다. 한 노인의 호의로 그 집에 들어갔는데, 기브아의 불량한 사내들이 노인의 집을 찾아와 레위인을 내놓으라고 소란을 피웠다. 노인과 레위인은 첩을 내주었고, 밤새 불량배들에게 윤간을 당한 첩은 노인의 집 문지방에 쓰러져 죽었다.

레위인은 첩을 열두 토막을 내서 이스라엘 전역에 보냈고, 분노한 이스라엘이 모여서 기브아가 소속된 베냐민 지파를 정벌하게 되면서 심각한 내전이 벌어졌다. 이로 인해서 베냐민 지파의 남자들은 거의 다 죽었고, 남은 600명 중에서 400명은 **길르앗 야베스**의 처녀들과 결혼하게 되었다. 아마도 사울의 어머니나 할머니, 적어도 외할머니 쪽은 길르앗 야베스 출신일 가능성이 크다.

사울이 했던 모든 일은 사사기 후반부의 비극적인 사건이었던 이스라엘의 내전을 회고하게 하면서도 그때의 오점을 승리의 감격으로 중화시켜주는 작용을 했다. 레위인 첩 살해사건은 이스라엘에게는 씻을 수 없는 참극이었으나 **기브아** 출신의 사울은 — 의도하든 의도하지 않았든 — 비슷한 양상으로 사건을 일으켜서 이스라엘의 적인 암몬을 쳐

### 〈도표 1〉 사사기 사건과 사울 승리의 비교

| 구분 | 사사기 | 사울 |
|---|---|---|
| 사건 | 레위인 첩 사건 | 암몬의 한 눈 빼라는 사건 |
| 토막 | 레위인 첩 12토막 | 겨릿소 두 마리 토막 |
| 모임 | 전 이스라엘 군인들이 모임 | 전 이스라엘 군인들이 모임 |
| 대항 | 베냐민 지파 | 암몬 |
| 결과 | 길르앗 야베스 처녀들이 베냐민의 잔류 남자와 결혼 | 길르앗 야베스의 주민들이 암몬으로 인해 희생될 뻔했던 일을 구해줌 |

부수었고, 결과적으로는 사사기의 비극적인 피해자 중의 하나였던 **길르앗 야베스**를 극적으로 구해냈다.

사울이 한 일은 민족적인 치유와 회복의 일이었다. 영웅적인 전쟁의 결말은 사울을 행복하게 만들었다. 그때까지만 해도 사울 자신도 왕으로서 자신이 없었는데, 이스라엘 백성 중 의문을 품던 사람들이 사라졌고 사울 왕에 대한 인정과 존중이 순식간에 이루어졌다.

"사울이 어떻게 왕일 수 있냐고 뒤에서 이간질하고 헐뜯었던 자가 누구입니까? 우리가 그들을 다 죽이겠습니다."

암몬을 이기고 자부심이 하늘까지 오른 이스라엘 백성들이 한 말이었다. 사울은 대답했다.

"오늘은 하나님께서 우리를 전쟁에서 이기게 하신 구원의 날입니다. 오늘은 아무도 죽이지 못합니다"(삼상 11:13).

의기양양한 그의 말에 백성은 모두 고개를 끄덕였다. 사울의 자비가 넘치는 이 말에는 두 가지 의미가 있는데, 사울에 대해서 비웃은 사람들까지도 포용하겠다는 자애로운 왕으로서의 면모와 더불어 앞으로 사울을 왕으로 인정하지 않는 자는 무사하지 못할 것이라는 경고도 담고 있었다.

사울은 사무엘의 집에서 기름 부음을 받았고, 미스바에서 제비에 뽑혀 왕으로 채택되었다. 그러나 암몬과의 전쟁에서 승리한 이후에 모든 백성이 길갈에 모여서 다시 한번 사울을 왕으로 옹립하는 의식을 행했다. 짐승을 잡아서 화목제물로 하나님께 바쳤고, 이스라엘 백성은 축제를 벌였다. 그 모든 행사가 끝난 뒤에 사무엘이 백성에게 말했다.

"만일 당신들이 주님을 두려워하여 그분만을 섬기며, 그분에게 순종하여 주님의 명령을 거역하지 않으며, 당신들이나 당신들을 다스리는 왕이 다 같이 주 하나님을 따라 산다면, 모든 일이 잘될 것입니다. 그러나 주님께 순종하지 않고 주님의 명령을 거역한다면, 주님께서 손을 들어 조상들을 치신 것처럼, 당신들을 쳐서 멸망시키실 것입니다."(삼상 12:14-15, 새번역).

이 말은 사울이 왕으로 세워졌고, 백성은 사울을 왕으로 인정했으니 사무엘이 흐뭇한 마음으로 백성에게 전하는 덕담이 아니다. 오히려 그것은 경고에 가까웠다. 앞으로는 소를 죽이지 않고서도 사울의 명령 한마디면 수많은 군사가 왕을 위해서 목숨을 바치게 될 것이었다.

왕이 갖게 될 권세와 특권을 하나씩 맛보게 되면서 사울 왕이 과연 하나님 명령에 순종할지, 아니면 자신이 하나님의 자리에 올라가서 백성에게 군림할지 알 수 없는 일이다. 백성이 눈에 보이지 않는 하나님을 여전히 왕으로 모시고 섬길지, 눈에 보이는 사울 왕을 하나님보다 더 좋아하고 따를지 역시 알 수 없는 일이다. 사무엘은 이에 대한 경고를 담아 백성에게 전달했고, 이 말은 이후 왕들의 시대를 지나면서도 언제나 유효한 원칙이 되었다.

사무엘은 설교나 기도 뒤에 그것이 얼마나 권위 있는 것인지 자연 현상을 통해서 보여주곤 했다. 미스바에서 기도 중에 블레셋이 쳐들어올 때 천둥소리가 그들을 어지럽게 했던 것처럼(삼상 7:10), 이번에도 우레와 비가 백성에게 무서운 경고가 되었다(삼상 12:18).

밀을 베는 추수 때는 메마른 하늘이었다. 우레가 치거나 비가 내릴

계절이 아니었다. 그런데도 사무엘의 말이 떨어지자 하늘에서 큰비가 내리더니 우레가 온 대지를 진동했다. 놀란 백성들은 사무엘에게 죽지 않게 해달라고 간구했고 사무엘은 기도하기를 쉬는 죄를 범하지 않겠다고 하며(삼상 12:23) 백성을 안심시켰다.

그렇다면 과연 이스라엘의 초대 왕인 사울은 사무엘의 경고처럼 하나님을 경외하고 진실하게 하나님께 순종하는 왕이 될 것인가? 이스라엘 백성은 왕보다 하나님을 더욱 의지하며 하나님을 인정하는 하나님의 백성이 될 것인가? 아니면 그 반대가 되어서 무너지는 교만한 왕이 되고 이스라엘은 어려움에 처하게 될 것인가? 우리는 다음에서 그것을 확인하게 될 것이다.

## 사울의 변질

사울이 싸워야 할 주된 대상은 블레셋이었다. 블레셋은 아브라함과도 관련 있었고(창 21:34), 그의 아들 이삭도 블레셋과 공존한 적이 있었다(창 26:1). 오래 전 가까운 관계였으나 가나안에서는 갈등이 없을 수 없는 존재가 블레셋이었다. 여호수아가 가나안 정복전쟁을 성공적으로 이끌었지만 블레셋을 다 쫓아내지는 않았는데, 그것은 이스라엘이 힘이 없어서라기보다는 언제든지 몰아낼 수 있었기에 후대의 몫으로 남겨둔 것이었다(수 13:3). 사사기에서는 삼갈 한 사람에 의해 손쉽게 점령당했던 블레셋이(삿 3:31) 삼손 때에는 삼손을 몰락하게 만들기도 했다(삿 16:21).

블레셋과 이스라엘의 유구한 역사가 있다 보니 사울이 왕이 되고 난 뒤에도 블레셋과의 충돌은 피할 수 없는 일이었다. 암몬과의 전쟁에서 완벽한 승리를 거두고, 그것으로 왕권에 대한 신뢰와 함께 군사들의 충성심까지 얻게 된 사울은 어쩐 일인지 그 많은 군사를 집으로 돌려보내고 고작 3천 명만 데리고 믹마스에 머물러 있었다. 그중에서도 1천 명은 장남 요나단과 함께 고향 기브아로 돌아가게 했다. 그런데 요나단은 가는 길에 블레셋의 수비대를 치고 말았다(삼상 13:3).

졸지에 공격당한 블레셋은 이스라엘과 일전을 치르려고 군사를 모았는데 셀 수 없이 많은 보병은 물론이고, 병거가 3만에 기마가 6천이 동원되었다(삼상 13:5). 군사의 수가 많은 것보다 그들의 장비가 당시로서는 최첨단이라는 점에 주목할 필요가 있다. 자신들이 독점하고 있는 철제 무기로 무장한 블레셋은 어느새 가나안 지역의 최강자로 떠올랐다.

사울은 블레셋과의 전쟁을 피하지 않았다. 돌려보냈던 이스라엘 군사들을 다시 불러 모았다. 그러나 그들은 더 이상 용맹한 군사들이 아니었다. 블레셋 군대가 진을 치고 있던 벧아웬의 동쪽 믹마스를 본 이스라엘 군사들은 싸워봐야 이길 수 없다고 속단하고 굴이나 숲, 웅덩이 같이 숨을 수 있는 곳이라면 어디든 몸을 피했다. 심지어는 요단강을 건너 탈영하는 군사도 부지기수였다. 사울은 적은 수의 군사와 함께 길갈을 수호하면서 전투에 대비해야 했다.

이스라엘 군대는 강한 적이 나타났을 때 기습 작전으로 이기곤 했다(수 11:7). 사울은 자신을 의지하며 버티고 있는 군사들과 함께 이 위기를 돌파해야 하는데 문제는 사무엘이었다. 사무엘은 사울에게 7일을 기다리라고 했다(삼상 13:8). 기습 공격을 해도 이길까 말까 한데 일주일을 기다리는 것은 무리였다. 사무엘이 이스라엘의 변방에 있다고 해도 길갈까지 오는 데 7일이나 걸리지는 않는다. 사울은 언제든지 작전을 개시할 수 있어야 하는데 아무것도 못하고 사무엘을 기다리기만 하는 것이 못마땅했다.

하루, 이틀… . 시간이 지나면서 남아 있던 이스라엘군은 자신감을 잃고 있었고, 사울은 한두 명씩 탈영병이 느는 것을 속수무책으로 보고 있어야만 했다. 약속한 7일째가 되어도 사무엘이 코빼기도 보이지 않자 사울은 부하들을 시켜서 번제를 올렸다. 제사장이 집전했던 제사야 수없이 보았다. 하나님께서 받으시기만 한다면 누가 드린들 무슨 상관이 있으랴. 사울은 번제를 드리고 서둘러 블레셋을 공격하고 싶었다.

제사를 마치자마자 사무엘이 등장했다. 사울은 늦게나마 사무엘을 보자 반가운 마음에 절을 올렸다. 그러나 사무엘은 인사는 받지도 않고 차갑게 사울에게 쏘아붙였다.

"임금님, 어찌하여 임금께서 번제를 드렸습니까? 제사는 오직 레위 지파와 제사장만 드릴 수 있다는 것을 알지 않습니까?"

사울은 멋쩍게 웃으며 머리를 긁적거렸다.

"지금 블레셋 진영은 점점 수가 많아지고 있고, 이스라엘 군사들은 눈에 띄게 수가 줄고 있습니다. 그런데도 제사장님은 오지 않으셨습니다. 저는 버틸 만큼 버텼습니다. 제사를 지내지 않으면 전쟁을 시작할 수 없기에 기다리다 지쳐 번제를 올렸을 뿐입니다."

"사무엘이 사울에게 이르되 왕이 망령되이 행하였도다. 왕이 왕의 하나님 여호와께서 왕에게 내리신 명령을 지키지 아니하였도다. 그리하였더라면 여호와께서 이스라엘 위에 왕의 나라를 영원히 세우셨을 것이거늘 지금은 왕의 나라가 길지 못할 것이라. 여호와께서 왕에게 명령하신 바를 왕이 지키지 아니하였으므로 여호와께서 그의 마음에 맞는 사람을 구하여 여호와께서 그를 그의 백성의 지도자로 삼으셨느니라"(삼상 13:13-14).

사무엘의 불호령에 사울의 웃음기가 사라졌다. 아무리 잘못했기로서니 경고나 호통 정도면 족했을 것이다. 그런데 사무엘은 사울의 왕권까지 부정했다. 사무엘이 더 일찍 왔다면 사울은 번제를 드리지 않았을 것이다. 그의 관심은 오직 전쟁이었다. 도대체 왜 사무엘은 자신에게도 과실이 있는 일에 대해서 그렇게 크게 화를 내며 사울의 왕위까지도 부정했던 것일까?

사무엘은 사울에게 7일간 기다리라고 했다(삼상 13:8). 사울은 사무엘이 오면 번제를 드리고 곧 블레셋과 전쟁을 치를 수 있을 거라 여겼다. 전쟁 전에 번제와 화목제를 약속한 사람은 사무엘이었다. 사무엘이 그런 말을 하지 않았다면, 혹은 좀 더 일찍 왔더라면, 이스라엘 군사들이 탈영하는 상황에 대해서 이해했더라면, 급박한 전투의 상황에서는 언제든 먼저 나서라고 했더라면 사울이 경솔한 일을 할 리가 없었다. 그런데 다시 한번 잘 생각해보자. 사무엘이 사울에게 기름을 부어서 왕으로 세웠던 때에도 사무엘은 비슷한 명령을 했었다.

"너는 나보다 앞서 길갈로 내려가라. 내가 네게로 내려가서 번제와 화목제를 드리리니 내가 네게 가서 네가 행할 것을 가르칠 때까지 칠 일 동안 기다리라"(삼상 10:8).

사울은 사무엘이 한 말을 그대로 지켰다. 길갈로 내려가서 일주일을 꼬박 사무엘을 기다리는 데 사용했다. 사울은 의문이 들었고 자기 생각도 있었을 텐데 아무런 토를 달지 않고 사무엘의 요구에 그대로 순종했다. 순종했던 사울은 하나님의 영으로 충만하게 되었고 하나님의 뜻은 드러나게 되었다.

그런데 왕이 된 지 2년이 지난 시점에(삼상 13:1) 사울은 변질되고 말았다. 처음의 겸손한 마음은 사라졌고 사무엘의 명령에 순종하는 태도도 없어졌다. 전쟁의 승리라는 목적을 위해서라면 사무엘의 요구도 무시하고 제사장의 자리도 하찮게 여기는 사람이 되어 버린 것이었다.

사울은 사무엘이 빨리 온다면, 그래서 번제만 드릴 수 있다면, 그래서 속히 전쟁에만 나설 수 있다면 블레셋을 손쉽게 이길 수 있을 거라 여겼다. 그래서 기다려도 오지 않는 사무엘을 무시하고 전쟁을 시작할 수 있도록 자신이 번제를 드리고 말았다. 그 때문에 사무엘의 꾸짖음을 들었고 자신이 왕의 자격이 없는 사람이라는 평가까지 들었다.

그렇게 사기가 떨어져서는 전쟁을 벌여도 이길 수 없고 의욕도 없었기에 전쟁은 아예 개시도 못하고 있었다. 한편 블레셋 군사들은 더욱 모여들고 있었고, 왕의 곁을 지키는 이스라엘 군사들은 2천 명에서 600명으로 줄어들었다. 이제 어쩌면 좋단 말인가?

일은 아주 가까운 데서 해결되었다. 요나단이 젊은 병사 하나와 함께 블레셋의 전초부대에 뛰어들어서 20명쯤을 죽였다(삼상 14:14). 그런데 무슨 일인지 블레셋은 그 소식을 듣고 공포에 떨었으며 자기들끼리 서로 싸워 죽였다(삼상 14:20). 그러니까 사울이 사무엘을 끝까지 기다렸어도 전쟁에는 아무런 영향이 없었을 것이란 말이다. 사울은 여유를 가지고 사무엘을 기다렸어야만 했다.

사울은 자신이 왕이기 때문에 제사를 드리는 것도, 전체적인 상황의 주도권을 갖는 것도 자기 역할이라 믿었고, 그렇게 경솔했기 때문에 사무엘에게 순종하거나 하나님의 뜻에 자신을 맡기는 것을 잊어버렸다. 다른 나라 왕이면 모르되 적어도 하나님의 백성인 이스라엘을 이끄는 왕으로서는 그야말로 자질이 없음을 스스로 증명한 셈이었다.

사울의 잘못은 그것만이 아니었다. 그는 이기고 있는 이스라엘을 향해 잘못된 명령을 내렸다. 블레셋을 완전히 이길 때까지 모든 군사는 금식할 것을 명령했다(삼상 14:24). 블레셋은 자기들끼리 싸우면서 스스로 전쟁에서 패하고 있었고, 그것을 본 이스라엘 군사들은 사울에게 다시 모여들었다. 굴이나 숲, 웅덩이 같은 숨을 수 있는 곳이라면 어디든 몸을 피했던 이스라엘 군사들이 돌아왔고, 용맹스럽게 블레셋을 쫓아가서 죽였다. 강력한 적이었던 블레셋은 그렇게 패배했다.

이때 군사들에게 가장 필요한 것은 보급품이었다. 싸움으로 허기진 군사들에게 먹을 것을 주어서 끝까지 적을 쫓아갈 수 있는 동력을 주어야 했다. 그런데 승기를 잡은 이스라엘 군사들에게 내린 명령이 금식이라니!

금식이 필요할 때가 있다. 회개하거나 절박한 일이 있을 때, 먹을 것보다 더 중요한 것을 해야 할 때 얼마든지 금식할 수 있다. 그럴 때의 금식은 열 끼를 먹는 것보다 더 큰 힘을 발휘한다. 그러나 지금은 금식할 때가 아니었다. 사울 왕은 멀리서 지휘하기 때문에 금식해도 그다지 피곤함을 느끼지 않을 테지만 일반 군사들은 달랐다. 그들은 잘 먹어야 해변까지 달아나는 블레셋군을 쫓아갈 수 있었다. 그러나 사울은 만약에 금식을 어기는 군사가 있을 시에는 저주를 내리겠다고 맹세해버렸다. 왕으로서의 오판이었다. 전쟁해야 할 때, 기다려야 할 때, 금식해야 할 때, 밥을 먹어야 할 때를 전혀 구별하지 못했다.

더욱이 허기진 군사들이 블레셋으로부터 약탈한 소와 양을 피째 먹고 있다는 소식을 듣고 바로 금식령을 풀어버렸다(삼상 14:34). 율법은 피를 먹는 것에 대해 엄격하게 금하고 있다. 왕으로서 그는 이스라엘 군사들이 율법을 어긴 것에 대해서 엄히 추궁했어야 했는데, 오히려 슬그머니 금식을 풀어버렸다. 너무 늦은 결단이었다.

사울은 무수한 전쟁에서 무수한 적과 싸워서 이긴 용맹스러운 왕이었다(삼상 14:47-48). 그런데 사울을 돋보기로 들여다보면 많은 전쟁에서 조급하게 행동했고 이상한 결정을 내리곤 했음을 알 수 있다. 사울이 왕으로서 더는 봐줄 수 없을 정도의 실수는 그것만이 아니었다.

사울이 결정적으로 하나님의 외면을 받게 된 사건은 아말렉과의 전쟁에서 일어났다. 사울은 블레셋과 전쟁 이후에 모압과 암몬, 에돔, 소바와 싸웠고 그들을 이겼다. 어떤 적이든 손쉽게 이겼고 사울의 이름은 가나안 일대에 퍼졌다. 주변 나라들은 사울의 소문을 들었고 그것은 이스라엘이란 나라에 대한 인정으로 돌아왔다.

사울이 아말렉과의 일전을 앞두고 있었을 때였다. 전쟁의 승리는 곧 사울과 그의 용맹스러운 이스라엘 군대의 차지가 될 예정이었다. 출전을 앞둔 사울에게 사무엘이 찾아와서 말했다.

"왕이시여 하나님께서 저를 보내셔서 왕께 명령을 전하라고 하셨습니다. 아말렉과의 전쟁에서 왕께서 이기면 반드시 아말렉을 전멸시켜야 합니다. 남자와 어른은 물론이고, 여자와 어린아이, 심지어 젖먹이까지도 봐주어서는 안 됩니다. 소 떼와 양 떼, 낙타와 나귀 역시 아말렉에 속해 있다면 다 없애야 합니다"(삼상 15:1-3).

아말렉은 이스라엘 백성이 출애굽한 이후에 뒤처지는 여자와 노인들을 약탈한 산적 떼였다. 하나님은 가나안 땅에 곧 들어갈 여호수아와 그의 백성에게 이렇게 말씀하셨다.

"그러므로 네 하나님 여호와께서 네게 기업으로 주어 차지하게 하시는 땅에서 네 하나님 여호와께서 사방에 있는 모든 적군으로부터 네게 안식을 주실 때에 너는 천하에서 아말렉에 대한 기억을 지워버리라. 너는 잊지 말지니라"(신 25:19).

아말렉에 대한 기억을 지워버리라. 그것은 아말렉에 대한 이스라엘 백성의 공격과 전멸에 대한 예언이자 명령이었다. 가나안 지역에서 가장 큰 맹위를 떨치는 사울에게 그 명령을 준행할 기회가 온 것이었다. 아말렉의 모든 것을 없애는 것은 '하렘'이라고 하는데 모든 것이 하나님께 속한 것으로 여겨 다 바쳐야 하는 방식이다. 그 땅과 족속은 저주받은 백성이기에 완전히 진멸하여 악을 다 없애는 방식이었다. 여리고 성을 무너뜨렸을 때와 같았다. 하렘을 어기면 어떻게 될까? 금과 재물에 눈이 멀어서 얼마를 숨겼던 아간은 자신이 '하렘'이 되어 진멸된 전례가 있었다(수 6-7장).

"주님의 명령을 받들겠습니다. 하나님께서 우리와 함께하시도록 기도해주십시오."

사울이 군사의 인원을 점검해보니 보병이 20만 명이었고 유다에서 온 병력도 만 명이나 되었다. 아말렉을 코앞에 두고 사울이 군사들을 매복시키다 보니 주변에 겐 사람들이 있는 것을 알았다. 겐 사람들이란 모세의 장인인 이드로의 후손들이었다. 이스라엘 백성들과는 대대로 가깝게 지냈으며, 출애굽 1세대에게 준 도움을 생각하면 그냥 지나칠 수 없었다.

"이곳에서 큰 전쟁이 벌어질 것이오. 아말렉은 우리에게 패할 것이지만 자칫 여러분이 이 근처에 계셔서 전쟁의 소용돌이에 있으면 같이 죽을까 두려우니 속히 짐을 싸서 떠나도록 하시오."

겐 사람들은 사울의 말을 듣고 급한 것들만 챙겨서 주변을 떠났다. 사울은 전쟁의 급박한 중에도 불의의 희생을 당할 뻔했던 겐 사람을 구할 정도로 분별력이 있었다.

아말렉은 이스라엘의 상대가 되지 못했다. 사울은 하윌라 지역에서 수르에 이르기까지 아말렉을 두루 진멸했다. 아말렉이 산으로, 동굴로 숨어들어도 사울의 군사들을 피할 수 없었다. 아말렉 왕 아각을 사로잡았고 아말렉 군사들도 거의 다 죽였다. 그러나 사울은 하나님의 명령에 완전히 순종하지는 않았다.

군사들이 대강 지어놓은 이동식 우리 안에 아말렉의 양 떼와 소 떼가 고스란히 들어가 있었고, 살이 통통하게 오른 짐승들은 사울의 전리품이 되어서 군사들의 손아귀에 놓였다. 하나님께서는 사무엘을 통해서 가축도 다 없앨 것을 명하셨다. 사울은 병들고 상처 입은 짐승들은 죽여서 벌판에 진열해 놓았다. 혹시라도 사무엘이 점검하러 오면 다 죽였노라고 변명할 구실이었다.

얼마 후 사무엘이 사울을 찾아왔다. 사울은 승전가를 올리면서 갈멜에서 길갈로 내려가는 길이었다. 아말렉의 기름진 가축들은 겉에 입혀놓은 아말렉 소유라는 표식물을 다 없애고 원래부터 이스라엘의 가축인 것처럼 문양을 새기기도 했다. 얼핏 보면 사울이나 베냐민의 소유처럼 보였다.

전쟁에 승리하고 의기양양하게 돌아오던 사울은 사무엘을 만나자 머리 숙여 인사를 올렸다. 그러나 사무엘은 인사도 받지 않고 엄한 표정으로 물었다.

"양 떼와 소 떼의 소리가 제 귀에 들리는 것은 무슨 까닭입니까?"

이미 전날에 하나님께서 사무엘에게 사울이 명령에 따르지 않고 자기 임의대로 아말렉의 짐승들을 차지했다는 것을 말씀하셨다. 하나님은 사울을 왕으로 세운 것을 후회한다고 하셨고 사무엘의 마음은 찢어지는 것 같았다. 밤을 새워서 사울을 대신해 하나님께 기도했으나 하나님의 마음은 이미 사울을 떠나 있었다.

사울은 인사를 마치고 사무엘의 눈을 올려다보았다. 원래부터 이스라엘의 것이라는 거짓말이 통하지 않을 것 같았다.

"양 떼와 소 떼는 최고의 하나님께 드리기 위해 최고의 것들을 엄선한 것입니다. 제사를 드리기 위한 것이고, 그것을 제외한 모든 가축은 다 진멸하였습니다. 그 증거로 저 뒤쪽 벌판에 가보시면 가축의 뼈들을 쌓은 것을 보실 수 있습니다."

"하나님께서 어젯밤에 모든 것을 말씀하셨습니다. 어찌 하나님을 속이려 하십니까?"

"거듭 말씀드리지만 저는 주의 말씀에 순종하였습니다. 주의 말씀대로 아말렉과의 전쟁에 참여했고, 주의 말씀대로 아말렉 군사들을 모두 진멸하였으며, 주의 말씀대로 가축도 모두 제거했습니다. 다만 아각왕을 사로잡아왔으며, 양 떼와 소 떼도 하나님께 제사를 드리기 위한 것입니다."

사울의 변명을 듣던 사무엘의 목소리가 커졌다. 눈에서 불이 나오는 것 같았다.

"사무엘이 이르되 여호와께서 번제와 다른 제사를 그의 목소리를 청종하는 것을 좋아하심같이 좋아하시겠나이까. 순종이 제사보다 낫고 듣는 것이 숫양의 기름보다 나으니 이는 거역하는 것은 점치는 죄와 같고 완고한 것은 사신 우상에게 절하는 죄와 같음이라. 왕이 여호와의 말씀을 버렸으므로 여호와께서도 왕을 버려 왕이 되지 못하게 하셨나이다 하니"(삼상 15:22-23).

사울은 그제야 무릎을 꿇었다.

"제사장님, 제가 하나님의 말씀을 어겼습니다. 군사들이 양 떼와 소 떼 중에서 좋은 것을 제사장님께 드리면 좋아하실 거라고 하는 바람에 그만 명령을 어기고야 말았습니다. 용서해주시고, 저와 함께 하나님께 가서 속죄제를 드리게 해주십시오."

"저는 임금님과 함께 돌아가지 않겠습니다. 왕께서 하나님의 말씀을 헌신짝처럼 버리셨듯이 하나님도 왕을 버리셨습니다."

사무엘은 사울에게서 돌아섰다. 어찌나 냉정한지 주변의 공기가 다 얼어붙는 것 같았다. 사울은 돌아서는 사무엘의 옷을 붙잡았다. 그만 사무엘의 겉옷이 찢어지고 말았다.

"임금님, 보셨지요? 왕께서 옷을 찢으셨듯이 하나님께서는 왕의 나라를 찢으셔서 다른 사람에게 주실 것입니다. 하나님께서 한 번 결심하시면 사람이 하나님의 뜻을 바꿀 수는 없는 법입니다."

"제사장님, 비록 제가 죄를 범하였으나 이스라엘 백성 앞에서 저를 생각해주십시오. 하나님께 제사할 수 있게 해주십시오."

사무엘은 아무 말도 하지 않고 성큼성큼 걸어갔다. 사울은 찢어진 사무엘의 옷자락을 들고 그를 쫓아갈 뿐이었다.


## 사울의 몰락

사울은 40세에 왕이 되어서 죽을 때까지 이스라엘을 이끌었다. 그는 이스라엘의 초대 왕인 것은 물론이고 죽어서도 왕으로서 존중받았다. 하나님께서 사울을 왕으로 인정하지 않으셨다고 했으나 사울이 그 자리에서 바로 내려온 것도 아니었다.

그는 품위를 지키며 이스라엘을 이끌어가면 되었다. 그런데 사울은 그 이후 급격하게 무너졌다. 하나님의 인정도 받지 못했고, 그의 아들에게 왕위를 이어가게 하지도 못했다. 그가 하나님의 눈에서 멀어지게 된 것은 두 가지 실수 때문이었다. 하나는 블레셋과의 전쟁에서 자신이 하나님께 제사를 지낸 것이고, 또 하나는 아말렉과의 전쟁에서 소 떼와

| | |
|---|---|
| 블레셋과의 전쟁에서 자신이 제사를 지낸 뒤 보여주신 하나님의 뜻 | "사무엘이 사울에게 이르되 왕이 망령되이 행하였도다. 왕이 왕의 하나님 여호와께서 왕에게 내리신 명령을 지키지 아니하였도다. 그리하였더라면 여호와께서 이스라엘 위에 왕의 나라를 영원히 세우셨을 것이거늘 지금은 <u>왕의 나라가 길지 못할 것이라.</u> 여호와께서 왕에게 명령하신 바를 왕이 지키지 아니하였으므로 여호와께서 그의 마음에 맞는 사람을 구하여 여호와께서 그를 그의 백성의 지도자로 삼으셨느니라 하고"(삼상 13:13-14). |
| 아말렉과의 전쟁에서 소 떼와 양 떼를 진멸하지 않은 뒤 보여주신 하나님의 뜻 | "이는 거역하는 것은 점치는 죄와 같고 완고한 것은 사신 우상에게 절하는 죄와 같음이라. 왕이 여호와의 말씀을 버렸으므로 여호와께서도 <u>왕을 버려 왕이 되지 못하게 하</u>셨나이다 하니"(삼상 15:23).<br>"사무엘이 사울에게 이르되 나는 왕과 함께 돌아가지 아니하리니 이는 왕이 여호와의 말씀을 버렸으므로 <u>여호와께서 왕을 버려 이스라엘 왕이 되지 못하게 하셨음이니이다</u> 하고"(삼상 15:26). |

양 떼를 진멸하지 않은 것 때문이었다.

그러나 사울의 잘못은 그 두 가지만이 아니었다. 전쟁을 치르는 군사들에게 난데없이 금식을 명령한 것이나 불순종에 대한 사무엘의 지적에 군사들이 소 떼와 양 떼를 남기라고 했다며 남 탓을 한 것도 왕답지 않은 처사도 문제였다.

사울이 하나님께 순종하지 않은 것도 큰 문제였지만 잘못된 판단과 그 판단에 대한 책임을 남에게 전가하는 것은 왕의 자질이 부족함을 드러내는 것이었다. 〈사무엘상〉에서는 사울의 등장과 성공, 실수, 다윗에 대한 증오와 추격이 자세히 기술되어 있지만 〈역대상〉에서는 사울의 최후만 언급하고 있다. 이런 내용이다.

사울은 블레셋과의 전쟁에서 언제나 어려움이 있었다. 다른 민족이나 나라들을 손쉽게 제압했지만 블레셋에게는 이상하게도 잘 대응하지 못했다. 용맹한 요나단으로 인해 블레셋이 자기들끼리 싸우는 일이 없었더라면 이스라엘은 블레셋에게 점령당할 수도 있었다. 사울의 큰 약점이 블레셋이었다.

블레셋이 아벡에 집결하고 이스라엘은 이스르엘 샘가에 진을 치고 있을 때였다(삼상 29:1). 당시 블레셋의 왕은 아기스였다. 먼저 공격한 쪽은 블레셋이었다. 블레셋의 공격에 이스라엘은 후퇴했다. 이스라엘은 이스르엘에서 길보아산까지 북쪽으로 밀려 올라갔다. 도망치던 이스라엘과 블레셋의 치열한 접전은 길보아산에서 이루어졌는데, 그것이 사울에게는 최후의 전투가 되었다. 그곳에서 이스라엘군 대부분이 목숨을 잃었다.

사울에게 가장 큰 힘이 되었던 사울의 아들들 요나단, 아비나답, 말기수아가 블레셋의 공격에 쓰러졌다. 사울은 죽은 세 아들의 시신을 뒤로하고 산등성이로 올라갔다. 그러나 오히려 그것이 사울에게는 불리하게 작용되었다. 쫓아가던 블레셋의 화살조가 선두 대열에 늘어서서 올라가는 이스라엘 군사들을 겨냥했다. 위로 올라갈수록 적군에게는 쉬운 표적이 되었다. 사울은 등 뒤에서 화살이 쏟아지는 것을 느꼈다.

사울은 일반 군사과는 다른 복장을 하고 있었기에 블레셋의 공격은 사울에게 집중되었고, 사울은 비처럼 쏟아지는 화살을 피할 수 없었다. 화살 하나가 등에 꽂히자 그는 뒹굴면서 바위 뒤로 숨었다. 옆에서 그를 보좌하는 병사가 사울의 무기를 들고 함께 자세를 낮추었다.

"칼을 뽑아 나의 심장을 찔러라. 할례받지 못한 저 이방인들에게 죽느니 차라리 이스라엘의 군사에게 죽는 편을 택하겠다."

사울의 무기 병사는 칼집에서 칼을 뽑아 들기는 했으나 차마 왕을 찌를 수는 없었다. 벌벌 떨면서 왕을 겨냥할 뿐 한 발자국도 다가가지 못했다. 사울은 병사의 칼을 빼앗더니 땅에 칼자루를 꽂고는 그 위로 엎드렸다. 날카로운 칼이 배를 뚫고 등으로 튀어나왔다. 순식간에 일어난 일이었다. 사울의 무기 병사는 칼을 뽑아 사울이 했던 것과 똑같이 칼 위로 엎드렸다.

싸움은 맹렬했지만 사울 왕과 왕자들을 잃은 이스라엘 군대는 더는 싸울 의지를 보이지 못하고 골짜기 너머로 도망쳤다. 블레셋은 이스라엘 남자들이 도망간 성읍에 무주공산의 주인이 되어 마음껏 마을을 짓밟았다. 싸움이 그친 다음 날, 블레셋 보병들이 산등성이에 올랐을 때 사울 왕과 무기 병사가 나란히 쓰러져 있는 모습을 볼 수 있었다.

블레셋 군사들은 사울의 목을 자르고 갑옷을 벗겼다. 확실히 사울이었다. 왕을 잃은 이스라엘은 주인을 잃은 강아지와 같았고 빈집이나 다름없었다. 블레셋의 전령은 전국에 블레셋이 이겼음을, 블레셋의 신이 이스라엘의 신을 압도했음을 선포했다.

사울의 갑옷은 블레셋의 아스다롯 신전 앞에 세워졌다. 마치 갑옷이 아스다롯에게 절하는 형상이었다. 사울의 목 없는 시체는 벧산 성벽에 과시하듯 매달았다. 성벽에는 사울의 세 아들 시체도 함께 매달려서 멀리에서도 확인할 수 있었다. 이 처량하고 비극적인 소식은 이스라엘 전국에 전달되었다.

길르앗 야베스의 주민들이 그 소식을 들었을 때 그들은 그대로 있을 수 없었다. 암몬의 나하스 왕에게 눈이 뽑힐 뻔한 그들을 구해준 사울이었다. 사울의 시신이 성벽에 매달려 말라가고 있다는 소식을 들은 길르앗 야베스 주민들은 두 눈이 다 뽑히는 한이 있어도 사울을 그렇게 두어서는 안 된다는 것에 합의했다.

그들은 군사를 조직해서 밤새 벧산까지 갔다. 도착한 시간은 새벽이어서 시신을 지키는 블레셋 군사는 없었다. 길르앗 야베스 주민들은 사울과 그 아들들의 시신을 성벽에서 떼어 내렸다. 주검은 조심스럽게 야베스로 운구되었고 그곳에서 화장되었다. 연기가 하늘을 덮었다. 그들은 다 태워진 뒤에 남은 뼈를 수습해서 야베스의 에셀 나무 아래에 묻었다.

길르앗 야베스 주민들은 일주일간 금식했다. 사울의 죽음에 대해 애도하는 기간이었다. 그들로서는 최선을 다한 것이었다. 사울의 말년에 아무도 그의 곁에 남지 않았지만 적어도 길르앗 야베스 주민들은 끝까지 사울의 곁에 있어주었다(대상 10:1-14).

## 사울은 왜 성공하지 못했을까?

이스라엘에게 왕제도는 권위 있는 일이었다. 그들은 사울 이전에는 제대로 된 왕정국가를 이루어 본 적이 없었다. 〈창세기〉에는 아브라함, 이삭, 야곱, 요셉 등 이스라엘의 위대한 조상들이 등장하지만 그들은 족장(族長)에 불과했다. 그들은 가족 단위를 이끌어가는 리더였다.

모세가 이스라엘 백성을 노예에서 해방시켜 가나안 땅으로 인도하지만 그도 왕은 아니었다. 위대한 지도자임은 틀림없다. 어쩌면 이스라엘이라는 신정국가의 왕의 모델로 모세를 꼽을 수도 있을 것이다. 그는 모든 일에 하나님의 뜻을 묻고, 하나님께서 지시하시는 대로 이스라엘 백성을 이끌었다. 그러나 모세는 왕이 아니었다.

여호수아도 모세를 이어서 하나님께서 지시하시는 대로 이스라엘을 인도했다. 모세와 여호수아로 이어지는 리더십은 이스라엘을 하나의 나라로 만들었고 이스라엘이 정착할 수 있는 영토를 확정 지었다. 그러나 여호수아 역시 왕이 아니었다.

모세와 여호수아가 없는 이스라엘은 가나안 땅에서 많은 어려움에 봉착했다. 레위 지파와 제사장들이 있었지만 그들에게 하나님의 뜻은 전달되지 못했고, 이스라엘 백성들은 자기 소견에 옳은 대로 살았다(삿 21:25). 위기에서 건져낸 사사들이 있었지만 그들도 왕은 아니었다. 사사는 재판장이었고 지휘관일 뿐이었다.

사사시대에 전무후무한 승리로 이스라엘의 영웅이 된 기드온은 이스라엘 백성에 의해서 왕으로 추대될 기회가 있었다(삿 8:22). 기드온은 자신이나 자기 아들들이 이스라엘을 다스리지 않을 것이며 오직 여호와께서 다스리실 것을 천명했다(삿 8:23). 그러나 기드온은 말과 달리 아내를 많이 두어 70명의 아들을 낳았고, 첩과의 사이에서 태어난 아들에게는 '아비멜렉'이라는 이름을 지어주었다. 그 뜻은 '나의 아버지는 왕이시다'였다. 기드온은 왕이 되고자 하는 욕망을 숨기지 않았다.

기드온은 왕이 되지 못했으나 그의 아들 '아비멜렉'은 이스라엘 최초의 왕이 되는 데 성공했다. 아비멜렉은 불량배를 고용해서 자신의 이복형제 70명을 죽이고 세겜에서 왕이 되었다. 그는 3년간 이스라엘을 다스렸다(삿 9:22). 그러나 그는 백성의 신임을 얻지도 못했고 자신을 옹립했던 성읍 사람들을 죽이다가 여인이 던진 맷돌에 머리를 맞고 죽었다. 사사시대의 왕 실험은 그렇게 실패로 끝났다.

그 후에 사무엘이 사사가 되어서 전체 이스라엘을 이끌었다. 이스라엘 백성은 사무엘에게 왕을 요구했고, 이스라엘의 인정을 받는 첫 번째 왕으로 사울이 등장했다. 그런데 왜 사울은 성공한 왕이 되지 못한 것일까?

이스라엘에게 왕의 제도는 허상이었다. 기드온의 아들 아비멜렉은 아무도 인정하지 않는 왕이었다. 이스라엘은 제대로 된 왕을 가져본 적도 없었고 왕의 제도가 무엇인지도 몰랐다. 주변 나라들이 모두 왕정을 채택하고 있었기에 왕이라는 제도가 좋겠다고 막연히 생각했을 뿐 이스라엘이 왕정으로서 시대를 어떻게 헤쳐나가게 될지는 아무도 몰랐다.

아무것도 모르는 것은 사울도 마찬가지였다. 왕을 경험해 본 적이 없는 이스라엘은 왕에 대한 허상을 키웠다. 왕이 세워지기만 하면 지리멸렬한 이스라엘의 어두운 시대는 사라지고 어떤 나라에도 꿀리지 않는 멋진 나라가 될 것이라 여겼다.

이스라엘이 그리는 왕은 이 세상에는 존재하지 않았다. 왕이라는 허상을 추구하는 그들에게 어떤 초인이 나타나서 왕이 되더라도 그 실체는 다를 수밖에 없는 노릇이었다. 위기 상황 속의 이스라엘은 적당한 사람을 왕으로 뽑아 그에게 권위를 주고 왕으로서 마음껏 이스라엘을 이끌어가도록 길을 열어주는 것이 아니라 권위와 능력이 있는 사람이 강력한 권세를 가지고 이스라엘을 쥐고 흔들어야 만족할 듯했다.

그러나 사울은 왕으로 뽑힌 순간에도 그 자리를 떠나 숨을 정도로 자신감이 없었고 준비되지 않은 사람이었다. 그러다가 갑자기 반전이 일어나는데 그에게 하나님의 영이 내려서 실력과 카리스마가 겸비된 사람이 되었다. 전쟁에서 여러 번 승리했고 이스라엘을 강하게 일으켰다. 모든 백성이 비로소 사울을 인정하기 시작했고 사울은 왕으로서 누리는 모든 권리와 대우에 만족했다.

후반기에 사울은 왕위를 지키기 위해서 무엇이든 했다. 하나님의 마음은 사울을 떠났고 의지했던 사무엘도 그를 외면하자, 이번에는 악신이 그를 점령해서 괴롭혔다(삼상 16:14). 이스라엘은 절박함 속에서 왕을 요구한 것이었고, 사울이 왕으로서 이스라엘에 공급되었을 뿐 하나님과 사무엘, 심지어 이스라엘 백성의 지지를 잃어버린 사울은 더는 의미 있는 존재가 아니었다.

사울은 그때 왕이라는 현상과 자기 자신의 실체를 분리해서 생각할 수 있어야 했다. 왕의 자리를 유지하기 위해 자기 의지와 생각을 버리고 하나님의 뜻에만 로봇처럼 따르라는 의미가 아니다. 왕으로 선택된 자신과 인간 사울이라는 실체가 얼마나 괴리된 존재인지 깨닫고, 시간이 걸리더라도 이스라엘 백성과의 관계를 다시 세우면서 동시에 실력과 인격을 쌓아나가야 했다. 그래서 언제 어떤 상황에서도 하나님께서 지시하시는 뜻을 한 치의 오차도 없이 그대로 순종할 수 있는 실력이 검증되어야 했다. 그렇게 되면 그는 위대한 왕의 길을 걸어갔을 것이고, 그의 아들 요나단이 왕위를 이었을 것이다. 그러나 그런 일은 벌어지지 않았다.

이제 이스라엘에서 왕은 더 이상 필요 없는 제도가 되는 것일까? 누가 이스라엘의 왕이 되어야 할까? 하나님께서는 이스라엘 백성이 전혀 생각지도 못했던 한 인물을 준비시킴으로써 왕의 시대를 계속 이어가셨다. 그 주인공이 다윗이었다. 이제 우리는 다윗의 이야기를 할 때가 되었다. 그전에 사울이 성공한 왕이었다면 당연히 왕위를 이어갈 수 있었던, 그러나 애석한 운명의 주인공 요나단에 관해 이야기를 해보려고 한다.

## 사울 왕의 유일한 업적, 요나단

다윗이 처음 그를 보았을 때 그는 만면에 웃음을 짓고 있었다. 떡 벌어진 어깨와 명민한 눈빛이 한눈에 보아도 심상치 않은 사람임을 보여주는 그는 갑옷이 전혀 위축되지 않는 걸음걸이로 다윗에게 다가왔다. 다윗은 순간 긴장하여 몸을 움찔했는데 다행히 그는 눈치채지 못한 것 같았다.

"엘라 골짜기에 우리 이스라엘이 진을 친 이후로 너만 한 꼬마가 사령부 천막에 들어온 것은 처음이야. 그렇지만 너만 한 용기를 가진 사람 역시 처음일 거야. 정말 대단해. 작은 아이처럼만 보이는데 어디서 그런 힘이 났을까?"

다윗은 방금 에베스담밈에 진을 친 블레셋의 전설적인 장수 골리앗을 물리치고 돌아오는 길이었다. 다윗의 손에는 아직도 피를 철철 흘리고 있는 골리앗의 목이 들려 있었다. 가드 사람인 골리앗은 키가 여섯 규빗 하고도 한 뼘이 넘었으며(대충 3m가 넘는다) 그 힘은 몇 마리의 소나 말에 비교할 바가 아니었다. 벌써 몇 달 동안 이어지는 그의 위협에 이스라엘군은 마음이 섬뜩해졌고 간담이 물같이 녹아버렸다. 이대로 며칠이나 더 버틸 수 있을까? 금방이라도 골리앗을 중심으로 블레셋이 전면전을 펼칠 기세였다. 그런데 고작 세 규빗 될까 말까 한 어린 소년이 그를 물리쳐 이렇게 목을 베고 오다니. 지금 이스라엘 진은 축제 분위기였다.

"저는 아까도 말씀드렸지만 그저 전쟁에 나간 형들에게 곡식과 떡을 전해주는 소년일 뿐입니다. 다만 블레셋이 하나님의 군대를 모욕하는 것을 참지 못하여 나섰고 다행히 저에게는 물매를 다룰 줄 아는 솜씨가 있었을 뿐이옵니다."

그는 고개를 살짝 숙이며 또랑또랑하게 대답하는 다윗이 마음에 들었다. 아니, 마음에 드는 정도가 아니라 무언가 깊은 감동과 전율을 느꼈다. 그는 참모와 보좌관에게 명하여 이스라엘 정규군의 군복을 가져오게 했고, 날이 잘 선 칼 한 자루와 질긴 활도 가져오게 했다. 그는 자신의 겉옷을 벗어서 다윗에게 걸쳐주었다. 왕의 아들이자 천부장이며 앞으로 이 나라의 통치자가 될 사람이 자기 옷을 벗어서 남에게 주는 것은 극히 이례적인 일이었다. 주변의 보좌관이 그를 말리려고 했으나 그는 전혀 개의치 않았다.

"난 네가 마음에 든다. 베들레헴 사람 이새의 아들 다윗이라고 그랬지? 이새란 분이 아들을 아주 잘 두었구나. 다윗, 내가 명령한다. 내 이름은 요나단이다. 이제부터 너는 나를 친구처럼 여겨라. 나도 너를 친구로 여기겠다. 친구 사이에는 위아래가 없는 법. 이제부터 나에게 말을 놔도 좋다."

그는 호탕한 웃음을 지었다. 이것이 다윗과 요나단이 처음 만난 장면이었다. 성경은 요나단이 다윗을 처음 보았을 때 마치 여인에게 끌리듯 마음에 들었다고 말씀한다. 이어서 "더불어 언약을 맺었다"고 기록하고 있다(삼상 18:3). 무엇을 언약했던 것일까? '가까운 친구로 지내기로 굳은 언약을 맺었다'(새번역)라거나 '의형제를 맺었다'(공동번역)일 것이다. 이제 겨우 1세대에 지나지 않는 왕이지만 아버지를 왕으로 두고 있는 요나단과 시골 마을 촌부의 막내아들 다윗이 만난 이 역사적인 현장의 주도권은 전적으로 요나단에게 있었다. 요나단은 호기롭게 다윗과 친구가 되기로 했다. 요나단에게 나이나 집안의 차이는 아무것도 아니었다.

친구든 의형제든 둘 사이의 우정을 키워가는 데 가장 큰 걸림돌은 요나단의 부왕 사울이었다. 사울은 이스라엘에 승리를 가져다준 다윗에게 적절한 자리를 주었다. 전투의 비중으로 보아 백부장급이거나 파격적으로는 천부장까지도 가능했을 것이다. 다윗은 나이답지 않게 명민하고 지혜로워 무식한 군사를 다루는 법도 알고 있었고, 부하들이 자신을 존경하고 떠받들게 만들기도 하였다. 왕의 보좌관들도 다윗이 큰 재목이 될 것을 알아 다윗을 중용(重用)하기를 거듭 아뢰었다. 다윗의 초고속 승진에 대해서 아무도 반박하는 사람이 없었다. 그러나 문제는 승리 후 귀환에 있었다.

사울 왕의 군대는 에베스담밈의 전투를 대승으로 이끌고 보무도 당당하게 행진을 벌이며 이스라엘성으로 돌아오고 있었다. 사울은 자기 우측에는 아들 요나단을, 좌측에는 이번 전투의 일등 공신인 다윗을 배석하고 행군했다. 성 외곽에서부터 커다란 악기와 사람의 소리가 들리기 시작하더니 성안으로 들어오자 초동(樵童)과 여인들이 꽃을 뿌리며 이스라엘 군대를 맞아들였다. 이들은 소나 염소의 마른 뿔로 길게 자루를 만든 각퇴(角槌)로 편경(編磬)을 두드렸는데, 편경은 경쇠라고도 불리는 일종의 쇠로 된 꽹과리 같은 타악기였다.

어떤 사람들은 소의 가죽으로 운두를 막아 소리가 공명하게 한 소고(小鼓)를 왼쪽 겨드랑이 사이에 끼고는 이팝나무 자루로 힘차게 두드려댔다. 이스라엘 군대의 행군에 맞춰서 한쪽 편에서는 편경을 치고 이어서 반대편에서는 소고를 두드리는 형식이었다. 이스라엘 군대는 그 소리에 맞춰서 행군했고 가장 앞자리로 몰려온 화동이 꽃을 뿌렸다. 승리에 들떠 귀환하는 군사들과 이들을 맞이하는 주민들은 모두 감격에 차 있었는데 오직 한 사람, 사울 왕만이 성에 차지 않은 모습이었다. 그 까닭은 헌화와 행진에 맞춘 타악기 소리 사이사이에 이들 군대를 환영하는 노랫소리 때문이었다. 내용은 이러했다.

"여인들이 뛰놀며 노래하여 이르되 사울이 죽인 자는 천천이요 다윗은 만만이로다 한지라"(삼상 18:7).

이 노래는 타악기에 맞추었기 때문에 편경과 소고 사이, 그러니까 휴지기(休止期)에 불린 제창이었다. 그렇기에 그 내용은 멀리 있는 사람에게도 뚜렷이 들릴 정도였다. 이 시가(詩歌) 형식은 전형적인 행진곡풍이다. 아군에게는 자긍심을 고취하고 적군은 두려움으로 떨게 만드는 이 승전가는 혁혁한 공을 세운 사람을 높여주고 승리의 공을 찬양하는 내용이 담겨 있다. 다만 그 내용이 항상 고착된 것이 아니라 전투의 결과에 따라서 조금씩 달라졌는데, 결국 노래는 노래만의 역할이 아닌 일종의 여론인 셈이었다.

사울 왕은 이스라엘이 신정에서 왕정으로 넘어가는 시대의 선구자로서 부름받은 사람이었다. 이스라엘의 왕정은 정치와 종교가 일치하는 새로운 형태였다. 그전까지는 왕이라는 제도도 없었거니와 정치는 판관(判官)이, 종교는 제사장이 관여한 신정분리의 시대였다. 그러나 비옥한 초승달 지대 대부분의 나라가 작게는 부족 족장, 넓게는 왕정시대를 구가하고 있었고, 특히 블레셋은 철기 사용을 독점하면서 그 지역의 맹주로서 기세를 떨치고 있었다.

군소 국가 중의 하나였던 이스라엘로서는 철기시대의 도입에 따른 준비가 전혀 되어 있지 못했고 그 필요성도 절감하지 못했다. 그러나 사울 왕은 철기시대라는 변화의 흐름을 어느 정도 감지했을 가능성이 있다. 왜? 철 무기를 사용해보니 좋았기 때문이었다. 블레셋이라는 걸림돌만 제거하면 경제적인 독립과 정치적인 자유를 누릴 수 있을 것으로 여긴 사울은 왕정의 기틀을 장남인 요나단에게 물려주어 사울 − 요나단으로 이어지는 이스라엘의 전성기를 구가할 생각이었다. 물론 블레셋에게는 풍부한 철 무기와 골리앗이라는 거대 장벽이 있었다.

문제는 골리앗을 치고 블레셋을 정벌한 주인공이 자신도, 자기 아들도 아닌 영 엉뚱한 사람이라는 데 있었다. 그리고 그 새로운 인물이 군대에서도 점점 세력을 얻어가고, 급기야 이스라엘 전체 백성에게도 인정받고 있다는 게 그의 마음을 비틀어버렸다.

"사울이 죽인 자는 천천이요 다윗은 만만이로다."

이 노래는 왕인 사울을 은근히 자극했고 그의 왕위를 위협하는 것으로도 들렸다. 급기야 사울 왕이 미친 듯이 화내고 성질을 터뜨린 것은 귀환한 다음 날 왕궁의 식탁에서였다. 사울은 가족의 저녁 식사 자리에 다윗을 동석시켰다. 사울의 뇌리에서는 거리에서 들려오던 창화 (唱和) 소리가 떠나지 않았다. 식사를 마친 사울은 다윗에게 수금을 탈 것을 명령했다. 다윗은 물매를 던지는 것 말고도 또 하나 특기가 있었는데 수금 연주가 그것이었다. 다윗은 왼손과 오른손을 재빨리 움직여 현을 하나하나 뜯었다. 현이 흔들리며 악기를 진동하자 방안에는 아름다운 멜로디가 가득했다. 그 방에 있던 가족과 측근들은 음악에 맞추어서 어깨를 으쓱거렸고 사울만 빼고는 금방 음악에 심취해버렸다. 그때였다. 날카로운 외침 소리가 연주를 멈추게 했다.

"그만둬. 그따위 얄팍한 재주로 나라를 다 집어삼키겠다고?"

소리를 지른 이는 사울이었다. 누가 말릴 틈도 없이 사울은 창을 들어 다윗에게 던졌다. 사울은 완전히 이성을 잃은 듯했다. 창은 바람을 가르면서 다윗에게 날아갔다. 만일 다윗이 민첩하게 움직이지 않았다면 그의 머리나 심장은 긴 창에 꽂혔을 터였다. 그러나 다행히 다윗은 몸을 잘 피했고 창은 둔탁한 소리를 내면서 벽에 꽂혔다.

그 이후로 이어지는 사건들은 우리가 잘 알다시피 다윗의 연이은 승리와 사울을 피해 도망 다니는 숨 가쁜 내용이다. 이 이야기는 다윗의 모험담이나 성격 파탄자 사울을 성토하려는 데 목적이 있는 것이 아니므로 좀 건너뛰도록 하자. 그리고 지금까지의 설명을 통해서 사울의 면면과 다윗의 등장이 어느 정도 드러났다고 볼 수 있다. 그런데 요나단에 대한 설명이 좀 부족한 듯싶다. 질문을 한 가지 하고 싶다. 요나단은 차기 왕권 주자로서 알맞지 않은 인물일까?

요나단이란 인물을 알아보려면 그가 등장한 첫 장면부터 잘 살펴볼 필요가 있다. 물론 성경에는 그의 탄생이나 유년 시절은 나타나지 않는다. 다만 짐작건대 요나단이란 이름의 뜻이 "하나님께서 주셨다"이므로, 어린 시절부터 하나님을 의식하면서 살았을 가능성이 크다. 최소한 젊은 시절의 사울은 겸손하고 여렸기 때문에 장자 요나단을 신앙적으로 키웠을 테고 요나단의 성격으로 보아 그는 아버지 말씀에 잘 순종하며 성장했을 터였다.

그런 요나단이 성경에 등장할 때는 이미 군사가 되어 있는 상태였고 천 명의 군사와 함께 블레셋을 치기 위해 베냐민 기브아에 매복하고 있는 것으로 시작한다. 블레셋의 수비대에게 큰 타격을 준 것을 시작으로 요나단은 아버지 못지않은 용맹을 과시했다. 특히 보세스와 세네라는 유명한 바위들 사이에 숨었다가 자신의 심복 하나와 함께 블레셋의 군사 20여 명을 죽인 사건은 블레셋 진영(陣營)에게 정신적인 타격을 주기에 충분하였다. 귀신처럼 숨었다가 비명을 지를 틈도 주지 않고 순식간에 블레셋 군사 20여 명을 죽인 것이 겨우 두 명이란 사실은 블레셋 정규군은 물론 무적이라는 전초(前哨)부대와 특공대, 전술에 강한 기습부대마저도 술렁이게 했고 공포에 떨게 했다. 이 작전은 아버지 사울에게도 비밀로 했는데 심복을 데리고 적을 섬멸하러 갈 때 요나단은 이렇게 외쳤다.

"여호와께서 우리를 위해 일하시기만 한다면 우리 두 명으로서도 못할 게 무엇이냐?"

성경에서는 이 작전의 성공 이후 온 땅이 흔들렸다는 표현을 하고 있다(삼상 14:15). 그것으로 보아 블레셋 군대가 얼마나 큰 패닉상태에 빠졌는지는 짐작하고도 남는다. 요나단의 용맹과 지략을 보여주는 대

목이 아닐 수 없다. 많은 성경학자가 요나단의 실수라고 하는 꿀을 찍어 먹은 사건을 통해서도 요나단의 새로운 장점을 엿볼 수 있다.

사울은 전쟁이 완전히 승리로 끝나기 전까지 아무것도 먹지 못하도록 군대에 금식령을 내렸다. 명령이 전달되기 전에 진영을 떠난 요나단은 그에 대해 알지 못했다. 그는 행군하다가 벌꿀을 맛보고 원기를 회복하고는 동료 군사에게 음식을 먹으라고 종용했다. 하기야 굶은 군사가 무슨 힘으로 싸울 수 있을까? 문제는 군사와 백성들이 한도를 넘어서 야만인처럼 양과 소의 피까지 닥치는 대로 먹었다는 데 있었다. 노한 사울 왕이 그렇게 된 원인을 찾아냈더니 놀랍게도 요나단이 지목되었다. 사울은 단호하게 사형을 선고했다. 그런데 여기서 반전. 이스라엘 백성이 모두 요나단을 살려달라고 간절히 청했고, 전체 여론도 요나단에게 잘못이 없다는 쪽으로 흘러가자 요나단을 슬그머니 면죄해주었다. 어느새 요나단은 백성의 돈독한 신임을 받을 정도로 성장해 있었다.

자, 정리해보자. 요나단은 이스라엘 초대 왕인 사울의 장자이며 다음세대를 이을 왕으로서의 충분한 자질과 덕목을 갖추고 있었다. 어떤 실력이 있었을까? 첫째는 비옥한 초승달 지역에 난립하는 여러 국가 가운데 신흥 강국인 이스라엘에게 필요한 군인정신, 즉 용맹성을 갖추고 있었으며, 둘째는 끊임없는 전쟁의 소용돌이 속에서 군대를 잘 이끌고 통솔해 나갈 지략을 겸비하고 있었고, 셋째는 상대 나라에서도 흉흉한 소문으로 경외심을 갖게 하는 나름의 무용담이 있었으며, 넷째는 군사뿐 아니라 전체 백성을 상대로 한 높은 지지, 마지막으로 죽으라면 죽는시늉까지 하는 실력 있는 심복을 다수 거용(擧用)하고 있었다. 그런데 왜 요나단은 왕이 되지 못했던 것일까?

　기본적으로 사울 왕조의 정통성에는 아무도 이의를 제기하지 않는다. 문제는 사울 왕이 실패한 왕이라는 데 있었다. 이스라엘의 정치가 신정에서 왕정으로 바뀌는 중요한 시대의 선구자가 사울이었다. 이스라엘 백성의 요구와 청동기에서 철기로 넘어가는 시대의 요구가 맞물려서 결국 이스라엘에 왕정시대가 열렸다. 그러나 그 첫 실험의 주인공이었던 사울은 실패하고 말았다. 블레셋과의 전투를 앞둔 그는 제사장인 사무엘의 주도 아래 번제를 드리고 전투를 할 생각이었다. 그러나 사울은 사무엘을 기다리지 못하여 스스로 번제를 드리고 말았다.

　그의 실수는 거기서 끝나지 않는다. 아말렉과의 전투에서 남녀노소, 짐승을 막론하고 다 전멸하라는 여호와의 말씀에 순종하지 않고 임의로 좋은 것을 숨겨두었다. 그리하여 하나님의 마음은 사울을 떠났고, 사울이 아무리 사무엘의 바짓가랑이를 잡고 늘어져도 사울의 실패는 찢어진 사무엘의 옷처럼 돌이킬 수 없게 되어 버렸다.

　실패한 사울 왕. 처음의 순수했던 열정은 사라지고 교만에 빠진 데다가 한계를 드러내는 그의 정치적 지도력. 결국 왕정은 하나 마나 한 것이었을까? 다시 신정시대로 돌아가야 할까? 여호와 하나님은 그것을 원치 않으셨다. 하나님은 있는 제도를 뒤엎어버리지 않고 새롭게 개혁할 수 있는 길을 열어주셨다. 그 새로운 주인공이 바로 다윗이었다. 그런데 왜 하필이면 요나단이 아니고 다윗일까?

　사울이 실정하던 그 순간에 옆에서 아무 소리도 않고 다만 지켜보기만 하던 사람이 있었다. 블레셋 전투 전의 사울 왕, 아말렉 전투 후 사울 왕의 실수와 잘못을 아픈 가슴을 움켜쥐고 목격한 사람이 있었는데 그는 다름 아닌 아들 요나단이었다. 요나단은 아버지의 품위가 점점 없어지고, 왕으로서의 인격과 위엄을 무시하고 살아가는 모습에 실망감을 감출 수 없었다. 아버지의 한계가 다다른 것이었다.

그렇다면 아버지 이후의 차기 왕은? 요나단은 자기 모습을 살펴보았다. 그리고 아버지 측근들의 생각도 들어보고 사무엘과 여러 노신의 의견도 넌지시 알아보았다. 자신에겐 용맹성, 지략, 무용담, 지지, 심복 등 모든 것이 갖추어져 있었다. 그리고 무엇보다 자신은 초대 왕의 장남으로서 왕가의 혈통을 이을 사람이 아닌가?

그러나 바로 그 순간에도 빛나는 눈빛을 하고 사람들에게 사랑받으며 묵묵히 자기 일을 감내해 내는 혜성같이 등장한 다윗이 차기 왕으로서의 재목이라는 생각도 들었다. 자신은 왕가의 정통성에 서 있지만 왕실의 계통보다 더 우위에 있는 것은 하나님의 선택이었다. 누가 왕이 되어야 할까? 요나단은 겉으로는 웃고 있었지만 마음속으로는 수많은 생각이 명멸해졌고 엄청난 무게의 고뇌 속에 잠겨 있었다. 그러고는 어느 날 결론처럼 중얼거렸다.

"나에게는 모든 것이 갖춰졌지만 한 가지가 없노라. 그리고 그 한 가지는 모든 것이었노라!"

요나단은 결국 백기를 들고 말았다. 문제의 그 한 가지는 하나님의 선택이었다. 하나님의 선택은 자신이 아니라 다윗에게 있음이 명백했기 때문이었다. 요나단은 마음을 깨끗이 비웠다. 차기 왕이 자신이어도 좋지만 다윗이 왕이 된다고 해도 나쁠 것은 없다는 생각이 들었다. 요나단이 자신을 포기하기까지 시간이 얼마나 걸렸을까? 그러나 그는 겸손하게 하나님께 순종했다. 하나님의 뜻이라면 아버지가 다윗을 죽이려고 수없이 시도해도 절대 죽일 수 없다는 것을 알았다. 하나님의 뜻이라면 요나단이 다윗을 원수로 여겨 그를 죽이는 데 성공해도 자신이 왕이 될 수는 없다는 결론이 내려졌다. 그럼, 이제 요나단이 할 일은 무엇일까? 대답은 쉽게 찾아왔다.

질투에 사로잡히거나 폐인이 되어 은둔하거나 아니면 비굴하게 고개를 숙이지는 말자. 차라리 다윗을 나의 최고의 친구로 여기자. 요나단의 마음은 단호하고 신중했다. 요나단은 비록 왕이 될 야심은 버렸지만 다윗을 친구로 삼으려는 소망은 버리지 않았다. 결국 이렇게 되어서 좋은 것은 무엇일까? 우선 하나님의 뜻을 어기지 않게 된다. 자신의 자존심도 지킬 수 있다. 그리고 다윗이 먼저 죽으면 다윗 이후 다시 한번 왕위를 노릴 수 있고, 요나단이 먼저 죽으면 다윗의 마음속에 영원히 지워지지 않는 영향력을 행사하게 된다. 요나단은 비록 운은 없었지만 바보는 아니었다.

이제 요나단 이야기의 결말에 도달할 때가 되었다. 요나단과 다윗의 우정은 언제까지 유지되었을까? 안타깝게도 둘 중의 하나가 먼저 죽음으로써 우정은 더 지속되지 못했다. 그 둘이 헤어진 후에 다시 만날 기회도 없었다. 그러나 두 사람의 우정은 죽음도 갈라놓을 수 없었다. 왜냐하면 요나단은 죽으면서도 다윗을 생각했고, 다윗 또한 자신이 죽을 때까지 요나단을 늘 기억하고 있었기 때문이었다.

블레셋이 이스라엘을 쳐서 가나안 땅의 패권을 장악하려고 전쟁을 벌일 때 다윗은 사울을 피해 시글락에 머물고 있었다. 다윗과 부하들은 처자와 재산을 탈취한 아말렉을 쫓아 원정을 가야 했기에 이스라엘과 블레셋 사이에 벌어진 전쟁에 신경 쓸 겨를이 없었다. 이스라엘의 책임자인 사울은 증오심에 불타 있었고, 블레셋은 이전의 실패를 만회하려고 수천 명의 장관을 모아 이스라엘에 대한 전격적인 공격을 감행하고 있었다. 사울과 그의 세 아들인 요나단, 아비나답, 말기수아가 진을 짜고 블레셋의 전면전에 대비했지만 역부족이었다. 블레셋에게 패하면서 길보아산까지 도망갔지만 그들의 한계는 거기까지였다. 창과 활 등 첨단의 무기와 수많은 군사에 비하면 이스라엘은 그야말로 오합지졸에 불과했다.

블레셋은 사울과 그의 세 아들을 끝까지 쫓아갔다. 그들을 죽여야만 승리가 굳어지기 때문이었다. 수많은 화살이 굵은 빗줄기처럼 산등성이를 넘어 안전한 곳으로 피신하려는 사울과 세 아들의 등에 내리꽂혔다. 요나단 역시 왼쪽 어깨와 오른쪽 허벅지에 화살이 관통되어 그 자리에 나뒹굴었다. 그의 동생들은 수십 개의 화살에 박혀 들판에 쓰러져 있었고, 아버지 사울은 날갯죽지에 화살을 맞아 몸을 웅크리며 반대쪽으로 굴러떨어지고 있었다. 요나단은 방패로 겨우 몸을 가린 채 숨을 몰아쉬었다. 저기 멀리 능선 아래에서 수백 명의 블레셋군이 칼을 들고 올라오고 있었다. 아, 이것으로 끝인가. 그 순간에 요나단은 다윗을 떠올렸다. 내가 사랑하는 다윗이라면 쓰러져가는 이스라엘을 다시 일으킬 수 있을 것이다. 요나단은 피를 흘리면서도 미소 지을 수 있었다.

"다윗, 우리가 마지막으로 만났을 때가 언제였지? 그래, 아버지를 피해 에셀 바위 곁에 숨었을 때였어. 넌 말했지. 내가 무슨 죄를 지었다고 네 아버지가 나를 죽이려 하는 거냐고. 너의 그 화난 모습을 나는 잊을 수 없구나. 왜 아버지는 너를 그렇게 죽이려고 했던 것일까? 나를 사랑하기 때문일지도 모른다고 생각했어. 하지만 아니었어. 아버지는 아버지 자신을 너무 사랑했던 거야.

다윗, 너와 나는 언젠가 다시 만날 수 있을 거라 믿었어. 하지만 이제 더는 버텨낼 재간이 없구나. 다시 한번 네 모습을 볼 수 있다면. 한번만 더 너와 손을 맞잡고 네 눈빛을 볼 수만 있다면. 이젠 그런 바람도 부질없는 것일까. 하지만 그 바위 곁에서 내가 한 말은 진심이야. 나는 비록 먼저 죽지만 너와 나 사이에는 여호와께서 함께하실 거라는 걸. 네 아들과 자손, 그리고 내 아들과 자손 사이에 여호와께서 언제나 함께하실 거라는 걸. 잘 있거라, 다윗. 여호와여, 우리를 불쌍히 여기소서."

요나단은 숨이 턱에 차오는 것을 느꼈다. 그 와중에도 다윗을 생각하자 눈에서 눈물방울이 떨어져 내렸다. 눈물로 흐려진 시야 너머로 블레셋군이 성난 망나니처럼 칼을 들고 요나단 앞으로 다가오는 것이 보였다.

다윗이 사울과 요나단의 전사 소식을 들은 것은 시글락에 머문 지 삼 일째 되는 날이었다. 이스라엘과 블레셋 사이에 전쟁이 있다는 소식은 이미 듣고 있었고, 블레셋 진영에서 며칠 숨어 지내기도 했으니 모르는 바가 아니었다. 그렇다고 쫓기는 신세에 이스라엘 진에 들어가 싸울 수도 없는 노릇이고, 멀리서 발만 동동 구르던 참이었다.

사울의 면류관과 팔고리를 가지고 온 아말렉 소년이 사울과 요나단이 전쟁 중에 죽었음을 알려 왔을 때 다윗은 갑자기 목이 메어 견딜 수가 없었다. 다윗은 겉옷을 찢으며 소리를 질렀다.

"아, 내가 같이 있었더라면 적어도 요나단은 살릴 수 있었을 텐데. 이제 다시는 요나단을 만날 수 없단 말인가? 다윗은 소매로 눈물을 훔쳤다. 그는 복받쳐오는 마음으로 요나단의 죽음을 부정하고 또 부정하였다. 그러나 이미 요나단은 이 땅을 떠난 후였고, 다윗은 공허한 메아리로 돌아오는 자신의 목소리만 확인할 뿐이었다. 아아, 요나단. 나의 친구, 나의 형이여. 잘 가라. 잘 가라."

다윗은 요나단의 가는 길에 슬픈 노래를 지어 불렀고, 그 노래는 '활의 노래'라 명명되었다. 야살의 책에 기록되어 이스라엘 백성 사이에 널리 불렸던 이 노래의 일부분을 인용하는 것으로 요나단의 이야기는 끝을 맺도록 하자.

너 이스라엘의 영광이 산 위에서 죽었구나.
아, 용사들은 쓰러졌구나.
이 소문을 갓에 알리지 말라.
아스클론 거리에 퍼뜨리지 말라.
블레셋 계집들이 좋아하고,
오랑캐 계집들이 좋아 날뛸라.

길보아 산악에는 비도 이슬도 내리지 아니하고,
소나기도 쏟아지지 아니하리라.
거기서 용사들의 방패는 더러워졌고,
사울의 방패는 기름칠도 않은 채 버려졌구나.
요나단이 한 번 활을 쏘면 사람들은 피를 쏟으며 쓰러졌고,

그 살에는 적군 용사들의 기름기가 묻고야 말았는데.

사울이 한 번 칼을 휘두르면 사람들은 피를 쏟으며 쓰러졌고,

그 칼에는 적군 용사들의 기름기가 묻고야 말았는데.

사울과 요나단은 살았을 때 그렇게도 정이 두텁더니,

죽을 때도 갈라지지 않았구나.

독수리보다도 날쌔고, 사자보다도 힘이 세더니.


이스라엘의 딸들아,

주홍색 옷을 입혀주고

그 옷에 금장식을 달아주던

사울을 생각하고 통곡하여라.

아, 용사들이 싸움터에 쓰러졌구나.

요나단이 산 위에서 죽었구나.


나의 형, 요나단,

형 생각에 나는 가슴이 미어지오.

형은 나를 즐겁게 해주더니.

형의 그 남다른 사랑,

어느 여인의 사랑도 따를 수 없었는데.

아, 용사들은 쓰러지고, 무기는 사라졌구나.

(삼하 1:19-27, 공동번역)

# 별 볼 일 없었으나 위대해진 왕

## 다윗의 등장

사울은 하나님께 순종하지 않았다. 하나님은 더 이상 사울을 인정하지 않았고, 사무엘은 더는 사울을 만나주지 않았다. 사울은 실패했다. 사무엘은 내내 마음에 걸렸다. 사울이 왕으로서 실패한 것은 개인의 실패로 끝나지 않고 이스라엘의 운명이 걸린 일이기 때문이었다. 사무엘은 노쇠하여 인생에서 곧 퇴장할 예정이었다. 사울이 왕정을 망쳤기에 사무엘이 죽은 후 이스라엘은 어려움에 처하게 될 것이다. 이 일을 어찌하면 좋을까? 괴로워하는 사무엘에게 하나님이 말씀하셨다.

"나는 이미 사울을 버렸다. 언제까지 사울 때문에 괴로워할 테냐?

킹스 히스토리 : 사울 왕부터 만왕의 왕 예수까지

일어나라. 뿔 병에 기름을 채워 베들레헴으로 가라. 거기 이새의 집으로 가면 그의 아들 중에 내가 고른 왕이 있다. 그에게 기름을 부어라"(삼상 16:1).

사무엘의 방문은 베들레헴에서 큰 화젯거리가 되었다. 사무엘은 전 이스라엘을 이끄는 지도자였다. 이스라엘 백성 중 사무엘을 모르는 사람이 없다. 지금 사무엘의 베들레헴 내방은 베들레헴 사람들에게도 의문이었지만 만약 사울이 알게 되면 문제가 될 수도 있었다.

"사무엘이 왜 베들레헴에 갔을까?"

의심 많은 사울은 사무엘을 막아설 뿐만 아니라 그것을 빌미로 사무엘을 어렵게 할 수 있었다. 하나님은 사무엘에게 암송아지 한 마리를 끌고 가게 했다. 사무엘이 지역을 순회하며 희생 제물을 드리는 것은 흔한 일이었다. 만약 누가 물어보더라도 베들레헴의 지역 제사를 지내기 위한 것이라고 둘러댈 수 있었다.

베들레헴 사람들은 신이 났다. 사무엘 같은 유명한 인물이 베들레헴 이새의 집에 방문하여 제사를 지낸다니…. 베들레헴 성읍의 장로들은 사무엘이 주관하는 제사에 참여하기 위해서 몸을 성결하게 했다. 모처럼 동네가 떠들썩했다.

사무엘은 이새의 아들들을 초대하여 제사에 참여하게 했다. 이새 집안으로서는 영광스러운 일이었다. 이새에게는 8명의 아들이 있었다(삼상 16:10). 역대상에서는 7명의 아들과 2명의 딸을 소개하고 있다. 아들들의 이름은 엘리압, 아비나답, 시므아, 느다넬, 랏대, 오셈, 다윗이었고, 딸은 스루야, 아비가일이었다(대상 2:13-17). 다윗의 누이 스루야는 세 아들을 낳았는데 아비새, 요압, 아사헬이었으며, 그들은 다 윗이 왕이 된 후에 다윗의 신하가 되어 업적을 쌓았다.

사무엘은 이새에게 아들을 한 명씩 보내게 해서 독대했다. 이새는 영문을 몰랐지만 제사장이 시키는 대로 했다. 큰아들 엘리압이 섰을 때 사무엘은 놀라지 않을 수가 없었다. 큰 키와 떡 벌어진 어깨가 사울을 보았을 때와 흡사했다. 하나님께서 사울을 버리고 엘리압을 택하셨다고 믿었다. 그에게 기름을 부으려고 하자 하나님이 말씀하셨다.

"여호와께서 사무엘에게 이르시되 그의 용모와 키를 보지 말라. 내가 이미 그를 버렸노라. 내가 보는 것은 사람과 같지 아니하니 사람은 외모를 보거니와 나 여호와는 중심을 보느니라 하시더라"(삼상 16:7).

사무엘은 할 말이 없었다. 이새에게 차남을 불러달라고 요청했다. 둘째 아들 아비나답이 사무엘 앞에 섰다. 그 역시 키와 덩치가 왕이 될 만했다. 그러나 하나님의 뜻은 그에게 없었다. 셋째 아들 삼마가 사무엘 앞에 섰으나 그도 왕으로 선택되지 않았다. 그렇게 이새의 일곱 아들이 모두 사무엘의 앞을 지나갔으나 하나님은 아무 말씀이 없으셨다. 사무엘은 이새를 불렀다.

"제가 만난 아들들이 전부입니까? 하나님께서는 모두 아니라고 하십니다."

이새는 곤란한 표정을 지었다.

"막내아들이 하나 있기는 합니다만…."

## 별 볼일 없는 다윗

사무엘상에서 다윗은 8명의 형제 중 막내로 설명되고, 역대상 2장에서는 7명의 형제라고 표현되고 있다. 이새의 아들이 총 8명인지 7명인지는 성경에 따라 다르지만 다윗이 막내인 것에는 변함이 없다. 위로부터 세 번째 아들까지는 사울의 군사가 되어 전쟁에 참여하고 있었다. 이스라엘은 전쟁에 나갈 수 있는 최소한의 나이를 20세로 잡고 있었다(민 1:3). 그러니까 군사가 되지 못한 이새의 넷째 아들부터는 19세 이하라는 것을 의미한다. 두 살씩 터울이 있다고 하면 여덟 번째인 다윗은 11세가 된다. 한 살 터울로 치면 다윗은 15세가 되며, 다윗의 형 중에 쌍둥이가 있다고 쳐도 다윗은 17세 이상이 될 수가 없다. 15세에서 17세밖에 되지 않는 막내 다윗은 별 볼일 없는 인물이었다.

여호수아의 가나안 정복시대와 사사시대를 지나는 동안 이스라엘 백성의 삶의 방식은 굉장히 많이 바뀌었다. 430년 동안의 노예살이를 벗어나 40년 광야에서 지낼 때까지만 해도 이스라엘의 가장 중요한 산업은 목축이었다. 애굽에서 가축을 몰고 온 이스라엘은 가나안 땅에 정착하고서도 한동안은 목축을 했다. 그러나 그것으로는 늘어나는 인구가 먹고살기에는 어려움이 있었고, 가나안 지형에서 만족할 만하게 적응할 산업이 아니었다.

이스라엘은 목축에서 농업으로 산업을 전환했다. 그 과정에서 가나안의 여러 우상을 섬겼는데 모두 농사와 관련된 바알이나 아세라였다. 사사시대에 이스라엘 백성이 하나님을 섬기기보다 우상 숭배에 전념했다는 것은 그들의 산업이 바뀌었다는 의미이기도 했다. 기드온도 포도주 틀에서 밀 이삭을 타작했다(삿 6:11). 어느새 이스라엘의 주요 산업은 농업이 되었다.

특히 베들레헴은 농사를 매우 중요한 산업으로 여기는 지역이었다. 그 이름부터가 '떡집' 이라는 의미가 있다. 사사시대에 베들레헴 지역에 가뭄이 들어서 그곳 유지였던 엘리멜렉은 나오미와 함께 모압 지방으로 피신했다. 몇 년이 지나 결혼한 두 아들과 엘리멜렉이 객사하고 혼자 남은 나오미는 이방인 며느리 룻과 함께 고향 베들레헴으로 돌아왔다(룻기 1:6).

룻은 지역에서 유력한 사람의 밭에 가서 이삭을 줍는 일을 했다. 고아, 과부, 객은 밭에 떨어진 이삭을 줍는 일이 허락되었다(신 24:19). 그 유력한 사람이 보아스였다. 룻은 보아스와 결혼하게 되고 그 둘 사이에서 태어난 아들의 이름은 오벳이었다. 오벳은 다윗의 할아버지다. 그러니까 오벳의 아들 이새가 가문을 이끌어갈 때는 대대로 내려오는 농토에서 농사짓는 것이 집안의 중요한 일이었다.

이새에게 여덟 아들이 있었는데 위로 셋째까지는 군사가 되어 전쟁에 참여하고 있었고 나머지 아들들은 가업인 농사를 거들고 있었다. 이새의 가문에서 가장 중요하게 여기는 일은 농업이었고 부수입으로 약간의 목축을 하고 있었다. 농사는 온 집안사람이 달라붙는 매우 중요한 일이었다. 그리고 농사와 목축업은 생산을 위한 접근법이 상당히 달랐다. 농작물은 바쁠 때와 한가할 때가 구별되는 반면에 양은 그냥 두면 굶어 죽을 수도 있다. 누군가는 매일 양을 데려가서 풀을 뜯게 해야 했다. 별로 중요하지도 않고 매일 해야 하는 이 하찮은 일을 누가 할까? 농사를 배우기에 아직 어린 막내 다윗의 몫이었다.

사무엘의 베들레헴 방문은 매우 전격적인 일이었다. 지역의 장로들이 다 모여서 사무엘을 맞이했다. 사무엘이 베들레헴 시골의 이새 집까지 접견을 온 것은 모두에게 적절한 긴장을 주었고 즐거운 소동이 되었다. 누구든 사무엘을 만나고 싶었다. 사무엘이 이새의 아들들을 데려오라고 할 때 아들들은 모두 기대와 호기심이 가득했고 제사장 사무엘로부터 축복받을 기회라 놓치고 싶지 않았다. 그러나 누군가는 양을 돌봐야 했다. 여덟 명의 아들 중에서 가장 별 볼일 없는 아들이 가장 별 볼일 없는 일을 맡을 수밖에 없었다. 그 아들이 바로 다윗이었다.

사울에게 악신이 내려 번뇌할 때 수금을 잘 타는 사람이 와서 연주하면 아픈 머리가 말끔해진다는 것을 알았다. 신하 중의 하나가 수금을 잘 타며 용감하고 훌륭한 소년이 있다고 사울에게 소개했다(삼상 16:18). 사울은 심부름꾼을 보내서 양치기 다윗을 데려오게 했고, 다윗이 수금을 타면 악한 영에 시달리던 사울은 정신이 맑아졌다(삼상 16:23).

이 장면만 보면 다윗이 왕궁에 소문이 날 정도로 최고의 연주자이자 훌륭한 소년이라고 여길 수 있다. 그러나 다윗은 여전히 볼품없는 인물에 불과했다. 왜냐하면 당시는 수금을 타는 사람이 많지 않을 때였고, 음악에 관해서도 관심이 거의 없을 때였다. 〈창세기〉에서 〈사무엘상〉에 이르기까지 수금을 타는 사람이나 장면은 거의 등장하지 않는다. 사무엘이 사울을 만나서 그에게 했던 예언 중에서 선지자의 무리가 내려오는 것을 보게 될 때 그들이 비파, 수금, 소고를 칠 것이라는 얘기에서나 등장할 뿐이었다(삼상 10:5).

그러니까 그때까지만 해도 음악이라든가 악기를 연주하는 것은 드문 일이었고, 이스라엘 백성도 음악에는 신경 쓰지 않았다. 다윗이 악기를 만들고 연주하고 노래하는 것이 매우 독특한 일이었을 뿐 다윗이 대단한 인물이라는 의미가 아니었다. 더욱이 왕의 전령이 다윗이 필요하다고 전하자 이새는 나귀 한 마리에 빵과 포도주 가죽 부대 한 자루, 염소 새끼 한 마리를 실어서 사울에게 보냈다. 봉사하러 가는 다윗에게 사울 왕이 그만한 보상을 해주어야 마땅할 텐데 오히려 이새 쪽에서 선물을 잔뜩 준비해서 보내는 것을 보면 다윗을 잘 봐달라는 의미이기도 했다.

## 다윗의 데뷔

사울이 이스라엘을 다스리는 왕이 된 후부터 모압, 암몬, 에돔, 소바, 블레셋, 아말렉과 싸울 때면 언제나 승리했다(삼상 14:47). 그러나 하나님께 불순종한 이후로 악령이 사울을 괴롭혀서 번뇌했으며, 사무엘이 사울을 만나주지 않아서 동력을 잃었고, 하나님도 사울을 떠났기에 사울에게는 늘 어려움이 있었다. 그때 블레셋이 전열을 가다듬고 전쟁을 일으키기 위해 에베스담밈에 진을 쳤다.

사울도 가만히 있지 않았다. 그는 이스라엘 군사들을 집결시켜서 엘라 평지에 대열을 갖추게 했다. 블레셋은 이스라엘의 전력이 만만치 않았기에 쉽게 전진하지 못했고, 사울은 하나님의 뜻을 알 수 없어 쉽게 대응하지 못했다. 그렇게 블레셋과 이스라엘은 골짜기를 사이에 두고 대치하고 있었다. 서로 으르렁대지만 싸울 의사는 없어 보이는 두 마리의 개처럼 보였다.

그때 블레셋의 비밀 병기가 나타났다. 골리앗이었다. 골리앗은 키가 6규빗 하고도 한 뼘을 더한 장신이었다. 대략 3m에 가까웠다. 놋 투구를 쓰고 비늘 갑옷을 입은 그가 언덕 위에 등장하는 순간 양 진영을 모두 압도했다. 그가 가진 무기는 놋으로 만든 창이었는데 창자루는 전봇대처럼 길고 두꺼웠으며, 창날의 무게만도 600세겔이나 되었다. 1세겔은 11.5g이므로 대략 7kg이었다. 골리앗이 등장한 날부터 블레셋의 기세는 하늘을 찌를 듯했고, 이스라엘 쪽은 나날이 기가 죽었다.

골리앗은 이스라엘 진영을 향해 소리를 질렀다. 일대일로 싸울 만한 대표를 한 명 보내라는 것이었고, 이기면 블레셋 전체가 이스라엘의 종이 되겠다고 했다. 이스라엘 군대에 대한 막말을 섞은 채였다. 이스라엘 군사들은 도발하는 소리를 들으면서도 아무 말을 못했다. 그것은 사울도 마찬가지였다. 그렇게 매일 아침과 저녁으로 골리앗이 나와 떠든 지 40일이 되었다.

이스라엘이 진영을 갖춘 곳은 엘라 골짜기였다. 그곳은 해안가에서 베들레헴으로 가는 길목이었고, 엘라 골짜기가 블레셋에게 점령되면 베들레헴도 위기에 처해질 수 있었다. 다윗은 베들레헴의 집에서 양 떼를 몰고 엘라 골짜기까지 내려가곤 했다. 수금 연주를 하러 사울 왕이 있는 곳으로 가던 길, 엘라 골짜기, 베들레헴은 다윗이 자주 오가던 곳이었다(삼상 17:16). 아버지 이새가 다윗을 불렀다.

"얘, 막내야. 네 형들이 지금 군대에 가 있지 않냐? 네가 양을 몰고 엘라 골짜기를 오갔기 때문에 금방 형들에게 다녀올 수 있을 게다. 여기 볶은 곡식 한 에바와 빵 열 덩어리는 형들에게 주고, 치즈 열 덩이는 천부장께 가져다드려라. 형들이 잘 있는지 안부를 묻고 증거물도 꼭 가져오도록 해라."

볶은 곡식 1에바는 약 22ℓ였고 시중에 파는 1.5ℓ 콜라 14병에 해당하는 양이었다. 빵 열 덩이와 치즈 열 덩이도 절대 작지 않았다. 다윗은 형들을 위해 그 많은 곡식, 빵, 치즈를 가지고 엘라 골짜기로 갔다.

블레셋과 이스라엘 사이의 국지전은 매일 벌어졌다. 서로 전열을 벌여서 골짜기의 어느 지형까지 내려갔다가 다시 돌아오곤 했다. 이 전투에서 후퇴하는 쪽은 언제나 이스라엘이었다. 골리앗이 덩치를 자랑하며 언덕 위에 등장하는 순간부터 이스라엘 군사들은 심장이 졸아들기 시작했다.

"나는 블레셋의 골리앗이다. 너희 중에는 나와 겨룰 남자가 없느냐? 그러고도 너희가 군사란 말이냐? 누구든지 덤벼라. 나와 겨뤄서 이기면 우리가 너희의 종이 되어주마."

골리앗의 목소리는 확성기처럼 온 골짜기에 울려 퍼졌다. 그의 갑옷과 투구, 놋창은 매일 기름을 발라서 번쩍거렸다. 골리앗 앞에 방패를 들고 서 있는 부하마저 위풍당당해 보였다. 이스라엘군은 진영 쪽으로 후퇴했다. 공포 영화라도 보고 온 사람처럼 불안에 떨었다. 다윗은 천부장과 형들에게 드릴 물건을 군수담당 군사에게 맡기고 이스라엘의 전열로 내려가는 참이었다. 후퇴하며 언덕으로 올라오는 군사들에게 물었다.

"도대체 무슨 일이시기에 다들 두려워 떨고 계십니까?"

"꼬마야, 넌 이런 전쟁터에 와서는 안 된단다. 더욱이 블레셋의 골리앗이라는 장수는 절대 쳐다보지도 말아라. 실로 무서운 놈이거든."

옆에 있던 군사가 거들었다.

"사울 왕께서는 골리앗을 죽인 자에게 상을 내리고 세금을 면제해 줄 뿐만 아니라 왕의 사위로 삼겠다고 하셨지."

"꿈도 꾸지 말게. 괜히 욕심을 부렸다간 목숨만 사라질 판이야. 나설 생각일랑 하지 않는 게 좋아."

"그래. 괜히 욕심을 부려서 일찍 죽어서야 하겠나?"

다윗에게 대답하던 군사들은 자기들끼리 얘기하면서 다윗을 지나쳐 갔다. 군사들의 눈에 어린 다윗은 들어오지도 않았다.

"블레셋은 할례받지도 않은 이방인이지 않습니까? 블레셋의 치욕을 씻어야 하지 않겠습니까? 도대체 저 골리앗이 누구이기에 살아계신 하나님을 섬기는 우리 군대를 모욕하는 것입니까?"

다윗의 낭랑한 소리에 군사들이 몸을 돌이켰다. 어린 소년이 당돌하게 말하는 것을 보고 군사들이 다윗 주위로 몰려들었다. 다윗의 맏형 엘리압이 모여 있는 사람들을 헤집고 보니 막내 다윗이 군사들과 이야기하고 있었다.

"이놈 다윗! 네가 지금 전쟁을 구경하러 왔느냐? 아버지께서 너에게 양 떼를 맡겼을 텐데 네가 할 일을 안 하고 여기에서 무엇을 하는 것이냐?"

엘리압의 목소리는 성이 나 있었다. 그러나 다윗의 기세는 수그러들지 않았다. 다윗은 형에게 자신이 온 용건을 말하고서는 곧 몸을 돌려 군사들 틈으로 들어가버렸다. 엘리압이 말릴 새도 없었다.

다윗이 이스라엘 진영을 휘젓고 다닌다는 소식이 사울 왕의 귀에 들어갔다. 사울은 이스라엘 진영에서 소란을 피우는 소년을 데려오게 했다. 혼을 내고 쫓아낼 심산이었다. 그러나 사울 앞에 나타난 다윗은 이전보다 더 확고한 목소리로 왕에게 말했다.

"임금님, 우리 이스라엘의 군사들은 하나님을 의지하며 섬기는 여호와의 군대입니다. 저 할례받지 못한 이방인 한 사람 때문에 우리 군대가 사기를 잃어서는 안 됩니다. 임금님. 저를 보내주십시오. 제가 가서 싸우겠습니다."

어린 소년의 당돌한 말에 사울은 기가 찼다. 왕 앞에서도 기세가 꺾이지 않는 것을 보니 보통 소년은 아닌 것 같았다. 그렇다고 군대가 꼬마 애 때문에 술렁이는 것도 보기 싫었다. 그는 다윗을 말렸다.

"네가 전쟁의 무서움을 모르는구나. 너는 소년일 뿐이고, 저자는 어릴 때부터 군대에서 역량을 쌓아온 실력자다. 네가 상대할 자가 아니란 말이다."

다윗은 굽히지 않았다.

"군대는 아니지만 저 또한 싸움에는 경험이 많습니다. 저는 양 떼를 지키는 목동에 불과하나 들판에는 언제나 맹수가 우글거립니다. 사자가 와서 양을 채가는 일도 있고 곰이 나타나 양을 물어간 적도 있었습니다. 저는 사자든 곰이든 쫓아가서 쳐죽이고 양들을 산채로 돌려보내곤 했습니다. 짐승의 수염을 부여잡고 때려죽인 적도 많았습니다. 할례받지 않은 저 블레셋 군사도 사자나 곰과 다를 바 없습니다. 하나님은 언제나 저와 함께하셨고, 날카로운 발톱과 무서운 송곳니도 나와 함께하시는 하나님을 이길 수는 없습니다."

사울은 신하들을 불렀다. 그리고 자신의 갑옷과 투구를 가져와 다윗에게 쓰게 했다. 다윗은 아직 어린아이였다. 일반인보다 머리 하나가 더 큰 사울의 갑옷이 맞을 리가 없었다. 사울의 칼도 다윗이 들기에는 턱없이 무거웠다.

"임금님, 하사하신 갑옷과 무기는 제가 감당할 수 없습니다. 제 방식으로 싸우게 해주십시오."

사울이 고개를 끄덕이니 다윗은 갑옷을 벗고는 홀가분해진 몸으로 골짜기 아래로 내려갔다. 모든 군사의 시선이 다윗에게 쏠렸다. 다윗은 골짜기 아래를 흐르는 시냇물에서 손에 잘 들어맞는 돌을 골랐다. 그리고 떨어져 있는 나뭇가지를 분질러 땅에 짚을 지팡이로 만들었다. 그러고는 주머니에서 무릿매를 꺼냈다.

반대 진영에 있던 블레셋 군사들도 다윗을 지켜보고 있었다. 갑옷을 입은 것도 아니고 칼이나 창 같은 무기를 든 것도 아닌 어린 소년이 막대기를 휘저으면서 평지로 올라오는 것을 보며 배꼽을 잡고 웃었다.

골리앗은 방패를 든 부하를 대동하고 언덕 위로 모습을 드러냈다. 다윗이 아래에서 올려다보니 더 거인처럼 보였다. 골리앗은 다윗에게 외쳤다.

"네가 창도, 칼도 아니고 막대기를 들고 오는 것을 보니 개를 사냥하러 왔나 보구나."

블레셋 진영은 우스워서 견딜 수 없어 했고, 이스라엘 진영은 찬물을 끼얹은 것 같았다. 골리앗이 말을 이었다.

"어서 오너라. 내가 너를 찢어서 새와 짐승의 밥이 되게 하겠다."

사울 왕이나 신하들은 조급하게 소년을 보낸 것이 아닌가 싶었지만 이미 엎질러진 물이었다. 이스라엘군은 멀리서 다윗과 골리앗을 지켜볼 뿐이었다. 그때 다윗이 목소리를 높였다.

"너는 칼과 창과 단창으로 내게 나아오거니와 나는 만군의 여호와의 이름 곧 네가 모욕하는 이스라엘 군대의 하나님의 이름으로 네게 나아가노라. 오늘 여호와께서 너를 내 손에 넘기시리니 내가 너를 쳐서 네 목을 베고 블레셋 군대의 시체를 오늘 공중의 새와 땅의 들짐승에게 주어 온 땅으로 이스라엘에 하나님이 계신 줄 알게 하겠고 또 여호와의 구원하심이 칼과 창에 있지 아니함을 이 무리에게 알게 하리라. 전쟁은 여호와께 속한 것인즉 그가 너희를 우리 손에 넘기시리라"(삼상 17:45-47).

골리앗이 앞으로 성큼 다가왔다. 그가 움직일 때마다 땅이 진동하는 것 같았다. 다윗도 가만히 있지 않았다. 다윗은 나는 듯이 블레셋 진영 쪽으로 올라갔다. 골리앗은 육중한 몸을 움직이며 내려가고 있었고 다윗은 그보다 두세 배는 빠르게 앞으로 뛰어나갔다. 달리면서 무릿매에 조약돌을 하나 끼워 넣었다. 방금 골짜기 아래에서 가져온 것이다. 다윗은 무릿매를 머리 위로 돌렸다. 마치 프로펠러가 도는 것 같았고, 다윗은 날듯이 솟구쳐 오르는 것 같았다.

"딱!" 소리가 들렸다. 순식간에 일어난 일이었다. 골짜기에 그 짧고 둔탁한 소리만 메아리처럼 울려 퍼졌다. 다윗이 던진 돌이 골리앗의 이마에 정통으로 맞는 소리였다. 골리앗은 그대로 바닥에 쓰러졌다. 거목이 뿌리째 뽑혀서 땅에 박히는 것처럼 보였다. 다윗은 그대로 달려가 골리앗의 가슴을 밟고 올라갔다. 아직 골리앗의 심장이 뛰고 있었다. 다윗은 골리앗의 칼집에서 칼을 빼 골리앗의 목을 쳤다. 시뻘건 피가 솟구쳐 바닥에 흥건히 쏟아졌다.

블레셋 군사들은 기겁했다. 그들은 자기 목이 떨어진 것처럼 놀라 후퇴하기 시작했다. 반면에 이스라엘군은 하늘을 찌를 듯한 함성을 질러댔다. 한 명의 블레셋 군사라도 놓칠세라 골짜기를 넘어 언덕 위로 쫓아갔다. 블레셋 군사들은 에그론 성문까지 도망을 갔는데 거기까지 간 군사보다 칼과 창에 찔려 죽은 군사가 더 많았다. 길거리에는 블레셋 군사들의 시체가 널려 있었다. 이스라엘의 완벽한 승리였다.

다윗은 이스라엘군을 뒤로하고 골리앗의 머리를 잡아 사울 왕이 있는 곳으로 돌아왔다. 몇몇 군사들이 골리앗의 무기를 수거해서 다윗을 따라갔다. 사울은 다윗을 천부장으로 임명했고 사울의 아들 요나단은 자신의 겉옷과 무기들을 하사했다. 이스라엘 진영은 그야말로 잔칫집 분위기였다.


## 다윗 승리의 원동력

다윗이 승리하게 된 원동력은 무엇이었을까? 객관적으로 보면 다윗이 이길 가능성은 매우 희박했다. 다윗은 전쟁 경험이 전혀 없는 목동에 불과했고 골리앗은 산전수전 다 겪은 베테랑이었다.

말콤 글래드웰의 「다윗과 골리앗」이라는 책에서는 다윗이 골리앗을 당연히 이겨야 한다고 분석했다. 첫째로 골리앗은 갑옷을 입고 칼과 방패를 든 보병인데, 다윗은 궁수와 같은 투석병이다. 무거운 갑옷 때문에 느린 보병은 먼 거리에서 공격하는 투석병에게 식은 죽 먹기 같은 공격 대상이라고 말한다(말콤 글래드웰, 선대인 역, 「다윗과 골리앗」(서울: 21세기북스, 2014), 24-27쪽).

둘째로 골리앗은 말단 비대증을 앓고 있어서 시력에 문제가 있었고 주위가 흐릿하게 보이는 반면에 다윗은 순식간에 이동하면서 전진했기 때문에 골리앗을 이길 수 있었다(위의 책, 29-30쪽). 말하자면 겉으로 보이는 것과 달리 골리앗은 거대한 몸집이 그의 최대 약점이었고, 다윗은 자신의 장점을 최대한 활용했기 때문에 이길 수 있었다고 설명한다.

그러나 누구도 다윗이 골리앗을 이길 것이라고 예측할 수 없었고, 다윗 자신도 골리앗에 대해서 분석하고 전투에 임한 것이 아니기에 말콤 글래드웰의 설명은 반만 맞았다. 중요한 것은 다윗의 성향이었다.

그는 권위에 순종할 줄 알았다. 아버지가 양 치는 일을 맡겼을 때 두말없이 초원으로 나갔고, 그것은 사무엘이라는 유명인이 왔을 때도 예외가 아니었다. 군대에 가 있는 형들을 위해 많은 짐을 가지고 가는 일도 다윗은 군소리 없이 따랐다. 아버지가 다윗에게 명령하면 그는 그대로 해냈다.

반면에 옳지 않은 권위에 대해서는 분명히 반대했다. 맏형인 엘리압이 전쟁을 구경하러 왔냐며 집으로 돌아가라고 했을 때 다윗은 형의 말을 고분고분 듣지 않았다. 사울이 갑옷을 입혔을 때 왕이라는 권위 앞에서도 다윗은 호락호락 넘어가지 않았다. 무엇보다 골리앗이라는 블레셋의 장수가 나타났을 때는 한마디도 지지 않았다. 골리앗이 도발하면 두 배는 더 크게 소리를 질렀다.

그러니까 순종을 해야 할 대상에 대해서는 명확하게 순종하고, 반대해야 할 것에는 뚜렷하게 반대했다. 그것이 다윗이었다. 그러나 그것만이 승리의 원인은 아니었다. 더 중요한 것이 있었다. 다윗의 말을 다시 들어보자.

"아버지의 양 떼를 지킬 때의 일입니다. 사자나 곰이 양 떼를 물어 가면, 쫓아가서 때려죽였습니다. 하나님은 사자와 곰 같은 맹수들 속에서도 저를 살려주셨습니다"(삼상 17:34-36).

"골리앗! 너는 칼과 창으로 나에게 오지만 나는 이스라엘 군대의 하나님, 만군의 여호와의 이름으로 너에게 간다. 전쟁에서 이기고 지는 것은 온전히 하나님께 달려 있는 것이다"(삼상 17:45-47).

다윗의 마음에는 언제나 하나님이 계셨고, 하나님은 그러한 다윗과 함께하시면서 그를 크고 작은 위기 속에서 건져주셨고, 이기게 하셨다. 다윗 승리의 가장 큰 원동력은 하나님이었다. 그러나 안타깝게도 다윗에게 늘 좋은 일만 있지는 않았다.

## 다윗의 피신

하나님은 사울에게 아무 말씀도 하지 않으셨다. 하나님의 뜻은 사무엘을 통해서 전달되었기에 직접 말씀하시지 않아도 괜찮았다. 문제는 사무엘도 더는 사울을 만나주지 않는 데 있었다. 사무엘은 죽는 날까지 사울을 만나주지 않았다(삼상 15:35). 사울이 사무엘을 다시 볼 수 없게 된 것은 아말렉을 물리치고 살찐 양과 소를 숨기며 하나님께 불순종했을 때, 사무엘로부터 꾸짖음을 받은 뒤부터였다. 이제 사울이 귀를 기울여야 할 것은 백성의 소리였다. 오직 거기에서만 하나님의 뜻이 발견되었다.

"사울이 죽인 자는 천천이요 다윗은 만만이로다"(삼상 18:7).

골리앗을 이기고, 큰 승리를 거둔 이스라엘군이 승전가를 올리며 돌아올 때 환영의 노래를 부르는 여인들이 외친 말이었다. 사울의 귀에 하나님의 뜻은 들리지 않고 자신을 초라하게 만드는 소리만 있었다. 하나님도 자신을 버렸고, 사무엘도 자신을 외면했으며, 이제는 백성들까지도 자신을 싫어하는 것으로만 들렸다.

사울은 가진 것이 많았다. 첫째는 하나님께서 인정해주신 권위가 있었고, 둘째로 하나님의 뜻을 알도록 돕는 사무엘이 있었으며, 셋째로 이스라엘 초대 왕이라는 자격이 있었고, 넷째로 왕으로서 누리는 명성과 지위가 있었으며, 다섯째로 충직한 아들과 사랑스러운 딸이 있었다. 사울은 모든 것을 누리고 있었다.

그가 초래한 것이지만 첫째와 둘째는 이미 잃었다. 하나님을 잃었고 사무엘은 만날 수 없었다. 그런데 나머지도 곧 잃고 말았다. 다윗이 나타나 골리앗을 물리치는 바람에 왕으로서 누리는 명성과 지위도 빼앗겼고 아들과 딸마저도 다윗 편을 들었다.

사울은 골리앗을 이기는 자에게 큰 상금과 세금 면제, 그리고 자기 딸과 결혼하게 해주겠다고 약속했다. 사울에게는 맏딸 메랍이 있었는데 다윗에게 주기로 약속해놓고 다른 사람에게 시집보내고 말았다. 또 다른 딸 미갈이 다윗을 좋아한다는 이야기를 듣고 사울은 다윗에게 결혼 지참금으로 블레셋 남자의 포피 백 개를 가져오게 했다.

다윗을 블레셋에 보내서 죽게 할 심보였다. 그러나 다윗은 부하들과 함께 블레셋 남자 200명을 죽이고 포피를 가져와서 사울에게 내밀었다. 다윗은 미갈과 결혼했다. 다윗에 대한 사울의 암살 기도는 그치지 않았다. 사울은 신하들을 시켜서 다윗을 잡아 오게 했다. 미갈은 아버지의 의도를 알고 다윗을 창문으로 도피시키고는 침대에 테라빔(우상)을 놓고 다윗인 것처럼 행세했다. 사울은 속았다는 것을 알았고, 딸의 마음이 완전히 다윗 편이 되었다는 사실도 알았다.

사울의 장남 요나단은 다윗이 죽을 뻔한 위기에서 여러 번 건져주었다. 요나단은 다윗의 충직함을 얘기해서 아버지의 마음을 돌렸지만(삼상 19:6-7), 초하루 날에 온 가족이 식사하는 자리에서는 더 이상 그럴 수 없었다. 사울은 왕의 식탁에 사위 다윗이 없는 것을 보고 화를 냈다. 요나단이 진정시키려고 했지만 그럴수록 사울은 더욱 흥분했다. 심지어 온갖 욕설과 저주를 쏟으면서 다윗을 죽여야 한다고 했다. 요나단이 항의하자 요나단까지 찔러 죽이려고 창을 뽑았다.

요나단은 아버지가 다윗과는 완전히 원수가 되었다는 것을 알고 다윗을 피신시켰다. 사울은 요나단이 다윗의 편이 되었다는 것에 큰 분노를 느꼈다. 사울은 모든 것을 빼앗긴 기분이었다. 명성과 지위뿐 아니

---

**〈도표 3〉다윗의 피신 경로**

사무엘의 집 라마(삼상 19:18) → 제사장 아히멜렉이 있는 놉(삼상 21:1)
→ 아기스 왕의 땅 블레셋(삼상 21:10) → 아둘람 굴(삼상 22:1)
→ 모압 미스베(삼상 22:3) → 유다 땅 헤렛 숲(삼상 22:5) → 그일라(삼상 23:5)
→ 십 광야(삼상 23:14) → 십 광야 호레스(삼상 23:15) → 마온 광야(삼상 23:24)
→ 엔게디 산성(삼상 23:29) → 엔게디 들염소 바위(삼상 24:2) → 바란 광야(삼상 25:1)
→ 십 광야 하길라 산 속(삼상 26:3) → 가드 왕 마옥의 아들 아기스의 블레셋(삼상 27:2)
→ 시글락(삼상 27:6) → 사울이 죽은 길보아 산(삼상 31:1) → 헤브론(삼하 2:1)

라 아들과 딸까지도 다윗에게 빼앗겼다고 생각했다. 이제 사울에게 남은 것은 증오심과 복수심이었고, 사울 왕의 후반기는 다윗을 쫓아다니는 것이 전부였다.

## 다윗의 왕권

사울이 죽었다. 다윗이 블레셋 땅인 시글락에 살고 있을 때 블레셋과의 전쟁에서 사울이 죽었다는 소식을 들었다. 시글락 진영으로 아말렉의 한 젊은이가 다윗을 찾아왔다.

"다윗 장군님, 슬픈 소식입니다. 길보아산에서 사울 왕과 요나단 왕자님께서 전사하셨습니다."

다윗이 물었다.

"자네가 사울 임금님과 요나단 왕자님이 돌아가셨다는 것을 어떻게 알았는가?"

"길보아산에 올라갔다가 우연히 사울 임금님을 보았습니다. 이미 임금님은 부상으로 만신창이였습니다. 왕께서 저를 불러 죽여달라고, 상처가 극심해서 살 수 없다고 하셨습니다. 거의 죽으신 것 같아서 제가 편히 보내드렸습니다."

아말렉 젊은이의 말은 거짓말이었다. 실제는 이랬다. 상처를 입은 사울이 자기의 무기 담당 군사에게 죽여달라고 했으나 그가 왕 죽이기를 두려워하자 사울 왕이 칼 위에 엎드려서 죽었다.

아말렉 족속은 본래 강도와 같았으며 연약한 상대를 약탈하곤 했다

(신 25:17-18, 삼상 30:1). 아말렉 출신의 젊은이는 그런 아말렉의 성격과 전략대로 다윗을 상대한 것이었다. 그는 우연히 사울의 팔찌와 왕관을 발견했는데 다윗 왕에게 전리품을 가져다주면서 영웅담을 섞어서 이야기하면 많은 상을 받을 것이라 기대했다. 다윗은 큰 슬픔과 상실감 속에서도 분별력을 잃지 않았다. 사울이 이방인에게 자신을 죽여달라고 말할 리도 없거니와 그렇다고 왕을 죽이는 것은 용납할 수 없는 일이었다.

"너는 어찌 함부로 왕에게 손을 댔느냐? 하나님께서 택하신 왕을 네가 마음대로 죽일 수 있다고 생각했느냐? 네가 죽는 것은 너의 악한 행위 때문이다. 너는 네 입으로 여호와께서 기름을 부어 세운 왕을 죽였다고 말했다. 그것이 네가 죽어야 할 증거이다."

다윗은 부하를 불러 그 자리에서 아말렉의 젊은이를 죽이게 했다. 그렇게 거짓말로 꾀를 냈던 아말렉 젊은이는 죽고 말았다. 다윗은 부하를 이끌고 유다 성읍으로 올라갔다. 하나님은 다윗에게 헤브론으로 올라가라고 명령하셨다(삼하 2:1).

다윗이 헤브론으로 올라갈 때 그의 옆에는 이스르엘 여인 아히노암과 나발의 아내였던 아비가일이 함께 있었다. 그리고 그를 따르는 부하들도 자기 가족을 이끌고 함께 올라왔다. 다윗은 1년 4개월 동안 블레셋의 영토였던 시글락에서 살았는데, 그곳에서 다윗을 추종하는 백성과 함께 번듯한 마을을 구성해서 지냈다(삼상 27:6). 사울 왕이 죽은 뒤에는 더 이상 그곳에서 살 이유가 없었기에 살림살이를 싸서 헤브론으로 올라가 여러 성읍에 흩어져 살았다. 다윗의 출신 지파인 유다 사람들이 먼저 움직였다. 그들은 다윗에게 기름 부어서 왕으로 삼았다. 이제 다윗의 시대가 도래하는 것일까? 그러기에는 다윗이 치러야 할 대가가 있었고, 여러 방해가 있었다.

사울은 죽었지만 그의 피붙이와 사울 왕을 옹위하던 세력이 잔존하고 있었다. 사울의 군대 사령관인 아브넬과 사울의 넷째 아들 이스보셋이 가장 큰 걸림돌이었다. 그들은 마하나임으로 가서 이스보셋을 중심으로 세력을 구축했다. 이스보셋은 왕이 되었다. 마하나임은 요단 동편에 있으며 브니엘에서도 더 동쪽 편에 있었다. 그러니까 다윗이 요단 서쪽 남방의 헤브론에서 유다 지파를 중심으로 왕이 되었다면, 이스보셋은 요단 동쪽 북방의 에브라임과 베냐민을 중심으로 북쪽 지역의 왕이 되었다(삼하 2:9).

어느 날, 이스보셋의 군사령관 아브넬이 기브온에 간 적이 있었다. 다윗의 부하 중의 요압도 그 지역으로 내려갔다. 아브넬과 요압은 기브온 연못을 사이에 두고 서로 대치하게 되었다. 마치 두 마리 산양이 외나무다리에서 만난 것 같았다. 아브넬이 제안했다.

"우리 중에 누가 센지 겨루어 봅시다. 여기 베냐민 출신의 건장한 열두 명의 젊은이를 보낼 테니 그쪽에서도 동수의 젊은이를 보내도록 하시오."

그들은 나란히 서서 왼손으로는 상대편의 머리채를 잡고서 오른손으로는 칼을 빼 서로의 옆구리를 찔렀다. 결과는 뻔한 일. 스물네 명의 젊은이가 피 흘리며 쓰러졌다. 이것은 새롭게 일어서고 있는 다윗 세력과 그동안 힘을 가지고 있었던 사울 세력 사이의 대결을 요약해서 보여주는 사건이었고, 그 두 진영의 싸움은 희생자만 나오는 어리석은 일이었다. 그러나 이것을 시작으로 다윗 쪽은 힘을 얻어가지만 사울 쪽은 점차 세력을 잃어갔다.

아브넬은 능란하고 실력 있는 장수였기에 쫓기면서도 자기 힘을 과시했다. 다윗의 누이인 스루야에게 세 아들이 있었는데 그중 막내인 아사헬은 뜀박질하는 데는 전국 최고였다. 아사헬은 야심 차게도 아브넬을 쫓아갔고, 곧 잡을 만한 거리까지 좁혔다. 도망가던 아브넬이 숨을 돌리며 말했다.

"아사헬, 네가 나를 잡을 수 있다고 보느냐? 너는 아직 어린 애에 불과하다. 이곳저곳에 쓰러져 있는 군사의 옷을 벗겨서 나를 잡았다고 말해라. 내가 너 같은 어린애를 상대해서 이길 수는 있겠느냐?"

"무슨 소리? 내가 너를 반드시 잡고야 말겠다."

아사헬은 지치지도 않는지 아브넬을 추격하며 계속 쫓아갔다. 그러나 아브넬은 노련했다. 그는 도망가는 척하더니 속도를 높이며 쫓아오는 아사헬을 향해서 창을 던졌다. 돌아보지도 않고 뒤로 던진 창이었는데 정확히 아사헬의 배에 꽂혔다. 아사헬이 워낙 빨리 달리던 중이라 창은 그의 배를 뚫고 등으로 솟아올랐다.

아사헬의 두 형인 요압과 아비새는 멀리 도망가는 아브넬을 뒤쫓아갔다. 동생이 아브넬에게 당한 것은 몰랐다. 어느새 베냐민 군사들의 호위를 받는 아브넬은 휴전을 제안했다. 요압과 아비새는 더 이상 추격하지 않았고 아브넬은 무사히 마하나임 본진으로 돌아갔다.

아브넬은 죽은 사울 왕이 남겨둔 것에 관심이 많았다. 사울의 재산이라든가, 사울에 대한 지지라든가…. 제일 큰 관심은 사울 왕의 후궁 중에 아야의 딸 리스바라는 여인이었다. 아브넬과 리스바 사이가 부적절한 관계라는 소문이 마하나임 지역에 퍼지고 있었다. 이스보셋은 아브넬을 불러 추궁했다.

"장군께서는 무엄하게도 감히 아버지의 후궁을 범할 생각을 하셨습니까? 그것은 하극상이며 대역죄인 것을 모르셨습니까?"

아브넬은 오히려 이스보셋에게 더 크게 화를 냈다.

"임금님께서 저를 뭐로 보고 그런 말씀을 하시는 것입니까? 제가 임금님의 개입니까? 오늘까지 저는 사울 임금님의 집안과 가족을 위해서 충성을 다했습니다. 저를 그렇게 모함하시니 더는 임금님의 편이 될 수 없습니다. 이제부터 저는 다윗의 편이 되겠습니다."

이스보셋은 뒤돌아서 나가는 아브넬을 보며 두려움에 떨었다. 아브넬이 다윗의 편이 된다면 전체 이스라엘을 장악하는 것은 시간문제였다. 아브넬은 다윗에게 편지를 보냈다.

"다윗 임금님, 보시옵소서. 일전에 사울 왕께서 다윗 임금님을 쫓으실 때 임금님께서는 여러 번 사울 왕을 살려주셨습니다. 제가 사울 왕을 잘 보필하지 않는다고 호되게 꾸짖기도 하셨지요(삼상 26:15-16). 사울 왕께서 돌아가신 이후의 이스라엘을 생각해보았습니다. 현재 북쪽을 이끄는 이스보셋은 왕으로서의 품위도, 실력도 없습니다. 하나님께서 다윗 임금께 이 나라를 주셨음을 임금님도 아시고 저도 압니다. 저와 언약을 맺어주신다면 임금님의 편이 되어 온 이스라엘이 임금께 돌아오도록 하겠습니다"(삼하 3:12).

다윗은 바로 답신을 보냈다.

"장군께서 그렇게 말씀해주시니 이미 온 세상을 얻은 것과 같습니다. 장군의 제안대로 언약을 맺겠으니 헤브론 진영으로 속히 오십시오. 한 가지, 사울의 딸 미갈을 반드시 데려오셔야 합니다. 미갈은 사울 왕께서 허락하신 제 아내입니다."

답변을 받은 아브넬은 베냐민 지파의 장로들을 비밀리에 만났다. 다윗이 보내온 소식을 전하며 하나님의 뜻이 다윗에게 있고 온 이스라엘이 다윗을 옹위하면, 다윗은 모든 적으로부터 이스라엘을 구해낼 것이라고 말했다. 베냐민의 장군들도 이스보셋의 통치에 불만이 많은 터였다. 그들은 모두 아브넬과 뜻을 같이했다.

아브넬은 부하들과 함께 다윗을 찾아왔고 북쪽에 있는 이스라엘이 다윗을 왕으로 세울 뜻을 전했다. 다윗은 아브넬과 부하들을 위해 잔치를 벌였다. 북측의 왕인 이스보셋의 처리에 대한 합의가 잘 이루어진다면 머지않아서 전체 이스라엘의 왕으로 올라가게 될 것이었다.

그러나 아브넬은 암살당하고 말았다. 요압이 군사들을 이끌고 주변 지역의 작전을 마치고 돌아왔을 때는 이미 아브넬이 헤브론을 떠난 뒤였다. 다윗이 아브넬의 제안을 받아들였다는 소식을 듣고 요압은 다윗에게 항의했다.

"임금님, 아브넬은 임금님의 원수입니다. 사울 왕이 임금님을 잡으러 쫓아다닐 때 사울 왕의 명령에 가장 충실했던 것도 아브넬이었고, 사울왕국에 가장 충성한 자도 아브넬이었습니다. 그자는 음모를 꾸미고 임금님을 찾아온 것입니다. 그냥 돌려보내서는 안 될 우리의 원수입니다."

다윗 왕은 요압을 안심시키는 말을 했지만 요압은 들으려고 하지 않았다. 그의 마음에는 오직 막냇동생 아사헬의 원수를 갚는 것만 있었다. 다윗 왕에게서 물러난 요압은 서둘러서 아브넬 일행을 쫓아갔다. 시라 우물 가까운 곳에서 아브넬을 따라잡을 수 있었다.

"다윗 왕께서 장군님을 부르십니다. 왕께서는 이스라엘 왕권에 대한 의논이 하나 더 남으셨다고 해서 제가 이렇게 급하게 찾아왔습니다. 다시 헤브론으로 돌아가시지요."

이미 다윗과 합의를 보았기에 아브넬은 아무 의심도 없이 요압을 따라갔다. 요압은 비밀스러운 말을 하려는 듯이 아브넬에게 다가갔다. 다윗 왕에 대한 중요한 정보라도 되는 것 같아 요압 쪽으로 귀를 내밀었다. 그때 요압의 날카로운 단도가 아브넬의 배로 깊숙이 들어왔다.

"이것은 내 동생 아사헬에 대한 복수다. 네가 아사헬의 배를 뚫었듯이 나도 너의 배를 뚫는 것이다."

다윗은 아브넬이 요압에게 살해당했다는 소식을 들었다. 아브넬이 죽었다는 소식이 이스라엘 전역에 알려진다면 내전은 시간문제였다. 속히 수습하지 않으면 안 되었다.

"유다 백성은 들으라. 모두 옷을 찢고, 허리에 굵은 베옷을 두르고, 애도하여라. 넬의 아들이며, 사울 왕의 군사령관인 아브넬이 죽었다. 그러나 그의 죽음은 나와 아무 상관이 없으며, 오직 요압의 개인적인 복수일 뿐이다."

죽은 아브넬의 시신은 헤브론에 장사되었고, 유다 지파 전체가 장례식에 참여했으며, 다윗은 금식하며 애도했다. 이스라엘 백성은 장례 절차를 지켜보고서 다윗이 아브넬을 죽이지 않았다는 것을 알았다. 북족과 남쪽의 위기는 사라졌고 전쟁은 일어나지 않았다.

　사울의 아들인 이스보셋은 뜻밖의 사람들이 처리했다. 아브넬의 장례 소식에 이스라엘 백성이 안심하고 다윗에 대한 신뢰를 보낸 것과 달리 이스보셋은 두려움에 떨어야 했다. 자기 오른팔인 아브넬이 죽은 것도 충격적인 소식이었고, 다윗 측에서 암살한 것이 명백함에도 백성이 다윗에 대한 지지를 보내는 것도 영 마음에 걸렸다.

　그때 이스보셋의 군사는 레갑과 바아나라는 베냐민 형제가 지휘했는데, 그들에게는 야비한 계획이 있었다. 그들이 더운 대낮에 이스보셋의 왕궁에 들어갔더니 서늘한 곳에서 낮잠이 든 왕을 볼 수 있었다. 레갑과 바아나는 잠든 이스보셋의 배를 찔러 죽이고, 머리를 잘라서 야밤을 틈타 남쪽으로 내려갔다. 그들은 다윗 왕을 알현하고는 이스보셋의 머리를 내밀었다.

　"다윗 임금님, 임금님의 원수 이스보셋의 머리가 여기에 있습니다. 이스보셋을 그냥 두면 그가 임금님을 이렇게 만들었을 것입니다. 하나님께서는 우리를 통해서 사울과 그의 자손에게 벌을 내리셨습니다."

　레갑과 바아나는 다윗에 대해 오해했다. 어차피 전세는 다윗에게 기울어졌지만 다윗이 원하는 것은 하나님의 뜻에 대한 순종이었지, 이스보셋의 머리가 아니었다. 다윗은 그들에게 사울을 죽였다던 아말렉 젊은이의 행동을 상기시켜주었다.

　"일전에 사울이 죽었다는 소식을 전해 준 아말렉 출신의 젊은이가 있었다. 자신이 사울을 죽이지 않았음에도 공연히 상을 받고 싶어서 왕을 죽였다고 허세를 떨다가 죽임을 당했다. 너희가 어찌 감히 왕에게 손을 댈 수 있단 말이냐? 왕의 침상에서 왕을 죽이고 목을 잘랐으니 어찌 그 죄가 아말렉 젊은이보다 적다고 할 수 있겠느냐? 너희들의 못된 손과 발을 잘라서 왕을 죽인 죄가 얼마나 중한 죄인지 보여주겠노라.”

레갑과 바아나는 손과 발이 잘리고 주검은 연못가에 매달리게 되었다. 굳이 그럴 필요가 있었을까? 이렇게 해서 얻은 효과가 있다. 큰 상을 얻으려던 그들의 계획은 수포로 끝났고, 이스보셋을 죽인 배후에 다윗이 있지 않음도 증명되었다. 다윗은 이스보셋의 머리를 헤브론에 있는 아브넬의 무덤에 매장했다.

이쯤 되자 이스라엘 모든 지파는 가만히 있을 수 없었다. 각 지파의 대표들이 모여서 다윗에게 기름을 부어 이스라엘의 왕으로 삼았다. 7년 6개월 동안의 헤브론시대를 끝내고 예루살렘으로 올라가 전체 이스라엘을 이끄는 왕으로 등극했다. 다윗은 예루살렘에서 33년 동안 이스라엘을 다스렸다.


## 다윗의 전성기

다윗이 예루살렘에서 왕으로 추대된 뒤에 그의 인생에 전성기가 찾아왔다. 그것은 이스라엘도 최강국으로 성큼 올라서게 되었다는 의미다. 사울 왕에게 쫓기며 고생했던 그 세월이 봄눈 녹듯 사라지는 달콤한 시간이었다.

다윗이 왕이 되었다는 소식은 블레셋에게 큰 자극이 되었다. 사울 왕과 왕자들을 다 죽인 블레셋이었다. 그런데 사울에게 쫓기던 도망자에 불과한 다윗은 블레셋의 더 좋은 먹잇감이다. 블레셋은 전군을 출동시켜 르바임 골짜기의 평원을 가득 메웠다(삼하 5:18).

다윗은 어떻게 해야 했을까? 군사를 조직하고 전투를 벌이거나 제사장을 불러 제사를 드릴 수 있었다. 그러나 다윗은 사울과 달랐다. 그는 하나님께 직접 물었다.

"하나님, 제가 저 많은 블레셋 군대를 이길 수 있겠습니까? 주님께서 제 손에 블레셋을 붙이시겠습니까? 제가 올라가도 되겠습니까?"

하나님은 다윗에게 대답하셨다.

"올라가라. 내가 블레셋 사람을 반드시 네 손에 넘기겠다."

다윗은 매우 싱겁게 블레셋을 이겼다. 그동안 사울이 저런 실력의 블레셋을 놓고 그렇게 고생했나 싶을 정도였다. 마치 홍수가 싹 휩쓸고 지나간 것처럼 진멸되고 말았다.

블레셋의 남은 군대가 2차로 다윗을 공격했다. 어디서 몰려왔는지 르바임 골짜기가 다시 블레셋 군사로 가득했다. 다윗은 다시 하나님께 아뢰었다.

"하나님, 이번에도 제가 블레셋을 이길 수 있겠습니까?"

하나님은 다윗에게 이렇게 대답하셨다.

"지난번에 정면 공격을 했다면 이번에는 블레셋 진영을 돌아서 측면에 숨어 있도록 해라. 뽕나무 숲의 맞은편에서 걸음 걷는 소리가 들릴 것이다. 그때 너는 진격하여라. 그 걸음 걷는 소리가 나의 소리다. 내가 먼저 가서 블레셋을 치겠노라."

다윗은 하나님께 물어보지 않고 지난번 승리의 공식대로 공격할 수 있었다. 이미 이긴 적이 있으니 이번에도 얼마든지 이길 수 있었다. 그러나 다윗은 하나님께 다시 물어보았고 명령에 그대로 순종했다. 그리고 블레셋과의 두 번째 전쟁도 승리했다(삼하 5:25). 다윗은 메덱암마를 빼앗아서 이스라엘에 복속시켰다(삼하 8:1).

다윗은 모압도 그냥 두지 않았다. 모압을 포로로 잡은 뒤에 땅에 엎드리게 했다. 줄지어 선 포로 중에 두 줄에 선 포로들은 죽이고 나머지 한 줄에 선 포로는 살려주었다. 모압은 다윗에게 무조건 항복하고 조공을 바쳤다(삼하 8:2).

다윗은 소바 왕 하닷에셀도 쳤다. 유브라데강 유역에서 엄청난 대군을 이끌고 나온 소바의 출정군은 다윗의 공격에 맥을 못 추었다. 다윗은 1천700백 명의 기마병과 2만 명의 보병을 포로로 잡았고, 말은 병거 1백 대의 말만 남기고 발의 힘줄을 끊어버렸다(삼하 8:3-4).

"그는 병마를 많이 두지 말 것이요 병마를 많이 얻으려고 그 백성을 애굽으로 돌아가게 하지 말 것이니 이는 여호와께서 너희에게 이르시기를 너희가 이후에는 그 길로 다시 돌아가지 말 것이라 하셨음이며"(신 17:16).

하나님은 모세에게 왕을 세우고자 할 때 주의해야 할 사항으로 말을 많이 가지지 말 것을 명령하셨다. 다윗은 왕으로서 갖추어야 할 조건을 이미 지키고 있었다.

소바 왕 하닷에셀은 급히 다메섹의 아람(시리아) 사람에게 용병을 요청했다. 아람은 중동지역의 강자였고 이스라엘에게는 낯선 적이었다. 그럼에도 그들 또한 다윗의 상대가 되지 못했다. 아람군 2만 2천 명이 다윗 군대에게 완전히 패했다. 다윗은 다메섹에 군사를 보내 식민지로 삼았고 아람으로부터도 조공을 받았다(삼하 8:5-6).

다윗이 승리했다는 소문은 지역 사회에 빠르게 퍼져나갔다. 하닷에셀의 금 방패는 예루살렘으로 옮겨졌다. 하닷에셀의 베다와 베로대가 이스라엘에 복속되었다는 소식을 들은 하맛 왕 도이는 다윗에게 은과 금을 바쳤다. 도이와 하닷에셀은 서로 경쟁 상대였는데 힘겨웠던 하닷에셀을 무찌른 다윗이 고마운 것이었다(삼하 8:9-12). 다윗은 출정을 마치고 돌아오면서 '소금 골짜기'(염곡)에서 에돔 사람 1만 8천 명을 죽였으며 에돔에 주둔군을 편성했다. 에돔 역시 다윗의 종이 되었다(삼하 8:13-14).

다윗이 암몬을 친 일이 있었는데 그것은 전적으로 암몬의 실수 때문이었다. 암몬 왕 나하스가 죽고 그의 아들 하눈이 왕이 되자 다윗은 나하스에게 신세를 졌던 일을 생각해서 신하들을 보내 조문했다. 하눈의 신하들은 다윗의 조문단에게 첩자라는 누명을 씌웠고, 하눈은 사절단의 수염 절반을 깎고 엉덩이가 드러나게 옷을 찢어서 다윗에게 보내버렸다. 그것은 다윗에게 매우 수치스러운 일이었다. 다윗은 조문단을 수염이 자랄 때까지 여리고에 머물게 했다.

뒤늦게야 실수를 알게 된 암몬 사람들은 다윗에게 사과해야 마땅했다. 그러나 그들은 전면전을 대비해서 벧르홉과 소바의 아람 용병 2만 명, 마아가 왕의 용병 1천 명, 돕의 용병 1만 2천 명을 고용해서 전투를 준비했다. 암몬의 전력이 극대화되었다.

다윗은 요압에게 암몬과의 일전을 맡겼다. 요압은 동생 아비새와 함께 정예병을 뽑아서 암몬과 아람의 연합군을 공격했다. 승리는 다윗의 편이었다. 겁이 난 아람 용병은 도망쳤고, 도망치는 용병을 보고 암몬 군사들도 겁이 나서 달아나는 바람에 전쟁은 요압 장군의 승리로 끝났다.

도망치던 아람 군사들은 하닷에셀과 부하 소박 사령관의 지휘 아래에 다시 집결해서 재공격을 해왔다. 이번에는 다윗이 직접 나섰다. 이스라엘 군사들은 다윗의 지휘에 맞춰서 요단강을 건너 진군하였다. 병거 7백 대, 기마병 4만 명이 다윗 군사들에 의해서 죽었다. 다윗은 상대 진영을 압도했다. 하닷에셀과 아람은 암몬과 결별한 뒤에 이스라엘의 노예가 되었다(삼하 10:1-19). 이렇게 다윗은 모든 전쟁에서 드라마틱한 승리의 주인공이 되었다.

다윗은 자신의 모든 승리와 영광이 하나님으로부터 왔다는 것을 알았다. 그는 하나님을 위해 할 수 있는 게 무엇인지 고민했다. 그의 머리에 '언약궤'가 떠올랐다. 사울 왕은 언약궤에 대해서 아무 관심도 없었다. 그러나 다윗은 언약궤를 기억했고 좋은 곳으로 옮기고 싶었다. 그는 언약궤를 수소문했다.

언약궤는 블레셋과 이스라엘 사이의 전쟁 중에 싸움터로 옮겨졌다가 전쟁에서 패하고 빼앗긴 적이 있었다(삼상 4:11). 전리품처럼 다곤 신전에 언약궤를 두었던 블레셋은 그 땅에 재앙이 내리는 것을 보고 벧세메스로 돌려주었고, 이후 아비나답의 집에서 제사장 엘리아살이 지키고 있었다.

다윗은 정병 3만 명을 보내서 아비나답의 집에 있는 궤를 옮겨오게 했다. 옮기던 중 나곤의 타작마당에서 소가 뛰었고 아비나답의 두 아들 중 웃사가 궤를 붙잡다가 그만 즉사하고 말았다. 언약궤의 이동은 너무 위험해졌기에 오벧에돔의 집에서 3개월 동안 머물렀다. 3개월이 지나서 드디어 궤는 다윗성으로 들어오게 되었다.

언약궤가 입성할 때 번제와 화목제가 드려졌고, 다윗은 너무도 기쁜 나머지 옷이 벗겨지는 줄도 모르고 춤을 추었다. 이제 언약궤도 돌아왔고 다윗은 하나님께서 머물 성전을 세울 꿈을 꾸었다. 다윗은 성전을 지을 수 있는 모든 계획을 다 세웠고 필요한 모든 재료와 비용까지도 다 마련하였다. 그러나 하나님은 다윗을 말렸다.

"하나님이 내게 이르시되 너는 전쟁을 많이 한 사람이라 피를 많이 흘렸으니 내 이름을 위하여 성전을 건축하지 못하리라 하셨느니라" (대상 28:3).

성전을 짓고자 하는 의도와 계획은 다윗의 뜻대로 되지 못했고, 그의 아들 솔로몬에게 성전 건축의 꿈이 넘어가게 되었다. 그러나 하나님은 여전히 다윗을 사랑하셔서 그에게 복을 주셨다.

"네가 가는 모든 곳에서 내가 너와 함께 있어 네 모든 원수를 네 앞에서 멸하였은즉 땅에서 위대한 자들의 이름같이 네 이름을 위대하게 만들어주리라"(삼하 7:9).

그렇게 다윗의 시대가 활짝 열리고 있었다.

## 다윗의 성품, 장점과 약점

'연민'이란 동전의 양면성과 같은 성품이다. 예수님께서 오병이어의 기적을 일으키실 때 온종일 굶으며 예수님을 따라다니는 무리를 보시고 목자 없는 양 떼와 같이 불쌍히 여기셨다(막 6:34). 예수님의 그 연민은 남자만 5천 명, 여자와 아이까지 합하면 2만 명이 넘는 군중을 먹이시는 기적으로 나타났다.

다윗에게도 '연민'이 있었다. 증오심에 눈먼 사울이 다윗을 죽이려고 쫓아다니다 들염소 바위 쪽 동굴 안으로 '발을 가리려고' 들어갔을 때였다. 동굴 안에 숨어 있는 다윗과 그 일행에 대해 알지 못한 채였다. '발을 가린다'는 것은 낮잠을 자거나 대변을 본다는 의미인데, 아무래도 후자인 것 같다. 다윗은 사울의 뒤로 가서 그의 겉옷 자락을 잘랐다. 사울을 죽인 것도 아니고 위해를 가한 것도 아닌데 다윗은 그것으로 인해서 양심의 가책을 받았다. 겉옷 자락을 자르며 다윗은 '연민'을 느꼈기 때문이었다. 무장하지 않고 볼일을 보는 현직 왕에 대한 연민이었다.

비슷한 사건은 또 있었다. 다윗이 십 광야에 숨어 있을 때 사울은 군사를 거느리고 하길라 산속에 진을 쳤다. 날이 저문 뒤에 사울은 신하들과 산속에서 잤다. 사울의 군사들은 피곤했던지 금방 곯아떨어졌다. 깊은 밤중에 다윗은 부하들을 데리고 사울의 진영으로 들어갔다. 다윗의 부하 아비새는 사울을 죽일 기회라고 부추겼으나 다윗은 사울의 창과 물병만 들고 빠져나왔다. 기름 부음을 받은 왕을 죽일 수 없다는 이유였으나 그 역시 연민이 작용했다. 곤하게 자는 사울 왕에 대한 연민이었다.

다윗의 연민은 이렇게 원수를 따뜻하게 여김으로써 죄를 짓지 않게 했고 나라를 위기에서 구하게 했다. 그러나 연민이란 감정에 양면성이 있다는 점은 그것이 안 좋게 작용할 수도 있음을 말한다.

다윗이 피신하면서도 반드시 했던 행동이 있었다. 그것은 아내를 늘리는 것이었다. 이미 다윗은 사울의 딸 미갈을 아내로 두고 있었다. 미갈과 함께 도피하는 것은 아니었지만 엄연히 그의 아내인 미갈은 무사히 지내고 있을 터였다. 그러나 다윗은 이스르엘 여인 아히노암을 아내로 삼았다.

다윗이 바란 광야에서 부하들과 함께 숨어 지낼 때 갈멜에 사는 큰 부자 나발에게 먹을 것을 부탁한 적이 있었다. 욕심이 많고 포악한 나발은 다윗의 부탁을 매몰차게 거절했고 화가 난 다윗은 부하들을 무장시켜 나발의 집을 습격하려고 했다. 그런데 나발의 아름답고 마음씨 고운 아내 아비가일이 그 소식을 듣고 급히 음식을 준비하여 성난 다윗을 달랬다. 나중에야 자신이 얼마나 어리석은 일을 했는지 알게 된 나발은 그만 심장마비로 죽고 말았다. 나발과 그 집안의 모든 사람이 다윗에 의해 몰살당할 뻔했으나 나발을 제외하고 모든 재산과 인명은 그대로 살아남았다. 그렇다면 이제 아비가일이 그 집안을 지키고 이끌어가면 될 일이었다. 그런데 여기서 다윗의 연민이 다시 발동하기 시작했다. 다윗은 과부가 된 아비가일을 자신의 아내로 삼았다.

다윗은 여전히 도망자의 신분이었다. 사울을 피해 정처 없이 도피 생활을 한다면 아비가일의 재산인 목장과 집, 가축은 지켜줄 수 없는 노릇이었다. 앞서 말했듯이 다윗에게는 미갈이라는 아내가 있었고, 도피 중에 얻은 이스르엘 여인 아히노암도 있었다. 그런데 다윗은 아비가 일을 또 아내로 맞아들인 것이다. 다윗 연민의 역기능, 즉 연민으로 포장된 정욕이었다. 다윗은 헤브론에서 왕이 되었을 때 계속해서 아내를 늘려나갔다.

헤브론에서 7년 6개월을 지내는 동안 여섯 명의 아내를 얻었다. 그들로부터 딱 한 명의 아들만 있었을 리가 없으므로 그의 자녀는 많았을 것이다. 과연 다윗이 아내들, 자녀들과 긴밀하고 따뜻한 관계를 유지했을까? 자녀들의 고민을 들어주고 그들에게 마음에서 우러난 이야기를 했을까? 전혀 그럴 수 없었다.

사울의 아들 이스보셋이 죽고 남아 있던 사울의 세력들도 다 사라지고 난 뒤에 다윗은 예루살렘으로 올라가서 전체 이스라엘의 왕이 되었다. 사울은 자신의 재위 후반부를 다윗만 쫓느라고 국사는 내팽개쳤다. 다윗은 사울이 망친 이스라엘을 정상화하기에도 바빴다. 그런데 그 와중에도 그는 아내들을 늘렸다.

"다윗이 헤브론에서 올라온 후에 예루살렘에서 처첩들을 더 두었으므로 아들과 딸들이 또 다윗에게서 나니 예루살렘에서 그에게서 난 자들의 이름은 삼무아와 소밥과 나단과 솔로몬과 입할과 엘리수아와 네벡과 야비아와 엘리사마와 엘랴다와 엘리벨렛이었더라"(삼하 5:13-16).

처음에는 연민으로 시작되었다. 그러나 자신이 여인을 거두어서 책임지려는 생각은 정욕으로 금세 바뀌었다. 자신이 아니면 여자들이 시

| 〈도표 4〉 헤브론에서 낳은 다윗의 아들들 (삼하 3:2-5) | |
|:---:|:---:|
| **아내 이름** | **아들 이름** |
| 아히노암 | 암논 |
| 아비가일 | 길르압 |
| 마아가 | 압살롬 |
| 학깃 | 아도니야 |
| 아비달 | 스바댜 |
| 에글라 | 이드르암 |

집갈 데가 없었을까? 그럴 리 없다. 여인들도 왕의 아내가 되어서 힘을 얻으려는 의도가 있었을 것이다. 그런데 그렇게 늘어난 아내들과 자녀들은 다윗과의 내밀하고 신실한 관계가 되지 못했다.

많은 자녀가 다복한 가족을 구성하는 것이 아니라 오히려 없느니만 못한 관계가 되었고, 아들로서는 자식이 많다 보니 아버지가 다윗일 뿐인 그저 그런 자식 중의 하나로 인식될 뿐이었다. 다윗의 연민이라는 좋은 품성이 정욕과 만나 빚어진 그림자였다. 다윗의 그런 성품으로 인해 나라에 위기가 다가온 것은 다윗이 가장 잘나가고 다윗 인생에서 최고의 황금기를 지나고 있을 때였다.

## 약점이 많아진 다윗

약점은 어디에서 오는가? 평안할 때, 모든 것을 누릴 때 나의 장점이라고 생각한 바로 그것에서부터 온다. 모든 것을 다 갖추고, 다 누리고 있을 때 무엇을 해야 하는가? 혹은 무엇을 하지 말아야 하는가? 다윗은 그 대답을 주고 있다.

다윗시대에 이스라엘에게 가장 위협적인 적은 블레셋이 아니라 암몬이었다. 다른 적은 다윗이 손쉽게 제압했지만 암몬의 경우에는 다윗과 나하스 왕의 개인적 친분도 있었고(삼하 10:2), 암몬은 당시 가장 전력이 뛰어난 아람(시리아)에 원군을 요청할 정도로 주변 강국들과 관계를 유지하고 있었기 때문이다(삼하 10:6). 나하스의 아들 하눈이 부하들의 말을 듣고 다윗이 보낸 조문객에게 모욕을 준 일이 전쟁의 빌미가 되었고, 아람이 이스라엘을 두려워하여 암몬과 결별하게 된 계기가 되었다(삼하 10장).

암몬과의 전쟁에서 승리를 거둔 일등공신은 요압과 아비새였다. 이듬해 봄에 암몬과 전쟁을 하게 되었는데, 그것은 다 이긴 전쟁으로 굳이 다윗 왕이 출정할 필요가 없는 상황이었다. 모든 것이 순조로웠다. 모든 것이 쉽게 술술 풀려갔다. 그런데 무엇인가 이상했다. 아무 긴장도 없고 아무 고민도 없는 상태, 모든 것이 뜻대로 잘되고 있는 상태, 무엇인가 이상했으나 딱히 무엇이 잘못되었다고도 할 수 없는 상태, 이럴 때 약점이 온다.

"근신하라. 깨어라. 너희 대적 마귀가 우는 사자같이 두루 다니며 삼킬 자를 찾나니"(벧전 5:8).

왕들이 출전할 때 다윗은 요압에게 군사들을 맡겨 전쟁터로 내보냈다. 암몬의 랍바성은 포위되었고 적들은 곧 항복할 터였다. 다윗은 왕궁 옥상에서 거닐며 왕국의 평안과 부유함에 대해서 생각했다. 다윗왕국은 점점 더 많은 것을 얻고 있었고, 이대로 가면 그 지역의 유례없는 최강자가 될 수 있었다.

그런 생각을 할 즈음 저 멀리 한 여인이 목욕하고 있는 모습이 보였다. 그리고 그 여인은 다윗의 눈에 매우 아름다워 보였다. 참 이상한 일이다. 다윗 왕궁의 옥상에서 멀리 신하의 집구석에서 목욕하는 여인이 아름다워 보이다니. 다윗은 그 여인에게 집착했다. 그는 사람을 보내 그 여인이 누구인지 알아보았다.

여인의 이름은 밧세바. 남편은 헷 사람으로서 지금 요압과 함께 암몬 공격의 한 축을 담당하고 있는 군사였다. 밧세바의 아버지 이름은 엘리암이었다. 다윗은 다시 신하를 보내 여인을 데려오게 했다. 다윗은 여인과 성적인 관계를 맺었다.

다윗에게는 모든 것이 있었다. 하나님은 예언자 나단을 통해 다윗의 죄악을 고발했다. 하나님은 다윗에게 얼마나 많은 이익과 권리를 주었는지 말씀하셨다.

"다윗아 나는 너에게 기름을 부어서 이스라엘의 왕으로 삼았다. 너를 사울의 손에서 구해주었고 사울의 왕국을 모두 너에게 주었다. 수많은 아내를 주었으며 자식을 많이 낳도록 하였다. 만일 부족한 것이 있다면 더 주었을 것이다. 그런데도 너는 우리아의 아내를 빼앗았고 우리아마저도 칼에 맞아 죽게 하였다"(삼하 12:7-9).

다윗은 자신과 부적절한 행위를 저지른 밧세바가 아기를 가졌다는 이야기를 들었다. 알리바이를 위해서 다윗은 전장에서 우리아를 불렀다. 그에게 휴가를 주고 집에 가서 쉬게 하였으나 우리아는 왕궁 문간에서 신하들과 노숙했다.

다윗은 요압에게 편지를 보내 암몬성을 공격할 때 우리아만 홀로 남아 죽게 하라고 지시했다. 살인 청부였다. 악랄한 조직의 악당이나 할 법한 일을 하나님의 가장 신실한 종이라는 다윗이 자행하고 있었다. 가장 평안할 때, 가장 전성기일 때 가장 잘나갈 때 벌어진 일이다.

다윗은 사울 왕의 겉옷 자락을 자른 것만으로도 죄책감에 시달렸다. 그런데 그는 어쩌자고 눈도 깜박하지 않고 남의 아내를 빼앗고 살인도 서슴지 않았던 것일까? 다윗의 여리디 여린 성품이 교만을 만났을 때 일어난 비극이었다.

다윗의 장남은 암논이다. 사울에게서 도망 다니던 중에 만난 이스르엘 여인 아히노암과의 사이에서 태어난 아들이다. 아히노암은 미갈을 제외하면 다윗에게는 첫 여인이었다. 다윗의 세 번째 여인은 그술 왕 달매의 딸 마아가였다. 마아가와의 사이에서 태어난 아들이 압살롬, 딸이 다말이었다.

다윗이 밧세바와 부정을 저지른 후에 다윗의 아들들은 성폭행하고 살인을 저지르는 등 지옥과 같은 일을 벌였다. 암놈이 이복누이 다말을 짝사랑해서 병문안을 핑계로 불러 강간했다. 다말은 이복오빠 암논에게 성적으로 죽임을 당했다. 그러나 누구도 그에 대해서 항의하지 못했다. 암논은 명색이 다윗왕국의 장남이었다.

압살롬은 누이 다말에 대한 복수를 위해 2년을 기다렸다. 암논의 다말 강간사건에 대해 아무도 말하지 않았다. 다윗은 분개했지만 불러서 혼을 내거나 죄에 대한 대가를 치르게 하지 않았다. 밧세바와의 간음, 우리아에 대한 살인을 저지른 자로서 아들 앞에 설 수 없었다. 왕이 말이 없으니 주변에서도 쉬쉬하는 분위기였다.

2년이면 긴 시간이다. 비극도 잠잠해지고 소문도 희미해질 때였다. 어떤 사람들은 다 봉합된 일이라 생각했다. 그러나 압살롬만큼은 분명히 기억하고 있었다. 그는 자신의 농장에서 양털을 깎는 축제의 자리에 왕자들을 초대했고, 부하들을 시켜 암논을 쳐죽였다.

형을 죽인 후 압살롬은 어머니의 고향인 그술 왕 달매의 땅으로 망명했다. 거기에서 3년 동안 머물렀다. 다윗은 장남 암논을 잃고 통곡했다. 마치 자기가 아들을 죽인 것만 같았다. 다윗은 두 명의 아들을 다 잃은 셈이었다. 첫째 아들 암논은 살해당해서 잃었고, 셋째 아들 압살롬은 살인자가 되어 잃고 말았다.

다윗은 그술 땅으로 피신해 간 압살롬이 그리웠고 미안했다. 세월이 갈수록 압살롬에 대한 애틋한 마음, 연민이 넘쳤다. 왕의 마음을 알아챈 요압은 한 여인의 송사를 통해서 왕이 압살롬을 데려와도 되는 근거를 마련해주었고, 다윗은 압살롬을 예루살렘으로 귀환하게 했다. 그러나 다윗은 압살롬을 만나지 않았다. 마지막 자존심이었다.

그렇게 또 2년이라는 시간이 흘렀다. 압살롬은 예루살렘에 돌아온 이후에 한 번도 자신을 부르지 않는 아버지 다윗이 원망스러웠다. 압살롬은 왕을 움직일 수 있는 사람이 요압이라는 것을 알았다. 요압의 밭에 불을 질러 요압이 자신을 찾아오게 했다.

"왕자님, 어찌하여 제 밭에 불을 놓으셨습니까? 제가 왕자님을 위해서 얼마나 애를 썼는지 모르십니까?"

"요압 장군님, 예루살렘에 온 지 2년이 지났습니다. 아버님은 계속 저를 외면하시고, 요압 장군님마저 저의 연락을 받지 않으시니 부득이 장군님의 밭에 불을 질렀던 것입니다. 저는 그술로 돌아가든지 아니면 아예 죽어버리는 게 낫겠습니다."

요압은 압살롬이 다윗 왕을 만나지 않으면 견디지 못할 것을 알았다. 요압은 아버지 다윗과 아들 압살롬의 만남을 주선했다. 암논이 다말을 강간한 지 무려 7년 만에 드디어 아버지 다윗과 상봉하게 되었다.

다윗은 왜 압살롬을 만나려고 하지 않았을까? 다윗은 왜 암논이 이복누이를 강간했을 때 아무 말도 하지 않았을까? 다윗의 성품은 연민과 교만이 공존하고 있었다. 다윗은 암논과 압살롬을 통해 자기 자신을 보고 있었다. 암논에게서 밧세바를 욕보인 다윗이 보였고 압살롬에게서 우리아를 죽인 다윗이 보였다. 다윗은 아들들을 통해 자신의 죄악을 보았다. 다윗은 자신을 직면할 수 없었고, 그래서 아들들을 만나지 않았던 것이었다.


## 다윗의 몰락과 귀환

압살롬은 다윗과 해후한 뒤에 호위병을 모으기 시작했다. 번듯한 수레와 말도 몇 필 준비했다. 압살롬은 왕이 될 야심 찬 계획을 세웠다. 아침 일찍 일어나 예루살렘 성문에서 소송이 필요한 사람들을 만나 이야기를 들어주었다. 왕은 억울한 사람을 외면하지만 자신은 공정하게 판결을 내려줄 수 있다는 말로 사람들의 마음을 얻었다. 압살롬은 상대가 자신에게 절하면 더욱 고개를 숙이면서 상대방의 환심을 샀다. 그렇게 4년의 세월이 지나는 동안 백성들의 마음이 압살롬에게로 완전히 쏠리게 되었다.

압살롬은 이스라엘 전역에 사람들을 보내서 나팔소리가 나면 압살롬이 왕이 되었다고 외치게 했다. 각 지역에 압살롬에게서 도움을 받지 않은 사람이 없었다. 더한 것도 해줄 판이었는데 그 정도는 아무것도 아니었다.

압살롬은 200명을 엄선해서 헤브론으로 데려갔다. 가장 공을 들인 사람은 길로 출신의 아히도벨이었다. 그는 다윗의 모사였는데 압살롬의 편에 붙었다(삼하 15:12). 이후 압살롬이 왕이 되는 모든 과정은 아히도벨의 머리에서 나온 술수였다. 압살롬은 고작 200명과 참모 1명을 데리고서 왕이 되었고, 다윗 왕이 맨발로 '먼 궁'(벧메르학)까지 도망가게 했다. 아히도벨의 모략과 4년 동안의 압살롬의 노력, 그리고 이스라엘 전역의 압살롬에 대한 인기가 합쳐져서 만들어낸 성과였다.

다윗이 도망갈 때 주변에 있던 사람은 다윗에 대한 충성을 보이는가 하면 배신으로 다윗을 떠나기도 했다. 그동안 숨죽이고 살던 사울 집안의 친척 시므이는 강 건너편에서 다윗을 저주하며 돌을 던졌다. 다윗을 따르는 사람은 가드 사람 잇대를 포함해서 몇 명 되지 않았다. 다들 머리를 풀고 맨발에 눈물을 글썽이며 예루살렘을 떠나 마하나임에 이르렀다. 제사장 사독과 아비아달, 그리고 그들의 아들 아히마아스와 요나단이 예루살렘에 남았고 아렉 사람 후새도 왕궁에 남았다.

헤브론에서부터 예루살렘을 점령하기 위해 올라온 혁명가들은 압살롬을 앞세우고 다윗성으로 들어왔다. 성안에는 다윗 왕의 후궁 10명이 남아 있었고, 몇 명의 제사장과 후새가 고개를 조아리며 압살롬 왕 만세를 외쳤다.

압살롬은 비록 왕궁은 장악했지만 여전히 넘어야 할 산이 많았다. 무엇보다 아버지 다윗을 죽여 그의 세력을 없애야만 했고, 자기 주변에 숨어 있을지도 모를 세작을 찾아내야 했다. 그러나 승리에 들뜬 압살롬은 그렇게 지혜롭지 못했다. 1만 2천 명의 군사를 뽑아서 도망가는 다윗을 죽여 왕권을 강화하자는 아히도벨의 전략과 전 이스라엘의 군사들을 모아서 다윗 세력을 완전히 뿌리 뽑자는 후새의 의견이 갈렸다.

압살롬은 자신의 힘을 과시하고 싶었다. 그래서 후새의 전략이 훨씬 마음에 들었다. 전체 이스라엘의 압살롬에 대한 지지율은 압도적으로 높았고, 전면적으로 적을 다 없애면 이스라엘왕국이 완벽하게 자기 것이 될 수 있다고 믿었다. 그러나 그것은 위장으로 전향한 후새의 작전이었다. 전체 군사들을 모으는 데는 시간이 걸렸다. 그 사이에 다윗 왕에게 소식을 알려서 안전한 지대로 피신하게 했다. 압살롬은 한 번도 전쟁해 본 경험이 없다. 군사들이 일사불란하게 자신의 명령에 따를 것 같지만 쉽지 않은 일이었다.

자신의 의견이 무시당하자 아히도벨은 고향으로 돌아가 자살해버렸다. 압살롬의 옆에서 판도를 보며 결정을 내리는 데 도움을 줄 사람이 사라진 것이었다. 압살롬은 직접 전쟁에 뛰어들었다. 그러나 상대는 산전수전 다 겪은 다윗이었다. 다윗 곁에는 노련한 용장이 많았다. 압살롬은 긴 머리가 트레이드마크였다. 말갈기와 같은 그의 머리가 바람에 흩날리면 뭇 여인들이 그 매력에서 헤어 나오지 못했다.

압살롬의 멋진 용모와 겸손한 태도, 확고한 신념과 불타는 의지는 전 이스라엘의 본보기가 되었고, 다윗 왕도 가장 자랑스러운 아들 중에 하나로 압살롬을 꼽았었다. 그러나 직접 노새를 몰고 군사들을 지휘하던 압살롬은 울창한 상수리나무 아래를 지나다가 머리채가 나뭇가지에 걸리면서 공중에 매달리게 되었다. 압살롬의 자랑이었던 머리가 그를 난처하게 했다.

요압은 압살롬이 나무에 매달려 있다는 소식을 듣고 그에게 찾아와 길고 날카로운 창으로 심장을 뚫었다. 요압을 따르는 부하들도 압살롬을 둘러싸서 동시에 찔렀다. 압살롬의 정변은 며칠 만에 수포로 돌아가고 말았다.

다윗은 자기편이 이겼다는 소식을 들었다. 다윗 쪽의 피해는 별로 크지 않았다. 아녀자들은 위기가 사라지자 안심하며 짐을 꾸렸고, 군사들은 무기를 챙겨 원래 있던 예루살렘 진영으로 돌아갈 준비를 했다. 장관들도 서로를 격려하면서 귀환 준비를 하고 있을 때 다윗만큼은 세상이 다 무너진 것처럼 통곡했다.

"왕의 마음이 심히 아파 문 위층으로 올라가서 우니라. 그가 올라갈 때에 말하기를 내 아들 압살롬아 내 아들 내 아들 압살롬아 차라리 내가 너를 대신하여 죽었더면, 압살롬 내 아들아 내 아들아 하였더라"(삼하 18:33).

요압이 다윗을 찾아갔다. 요압은 분노를 가라앉히고 차분하게 왕에게 말했다. 한때 몰락하기는 했으나 상대는 왕이다. 최대한 예의를 갖추었다.

"다윗 임금님, 임금님과 임금님의 가족들, 자제분들, 그리고 왕비와 후궁들 모두 무사합니다. 임금님을 따라서 온 모든 백성은 한 사람도 목숨을 잃지 않았습니다. 그런데 임금님의 이 모습을 보고 있으니 차라리 우리가 죽는 게 나을 뻔했습니다. 압살롬이 살고 우리가 모두 죽는다면 임금님은 더 기뻐하셨을 테지요. 다윗 임금님, 부하 된 도리로서 마지막으로 드리는 충정입니다. 지금 밖으로 나가셔서 풀이 죽어 있는 군사들에게 고생했다는 위로의 말을 하지 않으신다면 압살롬에게 당했던 환난은 아무것도 아니란 것을 알게 될 것입니다"(삼하 19:5-7).

다윗은 눈물을 닦았다. 옷을 정제하고 성문 문루로 나가서 밖에서 훤히 보이도록 창문 옆에 앉았다. 그제야 모든 군사가 활력을 되찾았다. 본격적인 예루살렘 귀환이 시작되었다.

다윗이 죽고, 그의 아들 솔로몬이 왕이 되고, 솔로몬 사후 이스라엘은 남과 북으로 완전히 갈라지게 된다. 갈라진 두 나라는 이후 다시 하나로 합쳐지지 않았다. 우리는 솔로몬의 범죄와 불순종, 그리고 그의 아들 르호보암의 교만이 이스라엘을 두 동강 냈다고 알고 있다. 그러나 다윗도 남과 북의 갈등에 한몫이 있었음을 밝혀야겠다.

다윗은 예루살렘으로 귀환하면서 유다 지파의 장로들을 모았다. 다윗이 거쳐가는 모든 이스라엘 성읍마다 다윗에 대한 재신임의 소식이 들려온 터였다. 이스라엘 지파들은 서로 이렇게 말했다.

"압살롬 왕자님이 우리의 신원을 잘 들어주셨지만 역시 왕은 다윗 임금님이시지. 다윗 왕께서는 우리의 원수 블레셋을 무찌른 분이셔. 우리가 임금님께서 왕궁으로 가실 때 제일 앞장서야 하지 않겠나?"

다윗은 자신을 옹위하는 이스라엘 지파들의 움직임이 어딘가 마음에 들지 않았다. 자신에게 모인 유다 지파 장로들에게 말했다.

"들으시오. 나는 유다 지파 출신이고, 우리 왕국은 대대로 유다 지파에게 주신 하나님의 약속을 따라 왕위가 굳건하게 세워질 것이오. 그런데 이스라엘 지파들이 나를 이토록 환영하는데 유다 지파는 도대체 무엇을 하는 것이오?"

유다 다윗의 말을 들은 유다 지파는 환영하는 이스라엘 백성들을 돌려보내고, 유다 지파 위주로 환영단을 꾸렸다. 다윗은 유다 지파에 의해서 예루살렘 귀환을 이루었다(삼하 19:8-14). 그 소식을 듣고 이스라엘 지파가 불만에 차서 말했다.

"다윗 임금님, 저희 이스라엘 지파들이 임금님을 다시 왕으로 옹립하는 데 앞장섰고, 저희가 정성을 많이 들였습니다. 그런데 어쩌자고 뒤늦게 온 유다 지파들이 임금님을 몰래 빼돌려 모시도록 두셨습니까?"

유다 지파도 할 말이 많았다.

"임금님은 우리 지파 출신이다. 그렇다고 우리가 임금님께 무엇을 바라거나 따로 얻어먹은 것도 없다. 우리가 우리 임금을 모시고 가는 게 무엇이 불만이란 말인가?"

이스라엘 백성들도 지지 않았다.

"우리는 열 지파나 된다. 유다 지파가 임금님의 편애를 받는다면 우리는 그 열 배는 받아야 한다. 너희가 우리를 무시하지 않았다면 임금님은 우리 지파들에 의해서 왕위에 다시 앉았을 것이다. 임금님을 모시라고 한 것도 우리가 처음이었다."

이들의 논쟁은 결국 유다 지파의 승리로 끝이 났다(삼하 19:40-43). 다윗 왕의 마음이 유다 지파에게 기울어졌기 때문이다. 남북이 분열될

조짐은 이미 이때부터 시작되었다. 다윗은 비록 환궁하였지만 여전히 완전하지 못한 왕이었고 이스라엘 왕실은 어둠이 드리워져 있었다.

## 다윗의 마지막

유다 지파와 이스라엘 지파의 갈등은 베냐민 출신 세바의 반역으로 더 깊어졌다. 세바는 이스라엘 사람들을 부추기며 이렇게 말했다.

"이스라엘아 들으라. 너희는 보지 않았느냐? 다윗은 유다 지파만의 왕이다. 우리는 우리만의 왕국을 세워야 한다. 이스라엘아, 나를 따르라"(삼하 20:1).

세바는 이스라엘 사람들을 자신의 세력으로 모으려고 했다. 그러나 여전히 다윗 쪽에는 강한 군사들과 전략가들이 있었다. 그중에서도 요압이 군사들을 모아 세바의 반역 기지인 아벨성을 포위했다. 둔덕을 쌓고 성벽 일부를 무너뜨렸다. 아벨 성읍이 함락되는 것은 시간문제였다. 아벨에 사는 한 여인은 세바로 인해서 성읍이 와해될 것을 염려했다. 그녀는 주민들을 설득해 세바의 머리를 요압에게 던져주고 아벨성의 평화를 지켜냈다. 세바의 반란은 금방 제압되었다.

다윗의 후반기에 두 가지 재앙이 있었다. 3년의 흉년으로 이스라엘 전역이 고통당했는데 하나님은 그 원인이 사울이 기브온 사람들을 죽인 일 때문이라고 말씀하셨다. 여호수아시대에 기브온은 이스라엘과 화친을 맺었고 이스라엘 백성을 위해 허드렛일을 했다. 화친했기 때문에 이스라엘은 기브온을 지켜주어야 할 의무가 있었다.

## ⟨도표 5⟩ 다윗의 후기 정계 (삼하 20:23-26)

| | |
|---|---|
| 군대 지휘관 | 요압 |
| 그렛 사람과 블렛 사람의 지휘관 | 여호야다의 아들 브나야 |
| 감역관 | 아도람 |
| 사관 | 아힐룻의 아들 여호사밧 |
| 서기관 | 스와 |
| 제사장 | 사독과 아비아달 |
| 다윗의 대신 | 야일 사람 이라 |

그러나 분별력이 없던 사울은 기브아 사람을 죽였고 그로 인해 다윗 때에 3년의 흉년이 이스라엘에 찾아왔다. 재앙은 사울의 자손을 죽여야만 사라지게 될 판이었다. 다윗은 요나단의 아들 므비보셋을 제외하고 사울의 아들들과 사울의 딸 메랍이 낳은 아들들을 기브온에게 넘겨주어서 재앙을 멈추게 했다.

재앙은 또 있었다. 다윗은 요압을 시켜 이스라엘 전역의 군사의 수를 조사하게 했다. 성경에는 역대 왕들이 소유하고 있는 군사의 수를 밝히고 있어 다윗이 군사의 수효를 확인하는 것은 죄가 될 것이 없었다. 그런데 이 일로 인해서 다윗은 양심의 가책을 받았고 자신이 교만하였음을 고백했다. 예언자 갓은 다윗에게 ① 7년 흉년 ② 3개월 도망 ③ 3일 전염병 중의 하나를 고르게 했다. 다윗은 3일 동안의 전염병을 골라 이스라엘 백성 7만 명이 희생되었다. 다윗은 전염병이 그친 후에 아라우나(오르난)의 타작마당을 50세겔을 주고 샀고 거기에 제단을 쌓아 하나님께 번제와 화목제를 드렸다.

다윗의 말년에 있었던 이 재앙에 대해서는 사무엘하 24장과 역대상 21장에 기록되어 있는데 그 주체가 사뭇 다르다.

똑같은 다윗에 대한 시험인데 〈사무엘하〉에서는 여호와께서 일으키신 일이고, 〈역대상〉에서는 사탄이 주체가 되었다. 이 모순을 어떻게 이해할 수 있을까? 다윗이 인구를 조사한 것으로 양심의 가책을 받아 죄를 지었음을 고백했고 전염병으로 7만 명이 죽은 것도, 이후 아라우나(오르난)의 타작마당을 사서 제단을 쌓은 것도 두 성경이 모두 같이 기록하고 있다. 그런데 〈사무엘하〉에 없는 내용이 〈역대상〉에는 딱 하나 등장한다.

"그때에 다윗이 하나님께 아뢰었다. '이 백성의 인구를 조사하도록 지시한 사람은 바로 내가 아닙니까? 바로 내가 죄를 짓고 이런 엄청난 악을 저지른 사람입니다. 백성은 양 떼일 뿐입니다. 그들에게야 무슨 잘못이 있습니까? 주 나의 하나님! 나와 내 집안을 치시고, 제발 주님의 백성에게서는 전염병을 거두어주십시오'"(대상 21:17, 새번역).

다윗은 하나님께 자신에게만 징벌을 내려달라고 기도했다. 하나님께서 다윗을 시험하시는 목적은 다윗이 자신의 군사력을 과신할 때 어떤 결과를 얻는지 보여줌으로써 하나님께 돌아오도록 하는 것이라면, 사탄이 시험하는 목적은 교만해진 그가 하나님을 떠나 영영 하나님에

| 〈도표 6〉 다윗의 말년에 있었던 재앙 | |
| --- | --- |
| 사무엘하 24:1 | 여호와께서 다시 이스라엘을 향하여 진노하사 그들을 치시려고 다윗을 격동시키사 가서 이스라엘과 유다의 <u>인구를 조사하라</u> 하신지라. |
| 역대상 21:1 | <u>사탄이 일어나</u> 이스라엘을 대적하고 다윗을 충동하여 이스라엘을 계수하게 하니라. |

게서 멀어지게 하는 것이었다. 그래서 두 주체가 달랐다.

다윗은 이 일을 통해서 자신이 얼마나 교만했는지 깨달았고, 그로 인해 하나님만 의지하고 하나님께로 돌아와야 한다는 사실을 뼈저리게 깨달았다. 사울 왕과 대조되는 모습이다. 사울은 왕으로서 하나님의 뜻에 어긋나게 행동하고서도 끝까지 자신이 옳다고 여겼으며 하나님께 돌아오지도 않았고 바른 왕의 모습도 끝내 보여주지 못했다.

다윗은 하나님의 뜻을 이해하고 온전하게 하나님 앞으로 돌아왔다. 사탄이 주체가 되는 〈역대상〉에 등장하는 다윗의 중보기도, 그러니까 자신이 죄를 지은 사람이며 자신에게만 벌을 내리시고 이스라엘 백성들을 보호해달라는 그의 기도를 통해 우리는 사탄의 계획이 완전히 무너졌음을 확인할 수 있다. 사탄이 다윗을 충동하였지만 다윗은 사탄에게 핑계를 대지 않고 자신이 책임자로 섰다. 왕다운 모습이었다.

그리고 한 가지가 더 있다. 〈역대상〉에서는 다윗의 인구조사사건이 있고 난 뒤에 오르난의 타작마당에서 번제를 드리고 나서 다윗은 바로 그곳이 바로 하나님의 성전이 서게 될 곳이란 것을 깨닫고 이렇게 말했다.

"다윗이 이르되 이는 여호와 하나님의 성전이요 이는 이스라엘의 번
제단이라 하였더라"(대상 22:1).

다윗이 죄를 범하고 회개하며 하나님께 제사한 그곳에서 하나님의
성전이 시작되었다. 그 후 다윗은 자신의 손으로 성전을 건축하지 않았
을 뿐이지 성전 건축에 대한 모든 비용인 금 십만 달란트, 은 백만 달란
트와 재료인 금, 은, 놋, 쇠와 기능공들인 채석공, 석수, 목수 등을 준비
했다(대상 22:14-16).

다윗은 아들 솔로몬을 불렀다. 다윗의 수많은 아들 중에서 솔로몬
은 가장 어린 축에 속했다. 다윗은 서른 살에 왕이 되어서 40년간 이스
라엘을 이끌었다. 그는 말년에 성전 건축을 위한 준비에 모든 역량을
쏟아부었다. 다윗은 아들 솔로몬에게 해야 할 일을 전했다. 솔로몬이
반드시 해야 할 일이었다.

"아들아, 아버지 평생의 소원은 하나님의 성전을 짓는 것이란다. 주
님을 위해 지을 성전은 화려하고 웅장하며 온 세상에 그 명성을 떨
쳐야 한단다. 너는 묻겠지? 왜 아버지가 직접 성전을 건축하지 않
느냐고? 하나님께서 내게 허락하시지 않는구나. 아들아, 내 손을
보아라. 이 손에는 수많은 이의 피가 묻었다. 하나님은 솔로몬, 너
를 통해서 성전을 짓게 할 것이며, 너를 통해서 이스라엘에 평화와
안정을 가져오게 하실 것이다. 너의 왕위는 흔들리지 않고 영원히
서게 될 것이다"(대상 22:5-10).

다윗은 분명히 한계가 많은 왕이었다. 그는 남의 아내를 빼앗았고, 그 여자 남편의 목숨을 빼앗았다. 그는 그 일로 인해서 대가를 치러야 했다. 아들들이 서로 죽고 죽이는 비극을 겪어야 했고 마침내 아들 압살롬에 의해 왕국에서 쫓겨나는 신세가 되기도 했다. 돌아오는 와중에도 전체 이스라엘을 아우르지 못하고 자신의 출신 지파인 유다를 편애함으로써 이스라엘과 유다 사이의 뿌리 깊은 지역감정을 가져오게 했으며 베냐민 지파의 반역을 겪어야 했다.

그의 주변에는 훌륭한 용사도 많았으며 이스라엘을 위해서 혁혁한 공을 세운 위인도 많았다. 그러나 다윗은 요압과 같은 야심가에게 휘둘리기도 했다. 그런데도 다윗은 여전히 이상적인 왕이었다. 죄를 범했을 때 그에 대해 지적하는 선지자의 말을 경청할 줄 알았으며, 피신하는 그의 뒤통수에 온갖 저주를 퍼붓는 적의 욕설을 들을 줄 알았으며, 이스라엘 백성을 향한 하나님의 진노 앞에서 온몸으로 자신의 책임을 통감하며 엎드릴 줄 아는 사람이었다.

비록 그의 한계에도 그는 겸손하게 자신의 역할을 다했으며, 그렇게 역사의 한 시대를 장식하고 사라져 갔다. 그를 이어서 솔로몬이 왕으로 등극할 때만 해도 솔로몬이 하나님의 성전을 잘 짓는 것만을 기대했는지도 모른다. 자신의 시대에 이스라엘의 전성기가 왔으며 이스라엘에는 평화가 이어져서 하나님의 성전을 짓고, 백성은 하나님을 섬기며, 솔로몬은 왕으로서 하나님 앞에 온전히 서기만을 바랐다.

"아들 솔로몬아 모든 사람은 죽을 것이고 나 역시 같은 길로 간다. 이것이 하나님의 섭리란다. 솔로몬아 너는 대장부답게 굳세도록 하여

라. 아버지가 너에게 꼭 일러둘 말이 있다. 요압을 조심해라. 그는 아브넬, 아마사, 압살롬을 죽였다. 굳이 피를 묻히지 않아도 되는데 그 일이 일어났다. 아버지가 그를 통제하지 못하였구나. 너는 지혜롭게 요압을 대하도록 하여라. 바르실래의 아들들이 왕국에 있다. 내가 압살롬을 피해 도망할 때에 바르실래가 나에게 선대하였다. 너는 그의 아들들과 식구처럼 가까이 지내도록 하여라. 시므이를 조심해라. 그가 나에게 저주한 말을 잊지 않고 있다. 하나님께서 그의 저주의 소리를 듣게 하셨지만 너는 그를 잊어서는 안 된다. 그는 무죄가 아니다. 너는 지혜롭게 시므이를 대하도록 하여라"(왕상 2:1-9).

다윗은 자신이 다 이루지 못한 것을 솔로몬에게 맡기고 숨을 거두었다. 그는 다윗성에 안장되었으며 그의 왕위는 솔로몬에게 이어졌다. 그러나 다윗은 몰랐다. 솔로몬이 왕이 되고 이스라엘에는 다윗시대와는 비교도 되지 않을 만큼 영광스러운 일들이 나타날 것임을…. 그리고 솔로몬에게 아버지와는 비교할 수 없는 악한 일이 일어나서 솔로몬 이후 이스라엘이 격동에 시달리게 될 것을…. 다윗은 70년의 인생을 마무리하고 하나님 품으로 올라갔다.

# Chapter 03

/솔/로/몬/

# 영광과 타락이 공존한 왕

## 솔로몬의 성전 건축

솔로몬은 왕위에 오르고 4년이 지났을 때부터 성전을 건축하기 시작했다(왕상 6:1). 모든 재료는 준비되었다. 그러나 여전히 필요한 것이 있었다. 솔로몬은 성전 건축에 가장 중요한 것을 요청하기 위해 두로의 히람 왕에게 전령을 보냈다.

"히람 임금님 저의 선친 다윗 왕께서 다윗성을 지을 때에 임금님께서 백향목을 보내주신 것을 기억합니다. 이제 저에게도 백향목을 보내주실 것을 정중히 요청합니다. 저는 하나님을 모실 성전을 지어드리려고 합니다. 하나님은 모든 신들보다 높으신 분이시기에 성전은 그에 걸맞게 크고 높아야 합니다. 왕께서는 저에게 백향목과 더불어 기능공도 한 사람 보내주시기 바랍니다. 예루살렘에는 다윗 왕께서 훈련시켜 놓은 일꾼이 많이 준비되어 있습니다. 임금님께서 보내주시는 기능공이 우리 일꾼들을 부려서 크고 웅장한 성전을 지을 수 있을 것입니다. 레바논에서 백향목, 잣나무, 백단목을 보내주시면 저희 쪽에서 밀가루 2만 섬, 보리 2만 섬, 포도주 2만 말, 기름 2만 말을 히람 임금님의 모든 벌목공과 일꾼들에게 보내겠습니다. 허락해주십시오"(대하 2:3-10).

히람 왕의 답신은 금방 왔다.

"하늘과 땅을 만드신 이스라엘의 하나님을 찬양합니다. 하나님께서는 선친 다윗 왕께 솔로몬 임금님과 같은 지혜로운 아들을 주셨습니다. 임금님을 도울 우수한 기능공을 한 사람 보내드리겠습니다. 이름은 '후람'이고 금, 은, 놋쇠, 보석, 나무를 다룰 줄 알고, 각종 색깔의 천을 짤 줄 알며, 모든 조각에 뛰어납니다. 임금님께 필요한 만큼의 나무를 벌목해서 레바논에서 욥바까지 바다로 띄우겠습니다. 나무는 뗏목처럼 엮어 보내게 될 것입니다. 예루살렘까지 운반하는 일은 임금께서 해주시면 되겠습니다. 잘 받으셔서 필요한 대로 사용하시면 좋겠습니다"(대하 2:11-16).

두로의 히람 왕이 보낸 최고의 기능공 후람은 아버지가 두로 사람이고 어머니가 단 지파 사람이었다. 말하자면 후람에게도 이스라엘의 피가 흐르고 있었다. 그는 하나님의 성전을 위해서 다윗이 준비해놓은 기능공들과 함께 일했다. 레바논의 나무는 바다로 띄워 욥바 항구에 도착했고 노동자들이 예루살렘으로 날랐다. 이들 노동자는 대부분 이방인이었다.

이스라엘 땅에 사는 이방인은 짐꾼이 7만 명, 채석공이 8만 명, 감독이 3천6백 명, 합쳐서 153,600명이었다(대하 2:17-18). 이들은 모두 예루살렘 성전 공사에 투입되었다. 이 이방인들은 예전 출애굽 때 같이 어울려서 온 사람들뿐 아니라 원주민들, 그러니까 블레셋, 가나안, 모압, 암몬, 에돔 등의 사람들이었다. 다윗시대에 점령했던 여러 이방 나라의 포로들이 모두 대공사에 동원되었다.

성전 건축 장소는 모리아산이었다. 그곳은 여부스 사람 오르난의 타작마당이었다(대하 3:1). 성전 건축은 솔로몬이 왕위에 오른 지 4년 2월 2일부터 시작되었다. 성전의 크기는 길이가 60규빗, 너비가 20규빗, 높이가 30규빗이었다. 1규빗을 대략 50cm로 본다면 길이는 30m에 너비가 10m, 높이는 15m였다. 본당의 안벽은 잣나무 판자에 순금을 입혔으며 종려나무 모양이었다. 보석과 바르와임에서 가져온 금으로 성전을 꾸몄다. 들보, 문지방, 벽, 문짝 등도 모두 금박을 입혔다. 화려하기 그지없었다.

그중에서도 정점은 지성소였다. 지성소의 크기는 가로가 20규빗, 세로가 20규빗, 높이가 20규빗이었다. 순금으로 금박을 했는데 무려 600달란트에 달했다. 못의 무게만 해도 50세겔이었고 다락방도 금박이었다. 2개의 그룹 형상 역시 금박이었는데 날개의 길이가 각각 5규빗으로 4개의 날개를 합치면 20규빗이나 되었다. 그룹은 성전 본관을 보도록 배치되어 있었다. 휘장은 청색, 자주색, 홍색 실의 배로 되어 있었고 역시 그룹 모양을 새겨 놓았다.

기둥의 높이는 35규빗이었는데 기둥머리의 높이는 5자였다. 목걸이 같은 사슬이 기둥머리에 둘렸다. 각 사슬에는 석류 모양이 100개나 있었다. 왼쪽 기둥은 '야긴'으로 '그가 세우셨다'라는 뜻이었고, 오른쪽 기둥은 '보아스'로 '그의 힘으로'라는 뜻이었다.

제단의 재료는 놋이었는데 길이가 20규빗, 너비가 20규빗, 높이가 10규빗이었다. 물통은 놋쇠부에서 바다 모양으로 되어 있었다. 지름이 10규빗, 높이가 5규빗, 둘레가 30규빗이었다. 가장자리 아래 황소 모양이 있었는데 12마리의 놋쇠 황소가 물통을 떠받들고 있다. 물은 3천 말이 들어갈 수 있었다. 대야는 10개가 있었는데 물을 담아 번제물을 씻는 데 사용되었다. 금등잔대도 10개, 상도 10개, 금쟁반은 100개였다.

뜰은 제사장의 뜰과 큰 뜰이 있었다. 그곳은 문짝들과 놋쇠로 이루어져 있었다. 물통 역시 바다 모양이었고 성전의 오른쪽, 즉 동남쪽 모퉁이에 가져다 놓았다. 이때 후람은 무엇을 만들었을까? 그는 솥, 부삽, 대접, 기둥, 기둥머리, 기둥머리 그물, 석류 400개, 받침대, 대야, 물통, 물통 받침, 황소 12개, 솥, 부삽, 갈고리 등을 만들었다. 제자리에 앉아서 한 치의 미동도 없이 집중해서 다양한 물건을 만들었다. 장인정신이었다. 그는 광택이 나는 놋쇠로 이 모든 것을 만들었고, 기구들은 숙곳과 스레다 사이의 요단 계곡의 진흙을 가져다가 사용했다.

솔로몬은 여러 기구를 갖다 놓았는데 금제단, 상, 순금 등잔, 등잔대, 꽃장식, 등잔, 부집게, 집게, 대접, 숟가락, 그릇, 문짝들(금박) 등이었다(대하 4:19-22). 다윗이 구별한 모든 기구를 성전 창고에 넣었다.

그렇게 성전이 완성되었다.

이제 언약궤가 운반되었다(대하 5:2-10). 7월 절기에 맞춰서 이스라엘의 모든 남자가 동원되었다. 레위 사람이 궤를 메어 옮겼다. 셀 수 없이 많은 양과 소와 제물이 바쳐졌다. 언약궤는 그룹들 날개 아래에 안착되었다. 언약궤 속에는 원래 만나 담은 돌 항아리, 아론의 싹 난 지팡이, 십계명 돌 판이 있어야 하는데 모세의 두 돌 판만 있었고 나머지는 간 곳이 없었다.

모든 제사장은 성소에 들어가 있다가 나왔고, 아삽, 헤만, 여두둔 등 그들 아들들과 친족들이 모두 제단 동쪽에 있었다. 제사장만 120명이었다. 얼마나 영광이었을까? 그동안 제사장 역할을 해왔지만 공식적으로 성전이 세워진 것은 이번이 처음이었다. 그것도 다윗과 솔로몬을 이은 이스라엘 최대의 전성기에 가장 부강한 나라의 가장 부유한 왕이 모든 것을 동원해서 최선을 다해 만든 성전이었다. 성전에 섰을 때 제사장들은 흥분했다. 그들은 하늘을 우러러 목청껏 찬양을 불렀다. "선하시도다. 그의 자비하심이 영원히 있도다"(대하 5:13). 그때 어디에서 왔는지 빽빽한 구름이 성전에 가득했다.

솔로몬은 감격에 차서 하나님께 성전을 올려드렸다. 아버지 다윗이 있었다면 얼마나 좋았을까, 하는 아쉬움은 있었다. 그러나 서운함도 잠시 하나님께 드릴 성전이 있다는 것만으로도 좋았다. 영광스러운 성전이 완성되고 그 앞에 섰을 때 솔로몬은 봉헌식에 참석한 백성들과 함께 성전을 올려다보며 하나님께 감사드렸다. 그곳에 있는 모든 사람이 전율을 느꼈다.

"하나님께서는 구름 속에서 우리를 지켜보시고 이끄시는 분이십니다. 이곳에 주님의 집을 지었습니다. 이제 주님께서 영원히 계실 성전입니다. 영원하신 하나님께서 영원히 계시기를 원합니다."

솔로몬은 뒤를 돌아 백성들을 보았다. 그들도 모두 감격에 차서 멍하니 성전을 올려다보고 있었다. 솔로몬은 백성들 한 사람 한 사람을 향해 축복해주었다. 주님께서 말씀하신 대로 자신을 성전 지을 자로 택해주신 것도 감사했고, 수많은 백성이 순종하며 성전 짓는 데 한마음이 되어 준 것도 감사했다. 솔로몬은 3규빗 정도 되는 놋쇠 단 위에 서 있었는데 그는 그 자리에 무릎을 꿇었다. 그리고 두 팔을 들어 폈다. 그의 눈은 하늘을 향했다.

"하나님이 참으로 사람과 함께 땅에 계시리이까. 보소서. 하늘과 하늘들의 하늘이라도 주를 용납하지 못하겠거든 하물며 내가 건축한 이 성전이오리이까. 그러나 나의 하나님 여호와여 주의 종의 기도와 간구를 돌아보시며 주의 종이 주 앞에서 부르짖는 것과 비는 기도를 들으시옵소서. 주께서 전에 말씀하시기를 내 이름을 거기에 두리라 하신 곳 이 성전을 향하여 주의 눈이 주야로 보시오며 종이 이곳을 향하여 비는 기도를 들으시옵소서. 주의 종과 주의 백성 이스라엘이 이곳을 향하여 기도할 때에 주는 그 간구함을 들으시되 주께서 계신 곳 하늘에서 들으시고 들으시사 사하여주옵소서"(대하 6:18-21).

역대하 6장은 성전을 봉헌하는 장면과 솔로몬의 기도로 되어 있다. 솔로몬은 두 팔을 펴서 하나님께 기도를 올려드렸고 백성은 한자리에서 꼼짝도 하지 않고 같은 마음으로 기도를 드렸다. 기도가 끝나자 기적이 일어났다. 하늘에서 불이 내려 제단에 벌려 놓은 번제물과 제물들을 활활 태웠고, 성전은 하나님의 영광으로 가득하게 되었다(대하 7:1). 백성들은 그 광경을 보며 놀라지 않을 수 없었다. 솔로몬과 함께 백성이 모두 자리에 엎드렸다. 모든 백성이 돌을 깎아 깔아놓은 광장에 엎드리며 하나님께 감사를 올렸고, 이윽고 자리에서 일어나면서 한목소리로 찬양을 올렸다. "선하시도다. 그의 인자하심이 영원하도다"(대하 7:3).

2만 2천 마리의 소와 12만 마리의 양이 제물로 바쳐졌고, 레위인들은 악기 소리를 높여 찬양을 올렸으며, 제사장들은 맞은편에서 나팔을 불었다. 하나님의 성전을 봉헌하는 축제는 7일 동안 이어졌고, 또다시 일주일을 절기로 지켰다. 행사를 마치고 돌아가는 모든 백성이 만족하고 흐뭇한 마음이었다. 그날 밤 하나님께서 솔로몬에게 나타나셨다.

"밤에 여호와께서 솔로몬에게 나타나사 그에게 이르시되 내가 이미 네 기도를 듣고 이곳을 택하여 내게 제사하는 성전을 삼았으니 혹 내가 하늘을 닫고 비를 내리지 아니하거나 혹 메뚜기들에게 토산을 먹게 하거나 혹 전염병이 내 백성 가운데에 유행하게 할 때에 내 이름으로 일컫는 내 백성이 그들의 악한 길에서 떠나 스스로 낮추고 기도하여 내 얼굴을 찾으면 내가 하늘에서 듣고 그들의 죄를 사하고 그들의 땅을 고칠지라. 이제 이곳에서 하는 기도에 내가 눈을 들고 귀를 기울이리니 이는 내가 이미 이 성전을 택하고 거룩하게 하여 내 이름을 여기에 영원히 있게 하였음이라. 내 눈과 내 마음이 항상 여기에 있으리라"(대하 7:12-16).

## 솔로몬의 영광

솔로몬을 통해 이스라엘은 가장 영광스러운 시대를 열게 되었다. 솔로몬의 영광이 어느 정도였을까? 솔로몬시대 이스라엘에 사는 거주민의 구성은 가장 아래쪽으로는 헷, 아모리, 브리스, 히위, 여부스 등의 가나안 노예들이 있었고 그들은 모두 짐꾼, 채석공이 되었다. 그 위로 군인, 군인들 위로는 지휘관, 그리고 그 위에 기병대(귀족)가 있었으며, 가장 위에는 책임자가 차지하고 있었다. 책임자의 인원은 모두 250명이었다(대하 8:7-10). 이스라엘 내부 계층은 이렇게 탄탄하게 구성되어 있었다.

외부적으로는 두로에서 상선들이 오가면서 이스라엘의 해안이 무역으로 번성했다. 솔로몬의 부하들은 오빌로 가서 금 450달란트를 가져왔다(대하 8:17-18). 그것은 일회적이었지만 매해 금의 수입은 막대했다. 해마다 666달란트의 금이 수입되면서 국고는 금으로 가득 채워졌다(대하 9:13). 그 밖에도 관세라든가, 여러 나라와의 무역을 통해 벌어들이는 수입, 아라비아의 왕들과 국내 지방 장관들이 바치는 금이 있었다.

솔로몬은 그 금을 가지고 큰 방패 200개를 만들었는데 1개에는 금이 600세겔이나 되었고, 작은 금 방패도 300개를 준비했는데 1개에 금 300세겔로 만들었다. 다 합치면 방패는 모두 21만 세겔이었다. 1세겔이 11.42g이기에 모든 방패를 합치면 금 2398.2kg이 되며, 현재의 시세로는 1763억이 넘는다(2021년 9월 현재 1kg 골드바의 가격은 73,542,879원). 솔로몬은 그 방패들을 레바논 수풀 궁에 두었다.

금은 부식되거나 녹슬지 않는다는 장점을 빼고는 방패로 쓰기에 적절하지 않았다. 금의 특성상 연성이 있어서 끝도 없이 넓게 펴질 수 있으며, 그렇게 종이처럼 얇게 펴진 금을 목상이나 쇠붙이에 붙이면 번쩍거리게 된다. 그 정도로 금은 잘 펴진다. 순금인지 확인하기 위해서 이로 물어보면 이빨 자국이 남게 되는 것도 이런 특징 때문이다.

방패란 칼이나 창과 같은 무기를 막기 위한 용도로 쓰이는데 금으로 된 방패는 금의 특성 때문에 방어용 무기로는 적절하지 않다. 그런데도 솔로몬은 금으로 방패를 만들어서 문지기들에게 들게 했다. 어떤 의미였을까? 솔로몬의 치세에는 적이 쳐들어오지 않는 안정적인 사회라는 것을 의미한다. 대외적으로 과시하기 위한 수단이다. 보라! 우리의 금 방패 위세로 적은 꼼짝도 못하게 되었노라!

솔로몬의 보좌는 상아로 만들어졌고 그 위에 순금을 입혔다. 보좌를 향하는 층계는 여섯 개의 계단으로 되어 있었으며 왕의 발을 올려놓는 받침대도 금이었다. 팔걸이 양옆에는 사자상이 있었다. 여섯 개의 계단이니까 모두 12마리의 사자상이 있었다(대하 9:17-19). 솔로몬의 그릇도 모두 금이었다. 왕실에서 사용되는 모든 그릇은 크든 작든 다 금으로 되어 있었고 은은 귀금속 축에도 못 끼었다(대하 9:20).

솔로몬의 수입은 금뿐이 아니었다. 3년에 한 번씩 금, 은, 상아, 원숭이, 공작새 등이 들어왔고, 세상 왕들이 솔로몬을 만나면 은그릇, 금그릇, 옷, 갑옷, 향료, 말, 노새를 예물로 바쳤다. 각종 동물을 관리할 마구간은 무려 4천 칸이나 되었다(대하 9:21-28).

솔로몬은 말을 좋아했다. 그리고 그것을 수입하고 되파는 일에도 능숙했다. 애굽과 구에라는 곳에 무역상을 보내서 말을 사다가 관리한 뒤에 헷 족속과 아람(시리아)의 왕들에게 팔았다. 한 마리에 150세겔에 팔렸다. 말이 끄는 병거도 팔았는데 은 600세겔에 거래가 성사되었다(대하 1:16-17). 그렇게 막대한 이익이 솔로몬에게 들어왔다.

두로 왕 히람은 하맛소바, 다드몰, 하맛, 벧호론, 바알랏 등의 성읍을 솔로몬에게 주었다(대하 8:1-6). 솔로몬이 차지하고 있는 땅은 유브라데강에서 블레셋 영토를 지나 애굽 국경까지 이르렀다(대하 9:26). 국방력은 어떨까? 군사가 많은 것은 당연한 일이었고, 솔로몬에게 병거가 1천4백 대, 기병이 1만 2000천 명이 있었는데 그들은 예루살렘에 배치되었고, 자신들이 주둔하는 곳에서 언제든지 출동할 수 있게 준비되었다(대하 1:14). 막강한 군사력이었다.

솔로몬은 여러 나라와 무역을 했다. 이웃 나라의 왕들이 사신을 보내거나 직접 예루살렘을 찾아와서 솔로몬을 만났다. 솔로몬의 명성은 세계로 뻗어 나갔으며 솔로몬을 만나고 싶어 하는 사람은 점점 더 많아졌다. 그중에서도 솔로몬을 만나 가장 감동을 받은 사람은 스바 여왕이었다.

스바 여왕이 예루살렘에 방문해서 솔로몬의 궁전을 보았다. 솔로몬의 궁전은 13년에 걸쳐서 지어졌다. 기간도 기간이지만 성전과 달리 어떤 특정한 규정이 없기에 건축가들의 역량을 마음껏 발휘할 수 있는 건축물이었다. 스바 여왕은 성전보다 솔로몬의 궁전을 보고 더 감탄했다. 물론 이방인인 스바 여왕이 함부로 성전에 들어갈 수 없기에 성전을 자세히 들여다보기 어려운 점도 있었다. 그러나 여왕이 궁전을 보고 감탄한 이유가 있었다.

스바 여왕은 빈손으로 오지 않았다, 그녀가 솔로몬에게 갖다 바친 것은 향료, 금, 보석, 낙타 등이었다. 스바 여왕은 궁전을 둘러보고 궁정에서 일어나고 있는 것들을 찬찬히 살펴보았다. 특히 궁정 요리와 신하들의 궁중 예법, 신하들의 일하는 모습, 신하들의 제복, 술잔을 올리는 시종의 제복 등을 보면서 깊은 영감을 얻었다.

여왕으로서는 앞서가는 나라를 방문해서 잘 배운 뒤에 자기 나라에 적용할 궁리를 해야 했다. 어떻게 하면 자기 나라에서 사용할 수 있는지, 선진 문물을 도입해서 자기 나라를 더욱 부강하게 만들 수 있을지 고민했다. 스바 여왕은 예루살렘의 솔로몬 왕궁에서 많은 신기한 것들을 보며 매료되었고 깊은 인상을 받았다.

여기서 우리가 알 수 있는 것은 첫째, 여왕이 감동한 것과 성경이 강조하는 게 다르다는 점이다. 성경은 하나님의 성전이 얼마나 정교하고 화려하게 지어졌는지 길게 묘사하고 있는 반면 스바 여왕은 궁전에서 보았던 의복, 예법, 신하들의 모습에서만 감동했다. 성전의 번제물을 보고서 영감을 받았다면 제물의 양이라든지 외형적이고 물질적인 것에 있지 하나님의 임재를 통한 종교적이고 영적인 감흥은 아니었다.

둘째, 남방의 여왕이 감동할 정도로 솔로몬시대의 궁중 예법이나 궁궐 의복 등 그 수준이 매우 높았다는 것을 알 수 있다. 이런 문화의 수준이 높아지려면 당연히 먹고사는 생존의 수준을 넘어서는 부강한 나라여야만 가능했다. 그러니까 지금 이스라엘은 외부로부터 전쟁의 위협이 있다거나 내부에서의 혼란이 있던 사사시대, 사울, 다윗의 시대와는 완전히 차원이 다른 시대였다. 많은 것을 누리는 시대이기에 궁중 신하들의 활동에 다양한 법규와 예법들을 개발해 낼 수 있었고, 그것을 보고 스바 여왕이 감동했다. 스바 여왕의 반응만으로도 솔로몬시대의 이스라엘의 영예가 어느 정도인지 알 수 있다.

감동을 받은 여왕은 솔로몬에게 금 120달란트와 아주 많은 향료, 그리고 다양한 보석을 선사했다(대하 9:9). 여러 나라의 왕이 바치는 예물이나 조공을 뛰어넘는 엄청난 양의 공물이었다. 솔로몬의 시대는 그토록 영광스러웠다.

솔로몬은 모든 상처를 극복했다. 솔로몬이 자라면서 자신에 대해서 인식하게 될 때쯤에 아버지가 이스라엘 최고의 왕이라는 사실은 그에게 자부심과 긍지를 갖게 했다. 그러나 어머니가 밧세바라는 여인이고, 밧세바에게 다윗이 아닌 다른 남편이 있었다는 사실, 아버지 다윗과 어머니 밧세바로 인해서 이스라엘왕국은 대혼란에 휩싸였으며 아버지가 왕좌에서 쫓겨났다는 사실을 나중에 알았을 때 얼마나 절망했을까?

솔로몬에게 직접적인 잘못은 없다. 전적으로 아버지 다윗의 잘못이었다. 밧세바와의 불륜 관계에서 갖게 된 아기를 통해 아버지 다윗의 죄악이 고발되었고, 그 잘못으로 인해 아기는 일주일 만에 죽고 말았다. 그 후 밧세바와의 사이에서 솔로몬이 태어나면서 하나님은 다윗에 대한 사랑을 거두지 않으셨다. 더욱이 솔로몬에게 '여디디야'라는 이름을 주셔서 솔로몬을 통해 다윗을 위로해주셨다.

솔로몬은 왕이 되는 험난한 과정을 겪어야 했다. 왕을 노리는 왕자들이 있었기 때문이었다. 그런데 놀랍게도 솔로몬은 왕이 된 다음에 그모든 과거의 상처를 극복하고 엄청난 대역사를 이루고야 말았다. 마치처음부터 어떤 콤플렉스도 없던 사람처럼, 마치 처음부터 위대한 왕인것처럼, 마치 처음부터 훌륭한 인물인 것처럼 그는 모든 일을 영광스럽게 해냈다.

그는 자신의 상처를 극복해 낸 것처럼 보였다. 그러나 그렇지 않았다. 그는 찬란한 이스라엘의 불꽃이었으나 동시에 이방의 아내들과 더불어서 몰락한 왕이 되고 말았다. 외국인 아내들에게 마음을 빼앗겨서 그녀들이 가져온 우상으로 인해 쇠퇴하기에 이르렀다.

그의 마음 깊은 곳에서는 아버지 다윗과 어머니 밧세바로 인한 깊은 상처와 갈등이 있었다. 그리고 그 상처는 결국 그가 안정을 취했을 때, 모든 역사를 완벽하게 이루고야 말았을 때, 누구도 그에게 거스를 수 없게 되었을 때 자신의 가장 취약한 곳을 공격하면서 드러나고야 말았다. 그는 아내를 많이 두었고 아내들과 함께 하나님을 떠나게 되었다. 영광스러운 삶이었지만 그 영광에서부터 붕괴가 시작되었다는 것은 참으로 아이러니한 일이다.

솔로몬시대에는 은이 돌처럼 흔하고 백향목은 세펠라 평원의 뽕나무만큼 많았다. 솔로몬에 대한 기록은 나단의 역사책, 아히야의 역사책, 잇도의 묵시록에 기록되어 있다. 솔로몬은 40년간 온 이스라엘을 다스렸다. 그는 죽어서 다윗성에 묻혔고, 르호보암이 이어서 왕이 되었다.

## 솔로몬의 전성기

군사력은 곧 국력이기도 하다. 이미 서술한 대로 솔로몬에게는 병거 1천400백 대, 기병이 1만 2000천 명이나 있었다. 일반 보병은 말할 것도 없었다(대하 1:1). 이제 막 자신의 왕정을 시작한 솔로몬에게 엄청 난 군사력이었다. 그 외에 경제, 정치, 사회, 문화 등 모든 분야에서 이 전에도 없었고 이후에도 없을 전성기를 누렸다. 은과 금이 돌처럼 흔했 고 백향목은 평지에 가득했다. 그야말로 풍요의 시기였다.

그렇게 엄청난 병력과 힘을 과시하고 있었는데 과연 어린 솔로몬이 그것을 모두 감당할 수 있을까? 솔로몬을 시기하고 질투하는 사람들이 있었고 솔로몬을 제거하기 위해서 노리는 자들도 있었다. 어린 나이에 왕이 된 솔로몬은 어떻게 그들을 제어할 수 있었을까? 아직 성전이 건 축되지 않았을 때로 거슬러 올라가보자.

성전이 없었기에 백성들은 이스라엘 전역에 흩어져 있는 여러 산당 에 가서 제사를 드렸다(왕상 3:2). 솔로몬도 백성들과 마찬가지로 여러 산당에서 제사를 드렸으나 왕이기에 공식적으로 가는 산당을 정해야 했다. 솔로몬은 기브온에 있는 산당을 정해 정기적으로 제사를 지냈다. 솔로몬은 기브온 산당에서 천 마리가 넘는 번제물을 드리면서 하나님 께 제사를 드렸다. 번제를 드린 그날 밤, 솔로몬의 꿈에 하나님께서 나 타나셨다.

"솔로몬아, 내가 너에게 무엇을 해주면 좋겠느냐?"

솔로몬은 그것이 꿈이란 것을 인식하지 못했다. 아버지 다윗이나 선지자들로부터 하나님에 관한 이야기는 들었으나 직접 하나님을 만 난 날이 오늘인 줄은 전혀 알지 못했다. 솔로몬은 하나님께 정중히 요 청을 올렸다.

"하나님, 저는 아직 어린아이일 뿐인데 아버지 다윗 왕이 죽은 뒤 저 같은 어린아이가 왕위를 이어받았습니다. 저는 아직도 왕으로서의 체신이 무엇인지 모릅니다. 왕도를 배우면서 실천해 가고 있지만 여전히 모르는 것투성이입니다. 그런데 제가 이끌어가야 할 이스라엘 백성은 셀 수 없이 많습니다. 저에게 소원이 있다면 하나님의 백성을 재판하며, 선과 악을 구별할 수 있는 지혜를 얻는 것입니다. 저에게는 오직 그 소원밖에는 없습니다."

하나님은 솔로몬의 소원이 마음에 들었다.

"그렇구나. 솔로몬, 네가 부귀영화라든가, 장수라든가, 적과의 전쟁에서 승리 같은 것을 요구하지 않고 옳고 그름을 분별할 수 있는 능력을 구하였구나. 네가 원하는 대로 너에게 지혜와 총명을 주겠다. 이전에도 이후에도 너같이 지혜로운 왕은 없을 것이다. 더불어 너에게 부귀영화도 주도록 하겠다. 네 아버지처럼 나의 법도와 규례를 지키면 장수의 축복도 주겠다."

솔로몬은 너무 기뻐서 눈물이 날 것만 같았다. 정신을 차려보니 꿈이었다. 그러나 그것은 지나가는 꿈이 아니라 하나님께서 자신의 소원에 응답해주신 현몽이었다. 보통 꿈이 아니었다.

솔로몬이 하나님께 지혜를 구할 수 있었던 것은 그가 평소에 마음에 품었던 소원이면서 자신을 짓누르던 고민이기도 했기 때문이었다. 하나님께서 언제, 어떤 방식으로 오실지 몰랐음에도 자신의 요청을 뚜렷하게 구할 수 있었던 것은 솔로몬의 고민과 관련이 있다.

솔로몬의 주변에는 적이 많았다. 아버지 다윗은 요압과 시므이를 제거하라고 유언했다. 솔로몬은 부하 브나야를 시켜 요압과 시므이뿐 아니라 왕위를 노렸던 그의 이복형 아도니야도 없앴고, 제사장 아비아달은 먼 곳으로 유배를 보냈다(왕상 2:13-46).

즉위 초에 솔로몬은 정적을 제거해 나갔지만 계속해서 그런 식으로 국정을 이끌 수는 없었다. 더 큰 문제는 시간이 지날수록 누가 적인지, 누가 같은 편인지 구별하기가 어렵다는 점이다. 다윗 왕의 유언을 통해 정확한 정적이 지목되었고, 아도니야는 솔로몬의 어머니 밧세바에게 접근한 것으로 그의 의도가 드러났지만, 아직 어린 솔로몬의 눈에는 누가 자신에게 이로운 사람인지, 누가 뒤에서 칼을 꽂을지 알 수 없는 상황이었다. 왕궁은 언제라도 솔로몬을 암살할 가능성이 열려 있는 곳이었고, 잘못하다가는 충신이 역적으로 몰려 억울한 희생을 당할 수도 있는 일이었다.

그런 상황에서 이스라엘 백성은 모두 솔로몬을 보고 있었다. 솔로몬 왕이 어떻게 하는지에 따라서 이스라엘의 흥망성쇠가 걸려 있기에 모든 백성은 솔로몬의 일거수일투족을 주목하고 있었다. 왕정이 시작되고 벌써 세 번째의 왕을 맞이했다. 그들의 운명이 솔로몬에게 달려 있었다. 신하의 입장에서 솔로몬은 아직 검증되지 않은 왕이었다. 과연 다윗 왕의 수많은 아들 중에서 그가 왕으로서 자질이 있는지, 신하들의 사정과 형편을 알아줄 사람인지, 아니면 아주 형편없는 왕으로 나라를 위기에 빠뜨릴지 알 수 없는 일이었다.

그렇게 모든 이의 욕구가 다 달랐다. 솔로몬에게 가장 필요한 것은 옳고 그름을 분별할 능력, 피아를 구분할 수 있는 감식안, 백성의 억울함을 풀어낼 수 있는 판단력이었다. 그에게 부귀영화나 적으로부터의 승리, 장수는 절실한 문제가 아니었다. 비록 꿈에서지만 솔로몬은 하나님의 응답을 받고 뛸 듯이 기뻤다. 그는 예루살렘으로 돌아가 언약궤 밑에서 번제와 화목제를 드렸다. 그리고 며칠 뒤, 세상에서 가장 유명한 재판이 열리게 되었다.

예루살렘은 언제나 억울한 사람들로 붐볐다. 각종 송사와 소송이 줄을 이었고 왕의 대신들은 지방의 장로들이 처리하지 못한 일을 맡아 재판하곤 했다. 재판의 결론이 나지 않는 난해한 사건은 왕에게 올라갔고 왕은 권위를 가지고 판결을 내렸다. 진실이 규명되거나 억울한 일이 풀리는 여부와 관계없이 왕은 어떻게든 결론을 내야했다. 그것이 왕이 해야 할 일이었다. 그러나 이번에 왕에게 올라온 사건은 도저히 풀 수 없는 난제였다.

두 여인이 왕 앞에 나왔다. 그녀들은 한집에 살면서 며칠을 사이에 두고 아들을 낳았다. 그런데 그만 한 여인이 아기를 뭉개고 자는 바람에 아기가 죽고 말았다. 부주의했던 여인은 옆방의 아기를 몰래 데려와서 자기 아기라고 우겼다. 누가 아기를 죽인 여자이고, 누가 진짜 아기의 엄마인지 구별할 수 없었다. 여인들의 직업은 창녀였다. 사람을 상대하는 일을 했고, 어떤 표정을 짓고, 어떤 말을 해야 하는지 잘 알고 있었다. 두 여인이 한 아기를 두고 서로 엄마라고 우기는데 도저히 진짜 어머니를 가릴 수 없었다.

"임금님, 참으로 억울합니다. 제가 실수로 아기를 죽일 수도 있었을 것입니다. 그렇지만 며칠을 젖을 먹인 제가 제 아들을 어떻게 못 알아보겠습니까? 살아 있는 우리 아기가 저 여인의 품에 있다는 것이 믿어지지 않습니다."

"임금님, 아니옵니다. 제가 어떻게 제 자식을 모르겠습니까? 제 아기가 멀쩡히 살아 있는데 아기를 부주의하게 죽여 놓고 제 아기를 달라고 하니 이보다 더 억울할 수가 있겠습니까?"

두 여인의 말은 모두 맞는 말처럼 들렸다. 어머니는 둘이고 아이는 하나이니, 도대체 누가 진짜 엄마인지 알 수가 없었다. 신하들은 모두 솔로몬을 보았다. 왕은 어떤 결정이든 내려야 했다. 신하들은 저마다 왕이 어떤 대답을 할지, 자신이라면 무엇이라 대답할지 고심하고 있었다. 솔로몬이 무겁게 입을 열었다.

"여봐라. 가서 칼을 가져오도록 하여라."

칼이라니. 신하들은 어리둥절했다. 엄마를 찾는 일과 칼이 무슨 상관인가 싶었다. 군사 중의 하나가 시퍼렇게 날이 선 칼을 들고 왔다. 칼은 잘 벼려 있어서 머리카락이라도 세로로 가를 수 있을 정도였다.

"이제 판결을 내리노라. 이 아기를 정확히 반으로 잘라라. 서로 어머니라고 주장하니 사이좋게 반쪽씩 나눠 갖도록 하라."

신하들은 모두 고개를 돌렸다. 최악의 판결이다. 아기를 죽이면 두 여자가 모두 손해를 보는 것이었다. 누가 진짜 엄마인지 가려내지는 못하더라도 적어도 아기는 살 수 있게 해야 하는 것 아닌가? 신하들의 실망이 이만저만이 아니었다. 저런 왕에게 이스라엘의 미래를 맡겨야 한다니 비극이 아닐 수 없었다. 그때였다.

날 선 칼을 든 부하가 아기를 반으로 나누려고 할 때 두 여인 중의 하나가 극심하게 떨면서 왕 앞에 주저앉았다.

"임금님, 임금님! 아기를 죽이지 말아주십시오. 차라리 제가 아기를 포기하겠습니다. 아니, 저 아기는 제 아들이 아닙니다. 제가 부주의로 아기를 죽인 여자입니다. 제발 아기를 살리시고 저 여자에게 주십시오."

신하들은 갑작스러운 여인의 실토에 놀랐다. 그들의 눈이 이번에는 나머지 여인에게로 향했다. 여인은 말했다.

"임금님, 지혜로운 판결입니다. 어차피 저 여자나 저나 둘 다 아기가 없는 것이 공평합니다."

여인은 별 동요가 없는 표정이었다. 부하의 칼이 아기에게 내려가고 있었다.

"멈추어라. 이제 누가 엄마인지 알았다. 저기 주저앉아 통곡하며 아기를 양보한 저 여인에게 아기를 주어라. 저 여인이 진짜 엄마다."

아기는 죽지 않았다. 그리고 엄마 품으로 돌아갔다. 진짜 엄마는 아기를 살리기 위해 아기를 포기했다. 왕은 엄마가 어떤 존재인지 알았다. 엄마란 자식을 위해 모든 것을 포기하는 사람이었다. 솔로몬은 정확하게 판단했다.

신하들은 재판의 처음과 끝을 보면서 감탄했다. 어린 솔로몬의 실력이 저 정도였구나. 그렇다면 왕은 나의 마음과 의도도 모두 알아챌 것이다. 그들은 더 이상 자신의 마음을 숨길 수 없었다. 신하들은 모두 왕의 혜안에 찬탄했다. 이제 왕을 결코 얕잡아 볼 수 없었다.

솔로몬은 지혜로운 판결을 내린 덕분에 원래 가졌던 고민마저도 사라지게 되었다. 왕은 주변 신하 중에서 누가 아군인지, 누가 적군인지 구별해야 했다. 그러나 이제는 신하들이 스스로 솔로몬에게 자신의 정체를 밝혔다. 왕에 대한 의구심이 있던 신하들은 무한한 신뢰를 보냈고, 왕을 경멸하고 미워했던 신하들은 마음을 고쳐먹었다. 그렇게 솔로몬은 충성스러운 신하들로 채워진 왕국을 차지할 수 있었고, 솔로몬의 전성기가 찾아왔다.

## 솔로몬의 원죄와 한계

성경은 솔로몬의 지혜로운 재판에 이어서 이스라엘의 눈부시고 화려한 영광을 다루고 있지만 곧이어 솔로몬의 한계도 보여주고 있다. 솔로몬의 균열과 붕괴는 지혜와 영광에 이어 바로 드러났다. 무엇이 드러났다는 말일까? 솔로몬에게는 원죄가 있었다. 솔로몬이 다윗과 불륜녀 사이에서 태어났다는 것은 누구나 다 알고 있는 사실이고, 성경도 그것을 은폐하지 않았다. 그러니까 솔로몬은 사람들 수군거림의 대상이었으며, 자신도 출생의 비밀을 알게 된 이후에 여러 가지 고민을 했을 것이다.

〈열왕기상〉에는 그런 그의 아픔과 고뇌를 엿볼 수 있는 대목이 있다. 가령 다윗이 죽으면서 솔로몬에게 숙청의 대상을 지목한다든지, 대장부가 되라고 한다든지 하는 것이다. 숙청의 대상은 다윗의 부정으로 인한 적들이지만 다윗 자신의 손으로는 처리하지 못하고 솔로몬에게 맡겼다. 솔로몬에게 걸림돌이 될 사람들이었다. 솔로몬은 왕이 되면서 그의 손에 피를 묻혀야만 했다. 그렇게 그는 비극적인 왕으로 시작했다.

다윗이 솔로몬에게 대장부가 되라고 유언한 것도 이상한 일이었다. 다윗의 아들들은 모두 대장부였다. 누가 왕이 되어도 이상하지 않았다. 기라성 같은 아들 중에서 막내 격인 솔로몬이 그들을 제치고 왕이 되려면 더욱 대장부답지 않으면 안 되었다. 그러나 다윗이 보기에 솔로몬은 위축된 모습이었다. 출생의 원죄가 그를 자신 없는 사람으로 만들었다.

솔로몬은 어머니 밧세바의 역량을 통해 왕이 되었다. 그 자신의 노력과 수고보다 나단 선지자와 어머니의 합작품이었다. 솔로몬은 왕에 대한 야심이 없었다. 그는 주어진 왕이었다. 솔로몬이 타락하는 열왕기상 11장부터는 솔로몬의 상처와 한계를 볼 수 있다. 솔로몬은 이웃 나라 공주들과 정략결혼을 하면서 국고를 쏟아부었다. 공주들이 들여온 우상들을 금과옥조로 여기면서 점점 하나님을 떠나기 시작했다. 그렇게 그의 상처로 인해 아쉬운 결정을 내렸고 이스라엘은 나락으로 빠지게 되었다.

〈열왕기상〉과 달리 〈역대하〉에서는 다윗과 솔로몬의 부정이 완전히 생략되어 있다. 다윗이 밧세바와의 부정을 저지르고 압살롬에게 쫓겨난 이야기는 등장하지 않는다. 솔로몬도 여러 여인을 아내로 두고 여인들이 가져온 우상에 취해 타락하는 이야기도 없다. 솔로몬의 탁월함과 업적, 그리고 그가 이룬 모든 성취에 초점이 맞춰져 있다. 솔로몬이 해낸 모든 위대한 일이 빼곡하게 도서관처럼 나열되어 있으며, 솔로몬의 업적이 과시하듯 드러나 있다.

〈역대기〉를 보면 솔로몬은 수많은 일을 통해 마치 모든 원죄를 극복한 것처럼 보인다. 솔로몬은 아버지 다윗의 실수 같은 것은 하지도 않았고 다윗보다 훨씬 대단한 인물로 그리고 있다. 잘못한 것보다 잘한 일이 많으면 잘못이 상쇄되는 듯한 착시가 일어나기도 한다. 솔로몬은 위대하고 완벽한 왕이었다. 적어도 〈역대하〉에서는 그랬다.

여기서 우리는 두 가지를 주목할 필요가 있다. 첫째로 〈열왕기〉의 저자와 〈역대기〉의 저자가 다르다는 점이다. 〈열왕기〉는 제1차 바벨론 포로 이후에 바벨론에 거주하는 저자가 포로시대를 사는 북이스라엘과 남유다의 백성을 향해 경고하고 있는 내용이다. 하나님의 심판이 일어나서 이스라엘이 망한 내용에 초점을 맞추고 있다. 그러므로 〈열왕기〉는 다윗과 솔로몬의 죄악상을 적나라하게 드러내면서 이스라엘의 타락에 초점을 맞추고 있다.

반면 〈역대기〉는 제2차 바벨론 포로의 귀환 직후에 학사 겸 제사장인 에스라가 쓴 것으로 추정된다. 그는 포로기 이후에 이스라엘 공동체를 향해서 선민의 역사를 되짚고 하나님의 회복을 기대하며 성경을 기록했다. 그래서 〈역대기〉는 이스라엘의 두 위대한 왕 다윗과 솔로몬의 업적을 부각하고 있다. 이스라엘은 영광을 되찾을 것이다!

그러나 아쉽게도 〈역대상〉에 나오는 솔로몬의 행적은 모두 외적인 것, 물질적인 것에 국한되어 있다. 솔로몬이 세상에 널리 알려지고 많은 사람을 매료시킬 수 있게 된 것은 그의 지혜 때문이지만, 그러나 구체적으로 그가 어떤 지혜를 발휘했는지는 보여주지 못했다. 〈열왕기상〉에 나오는 지혜로운 재판은 생략되었고, 솔로몬의 재산이나 영토, 그의 업적만 나열되어 있을 뿐이다. 솔로몬의 외적이고 물질적인 영광은 그의 타락과 함께 급격히 몰락해갔다.

## 솔로몬의 몰락과 적들

솔로몬의 마음이 하나님으로부터 멀어졌다. 엄청난 부귀영화로는 역사상 그보다 더 뛰어난 사람이 없었다. 솔로몬은 세상의 모든 권세를 다 거머쥐었다. 그러나 솔로몬의 약점은 아버지 다윗과 비슷한 성질의 것이었다. 솔로몬도 다윗처럼 여자를 너무 좋아했다. 다윗은 사울로부터 도망 다니면서도 아내를 늘렸고 왕이 된 후에는 아내가 더 많이 생겼다. 다윗은 남의 아내 밧세바와의 불륜도 불사했다. 솔로몬은 다윗의 그런 부분을 닮았다. 솔로몬의 이방인 여자에 대한 감정은 병적이었다. 애굽 바로의 딸 외에도 모압, 암몬, 에돔, 시돈, 헷 출신의 많은 여자를 후궁으로 맞아들였다(왕상 11:1).

솔로몬과 같은 뛰어난 전략가가 단지 여색을 즐기기 위해서 아내를 늘리고 후궁을 많이 누렸으리라고 생각하기는 쉽지 않다. 분명히 그의 선택에는 주변 나라의 부마(駙馬)가 되어 그 나라를 장차 흡수한다거나 이스라엘을 중심으로 여러 나라에 영향력을 미칠 책략이 포함되었을 것이다. 그러나 결과는 그렇지 않았다.

이방 나라를 차지하고 싶었다면 차라리 전쟁하는 게 나았다. 이방 여인을 아내로 삼아서 그들 출신 나라에 일정한 작용을 하겠다는 것은 미련한 생각이었다. 솔로몬이 이방 여인들에게 받은 영향이 더 컸기 때문이다. 솔로몬의 이방 여인에 대한 사랑이 어느 정도였냐면 하나님보다 더 좋았다. 그의 마음에 하나님이 더는 거주할 수 없었다. 솔로몬은 책략가와 율법 학자를 여럿 두고 있었다. 하나님 말씀에 대해서 솔로몬이 모를 리가 없다. 왕으로서 갖추어야 할 규범과 질서에 대해서 꿰고 있었다. 통치자로서 그것을 모른다면 왕의 자격이 없는 것이다.

하나님은 왕의 자격 중에 아내를 많이 두지 말아야 한다는 것을 분명히 말씀하셨다(신 17:17, 왕상 11:2). 솔로몬의 귀에는 왕도가 들리지 않았고 마음을 돌이키지도 않았다(왕상 11:2). 솔로몬은 700명의 후궁과 300명의 첩을 두었다. 그 아내들이 솔로몬으로 인해서 올바르고 공정한 성품이 되었다거나 출신지 나라에 여호와 신앙을 가져가는 일은 없었다. 오히려 솔로몬이 여인들에게 사로잡혀 우상 숭배에 빠지고 말았다. 그렇게 그는 하나님으로부터 멀어졌다.

"여호와께서 솔로몬에게 말씀하시되 네게 이러한 일이 있었고 또 네가 내 언약과 내가 네게 명령한 법도를 지키지 아니하였으니 내가 반드시 이 나라를 네게서 빼앗아 네 신하에게 주리라"(왕상 11:11).

아무리 대단한 권력을 쥐고 있어도 적이 있다면 괴로울 수밖에 없는 일이었다. 솔로몬은 이스라엘의 전성기를 만들어냈지만 그렇다고 적이 없던 것은 아니었다. 솔로몬에게는 세 명의 적이 있었다. 그중에 누구도 만만한 사람이 없다.

첫 번째 적은 에돔 출신의 하닷이었다(왕상 11:14). 하닷은 다윗과 요압에게 죽임당한 에돔 사람 중에서 유일하게 살아남은 왕손이었다. 그는 애굽에 망명할 때만 해도 어린 소년에 불과했다. 애굽의 바로는 하닷에게 집과 음식, 땅을 주었다. 하닷은 자라서 영민한 젊은이가 되었고 바로 왕은 그에게 자신의 처제를 주어 결혼하게 했다. 하닷은 다브네스 왕비의 여동생과 결혼했다. 그리고 둘 사이에 그누밧이 태어났다. 그누밧은 바로의 아들들과 함께 자랐다. 다윗이 죽은 후에 하닷은 바로에게 고국으로 돌아가게 해달라고 요청했다. 하닷은 에돔으로 돌아간 뒤에 솔로몬의 대적이 되었다.

두 번째 적은 엘리아다의 아들 르손이었다. 그는 원래 소바왕 하닷에셀의 부하였지만 그에게서 도망쳐 자기 세력을 구축했다. 다윗이 소바 사람들을 죽일 때 르손은 세력을 모아 산적 두목이 되었다. 르손의 활약지는 다메섹(다마스쿠스)이었는데 그곳에서 다메섹의 왕이 되어버렸다. 르손은 내친김에 아람(시리아)까지 진출했고 아람의 왕도 되었다. 다윗이 죽은 후에 르손은 솔로몬에게 큰 골칫거리였다.

세 번째 적은 느밧의 아들 여로보암이었다. 여로보암은 에브라임 지파 출신이었다. 그는 솔로몬의 신하였다. 여로보암은 유능하고 실력 있는 용사였는데 그가 마음에 든 솔로몬은 요셉 가문의 부역을 감독하게 했다. 여로보암은 아히야 선지자를 통해서 자신이 왕이 될 것이란 것을 알았고 성급하게 솔로몬에게 반역했다가 그만 쫓기는 신세가 되었다. 여로보암은 목숨을 부지하기 위해서 애굽으로 망명했고 솔로몬이 죽은 뒤에 이스라엘로 귀환했다. 그리고 이스라엘은 북쪽과 남쪽으로 갈라지는 역사의 소용돌이에 빠지게 되었다.

이들 하닷, 르손, 여로보암이라는 3명의 적이 솔로몬을 괴롭혔지만 결국 솔로몬의 몰락은 솔로몬 자신이 원인이었다. 하나님은 솔로몬에게 두 번 꿈으로 나타나셨다. 한 번은 기브온 산당에서 천 마리의 번제를 드린 후였고, 또 한 번은 성전을 봉헌한 뒤였다. 하나님은 솔로몬에게 복을 약속하기도 했지만 분명한 경고의 말씀도 내렸다. 그러나 솔로몬은 번영에 취해 경고를 잊어버렸다.

수많은 아내를 맞이하자 그 아내들이 솔로몬의 마음을 사로잡아 우상을 따르게 했다. 솔로몬이 숭배했던 우상은 시돈의 아스다롯, 암몬의 밀곰, 모압의 그모스, 암몬의 몰렉 등이었다. 찬란한 여호와 신앙의 유산은 사라지고 예루살렘산에는 혐오스러운 산당이 우후죽순처럼 세워졌다.

하나님을 만났을 때 겸손하던 그 솔로몬은 어디로 갔는가? 어린아이라서 수많은 백성을 이끌기가 두렵다고 어찌할 바를 몰라 하던 솔로몬은 어디로 갔는가? 성전을 봉헌하고서도 하늘의, 하늘의, 하늘이라도 하나님을 담아낼 수 없다고 모든 영광을 하나님께만 올리던 솔로몬은 어디로 갔는가?

솔로몬은 두렵고 떨리는 마음으로 이스라엘을 이끌던 어린 시절의 솔로몬을 되찾아야만 했다. 오직 하나님만을 경배하고 섬기겠다던 젊은 시절의 솔로몬을 되찾아야만 했다. 그러나 솔로몬의 마음은 하나님을 떠났고 젊고 패기에 넘치던 청년 솔로몬은 사라졌다. 솔로몬은 늙고 변질되어갔다.

솔로몬은 40년의 치세를 마치고 다윗성에 묻혔다. 그때만 해도 영광스러운 이스라엘이 자신으로 인해서 두 동강이 날 줄은 알지 못했을 것이다. 이스라엘은 그의 아들 르호보암과 그의 신하였던 여로보암에 의해서 반쪽이 되었다. 이름도 비슷한 두 왕의 삶을 쫓아가면서 우리는 남유다와 북이스라엘 왕들의 역사를 살펴보도록 하자.

# 분열왕국,
# 남유다의 왕들

# Kings'
# History

>>> Chapter _ 01

# 아버지를 극복하지 못한 왕

르호보암의 이야기는 그의 아버지 솔로몬이 죽은 뒤부터 시작된다. 솔로몬은 이스라엘의 최대 전성기를 이룬 왕이지만 그가 배설해 놓은 폐단도 만만치 않았다. 솔로몬에게 반기를 든 사람 중에 애굽으로 망명했던 여로보암이 있다. 솔로몬은 젊고 유능한 여로보암을 감독관으로 발탁했으나 곧 솔로몬의 정적이 되고 말았다. 여로보암은 선지자 아히야로부터 자신이 이스라엘의 왕이 될 것이란 예언을 들었다.

솔로몬 역시 여로보암이 왕이 될 것을 알았고 그를 가만둘 수 없었다. 여로보암은 애굽에서 죽은 듯이 지내야 했다. 여로보암은 왕이 될 만한 사람, 즉 이스라엘을 이끌어갈 적임자였을까? 그렇지 않다. 문제는 솔로몬에게 있었다. 아히야는 하나님의 뜻을 이렇게 전달했다.

"이는 그들(솔로몬과 그 신하들)이 나를 버리고 시돈 사람의 여신 아스다롯과 모압의 신 그모스와 암몬 자손의 신 밀곰을 경배하며 그의 아버지 다윗이 행함 같지 아니하여 내 길로 행하지 아니하며 나 보기에 정직한 일과 내 법도와 내 율례를 행하지 아니함이니라"(왕상 11:33).

솔로몬은 하나님을 버리고 각종 우상을 숭배하는 데 앞장섰으며, 정직하지도 않았고, 하나님의 법을 지키지도 않았다. 솔로몬이 죽자 그의 아들 중에서 누군가가 왕이 되어야 했는데 그 주인공은 르호보암이었다. 르호보암의 시작은 괜찮은 편이었다. 그의 즉위식은 예루살렘에서 열리지 않았다. 솔로몬이 공들여 지은 궁전이 아니라 세겜이 대관식 장소가 되었다(왕상 12:1). 이스라엘 백성이 그곳으로 르호보암을 불렀다.

그것은 르호보암에게 좋은 일이었다. 남유다에만 국한된 왕이 아니라 이스라엘을 모두 아우르라는 의미였고 전체 이스라엘의 왕임을 인정한 것이었다. 그가 아버지의 적폐만 잘 청산한다면 이스라엘왕국은 그의 것이 될 수 있었다. 솔로몬의 승하(昇遐)와 르호보암의 즉위 소식을 들은 여로보암은 애굽에서 급히 귀국해서 르호보암을 찾았다.

"선대왕께서는 백성들에게 참으로 무거운 짐을 지우셨습니다. 왕께서 이곳 세겜에서 추대받으신 것은 북부 지파들이 왕을 지지한다는 의미입니다. 부디 솔로몬 왕과 달리 백성의 멍에를 덜어주십시오. 그러면 저희가 임금님을 잘 따를 것입니다."

르호보암 왕은 즉답하지 않았다. 그는 원로들을 불러서 물었다. 원로들은 여로보암과 같은 의견이었다. 멍에를 가볍게 하는 정책을 발표해야 하며 그 표현도 선하고 부드럽게 하자고 조언했다. 그렇게 되면 백성들은 평생 르호보암의 종이 될 것이라 했다. 르호보암은 자신과 함께 자랐던 젊은 신하들도 불렀다. 어느 정치 집단에서든 '소장파'는 개혁적이고 변화에 민감한데 이 젊은 친구들은 그런 도량이 되지 못했다.

"왕이시여, 백성에게 본때를 보여주셔야 합니다. 백성들 앞에서 내 새끼손가락이 아버지 솔로몬의 허리보다 굵다고 하십시오. 아버지가 채찍으로 다스렸다면 왕께서는 전갈 채찍으로 다스린다고 하십시오. 백성이 왕을 얕잡아 보지 못하게 해야 합니다."

새끼손가락이 몸에서 가장 연약한 부분을 상징한다면 허리는 힘을 상징했다. 솔로몬의 대단한 업적도 아들 르호보암의 새끼손가락만도 못하다는 말은 르호보암의 교만을 자극했다. 어려서부터 함께 자란 젊은이들이라 르호보암이 무엇을 듣고 싶어 하는지 잘 알았다. 왕은 조세와 부역을 가볍게 하여 경제적으로 손실을 볼 마음이 없었다. 원로들 의견처럼 부드럽게 표현할 생각도 없었다. 르호보암은 백성들에게 솔로몬보다 더 혹독하게 다스리겠다고 발표했다. 모골이 송연해지는 서슬 퍼런 내용의 담화였다. 짐을 덜고 편해지길 기대한 백성들은 모두 실망했다.

"내 아버지는 너희의 멍에를 무겁게 하였으나 나는 너희의 멍에를 더욱 무겁게 할지라. 내 아버지는 채찍으로 너희를 징계하였으나 나는 전갈 채찍으로 너희를 징치하리라"(왕상 12:14).

르호보암은 북부 지파들을 그렇게 만만하게 봐서는 안 되었다. 달래고 어르더라도 이스라엘 전체를 하나의 공동체로 끌고 가지 않으면 언제나 분열될 수 있는 요인이 남아 있었다. 르호보암은 전체 왕국을 다스릴 만한 재목이 아니었다.

르호보암은 무능했는가? 그렇기도 했지만 어쩔 수 없기도 했다. 그의 주변에 지혜로운 자가 없었다. 아버지와 비교되었다. 솔로몬은 철권 통치의 혜택을 톡톡히 보았다. 크고 작은 반란이 있었지만 솔로몬은 그들을 손쉽게 제압했고 별다른 소리 없이 왕국을 끌고 나갔다. 그러나 르호보암에게는 그런 기반이 없었다. 르호보암이 즉위할 때의 상황은 솔로몬 때와 마찬가지로 어려웠지만 그에게는 솔로몬에게 있던 것이 없었다. 밧세바같이 희생을 각오한 어머니도 없었고, 자신을 호위해줄 나단 선지자도 없었으며, 밧세바와 나단의 말을 철석같이 들어주는 다윗 같은 아버지도 없었다.

르호보암이 왕이 될 당시 이스라엘은 역사상 가장 넓은 영토를 차지하고 있었다. 솔로몬이 기반을 잘 닦아놓은 까닭이었다. 모든 분야에서 우수했고 최강의 전성기를 이루었던 솔로몬의 아들로 태어난 르호보암은 아버지와 비교될 수밖에 없는 처지였다. 그는 아버지를 극복하고 싶었다. 아버지를 넘어서서 왕궁 전체를 잘 다스리고 싶었다. 그가 예루살렘이 아닌 세겜으로 기꺼이 올라가서 왕이 된 이유는 전체 이스라엘을 통치하고 싶어서였다.

그랬던 르호보암은 왜 원로들의 조언을 듣지 않았던 것일까? 원로들은 백성에게 너그럽게 대하고 좋은 말로 대답하면 백성들은 평생 임금님의 종이 될 것이라고 말했다. 그런데 여기에 함정이 있다. 원로들은 자신이 섬겼던 솔로몬을 극복하라거나 악정을 청산해야 한다고 말하지 않았다. 솔로몬의 마지막은 타락이었다. 원로들은 솔로몬의 우상숭배와 악행을 보면서 아무 말도 하지 않았다. 누구도 나서서 솔로몬을 제지하지 않았다. 그렇게 자리를 보전했던 그들이기에 르호보암이 해야 할 진정한 정책에 대해서는 조언할 수 없었다.

원로들은 어려운 위기만 대충 넘어가기를 바랐다. 백성에게 너그럽고 좋은 말로 말할 필요가 있었다. 백성들은 솔로몬의 강력한 통치에 지쳐 있었다. 그러나 그렇다고 "백성들이 평생 임금님의 종이 될 것이다"라는 조언은 젊은 신하들 못지않은 악한 조언이었다. 솔로몬은 적어도 수효가 많은 백성에 대한 올바른 통치에 대한 고민이라도 했다(왕상 3:9). 원로들은 그런 최소한의 도리조차 요청하지 않았다. 부드러운 말로 백성들을 구워삶아 종으로 부리라는 것이 그들이 해주는 조언에 불과했다.

르호보암은 백성의 마음에 공감할 수 있는 도량이 있어야 했고 백성의 고통을 이해할 수 있는 포용력이 필요했다. 솔로몬시대의 부역은 무겁고 아팠다. 아무리 강대국이 되고 영토가 넓어지며 경제적으로 풍부하고 대단한 건물이 세워져도 일개 백성으로서 겪는 어려움은 무거운 멍에였고 채찍에 맞는 고통이었다. 르호보암은 아버지가 이루어낸 빛나는 업적 속에서 신음하고 아파하는 백성의 마음을 헤아릴 필요가 있었다.

르호보암이 백성들에게 바로 답하지 않고 3일 후에 다시 모이게 한 것은 즉석에서 정책을 펴지 않겠다는 뜻이었다. 그만큼 고심했으나 장고 끝에 악수를 두었다. 르호보암이 젊은 신하들의 충고대로 잔혹한 내용을 공표한 것은 백성의 높은 스트레스 지수에 불을 끼얹는 것과 같았다. 백성의 화가 터지고야 말았다.

"온 이스라엘이 자기들의 말을 왕이 듣지 아니함을 보고 왕에게 대답하여 이르되 우리가 다윗과 무슨 관계가 있느냐 이새의 아들에게서 받을 유산이 없도다 이스라엘아 너희의 장막으로 돌아가라 다윗이여 이제 너는 네 집이나 돌아보라 하고 이스라엘이 그 장막으로 돌아가니라"(왕상 12:16).

북이스라엘과 남유다가 분열하는 순간이었다. 르호보암이 원로대신들의 충고를 따랐다면, 이스라엘 백성은 순순히 왕을 따르고 여로보암의 반역도 없었을 것이며 남북의 분단도 일어나지 않았을까? 그렇지 않았다. 여론을 잠재우는 효과는 있었을 것이나 미봉책일 뿐이다. 시간이 늦춰졌을 뿐 분열은 예견된 것이었다.

르호보암은 백성에게 흉포하게 대해서는 안 되었다. 백성의 마음을 조금 가라앉히는 것이 목표가 되어서는 안 되었으며, 어떻게 이스라엘을 통치할 것인지, 어떻게 하면 제대로 된 왕이 될 것인지 고민해야 했다. 부드럽게, 너그럽게, 좋은 말로 대답해주는 게 중요한 것이 아니었다. 하나님의 마음에 들게, 백성이 하나가 되도록 이끌어가는 것이 중요했다. 백성의 마음을 어루만지는 것이 잔혹한 대답보다는 낫지만 그보다 더 근원적인 것이 필요했다. 그러나 이미 다리는 건넜고 배는 떠났다. 그런데도 왕은 한 가지 방법을 더 사용했다.

르호보암은 할아버지 다윗과 아버지 솔로몬 때에 감독관으로 일했던 아도니람(아도람)과 함께 북이스라엘로 향했다. 그것은 르호보암 식 화해의 몸짓이었다. 오랫동안 이스라엘을 위해서 일했던 아도니람이 왕을 대신해서 협조를 부탁한다면 백성의 마음이 돌아설 것이라고 기대했다. 이스라엘 백성들은 아도니람을 향해 돌을 들었다. 아도니람은 입도 뻥끗해보지 못한 채 돌에 맞아 쓰러졌다.

백성을 조율하고자 했다면 아도니람을 보내서는 안 되었다. 이스라엘이 요구한 것은 고생을 덜어달라는 것이었는데 부역의 대명사인 아도니람을 보낸 것은 백성을 이해하지 못한 처사였다. 아도니람이 백성들을 얼마나 고생시켰던가? 아도니람이 협상자로 나선 것은 최악수였다.

르호보암은 급히 수레에 올라 도망했다. 조금만 늦었어도 돌은 왕에게까지 날아올 터였다. 이스라엘 백성은 다리를 무너뜨리고 배를 불태운 셈이었다. 예루살렘으로 돌아온 르호보암은 군대를 소집했다. 남아 있는 유다와 베냐민의 군사들을 모았더니 18만 명이나 되었다. 그대로 북으로 돌진하려고 했다. 이것이 르호보암의 인격이었다. 노역의 대표자 뒤에 숨은 것도 그렇고, 무력으로 백성을 굴복시키려고 했던 것도 르호보암의 사람됨을 말해주는 일이었다.

생각해보라. 아도니람을 왕 앞에서 돌로 쳐 죽였는데 군대를 이끌고 온다고 순순히 항복하겠는가? 죽을 때까지 저항하지 않겠는가? 군사들은 어떤가? 얼마 전까지만 해도 같은 나라의 백성이며 형제인 북이스라엘을 죽여야 한다. 왕의 분풀이 감정을 대신 치러줘야 했다. 르호보암의 앞뒤 가리지 않은 즉흥적인 대응은 그렇게 나라를 나락으로 이끌고 있었다. 그때 하나님의 사람 스마야가 등장한다. 스마야가 말했다.

"여호와의 말씀이 너희는 올라가지 말라. 너희 형제 이스라엘 자손과 싸우지 말고 각기 집으로 돌아가라. 이 일이 나로 말미암아 난 것이라 하셨다 하라 하신지라. 그들이 여호와의 말씀을 듣고 그 말씀을 따라 돌아갔더라"(왕상 12:24).

르호보암에게 장점이 하나 남았다면 하나님 뜻이 분명할 때에 순종하는 것이었다. 다행이었다. 동족끼리 벌어질 피비린내 나는 파국은 거기에서 멈추었다. 르호보암은 41세에 즉위했다. 그의 어머니는 암몬 사람으로 이름은 나아마였다. 솔로몬은 이방의 여러 아내를 거느렸고 각 나라의 우상을 들여왔다. 솔로몬의 아내 나아마가 섬기는 암몬의 우상은 몰렉이었으며 몰렉 제사의 대표적인 방식은 자녀를 불에 넣는 것이었다(임미영, 「고고학으로 읽는 성경」(서울: 기독교문서선교회, 2016), 89쪽). 솔로몬은 각종 우상 숭배를 자행했는데 몰렉 제사에도 참여했음에 틀림이 없다. 그는 많은 아들 중에 몇 명을 불에 집어 던졌을 것이다. 르호보암은 살아남았고 왕이 되었다.

북벌을 멈춘 뒤에 그가 한 일은 유다 지방의 성읍들을 요새로 만든 것이었다. 베들레헴을 비롯한 15개의 요새가 강화되었고, 책임자를 임명해서 각 요새에 양식과 기름, 술을 보냈다. 성읍마다 방패와 창 등 무기들이 갖추어졌다. 그 사이에 북이스라엘 전국의 제사장과 레위인들이 남유다로 망명했다. 레위인에게는 목장과 성읍이 있었다. 소유지를 모두 버리고 유다로 온 이유가 있었다. 북이스라엘의 초대 왕인 여로보암과 그의 아들들의 만행 때문이었다.

여로보암은 금송아지 우상을 만들고 일반 백성을 제사장으로 세웠다. 금송아지 우상이 전국적으로 확산되면서 레위인과 제사장들은 설자리를 잃었다. 그들은 성전 제사가 있는 예루살렘으로 피신했다. 레위사람을 따라온 사람들도 있었다. 인구가 늘어나면서 남유다는 부강해졌고, 그것은 왕권 강화로 이어졌다. 그렇게 르호보암의 정권은 안정되는 것처럼 보였다.

그러나 그의 전성기는 초기 3년이 고작이었다. 그의 아내 마할랏은 다윗의 아들 여리못의 딸이다. 마할랏과의 사이에서 세 아들이 태어났지만 르호보암은 왕위를 이을 아들로 압살롬의 딸 마아가에게서 태어난 아비야로 낙점했다. 르호보암에게는 18명의 아내와 60명의 첩이 있었고, 아들이 28명, 딸이 60명이었다. 28명의 아들은 모두 왕을 꿈꿔볼 만한데 르호보암은 압살롬의 외손자 아비야를 왕으로 세울 것을 고집했다.

다른 아들들의 불만은 어떻게 잠재웠을까? 르호보암은 자신이 만들었던 15개의 요새에 아들들을 책임자로 임명하고 넉넉한 양식과 여자들을 보냈다. 적당히 먹고살 만했다. 적어도 자기 요새에서는 왕이 될 수 있었다.

레위인과 제사장들, 하나님의 뜻을 따르는 사람들이 르호보암에게 몰려온 것은 남유다가 부강하게 될 호기였다. 그러나 왕은 그들에게 아무 관심이 없었다. 아내를 늘리고 자식들에게만 기회를 주는 것이 다였다.

르호보암 즉위 5년, 그의 나이 46세에 애굽의 시삭 왕이 예루살렘을 침공했다. 아도니람이 돌에 맞아 죽었을 때 르호보암이 모았던 군사는 18만 명이나 되었다. 그런데 예루살렘은 애굽에게 손쉽게 점령당했고, 남유다는 속수무책으로 당하고야 말았다. 그 많던 군사들은 어디로 가버린 것일까? 애굽의 시삭 왕은 성전과 왕궁의 보물을 갈취했고 솔로몬의 금 방패를 비롯한 각종 진귀한 보석을 빼앗아갔다.

남유다가 극도로 무력해진 것은 르호보암이 정사를 제대로 돌보지 않은 것, 자기 아들들에 대한 편애와 집착에 따른 백성의 불만 때문이었다. 아무 기회를 얻지 못한 남유다의 백성이 왕을 위해서 싸울 이유가 없었다.

아도니람이 돌에 맞아 죽은 이후에 르호보암은 목숨을 보호할 방안을 생각했다. 그것이 예루살렘의 정비였고 주변 지역의 요새화였다. 그러나 성읍의 요직에는 자기 아들들만 앉히면서 공정성과 기회를 빼앗아버렸다. 애굽이 적이 쳐들어왔을 때 왕을 지켜줄 사람은 아들들이 아니라 백성들이었다. 왕의 아들이란 이유로 승승장구하고 백성에게 어떤 기회도 주지 않았기에 위기가 오자 아무도 나서지 않았다. 그렇게 순식간에 유다는 무력한 나라로 전락하고 말았다.

왕의 주변에 인물이 없었다. 솔로몬 왕 때의 원로들이나 자신과 함께 자란 젊은이들의 조언은 쓸모가 없었고, 아들들은 자리를 보전하기에 급급했다. 왕을 위해 헌신하거나 충고해줄 사람이 없었다. 단 한 명 하나님의 사람 스마야가 있었다. 애굽 왕 시삭의 공격으로 어려움에 빠진 왕에게 스마야는 말했다.

"왕이시여, 왕께서는 하나님을 버리셨습니다. 하나님께서 왕의 편이 되어야 할 이유가 무엇이겠습니까? 하나님께서 말씀하십니다. '왕이 나를 버렸기에 나도 왕을 버려 시삭의 손에 넘겨주겠노라.' 왕께서는 하나님의 준엄한 말씀을 들으십시오"(대하 12:5).

왕과 대신들은 스마야의 말에 숙연해졌다. 르호보암은 신하들이 보는 앞에서 무릎을 꿇었다.

"하나님은 공의로우신 하나님이시오. 나는 하나님 앞에 죄를 지었을 뿐이오. 하나님께 구하여 적을 떠나게 하시고 다시금 하나님 앞으로 나아갈 기회를 주시오."

르호보암은 잘못을 인정했다. 그는 하나님의 뜻 앞에서 자신을 낮출 줄 알았다. 하나님께서 르호보암의 겸손한 모습을 인정해주셨다. 스마야는 잠시 말이 없다가 입을 열었다.

"하나님께서 왕의 회개를 보셨습니다. 주께서 말씀하십니다. '나의 분노를 시삭을 통해 예루살렘에 쏟으려 하였으나 다 쏟지는 않겠다. 왕은 하나님의 종이 되는 것이 옳은지, 시삭의 종이 되는 게 나은지 생각해보아라.' 왕이시여, 부디 하나님 말씀을 들으시옵소서."

르호보암은 머리를 조아렸다. 스마야를 통해 자신의 잘못을 안 것만 해도 큰 성과였다. 애굽의 시삭 왕은 예루살렘의 성전과 왕궁의 보물들, 그리고 금 방패를 가지고 물러갔다. 그나마 다행이었다.

르호보암은 역사상 가장 위대하고 지혜로운 왕이었던 솔로몬의 아들로 태어나서 솔로몬을 이어 왕이 되었다. "지혜로운 아들은 아비를 기쁘게 하거니와 미련한 아들은 어미의 근심"(잠 10:1)이라고 솔로몬은 말했다. 르호보암은 아버지에게 지혜로운 아들이었을까? 르호보암에게는 수많은 형제가 있었기에 아버지를 이어서 왕이 된다는 것은 결코 쉬운 일이 아니었다.

왕은 특별한 경우가 아닌 한 아버지가 죽어야 왕위를 이을 수 있다. 그러니까 르호보암은 41세에 왕이 될 때까지 나라를 이끌어갈 준비를 해야 했다. 물론 형제들의 견제와 이방 여인인 어머니에 대한 곱지 않은 시선 등 어려움도 있었다.

솔로몬은 다윗 왕의 본부인이 아닌 우리아의 아내 밧세바의 아들이라는 것이 최대의 약점이었다. 그러나 그가 왕이 된 이후에 보여준 지혜로운 재판을 통해서 여론은 잠잠해졌고 신하들은 솔로몬을 왕으로 인정했다. 르호보암 역시 이방 여인의 아들이었다. 르호보암이 왕으로서의 올바른 결단력과 바른 행실을 보였다면 약점에도 왕으로서 인정받았을 것이다.

그래서 그가 여로보암의 요청에 원로와 신진 세력의 조언을 들으면서 백성들에게 대답을 준비한 것은 잘한 일이었다. 좋은 출발이었다. 그러나 분별력 없이 젊은 신하들의 말을 들으면서 무거운 멍에라든가 전갈 채찍과 같은 무시무시한 용어를 사용하여 백성을 괴롭게 했다. 그는 무엇을 어떻게 해야 할지 몰랐다. 마음이 가는 대로 즉흥적으로 정사를 이끌어갔다.

> "르호보암이 악을 행하였으니 이는 그가 여호와를 구하는 마음을 굳게 하지 아니함이었더라"(대하 12:14).

르호보암은 입에 발린 소리를 하는 신하들을 버리고, 아들들에게 공평한 기회를 주었어야 하며, 북이스라엘에서 피신해 온 레위인과 제사장들을 등용하고, 무엇보다 스마야를 옆에 두어서 정책을 세우고, 나라를 이끌며, 하나님의 뜻을 실현해가야 했다. 그러나 그는 이도 저도 아닌 모습이었다가 애굽에게 보화를 빼앗긴 왕이 되고 말았다.

솔로몬 하면 떠올릴 수 있는 '지혜'의 대명사는 진짜 엄마를 찾아준 재판이었고, '부귀'의 대명사는 궁궐을 지키는 문지기가 들고 있는 금 방패였다. 솔로몬의 금 방패는 화려함의 극치였다. 솔로몬의 엄청난 지혜와 부요함으로 쌓았던 성과들이었다. 그 누구도 흔들 수 없었고, 그 어떤 것도 넘볼 수 없었던 대단한 자산이었다. 그런데 고작 다음세대에서 고스란히 빼앗기고 말았다. 솔로몬의 부귀영화, 겉으로 드러난 물질이라는 것은 허무한 것에 불과했다.

르호보암은 방패 없이 궁궐을 지키는 경호원들이 안 되어 보였는지 놋으로 방패를 만들어 그들에게 쥐여주었다. 그나마도 경호실이 맡아 관리했다. 이렇게 솔로몬의 업적이 하나씩 사라지고 말았다.

# Chapter 02

# 통일을 앞에 두고 이익에 눈이 먼 왕

아비야에 대한 얘기는 열왕기상 15장 1~8절과 역대하 13장 1~22절 두 군데서 다룬다. 〈열왕기〉와 〈역대기〉의 관점은 확연한 차이를 보인다. 〈열왕기상〉에서는 '아비야가 하나님 앞에서 온전하지 못했다'는 것으로 그에 대한 평가를 끝냈다. 어떤 긍정적인 것도 찾을 수 없는 반면에 〈역대하〉는 분량도 세 배에 이르고, 용맹스럽고 기세가 넘치는 왕으로 묘사하고 있다. 이 두 성경의 차이점에 대해서 알아보자.

우선 왕의 이름부터가 다르다. 〈열왕기상〉에서는 그를 '아비얌'이라고 부르고, 〈역대하〉는 '아비야'라고 부른다. 비슷한 발음과 표기이기에 아마도 필사 중에 실수한 것이 아닌가 싶다. 그러나 고치지도 않고 그대로 표기하는 것을 보면 〈열왕기〉와 〈역대기〉의 시선 차이를 느낄 수 있다.

이름의 뜻은 이렇다. '아비얌'은 '아버지의 바다'라는 뜻이고, '아비야'는 '내 아버지는 하나님이시다'라는 의미이다. 당시 다신관의 시선으로 본다면 '아비얌'은 우상 숭배적인 명칭이다. 바다를 인격적인 존재로 여기고 만물을 미신적으로 숭배하는 왕이라는 경멸스러운 이미지를 입히고 있다. 반면에 '아비야'는 하나님을 경외하고 하나님을 아버지로 모신다는 느낌이다. 완전히 상반된 관점이다.

왕의 어머니 이름도 다르게 표기되어 있다. 〈열왕기상〉에서 아비야의 어머니를 '압살롬의 딸 마아가'라고 기록했으나 〈역대하〉는 '우리엘의 딸 미가야'라고 소개하고 있다. 이 역시 '마아가'를 필사하는 중에 '미가야'로 오기했을 가능성이 크다. 그러나 '마아가'가 '어리석은 자'라는 의미를 지니고, '미가야'는 '누가 여호와와 같으랴'라는 뜻으로, 확실히 〈역대하〉의 시각이 호의를 담고 있다.

'미가야'는 압살롬의 딸일까? 우리엘의 딸일까? 딸로 번역된 '빠트'는 딸이라는 의미도 있지만 손녀의 뜻도 있다. 압살롬은 여동생 '다말'이 의붓 오라비 암논에게 성폭행을 당했고 이에 대해 복수한 적이 있었다. 압살롬은 딸을 낳고 여동생과 같은 '다말'이라는 이름을 주었다. 압살롬에게는 딸이 '다말' 밖에 없으므로 마아가가 압살롬의 딸일 수는 없다. 압살롬의 딸 다말이 우리엘과 결혼하여 마아가(미가야)를 낳았고, 정확히 표현하면 '압살롬의 손녀 마아가'라고 해야 옳을 것이다.

〈열왕기상〉에서는 우리엘이 아니라 압살롬을 부각했다. 압살롬은 아버지 다윗에게 대항한 인물이기에 부정적인 핏줄이라는 암시를 준다. 반면에 〈역대하〉는 우리엘을 등장시켰다. 그가 누구인지는 알 수 없으나 우리엘이라는 이름이 '하나님은 나의 빛'이라는 의미이기에 좋은 이미지를 아비야 왕에게 덧입혔다.

〈열왕기〉와 〈역대기〉의 사관은 왜 이렇게 차이가 나는 것일까? 〈열왕기〉는 바벨론 포로기 때에 쓴 익명의 편집자 시선이다. 그는 남북의 분열과 외세에 의한 멸망의 원인을 하나님을 떠난 왕들에게 돌리고 있다. 그렇기에 어느 왕이든 곱게 보일 리가 없으며, 아비야처럼 이스라엘 민족을 위해 특별한 결단이 없는 자는 '하나님 앞에 온전하지 못한 것'으로 평가했다.

반면에 〈역대기〉는 에스라를 저자로 추정하는데, 제2차 바벨론 포로 귀환의 주역인 그는 성전을 재건하였고, 그것은 곧 다윗 왕조를 통한 하나님의 언약 회복을 의미했다. 그는 다윗 왕에게 주신 하나님의 약속을 중요시했고 다윗 이후의 왕들과 하나님과의 관계에 초점을 맞췄다. 다윗 왕조에 대해서 긍정적으로, 북이스라엘의 왕들은 매우 축약되게 기술한 이유가 바로 그것 때문이었다.

이 두 가지의 성경을 읽으면서 한쪽은 거짓이고 한쪽은 참이라고 단정할 수는 없다. 어떤 부분을 강조할지, 어떤 가치관에 중점을 줄지는 전적으로 사가(史家)의 결정에 달려 있다. 하나님께서 두 가지 관점을 다 허락하셨기에 우리는 모든 것을 고려해서 읽어야 할 것이다. 그렇다면 〈열왕기상〉에서 소홀히 다루어졌던 아비야는 〈역대하〉에서는 어떤 활약을 했을까?

르호보암을 이어서 왕이 된 아비야 역시 북이스라엘과 썩 좋은 관계는 아니었다. 르호보암과 여로보암의 갈등은 아비야에서도 그대로 유지되어서 둘 사이의 적개심은 더욱 커졌다. 모집된 군사의 수는 이전보다 더 많았다.

아비야는 유다와 베냐민 지파에서 군사들을 뽑았다. 싸울 수 있다면 누구든지 징병했는데 아버지 르호보암 때보다 더 많이 모였다. 18만 명이 모였던 아버지 때보다 그 배를 훌쩍 넘기는 40만 명이 집결했다. 북이스라엘도 만만치 않았다. 여로보암의 정예군은 80만 명이나 되었다. 남과 북을 다 합치면 120만 명에 이르는 엄청난 대군이었다.

다윗이 인구조사할 때 북이스라엘 군사가 110만 명, 남유다의 군사는 47만 명이었다(대상 21:5). 최고의 전성기인 다윗시대에 비하면 적은 수이지만 분열왕국 이후에 가장 많은 군사력을 보유한 것이었다. 이 정도면 세계를 제패해 볼 만도 했다. 이스라엘이 통일왕국이었고, 왕들이 야심이 있었다면 서로를 향해 시비를 걸 것이 아니라 애굽이나 아람(시리아)에 원정을 가는 게 더 적절했을 수도 있었다. 그러나 아쉽게도 그들은 국내 문제에만 갇혀 있었다.

남유다의 가장 북단인 미스바와 북이스라엘의 가장 남단인 벧엘의 중간에는 스마라임산이 있었다. 유다의 군사들은 미스바에, 북이스라엘의 정병은 벧엘에 진을 치고 있었다. 아비야 왕은 산 위로 올라갔다. 양측에서 잘 보이는 위치였다. 아비야는 두 진영이 다 들릴 수 있게 큰 소리로 외쳤다.

"여로보암아, 잘 들어라! 이스라엘아, 귀를 기울여라! 여호와 하나님께서 누구와 언약을 맺었느냐? 다윗과 파기될 수 없는 소금 언약을 맺으신 것 아니더냐? 여로보암은 솔로몬 왕의 신하에 불과했고, 솔로몬 왕은 주인과 같았는데 그는 왕을 배신했도다. 이스라엘 백성들아, 너희들 왕이라는 여로보암의 주변을 보아라. 그 어디에 하나님의 신실한 종이 있더냐? 근본도 없는 온갖 비류들이 왕에게 아부하고 있지 않느냐? 나의 아버지 르호보암 왕이 마음이 약해서 여로보암을 그냥 내버려두었더니 이렇게 엄청난 군사를 끌고 왕을 치러 왔구나. 여로보암이 주도해서 만든 금송아지를 보아라. 금송아지 우상을 섬기는 제사장을 보아라. 그 어디에 레위 지파와 제사장들이 있더냐? 소 몇 마리 끌고 오면 우상을 섬기도록 제사장 직분을 주고, 우상 숭배에 빠져서 하나님을 저버린 것이 여로보암 아니더냐? 우리 유대 예루살렘에서는 매일 조석으로 하나님께 번제를 드린다. 진설병을 하나님께 바치고, 낮에는 향을 피우며, 밤에는 등잔대에 불이 켜진다. 너희는 이런 제사를 드리고 있느냐? 여호와 하나님께 드리는 제사의 방식을 기억이나 하고 있느냐? 우리에게는 제사장이 있고, 제사장은 단지 제사만 주관하지 않는다. 제사장은 나팔 소리를 울릴 것이다. 그때 하나님께서는 너희를 공격하실 것이다. 너희가 과연 하나님과 싸워서 이길 수 있겠느냐?"(대하 13:4-12).

아비야의 목소리는 결의에 차 있었고 내용도 북이스라엘의 기를 죽이기에 충분했다. 정통성은 분명히 유다에 있었다. 아비야가 그렇게 산 위에서 명분을 외치는 동안에 노련한 여로보암은 유다의 군사들 뒤로 복병을 보냈다. 유다 군사들은 북이스라엘의 동태를 살폈다. 북이스라엘 군사들에 눈에 띄는 변화가 있었다. 앞에 있는 군사의 수는 확연히 줄어 보였고 유다 진영의 뒤로 드문드문 복병이 숨는 것이 눈에 띄었다.

아비야가 연설한 이유는 분명했다. 이스라엘의 정통과 유다의 정당성을 확인하기 위한 것이었다. 북이스라엘이 스스로 항복하면 제일 좋았다. 아비야는 유다 군사들을 독려했고 북이스라엘의 군사들은 기가 죽을 것으로 예상했다. 그러나 언제나 의도대로 되는 것은 아니다.

아비야가 산에서 외칠 때 여로보암은 상대의 허를 찔렀다. 40만 명의 유다 군사들이 많은 수이기는 하나 북이스라엘은 그보다 훨씬 많았다. 남유다 부대가 배치된 곳 뒤로 매복군을 보낼 정도로 충분했다. 유다군이 정신 차렸을 때는 이미 여로보암의 군사들이 앞뒤로 압박해 오고 있었다. 메뚜기 떼처럼 공격하는 북이스라엘의 군사들 앞에서 유다 군사들은 사색이 되었다.

그들이 할 수 있는 것은 한 가지였다. 하나님께 부르짖었다. 그때 제사장들이 쥐고 있던 나팔을 입에 대었다. 급박한 순간이었다. 북이스라엘 군사들의 기세가 드높았다. 조금만 있으면 그들의 시퍼런 칼날이 유다 군사들을 겨눌 것이고 그들은 가을 낙엽처럼 스러질 것이었다. 남유다의 군사들이 하늘을 향해 절규하듯 부르짖을 때 제사장들이 귀청이 찢어질 정도로 뿔 나팔을 불어 올렸다.

나팔 소리 때문이었을까? 갑자기 전세가 역전이 되었다. 제사장의 뿔 나팔 소리가 두려움에 떨고 있던 군사들의 꺼져 있던 스위치를 켰다. 군사들의 울부짖음이 함성으로 바뀌더니 북이스라엘 군사들을 향해서 자신 있게 전진하기 시작했다.

북이스라엘 군사들은 움찔했다. 그들의 걸음이 조금씩 느려졌다. 더는 유다군이 압박을 당하는 것 같지 않았다. 이스라엘 군사들의 귀에는 함성과 나팔 소리가 천둥처럼 들렸다. 그들의 귀에 들리는 뿔 나팔 소리는 진짜 제사장들이 불고 있는 진짜 나팔소리였다. 그동안 여로보암이 뽑은 가짜 제사장들은 나팔 소리를 흉내 내기는 했지만 영 맥이 빠지는 소리였다. 전쟁터에 울려 퍼지는 제사장들의 나팔 소리는 그동안 들었던 것과는 차원이 다른 소리였다. 진짜는 이런 소리구나 싶은 크고 웅장하면서도 날카로운 소리였다. 새끼 잃은 사자가 포효하는 소리 같았다.

제사장의 나팔소리는 천지를 진동했고 그 소리에 힘을 받은 남유다의 군사들은 하늘을 향해 목청이 터져라 함성을 질러댔다. 여로보암의 군사들은 더 이상 전진할 수 없었다. 한두 명씩 무기를 던지고 도망하는 것을 신호로 북이스라엘의 전체 군사들이 후퇴하기 시작했다. 남유다 군사들의 두려움에 떨던 절규가 승리의 함성이 되었다. 전쟁이 끝났다. 북이스라엘은 항복했고 전쟁은 아비야의 대승으로 끝났다. 성경은 이 전쟁의 결말을 이렇게 기록하고 있었다.

"아비야와 그의 백성이 크게 무찌르니 이스라엘이 택한 병사들이 죽임을 당하고 엎드러진 자들이 오십만 명이었더라"(대하 13:17).

아비야는 내친김에 여로보암을 추격했다. 여로보암의 성읍인 벧엘과 여사나와 에브론과 주변 마을을 차지했다. 승리의 대가였다. 전리품은 남유다 차지가 되었다. 아비야의 승전으로 인해 여로보암은 그대로 주저앉았고 그의 정치 생명은 끝났다. 아비야의 승리는 완전무결했다. 그의 연설도 훌륭했고 역전의 승리도 짜릿했다. 여로보암은 더 이상 재기하지 못했고 북이스라엘의 기세는 완전히 꺾였다. 이대로 남과 북이 통일되면 좋았겠지만 이상하게도 남유다와 북이스라엘의 분단체제는 그대로 유지되었다. 왜 통일되지 못한 것일까?

아비야에게는 좋은 기회였다. 전쟁의 승리로 남유다가 정통 왕가라는 것이 입증되었고 북이스라엘의 제사장이 모두 유다에 모여 있었기에 종교적으로 그의 입지도 강화되었다. 그대로 밀어붙여서 전체 이스라엘을 손아귀에 넣을 수 있었다. 아비야의 연설에는 북이스라엘 진영을 설득하여 통일하고자 하는 바람도 분명히 섞여 있었다.

다시 힘을 회복하지 못한 여로보암은 하나님께 벌을 받아 죽고 말았으며(대하 13:20) 아비야는 점점 더 강해졌다. 다윗시대처럼 전성기가 돌아온 것 같았다. 그런데도 통일되지 못한 이유가 있었다. 하나님의 뜻이 거기에 없었기 때문이다. 오랫동안 솔로몬과 르호보암을 괴롭히던 여로보암의 세력은 급격히 약화되었고, 유다는 엄청난 군사력으로 전에 없던 최고의 시기를 이루고 있었지만 남북이 하나가 되는 것에 대한 하나님의 뜻은 없었다. 아비야도 시대적인 소명을 담아낼 인물이 아니었다.

아비야는 조부 솔로몬이나 증조부 다윗의 존재를 잘 알고 있었다. 모를 리가 없었다. 그는 자라면서 다윗과 솔로몬을 자부심으로 여겼다. "나의 할아버지가 누군지 아는가? 솔로몬이다. 나의 증조할아버지가 누군지 아는가? 다윗이다." 그러면서 다녔을 것이다. 그런 자부심이 있었기에 전쟁의 위기에서 산 위로 올라가 고함칠 수 있었다.

그의 부친 르호보암은 자신을 편애해서 본처인 마할랏에게서 태어난 앞선 자식들이 아닌 두 번째 부인에게서 태어난 아비야를 후계자로 정했다. 아버지 르호보암은 18명이나 되는 아내를 두었고 첩은 60명이나 되었다. 솔로몬이 왕국을 약화시키고 남북 분열의 빌미가 되었던 이방인 아내를 데려온 일이 그 아들 때에 그대로 재연되었다. 아비야에게는 28명의 이복형제가 있었고 그것은 왕권에 위협이 될 존재란 의미였다. 르호보암은 아비야를 제외한 아들들을 요새로 발령을 내서 비극을 막았다. 그런데도 아비야는 걱정이 많았다.

아비야가 북이스라엘과의 전쟁에서 이겨서 여로보암의 세력을 꺾은 것 외에는 나라를 위해 한 일이 없었다. 그가 내내 신경을 쓴 것은 '왕권' 그 하나였다. 왕자 중에서 서열이 낮은 데도 왕이 되었기에 왕의 자리를 잘 보전하는 것이 목적이었다. 그러던 차에 여로보암의 80만 대군을 격퇴시켰다. 아비야에게는 좋은 일이었다. 다시는 누구도 그의 왕권을 위협할 수 없는 상태가 되었다.

전쟁에서 이긴 이후 모든 백성은 그를 왕으로 인정했으며 어느 형제도 경쟁자가 되지 못했다. 목적은 달성되었고 만족스러운 인생이 되어 버렸다. 민족의 통일이라든지 이스라엘 전체의 미래는 아무 관심이 없었다. 그래서 그는 아내를 14명이나 두고 22명의 아들과 16명의 딸을 낳으면서 흡족하게 사는 것으로 인생을 마감하고 말았다. 말하자면, 그의 조부 솔로몬이나 아비 르호보암의 잘못이었던 '아내를 많이 만든 일'을 그대로 반복할 뿐이었다. 그런 그에게 통일왕국이 주어진들 백성의 삶은 편안할 것이며, 외세의 다양한 도전을 제대로 막을 수 있었겠는가?

그의 통치기간은 고작 3년이었다. 잇도의 역사책에 그의 이름이 기록된 것 외에는 특별한 일을 한 것이 없었다. 혹시 그의 치세가 3년밖에 되지 않았기에 남북통일의 꿈을 펼치지 못했다고 볼 수는 없을까? 그렇지는 않다. 3년이라는 기간은 결코 짧은 시간이 아니었다. 예수님의 공생애는 3년에 불과했으나 온 인류를 구원하기에 충분했고, 바울이 3차 전도여행에서 에베소에 2년을 머물며 사역한 결과는 아시아 지역에 큰 영향력을 미쳤다(행 19:10). 아비야는 3년 동안 아무것도 하지 않았다. 그에 대한 역대기의 결론은 다음과 같았다.

> "아비야는 점점 강성하며 아내 열넷을 거느려 아들 스물둘과 딸 열여섯을 낳았더라. 아비야의 남은 사적과 그의 행위와 그의 말은 선지자 잇도의 주석 책에 기록되니라"(대하 13:21-22).

3년이라는 짧은 기간 동안 14명의 아내와 22명의 아들, 16명의 딸을 둘 수는 없을 것이다. 그는 왕자였을 때부터 결혼하고 자식을 낳는 것에 온 힘을 다했다. 전쟁에서 하나님께서 그의 편이 되셔서 유다를 승리로 이끄신 것 외에는 특별할 것도 없는 짧은 인생이었다. 왕이 되기 전부터 아내를 늘리고 자녀를 낳는 수고의 절반이라도 나라 운영에 대한 꿈을 가졌더라면 어땠을까? 그는 후대에 좋은 영향력을 남기지 못하고 역사 속으로 사라지고 말았다.

# Chapter 03

# 썩은 발처럼 변절한 왕

3년의 통치로 생을 마감한 아비야가 죽고 그를 이어서 아사가 남유다를 책임지는 왕으로 등극하게 되었다. 새로 왕이 된 아사가 아비야왕의 22명이나 되는 아들 중에 몇 번째인지, 그의 어머니가 누구인지 성경에서는 언급하지 않는다. 아들로서의 순서나 어머니의 국적에 상관없이 훌륭하게 왕의 역할을 다했기에 그런 것이 중요하지 않은 것으로 풀이된다.

아사의 통치기간은 41년이었다. 선왕인 아비야의 3년 통치는 물론이고 증조부 르호보암의 17년에 비해서도 매우 긴 기간이다. 40년 치세의 솔로몬이나 다윗보다 1년을 더 했으니 역대 가장 길다.

아사의 초기 통치 10년은 매우 평온했다. 북이스라엘을 비롯한 주변 여러 나라가 숨을 죽인 채 살고 있었으며 유다 내부도 평화롭고 한 가한 시절이었다. 백성의 평안한 삶은 아사 왕에 대한 지지로 이어졌고 아사는 선대에 손대지 못했던 일을 과감하게 실행해 나갔다. 백성들은 예루살렘 성전을 통해 하나님을 향한 신앙을 유지하고 있었지만 그들의 삶에 영향을 미치고 있는 것은 여호와 신앙만이 아니었다. 솔로몬 때 들여온 이방의 우상들이 백성의 삶에 구석구석 파고들었다.

대표적인 것이 이방의 제단, 돌로 만든 신상, 아세라 여신상, 산 높은 곳에 있는 신당, 태양신을 숭배하는 단 등이었다(대하 14:3-5). 아사 왕은 여호와 하나님께 드리는 제단을 제외하고는 모든 우상의 제단을 없애도록 했다. 솔로몬이 이방 여인을 아내로 데려올 때 들여왔던 다양한 잡신이 민가에 퍼졌고, 백성들 사이에 한 번 퍼지면 일상생활을 지배하기 때문에 그것을 없애는 것은 쉬운 일이 아니었다.

솔로몬 왕이 앞장서서 우상을 섬기자 백성들도 너나없이 섬겼던 우상이다. 이번에는 아사 왕이 앞장서서 우상을 철폐하자 백성들 역시 왕의 정책에 따랐다. 접경 지역의 나라들은 힘을 잃은 상태였고 백성의 삶은 더없이 윤택해졌기에 가능한 일이었다. 개혁정책에 의해 아사의 치세는 더욱 평화로웠다. 아사는 그것이 하나님의 은혜임을 알았다.

아사는 유다 전역의 여러 도시를 손보기 시작했다. 왕이 고친 성읍들은 그의 아버지와 조부 때 왕자들에게 배분한 곳이었다. 왕자들은 자신의 안위에만 몰두했기에 성읍들은 방치되었고 도시 성곽들은 무너져 있었다. 아사는 백성을 설득했다.

"유다 백성들이여 우상들을 없애보니 그대들의 심정이 어떤가? 헛된 것에 경배하고, 돌들에 절하는 미개한 시대는 지났도다. 우리가 여호와 하나님을 찾고 이 땅을 고치고 개발하고 건축하면 하나님께서 더욱 발전시켜주실 것이다. 자, 백성들이여 성곽을 쌓고 망대를 세우며, 문과 빗장을 만들자. 하나님께서 주신 평안을 우리가 계속 지켜나가자. 주께서 우리에게 평안을 주실 것이다"(대하 14:7).

왕의 독려가 백성에게 큰 힘이 되었다. 유다의 여러 성읍은 견고한 도시가 되어서 발전했다. 아사 왕은 내친김에 군사들도 소집했다. 유다 출신의 군사들 30만 명이 모였는데 이전보다 더 전문화된 군사들이었다. 그들에게는 창과 방패가 보급되었다. 자신의 키를 훌쩍 넘기는 묵직한 창에 방패도 거기에 걸맞은 커다란 것이었다. 베냐민 지파 중에 뽑힌 군사도 28만 명이나 되었다. 그들은 한 손에 활을 가지고 있었고 반대편 손에는 휴대하기 편한 작은 방패가 들려 있었다. 유다와 베냐민을 합치면 모두 58만 명이었는데 그 수가 역대 최고였다. 아비야의 40만 명은 물론이고 다윗 때의 47만 명보다 훨씬 많은 인원이었다.

아사의 군사들이 소집되어 정예군으로 갖추어질 때쯤 애굽에서 남쪽에 있는 구스(에티오피아)의 세라가 유다를 향해 공격해왔다. 르호보암 때 애굽의 시삭 왕이 예루살렘을 쳐들어온 적이 있었다. 그들은 솔로몬의 금 방패를 비롯한 온갖 보화들을 가져갔다. 세라는 그때 애굽에 속한 용병이었고(존 브라이트, 박문재 역, 「이스라엘 역사」(서울: 크리스찬다이제스트, 1981). 320쪽), 여전히 예루살렘에 보물이 가득하다고 믿었다.

세라는 무려 100만 명이나 되는 군사를 이끌고 왔으며 300대의 병거가 선두에 있었다. 그 정도면 아무리 많은 군사를 모은 아사 왕이라도 쉽게 방어하지 못할 것이었다. 애굽의 시삭은 보물만 가진 채 돌아갔지만 구스의 세라는 유다 전체를 다 집어삼킬 기세였다.

예루살렘에서 45km 남쪽으로 내려가면 스바다 골짜기가 나왔다. 그 골짜기의 입구인 마레사에 세워둔 망루에서 경비병이 다급하게 왕궁으로 전갈을 보냈다.

"지금 구스의 병거 300대가 먼지를 일으키며 유다 남쪽에서 올라오고 있습니다. 그 뒤로 떼를 지어 오는 군사가 백만 명이 넘습니다. 이들을 막지 못하고 마레사가 뚫리면 예루살렘까지는 아이들이라도 손쉽게 올라올 것입니다. 전하께서는 반드시 적을 막으셔야 합니다."

마레사는 대대로 유다에게 주어진 땅이었다(수 15:44). 적들이 어느새 마레사에 이르렀다는 소식을 들은 아사 왕은 충격을 받았다. 아사는 의관에서 전투 복장으로 갈아입고 말에 올랐다. 마레사에서 건너편에 보이는 스바다 골짜기로 유다와 베냐민의 정병을 배치했다. 수십만의 군사들도 구스의 적들에 비하면 한 줌에 불과해보였다.

"아사가 그의 하나님 여호와께 부르짖어 이르되 여호와여 힘이 강한 자와 약한 자 사이에는 주밖에 도와 줄 이가 없사오니 우리 하나님 여호와여 우리를 도우소서. 우리가 주를 의지하오며 주의 이름을 의탁하옵고 이 많은 무리를 치러 왔나이다. 여호와여 주는 우리 하나님이시오니 원하건대 사람이 주를 이기지 못하게 하옵소서"(대하 14:11).

아사 왕은 일전을 앞두고 절박한 심정으로 하나님께 기도했다. 기도는 놀라운 것이었다. 방패를 들고 있던 유다와 베냐민 군사의 눈에 구스의 군대가 풍비박산 흩어지는 모습이 보였다. 도망하던 군사들이 서로 엉키면서 뒹굴고 병거의 바퀴가 빠지자 놀란 말들은 사방으로 뛰었다. 아사 왕은 군사들과 함께 적을 추격했다. 비탈길로 내려가는 속도가 어찌나 빠르던지 금세 적을 쫓을 수 있었다.

되는대로 도망가는 구스의 군사들은 서쪽 그랄까지 이르렀는데 살아서 도착한 이는 얼마 되지 않았다. 백만이나 되는 적들은 마레사에서 그랄의 길거리까지 즐비하게 드러누운 시체가 되었다. 유다의 군사들은 며칠에 걸쳐 시체를 불태우고 전리품은 챙겨서 예루살렘으로 돌아왔다. 군사들이 이끌고 온 양과 낙타는 죽은 군사들 수만큼이나 어마어마했다. 주변 이방 성읍의 백성들은 그들의 행렬에 탄성을 보냈고 아사 왕에 대한 경외심은 하늘을 찔렀다.

아사와 유다의 군사들이 승전고를 울리며 예루살렘으로 들어올 때 가장 기쁘게 맞이한 것은 오뎃의 아들 아사랴였다. 아사랴는 아사 왕과 전쟁의 영웅들에게 정중하게 인사를 올렸다. 아사랴에게 하나님의 영이 내려왔다. 왕 또한 예의를 갖춰 그가 전하는 말씀을 들었다. 아사랴는 왕과 백성들을 향한 하나님의 말씀을 전달하였다.

"왕과 및 유다와 베냐민의 군사들은 들으십시오. 여호와 하나님께서 말씀하시길 여러분께서 여호와와 함께하시면 하나님도 여러분과 함께하실 것이며, 하나님을 찾으면 만나게 되실 것입니다. 그러나 여러분께서 하나님을 버리신다면 하나님도 여러분을 버리실 것입니다."

아사 왕은 백만의 구스 대군을 바라보며 절망적으로 하나님께 부르짖던 기도가 떠올랐다. 과연 하나님께는 아사 왕의 기도를 들으시고,

이토록 대승을 거두게 하였으니 하나님을 찾으면 만나주신다는 것은 분명한 사실이었다. 아사랴의 말은 계속되었다.

"이스라엘 백성이 하나님을 떠났을 때가 있었습니다. 하나님을 버리고 우상에게 마음을 뺏겼기에 제사장도 없고 율법도 잊어버린 백성이 되었습니다. 그러나 그때에도 여호와 하나님을 찾기만 하면 하나님은 만나주셨습니다. 하나님을 알지 못하는 민족의 생활에는 평안이 없었습니다. 여호와를 떠난 나라는 서로 치고받고 싸우며 요란할 뿐입니다. 왕이시여, 부디 하나님을 향한 마음이 변치 마십시오. 하나님께서 왕을 보고 계시며, 반드시 상급을 주실 것입니다"(대하 15:2-7).

아사 왕은 선지자 아사랴의 말에 깊이 감동하였다. 왕으로서 백성을 잘 이끌고 있구나, 큰 위기에서 하나님께서 인도하셨구나, 하는 생각이 들었다. 구스의 세라가 대군을 이끌고 쳐들어왔다는 전갈을 들었을 때 처음에는 우상의 제단을 없애서 신들의 노여움을 산 것이 아닌가 하는 의심이 들었다. 그러나 하나님은 살아계셨으며, 왕과 군사들은 훌륭하게 전쟁에 임했고, 하나님은 그들에게 승리를 주셨다는 확신이 들었다. 아사 왕은 이방 제단, 신상, 여신상 등 모든 가증한 것을 다 없애기로 다시 한번 결단했다.

왕은 유다와 베냐민 땅의 구석구석까지 우상이 남아 있지 않은지 살펴보아 하나의 제단이라도 발견되면 다 철거했고, 음성적으로 에브라임 산지에 남아 있던 우상들도 다 불 태워버렸다. 한편 성전 낭실 앞에 허물어져 퇴락해가던 여호와의 제단을 다시 세웠다. 아사 왕의 개혁적인 정책에 대한 소문은 발 없는 말이 되어 이스라엘 산간 지역에도 도착했다. 에브라임, 므낫세, 시므온 지역에 살던 이스라엘 사람들은 유다 땅으로 이주해왔다.

"우리는 금송아지 우상 숭배에 지쳤네. 더는 참을 수 없지. 땅을 버리더라도 제대로 된 신앙을 가져야 하지 않겠는가? 그래서 고향 땅을 등지고 이곳으로 왔지."

이주민들은 유다 백성들에게 이구동성으로 말했다. 아사 왕은 북이스라엘에서 도망치듯 내려온 백성들을 다 받아주었다. 귀화한 이스라엘의 백성들을 유다의 백성들과 함께 한 자리로 모았을 때는 아사가 왕위에 오른 지 15년이 된 3월이었다. 예루살렘은 흥겨운 잔치 자리가 되었다. 적에게 빼앗았던 7백 마리의 소와 7천 마리의 양을 번제로 드렸다.

아비야가 북이스라엘을 통일할 기회가 있었음에도 자기 삶에만 몰두하여 하나님께 제사를 지내는 것을 잊어버린 것에 반해 그의 아들 아사는 비록 일부의 북이스라엘 백성들이긴 하지만 유다 사람과 북이스라엘 백성을 한자리에 모아 제사를 지낼 줄 알았다. 하나님을 향한 그들의 결기가 얼마나 대단했던지 모인 사람들은 여호와 하나님을 섬기는 것을 배신한다면 서로 죽인다는 합의까지 보았다.

제사장들이 피리와 나팔을 불면서 서약에 대해 맹세했다. 백성의 결의를 보면서 아사 왕의 머리를 스치는 생각이 있었다. 등잔 밑이 어두운 법. 백성들이 자발적으로 우상들을 폐기한 것과 달리 아직 생존해 있는 왕대비(王大妃, 왕의 할머니) 마아가가 세운 아세라 우상은 버젓이 궁정의 한 자리를 차지하고 있었다. 신하들이 치우려고 다가가기라도 하면 마마께서 악다구니를 쓰는 바람에 아무도 근접하지 못했다.

아사 왕은 할머니 마아가를 태후의 자리에서 내려오게 했다. 마아가가 왕을 노려보았지만 아사는 꿈쩍도 하지 않았다. 마아가가 끌려간 뒤 무방비 상태가 된 아세라 우상은 신하들의 도끼에 찍혔다. 몇 동강이 난 아세라 신상은 갈멜산 아래 기드론 시내에서 불태워졌고 그 재는 하늘과 강으로 흘러 사라졌다.

그렇게 아사 왕에게 전성기가 찾아왔으며 이후 아사 왕 35년이 될 때까지 전쟁은 기미도 보이지 않았다. 아사 왕 15년에 있었던 일이니까 장장 20년 동안의 태평성대였다. 그런데 그 이후에 아사 왕에게 이상한 일이 벌어졌다. 정확히는 아사 왕이 이상한 일을 벌였다.

북이스라엘에는 바아사가 왕이 되어 자신의 세력을 구축하고 있었다. 그는 군사들을 모아서 라마를 건축했다. 바아사는 북이스라엘의 두 번째 왕인 나답을 암살하고 스스로 왕이 되어 여로보암의 가문에 속한 모든 남자를 죽였다. 그렇게 차곡차곡 나라를 점령한 바아사의 눈에 남쪽 유다로 귀순하는 이스라엘 백성이 보였다. 백성을 뺏기는 것을 그냥 두고 볼 바아사가 아니었다. 그는 라마를 건축하기 시작했다.

라마를 건축한다는 말은 북이스라엘 백성의 이탈을 막는 것과 동시에 유다 땅의 일부를 침탈했다는 의미이기도 했다. 라마는 예루살렘 북쪽으로 8km 정도에 있었다. 마레사가 예루살렘 남쪽의 관문이라면 라마는 예루살렘 북쪽을 통제하는 기능을 했다. 바아사는 라마를 높게 건축한 뒤에 유다 예루살렘을 들여다보면서 북쪽 주민들의 통행을 막고 남유다의 동태를 살필 요량이었다.

아사 왕으로서는 어떻게 해야 했을까? 그는 백만의 적들을 물리쳤던 용장이었다. 먼저는 하나님께 기도해야 하며 후에는 유다와 베냐민의 군사들을 재집결해 라마를 공격해야 했다. 바아사가 먼저 도발했으니 그것을 빌미로 쳐들어갈 수 있었다. 위기였지만 기회이기도 했다. 그것이 우리가 예상할 수 있는 아사의 모습이었다. 그런데 아사는 수상한 일을 벌였다.

아사 왕은 신하들을 시켜 궁전의 곳간과 하나님의 성전 창고에서 은과 금을 모아오게 했다. 왕은 그 많은 재물을 수레에 실어 아람(시리아)의 왕 벤하닷이 사는 다메섹으로 보냈다. 다메섹은 북이스라엘의 최북단인 헬몬산, 거기에서도 북동쪽에 있는 나라였다.

이유는 이러했다. 바아사와 벤하닷 사이에 조약을 맺고 있었기에 만약 아사 왕이 군사들을 모아서 라마를 침공한다면 벤하닷의 용병이 남하할 수 있었다. 그러면 전쟁의 승산은 줄어든다고 보았다. 벤하닷이 내려오지 않고 북이스라엘을 손쉽게 이기는 방법은 무엇일까? 아사 왕은 이이제이(以夷伐夷)를 생각했다. 벤하닷이 북이스라엘을 치게 하고 그 사이에 라마를 정벌하는 것이었다.

그렇게 하려면 바아사와 벤하닷의 조약이 무효가 되고, 벤하닷은 유다를 도와주어야 하며, 아람군이 북이스라엘 지역을 도발하도록 해야 했다. 아사 왕은 아람과 협약을 맺기로 했다. 전쟁이 발발했을 때 벤하닷이 북이스라엘의 편만 들어주지 않아도 충분히 승산이 있는 일이었다. 벤하닷의 마음을 얻을 방법은 무엇일까? 금과 은이었다. 골치 아픈 문제를 해결하는데 성전의 금이라고 아까우랴. 아사 왕은 막대한 보물을 벤하닷 왕에게 바치면서 말했다.

"벤하닷 폐하, 우리 조상 때에 아람과는 가까운 사이였고 부친 때에 아람과는 협력하는 사이였습니다. 저 또한 왕과 동맹을 맺고자 합니다. 여기 왕께서 평생 누리시고도 남을 금과 은이 있습니다. 기쁘게 받으시고, 그동안 교류를 체결했던 북이스라엘과 단교하시면 어떻겠습니까? 바아사가 라마 성읍을 쌓으면서 우리를 괴롭히고 있습니다. 왕께서 조금만 도와주시면 나머지는 저희가 다 알아서 하겠습니다."

벤하닷은 눈치가 빠른 왕이었다. 그는 보물을 챙겼고 아람의 군사들을 보내 이스라엘의 북방에 있는 이욘, 단, 아벨마임, 납달리 지역의 성읍들을 치게 했다(대하 16:4). 놀란 바아사 왕은 라마에 주둔한 군사들을 국경 지대로 올라가게 했고 그동안 라마의 공사는 중단되었다. 아사 왕은 군사를 보낼 필요도 없었다. 주인 없이 버려진 라마에 백성들을 보내 라마 건축에 쓰이던 모든 자재를 옮기게 했다. 그것으로 게바와 미스바를 보수하는 데 사용했다. 백성들은 개미처럼 돌과 목재를 날랐다. 게바는 예루살렘에서 북동쪽으로 9km 지점에 있었고, 미스바는 예루살렘에서 북쪽으로 12km에 있었으니, 유다 땅이 북쪽으로 더 넓혀지게 되었다.

아사 왕은 라마의 위기를 기회로 바꾸었다. 남유다의 국경을 넓히고 국력을 키우는 데 성공했다. 왕궁과 성전의 금과 은이 희생되었지만 보화들이야 나중에 백성들로부터 거둘 수 있고, 북이스라엘이나 주변 나라들을 치면 다시 얻을 수 있는 것이었다. 라마 건축이라는 위협적인 상황을 종식시켰고 북쪽으로 더 넓은 지역을 차지하게 되었으니 잘한 일이었다. 그런데 그것은 우리가 알던 아사 왕과는 달랐다. 아사 왕은 무엇을 잘못했고, 무슨 이상한 일을 벌인 것이었을까? 선견자 하나니의 입을 통해 우리는 다음의 사실을 알게 된다.

"왕께서는 하나님을 의지하지 않으셨습니다. 아람 왕 벤하닷에게 조공을 바치고 그를 의지했지만 보십시오. 이제 아람은 북이스라엘을 배반했던 것처럼 왕을 배반할 것입니다. 왕은 구스의 백만 대군을 물리치셨습니다. 하나님을 의지할 때 극강의 적들도 이기셨던 왕은 더 이상 하나님을 의지하지 않으십니다. 이번의 일은 매우 어리석었습니다. 이제 임금님은 전쟁의 소용돌이 가운데로 들어가게 되실 것입니다"(대하 16:7-9).

하나니의 꾸짖는 소리는 부하들과 함께 건배하고 있는 왕의 잔치 자리에 찬물을 끼얹는 것과 같았다. 아사 왕은 억울했다. 전략은 정확히 먹혔기에 신하들로부터 칭찬 세례가 이어지던 판이었다. 화가 치밀어 오른 왕은 말했다.

"선견자 하나니는 들으라. 하나님께서는 나에게 아람을 움직이게 했고 유다의 위협을 사라지게 했다. 요새 선견자로 행세하며 나라를 요란스럽게 하는 자가 많다고 들었는데 필시 네 놈이 그중에 하나임에 틀림이 없다."

왕은 뒤에 있는 부하들에게 소리쳤다.

"더는 저 요망한 입을 함부로 놀리지 못하게 하라."

왕의 명령에 대기하고 있던 의장과 호의장이 나와서 하나니를 붙잡아 옥에 가두었다. 감옥은 고문기구가 있는 곳이었다. 왕의 호위대들은 하나니를 가둔 뒤에 심문도 했다. 북이스라엘이나 남유다의 왕들에게는 바른 소리를 하는 선지자가 있었다. 지금까지는 아무리 악한 왕도 선지자를 감옥에 가둔 적이 없었다. 아사 왕은 선지자를 감옥에 가둔 첫 번째 왕이 되었다.

하나니가 감옥에 갇혔다는 소식은 백성에게 큰 충격으로 다가왔다. 왕실과 성전의 금이 아람으로 이동되었다는 소식에 의문을 품었던 백성들이 하나니의 투옥으로 인해 그것이 잘못되었음을 확신했고, 궁 밖에서 모인 군중들이 항의 시위를 했다. 아사 왕은 심기가 불편해졌다. 하나니를 풀어줄 수도 있었지만 그렇게 되면 백성들이 더 기고만장해질 것 같았다. 그는 불순했던 의도가 드러날 것을 염려한 까닭에 항의하는 백성 중에 몇몇을 붙잡아서 감옥에 넣는 것으로 자신의 권위를 지키게 했다. 백성의 시위는 잦아졌지만 예루살렘은 아사 왕의 변질에 대해서 술렁거렸다.

그로부터 몇 년이 지나지 않아 아사 왕의 발에 병이 들었다. 처음에는 거동이 불편한 정도였으나 곧 움직이는 자체가 고통이 되었다. 썩어들어가는 발을 보면서도 그는 하나님께 기도하지 않았다. 제사장을 불러서 희생제나 속죄제를 드리는 일도 없었다. 용하다는 의원을 찾아갔지만 발의 병은 쉽게 고쳐지지 않았다. 의사들만 교체되었을 뿐 병은 더욱 악화되었다. 썩어가는 발에는 차도가 없었고 2년 동안 고생한 끝에 아사는 병사하고 말았다.

아사 왕은 객관적으로 봐도 훌륭한 왕이었다. 41년 재위기간 중 두 차례에 걸친 개혁운동은 성공을 거두었고, 왕의 외할머니라 해도 우상을 숭배한다면 폐위될 수 있다는 것도 보여주었다. 거대한 전쟁의 소용돌이 속에서 하나님께 기도하면서 적들을 물리친 전설적인 영웅이 되었다. 그러나 그는 말년에 왜 그토록 추락했을까?

아사 왕은 전쟁에서 이기고 개혁에서 큰 성과를 거두었을 때 속으로 생각했을 것이다. "나는 잘하고 있다. 나는 괜찮은 사람이다. 이 정도면 대업을 완성해 낸 것이다." 그러나 그런 생각은 착각에 불과했다. 그는 잘한 것이 하나도 없었다. 58만이라는 엄청난 군사를 모을 때 그가 한 일은 아무것도 없었다. 좀 심하게 말하자면 그가 군사를 낳은 것도 아니고 군사들에게 필요한 식량을 그의 힘으로 생산한 것도 아니었다.

그가 했던 것은 하나님께 도움을 구하며 기도한 것이 전부였다. 하나님께서 기도를 들으셔서 전쟁에서 이기게 하셨으며 평화를 가져다 주셨다. 하나님께서 군사를 모아주셨고 구스의 백만 대군을 이기게 하셨다. 하나님께 기도한 것 외에 아사가 한 일은 아무것도 없었다.

"잘하고 있다. 나는 괜찮은 사람이다. 이 정도면 해낸 것이다"라는 것은 완전히 날조된 진실에 불과했다. 아사 왕은 20년 동안 평화를 누렸다. 그 평화는 무엇을 의미했을까? 20년 동안 뚜껑이 덮인 음식물 통처럼 그 안의 음식이 어떻게 되었는지 몰랐을 뿐이다. 20년이 지나고 뚜껑을 열어보니 잘 숙성된 와인이 아니라 썩고 악취 나는 쓰레기만 있었다.

바아사의 라마 건축이 아무리 위협적이라 해도 금과 은을 동원해서 벤하닷을 찾아간 것은 불신앙이었다. 하나님을 의지하기보다는 자기 머리를 의지했고 금은보화에 기댄 것이었다. 아무리 작전이 잘 먹혀들어도 거기에는 하나님이 보이지 않았다. 그는 악취 나는 썩은 음식에 불과했다.

발에 병이 걸린 것은 그에게 마지막으로 주신 하나님의 기회였다. 썩어가는 발은 그 자신이 의지했던 모든 일이 썩어간다는 것을 보여주는 하나의 비유였다. 그가 병을 가지고 하나님께 나아갔다면 병이 낫거나 계속 아프거나 둘 중의 하나였을 것이다. 병이 나으면 계속 평안을 누리면 된다. 그러나 병이 낫지 않는다면 자신을 성찰할 기회가 된다.

하나님 앞에서 어떻게 살아가야 할지 여쭈어볼 수 있었을 것이다.

그러나 그가 하나님을 외면하고 의사를 찾아갔기에 병에서 낫지 않으면 그것은 전적으로 의사 탓이 된다. 실력이 부족한 의사를 원망할 뿐 발은 썩어가고, 자신이 어떤 사람인지 알 기회도, 그 썩은 것이 무엇을 의미하는지도 알지 못하게 된다. 그것이 아사 왕의 한계였다.

아사는 자신에게 경고하는 선지자 하나니를 감옥에 넣고 자신을 반대하는 백성들을 가두었다. 그의 힘이 과시되었다. 그러나 힘을 갖춘 왕으로 인정될지는 모르지만 잘못을 직언할 사람이 입을 다물게 되는 역효과를 불러왔다. 잘못 입을 놀렸다가는 어떤 해코지를 당할지 모르기에 실력 있는 의사들은 왕을 치료하는 것을 꺼렸다. 발의 염증이 심해 "왕이시여, 발을 잘라내셔야 합니다"라고 말하면 오히려 왕은 의사를 자르거나 감옥에 넣어버릴 수 있었다. 누가 제대로 된 조언을 이사에게 할 수 있단 말인가. 그의 옆에는 아첨꾼과 돌팔이 의사로 가득하게 되었다.

그는 왕대비를 폐위시킬 정도로 결연했다. 그렇게 강직했던 그에게 20년이라는 세월의 평화는 오히려 독이 되고 말았다. 그의 야성과 열정, 도전 의식은 힘과 권력에 매몰된 평범한 왕으로 전락하게 했다. 팔을 걷어붙이고, 싸우고, 이기고 뛸 생각 없이 쉬운 길로만 가는 안일한 왕으로 변질되었다. 오뎃의 아들 아사랴의 예언에 용기를 냈던 아사 왕은(대하 15:8) 선견자 하나니의 쓴소리를 견디지 못하는 사람이 되어 버렸다.

발에 병이 들었을 때 그는 감옥에 가두었던 하나니를 찾거나 아사랴를 불렀어야 했다. 아니면 자기 자신이 하나님께 직접 무릎을 꿇고 은혜와 자비를 구해야 했다. 그러나 그는 발병의 테스트에서 떨어지고 말았다. 결국 2년간 고생하다가 왕이 된 지 41년째에 죽고 말았다.

그의 시신은 살아 있을 때 마련해 놓은 무덤에 들어갔다. 백성들은 왕의 죽음에 대한 예의를 갖추기 위해 온갖 향을 가득 쌓은 침상에 시신을 눕혔다. 그러나 썩어가는 발의 냄새를 감추지는 못했다. 예루살렘 성에 큰불이 밝혀져 한때 신실했으나 변절하게 된 아사의 죽음을 아쉬워할 뿐이었다.

# Chapter 04

/여/호/사/밧/

# 아합 가문과 결혼 동맹을 맺은 왕

아사 왕은 재위 39년이 되었을 때 발에 병이 들어 2년 동안 고생하다가 죽었다. 아사를 이어서 여호사밧이 왕이 되었을 때 그의 나이 35세였다. 아사는 41년 동안 왕이었고, 그의 아들 여호사밧은 35세에 왕이 되었으니 여호사밧이 태어났을 때 아사는 재위 6년이었다. 그때는 평화의 시기였다. 아사 왕의 재위기간과 여호사밧의 나이를 표로 정리하면 〈도표 7〉과 같다.

아사 왕처럼 장단점이 뚜렷하고 인생 전반과 후반이 다른 왕은 드물 것이다. 아사 왕 재위 10년까지는 평화가 있었고 그 이후에 구스의 세라가 백만 대군을 몰고 왔던 전쟁의 위기를 잘 이겨낸 뒤, 재위 15년에는 북이스라엘에서 내려온 백성들과 함께 큰 제사를 지냈다. 그리고 이후 20년간 평화의 시기를 보내고, 재위 36년에 북이스라엘 바아사

## 〈도표 7〉 아사 왕의 재위기간과 여호사밧의 나이 비교

| 아사 재위 | 내용 | 여호사밧 나이 |
|---|---|---|
| 1-10년 | 10년 동안의 평화 | 0세에서 4세 |
| 10-15년 | 구스와의 전쟁 위기 | 4세에서 9세 |
| 15년 | 큰 제사 | 9세 |
| 15-35년 | 20년 동안의 평화 | 9세에서 29세 |
| 36년 | 북이스라엘 바아사의 도발(변질 시작) | 30세 |
| 39년 | 발에 병(하나님 찾지 않음) | 33세 |
| 41년 | 죽음 | 35세 |

와의 충돌에서부터 변질되더니, 재위 39년에 발에 병이 걸렸고, 41년 영면에 들었다.

여호사밧은 33세부터 발이 병들어 고생하는 아버지를 지켜보면서 왕이 될 준비를 했을 것이다. 그리고 왕이 되자마자 국방을 강화시켜 나갔다. 선대에 세웠던 요새들에 군대를 주둔시키면서 방어기지를 강하게 만들었고, 아버지 말년에 해이해졌던 에브라임 성읍에 수비대를 배치해서 튼튼하게 방비했다. 에브라임은 북이스라엘과의 접경지대였기 때문에 긴장을 늦출 수 없는 곳이었다. 어렸을 때부터 아사 왕을 지켜보던 아들 여호사밧의 입장에서 남유다 왕조를 살펴보자.

"아들아, 오늘 이 예루살렘 궁전과 건너편에 보이는 성전이 네 눈에는 어떻게 보이느냐?"

아사 왕은 그의 아들 여호사밧에서 물었다. 여호사밧은 아직 네 살밖에 안 된 어린아이에 불과했지만 왕손답게 고상한 태도를 갖추고 있었다.

"네, 아버님. 여호와 하나님께서 지켜주십니다."

아사 왕은 여호사밧을 안아 올렸다. 총기 어린 아들이었다. 수염 난 얼굴을 아들 볼에 비볐다. 여호사밧은 간지러워 웃음을 터뜨렸다. 아이의 웃음소리가 궁에 가득히 울렸다. 여호사밧이란 이름은 '여호와께서 심판하신다'라는 의미이다. 아사 왕의 치세가 10년이 넘어가는 동안 세상은 평화로웠고 하나님의 인도하심은 유다 땅을 덮고 있었다.

여호사밧의 나이 아홉일 때였다. 아사 왕은 급히 의관을 벗어 전투 복장으로 갈아입고 말에 올랐다. 애굽 남쪽 구스에서부터 엄청난 수의 대군이 유다를 향해 들어오고 있다는 흉흉한 소식이 들렸다. 여호사밧이 자신도 전투복으로 갈아입고 전쟁에 참여하겠다는 것을 아사가 말렸다.

"아들아, 너는 어머니와 이 궁전을 지키도록 해라. 하나님이 함께하시기에 우리는 반드시 승리한다. 아버지가 돌아오면 너에게 칼을 쓰는 법을 가르쳐주도록 하마."

몇 달이 지나서 구스를 이기고 돌아오는 승전 행렬의 제일 앞에 아버지의 말이 보였다. 아사 왕의 전투복은 해어졌고 행색은 몹시 지쳐 보였지만 얼굴에는 함박웃음이 가득했다. 아버지 말대로 하나님께서 지키셔서 유다가 승리한 것이었다.

유다의 승리 이후에 북이스라엘에서 귀환한 에브라임, 므낫세, 시므온 지역 거민들과 함께 예루살렘에서 큰 제사가 거행되었다. 7백 마리의 소와 7천 마리의 양이 번제로 하나님께 바쳐졌다. 장엄한 광경이었다. 온 세상이 아사 왕의 치세를 찬양했고, 예루살렘 궁전을 오가는 신하들의 얼굴은 항상 미소를 띠고 있었다.

어린 여호사밧의 눈에도 흉측해보이는 각종 우상이 치워졌고 음침하고 지저분한 제단은 깨끗이 청소된 모습이었다. 외증조할머니가 폐위되어서 지방으로 내려간 뒤 왕의 가문에는 기품만 흘러나왔다. 귀족과 왕의 부하들 모두 위엄을 지니고 있었다. 하나님을 향한 신앙을 갖춘 믿음의 세대였다.

예민했던 여호사밧의 10대와 청년 시절의 20대가 그렇게 흘러갔다. 더없이 좋은 평화시대였다. 백성들은 아사 왕에 대한 존경심을 보였고 남유다 백성으로서의 자부심과 긍지가 가득했다. 여호사밧은 아버지 아사 왕이 그렇게 변함없이 정사를 돌보고 백성을 이끌어가길 바랐다. 그리고 그의 가슴에 하나님에 대한 신앙과 우상 숭배를 없애야 한다는 분명한 의지가 뿌리 내리게 되었다.

그러나 여호사밧이 서른이 되었을 때부터 아버지가 이상해지기 시작했다. 궁전에 고이 모셔두었던 은과 금은 물론이고, 성전에서 철저하게 관리했던 금도 다 모으게 하더니 북쪽 아람의 벤하닷에게 갖다 바쳤다. 거기까지는 억지로라도 이해할 수 있는 일이다. 선견자 하나니가 아버지에게 쓴소리를 했을 때 그를 감옥에 가둔 것은 여호사밧에게는 충격적인 일이었다. 여호사밧은 소문으로만 들은 것이 아니라 왕자로서 국사에 참여하기도 했다. 아버지의 서슬 퍼런 명령과 부하들에게 끌려가던 하나니의 슬픈 눈이 자꾸 떠올랐다.

여호사밧은 아버지의 말년도 기억하고 있었다. 아버지의 발병과 그에 따른 고통, 그리고 끝내 의사들에게만 내보이다가 썩어가는 발에 살까지 빠져서 초췌해진 모습으로 죽어가던 아버지의 마지막 모습이 여호사밧의 머리에 각인이 되었다. 여호사밧은 결단했다. "아버지처럼 살지 말아야지."

35세의 나이에 왕이 된 여호사밧은 본받지 말아야 할 것과 계승해야 할 것을 잘 구별했다. 철모르는 어릴 적, 아버지의 신앙과 유다의 승전으로 태평성대를 누리며 왕궁에서 편하게 뛰어놀았던 때, 아버지 재위 15년 3월에 소와 양을 제물로 올리며 제사장의 나팔소리와 백성의 함성이 가득했던 예루살렘에서의 어린 시절, 그리고 아버지의 종교개혁과 하나님을 잘 섬기며 승승장구했던 왕궁에서의 청년 시절, 아버지의 고통스러운 발병과 죽음…. 아버지를 이어 왕이 된 여호사밧이 나라를 운영하는 방식은 10대와 20대에 경험했던 아버지의 통치 방식을 그대로 본받는 것이었다.

여호사밧은 아버지 아사 왕이 두 차례의 종교개혁에도 미처 없애지 못했던 남창을 쫓아내는 데 성공했다(왕상 22:46). 그는 아버지보다 더 철저하게 종교개혁을 단행했다. 그에게 종교적인 잘못이 있다면 단지 산당을 헐지 못한 것이었다. 개혁적인 왕들이라도 산당만큼은 건들지 않은 것이 이상했다. 아사랴(왕하 15:4)도, 요담(왕하 15:35)도 여호와 앞에서 정직하게 행한 왕들 역시 산당을 제거하지 못했다.

여호사밧은 성읍에 수비대를 두고 요새를 강화하면서 동시에 유다 근처의 에돔이라는 나라에도 영향력을 미쳤다. 왕이 없는 에돔에 여호사밧은 자신의 대리자를 보내서 에돔을 다스리게 했다(왕상 22:47). 여호사밧은 아버지보다 더욱 개혁적이었고 국방력을 강화하는 일에 박차를 가했다.

그는 북이스라엘의 우상 숭배 행위를 본받지 않기 위해 애썼다. 아버지 아사 왕이 각종 우상을 제거하는 데 성공했지만 제거하는 것만으로는 안심할 수 없었다. 우상을 치운 곳을 올바른 것으로 채우지 않으면 언제든지 다른 우상이 들어올 수 있다. 우상이야 널리고 널렸다. 다행히도 여호사밧에게는 아버지에게 없는 것이 있었다. 그것은 왕을 따르는 충직하고 지혜로운 지도자들이었다.

여호사밧이 왕이 된 지 3년이 되었을 때 지혜로운 다섯 명의 지도자들을 유다의 모든 성읍으로 파견했다. 벤하일, 오바댜, 스가랴, 느다넬, 미가야가 그들이었다(대하 17:7). 왕명을 받은 그들은 성읍에 백성을 위한 율법학교를 세웠다. 우상 숭배를 하지 않게 된 백성들의 비어 있는 마음에 하나님의 계명을 채워 넣도록 했다. 백성들은 율법을 배워서 지킬 수 있는 장소와 시간을 배분받았다. 다섯 명으로 부족하다고 느꼈는지, 왕은 그 외에도 아홉 명의 레위 지도자와 엘리사마, 여호람이라는 제사장도 지방을 돌게 했다.

유다 전국에는 율법책을 강론하는 유행이 생겼다. 백성은 무엇이 옳고 그른지, 어떤 삶의 방식이 하나님의 백성다운 것인지 알게 되었다. 그들은 말씀을 배우고 익히면서 여호사밧 왕에 대한 감사를 잊지 않았다. 백성들은 율법을 알게 해준 것에 대한 감사의 선물을 보냈다. 여호사밧 앞으로 보내오는 공물과 현물로 궁궐 창고가 가득했다(대하 17:5).

주변 국가에서도 조공이 쏟아졌다. 만약 여호사밧이 아사 왕의 말년처럼 아람 왕의 속국을 자처하거나 여호와 신앙을 버리고 교만하게 나라를 다스렸다면 하나님의 인도하심은 없었을 것이다. 그러나 여호사밧의 개혁적인 정책과 더불어 하나님을 공경하고 율례를 배우는 것으로 인해 하나님은 여호사밧을 강성하게 해주셨다. 유다 주변 나라들이 감히 쳐들어올 생각을 못할 정도였다. 그들 마음에 유다에 대한 두려움이 생겼고 자신을 공격할까 봐 전전긍긍했다. 주변 나라 중에 대표적으로 블레셋이 조공을 바쳤고 아라비아 사람들도 예물을 바쳤다. 아라비아로부터 들어오는 공물은 숫양과 숫염소가 각각 7천700백 마리나 되었다.

"왕께서 유다를 이끄시니 천하가 하나님 앞에 무릎을 꿇었습니다."

이방에서 온 사절단은 모두 여호사밧 앞에 충성을 맹세했다. 왕은 유다의 요새 옆에 양곡 저장 성읍들을 세웠고 각종 예물과 곡식을 창고마다 가득 채웠다. 전국에서 보내온 백성의 것들은 물론이고 주변 나라에서 보내온 것들까지 여호사밧의 재산은 전에 없이 늘었다. 물건만 충만했던 것이 아니었다. 병력도 이전보다 많아졌다. 아사 왕 때 유다 출신의 군사들은 30만 명, 베냐민 지파 중에 뽑힌 군사들이 28만 명, 모두 58만으로 역대 최고였는데, 여호사밧의 군대는 그것을 넘어섰다.

"유다 가문 천부장 아드나가 문안드립니다. 저희에게는 용사 30만 명이 있습니다."

"여호하난이 문안드립니다. 저희에게는 용사 28만 명이 있습니다."

"시그리의 아들 아마샤가 문안드립니다. 저희에게는 용사 20만 명이 있습니다."

"베냐민 가문 엘리아다가 문안드립니다. 저희에게는 용사 20만 명이 있습니다."

"여호사밧이 문안드립니다. 저희에게는 용사 18만 명이 있습니다."

이들은 모두 합치면 116만 명이나 되었다. 그야말로 최고의 병력을 갖추게 되었다(대하 17:14-19).

그러나 여호사밧에게 단점이 없었던 것은 아니었다. 산당을 없애지 못한 것은 선한 왕들도 흔히 보이는 잘못이라 헤아리지 않는다고 해도, 북이스라엘의 아합 가문과 사돈을 맺은 것은 여호사밧의 인생뿐 아니라 그 이후 남유다 왕조의 커다란 걸림돌이 되었다. 그는 아들 여호람과 아합의 딸 아달랴의 혼인을 추진했다.

처음부터 악의를 가지고 했던 것은 아니었다. 많은 군사를 보유하면서도 주변 나라를 약탈하기보다는 평화를 지키는 것이 주요 목적이었던 여호사밧은 한 핏줄인 북이스라엘에 대한 정책 역시 온건하게 펼쳐나갔다. 적대적인 관계에서 우호적인 관계로 바꿀 수 있는 가장 좋은 방법은 혼인이었다. 사돈관계를 맺으면 북이스라엘이 남쪽으로 도발하는 일을 막을 수 있었다.

그러나 그것은 여호사밧의 오산이었다. 국력이 든든할 때야 북이스라엘이 무슨 도발을 하겠는가? 그러나 여호사밧이 세상을 뜬 뒤에 아합 가문이 여호사밧의 자손에게 악영향을 끼친다면 여호사밧이 막을 수가 없다. 그의 혼인정책이 후에 남유다에 얼마나 거대한 재앙과 참혹한 결과를 가져올지 여호사밧의 살아생전에는 결코 알지 못했다.

남유다 왕가와 사돈관계를 맺은 북이스라엘의 아합 왕은 여호사밧과의 교류를 자주 시도했다. 여호사밧이 사마리아에 방문할 때면 왕과 수행원들에 대한 융숭한 대접이 줄을 이었다. 여호사밧은 아합 왕의 환대를 받을 때마다 사돈 맺길 잘했다고 생각했다. 어느 날, 흥이 넘쳐나는 대접을 베푼 후 아합 왕은 뜻밖의 제안을 꺼냈다.

"여호사밧 왕이시여, 우리 북이스라엘이 오랫동안 과제로 삼았던 것이 있습니다. 원래 북이스라엘의 땅인 길르앗 라못을 아람이 무력 점령한 상태에 있습니다. 왕께서 저와 함께 길르앗 라못을 칠 수 있겠습니까?"

남유다의 창고에는 몇 년이고 먹을 것이 쌓여 있었고 군사들은 역대의 위용을 자랑하고 있었다. 길르앗 라못 같은 작은 성읍이야 북이스라엘과 합세하면 금방이라도 얻을 수 있을 것 같았다.

"아합 임금님, 저의 생각이 임금님의 생각이고, 저의 군사들이 임금님의 군사들입니다. 임금님과 함께 싸우러 올라가겠습니다."

잔치 자리에 동석했던 북이스라엘의 각료들이 미소를 지었다. 아합 왕은 술병을 기울여 여호사밧의 잔을 채웠다. 여호사밧은 술잔을 비우려다가 생각이라도 난 듯이 물었다.

"전쟁은 하나님께 달려 있다고 저희 조상되신 다윗 왕께서 말씀하셨습니다. 길르앗 라못을 치러 가는 것에 대한 하나님의 뜻을 물어보는 것은 어떻겠습니까?"

"그것 좋은 생각이오. 사마리아에 잘 훈련된 예언자들이 사백 명이나 있습니다. 여봐라. 예언자들을 불러오너라."

왕들이 앉아 있는 보좌 아래에는 넓은 타작마당이 펼쳐져 있었다. 예언자들이 합창이라도 하듯이 아합 왕에게 말했다.

"올라가십시오. 하나님께서 길르앗 라못을 임금님의 손에 넘겨주셨습니다."

아합 왕과 신하들은 흡족했다. 길르앗 라못이 포장된 선물이 되어 그들의 코앞에 배달된 것처럼 즐거워했다. 그러나 여호사밧은 여전히 미심쩍었다.

"임금님, 여호와의 예언자가 이들 말고는 더 없습니까?"

"있기야 있지요. 이믈라의 아들 미가야가 있는데 한 번도 길한 예언을 한 바가 없습니다."

"미가야의 이야기도 들어봐야 하지 않겠습니까?"

아합이 신하들을 보내 미가야를 데려오는 동안 400명의 예언자 중에 리더 격인 그나아나의 아들 시드기야가 철뿔들을 가지고 왕의 상 앞으로 다가왔다. 철로 정교하게 만든 뿔이었다.

"임금님, 이 철뿔들을 가지고 가십시오. 여호와 하나님께서 말씀하십니다. 철뿔이 아람의 모든 적을 다 찌를 것이다. 왕께서는 안심하고 전쟁에 나가십시오."

시드기야의 말이 무슨 신호라도 되는 것처럼 나머지 예언자들도 전쟁에서 이길 것이라는 말을 반복했다. 이쯤 되면 전쟁에 참여하지 않는 것이 하나님의 뜻을 거스르는 것으로 보일 정도였다. 타작마당 끝에서 미가야가 고개를 조아리고 등장했다. 아합 왕은 미가야를 앞으로 불러들였다. 처음에는 다른 예언자들과 마찬가지로 전쟁에서 이길 것이라고 말한 미가야에게 아합이 진실을 말하라고 채근하자, 그는 이렇게 말했다.

"그가 이르되 내가 보니 온 이스라엘이 목자 없는 양같이 산에 흩어졌는데 여호와의 말씀이 이 무리가 주인이 없으니 각각 평안히 자기들의 집으로 돌아갈 것이니라 하셨나이다 하는지라"(대하 18:16).

미가야는 왕과 신하들을 향해 말을 이었다.

"아합 임금님, 속지 마십시오. 거짓말하는 영이 여기 400명 예언자의 입에 들어갔습니다. 임금님을 길르앗 라못으로 꾀어 죽이려는 하늘 군대의 계획이 있습니다. 하나님께서 임금님께 재앙을 내리실 것입니다."

말이 끝나기가 무섭게 옆에 있던 시드기야가 미가야의 뺨을 후려쳤다.

"여호와의 영이 나에게서 나와 너 같은 놈에게 들어갈 리가 없다."

미가야의 뺨이 부어올랐다. 미가야는 시드기야에게 말했다.

"골방에 들어가 숨는 그날 너는 모든 것을 알게 될 것이다."

아합 왕과 여호사밧 왕은 누가 맞는 예언을 하고 누가 거짓을 말하는지 알 수 없었다. 그러나 아합 왕은 다수 예언자의 말을 따르기로 했다. 미가야는 감옥에 갇혔고 남유다와 북이스라엘의 연합군은 길르앗 라못으로 출발했다. 아합 왕은 꺼림칙한 구석이 있었던지 자기 왕복을 여호사밧에게 입히고 변장을 했다. 그러나 우연히 쏜 적군의 화살이 아합 왕의 갑옷 이음새 사이에 박혔다. 피를 쏟아낸 아합은 전장에서 죽고 말았다. 미가야의 말이 정확히 맞았다.

길르앗 라못의 전쟁은 패배로 끝났다. 북이스라엘 왕은 전사했고, 여호사밧은 구사일생으로 예루살렘성으로 돌아왔다. 가슴을 쓸어내리기도 전에 예후 선지자가 여호사밧을 찾아왔다. 예후 선지자는 아사 왕이 변질했을 때 직언했던 선견자 하나니의 아들이었다.

"왕께서는 하나님께서 미워하시는 자의 편이 되셨습니다. 하나님의 진노가 왕께 내리실 것입니다."

여호사밧 왕은 전투 복장을 벗었다. 그의 얼굴은 반쯤 얼이 빠져 보였다. 아버지 아사 왕이 하나니를 감옥에 넣었던 것이 생각났다. 여호사밧은 아버지처럼 할 마음은 없었다. 예후는 여호사밧을 보며 말을 이었다.

"그러나 왕께서는 아세라 목상을 없애는 등 하나님 앞에서 선한 일도 하셨습니다. 오직 하나님께만 마음을 쏟으셔야 할 것입니다."

여호사밧은 예후를 보내고 하나님 앞에 무릎을 꿇었다. 하나님의 진노가 언제, 어떤 식으로 다가올지 불안한 마음이었다. 얼마 지나지 않아 모압과 암몬 족속이 마온 사람들과 결탁하여 여호사밧에게 싸움을 걸어왔다(대하 20:1).

"여호사밧 왕이시여! 사해 건너편 에돔에서 엔게디에 이르기까지 적이 쳐들어왔습니다. 무려 세 나라의 연합군이어서 수도 많거니와 병력 구성 또한 막강합니다. 빨리 막지 않으시면 예루살렘성까지 쳐들어 올 것입니다."

숨이 턱에 찬 전령이 여호사밧에게 급하게 전한 내용이었다. 엔게디는 사해 서안에 있는데 거기까지 왔다면 동쪽 앞에 있는 헤브론을 차지하는 것은 시간문제였다. 적들이 어느새 유다 진영을 장악한 것에 놀라지 않을 수 없었다. 예후가 말한 하나님의 진노가 바로 이것임을 단박에 알 수 있었다.

"신하들은 들으라. 온 유다 백성에게 전갈을 내려 금식하라 이르라. 나 또한 금식하며 하나님의 성전으로 나아가 주님의 뜻을 묻겠다."

각 성읍에 사는 유다의 백성들이 예루살렘 성전으로 모여들었다. 성전 뜰에 모인 백성들은 근심 어린 모습이었다. 여호사밧 왕은 의관을 정제하고 백성 앞에 섰다. 왕은 하나님께 기도를 올렸다.

> "우리 하나님이여 그들을 징벌하지 아니하시나이까. 우리를 치러 오는 이 큰 무리를 우리가 대적할 능력이 없고 어떻게 할 줄도 알지 못하옵고 오직 주만 바라보나이다"(대하 20:12).

금식하는 유다의 모든 백성은 왕과 함께 하나님께 기도를 올렸다. 아녀자들은 물론이고 아이들까지 함께 모였다. 기도 소리가 들려올 때 마음 약한 아이들은 훌쩍거렸고 여자들은 낮은 탄식을 이어갔다. 기도 소리가 성전에 잔잔히 퍼져갈 때 하나님의 영이 레위인 야하시엘에게 내렸다. 그의 드높은 소리가 성전 뜰을 울렸다.

"왕이시여, 모든 유다 백성이여! 적군이 아무리 많아도 두려워하지 말라고 하나님께서 말씀하십니다. 전쟁은 하나님께 속한 것입니다. 내일 적들이 시스 고개로 올라올 때 여루엘 들 맞은편에서 기다리십시오. 하나님께서 적들을 맞아 싸우실 것입니다"(대하 20:15-17).

다음 날 아침 일찍 여호사밧 왕은 거룩한 예복을 입은 찬양대를 뽑아 군대 앞에서 행진하게 했다. 역대 가장 많은 군사를 모은 여호사밧이었다. 그러나 전쟁은 군사의 수에 달린 것이 아니라 여호와께 속해 있음을 야하시엘의 입을 통해 확인했다. 여호사밧의 인생에서 가장 큰 위기인 모압, 암몬, 마온 연합군과의 전쟁에서 그는 군사를 의지하지 않고 하나님을 찬양하는 데 집중하기로 했다.

메뚜기 떼와 같은 적군이 시스 고개로 올라가고 있었다. 적들이 고개를 들어보니 흰옷의 찬양대가 언덕 위에서 노래하는 것이 보였다.

"주께 감사하라. 그는 선하시고 인자하심이 영원함이라." 모압과 암몬의 군사들은 한편으로는 비웃고, 한편으로는 칼을 들고 고개 위로 한 걸음씩 내디뎠다. 찬양 대원들의 예복이 적에 의해 피로 물들게 될 참이었다.

그때 매복한 유다군이 시스 고개 양쪽에서 일어서면서 적을 공격하기 시작했다. 생각지도 못한 전개였다. 수세에 몰린 적들은 들고 있던 칼을 마구 휘둘렀다. 그러나 그 칼은 유다 군사에게 다가가지도 않고 엉뚱하게 자신들의 진영을 쳤다. 적군들은 서로를 찌르고 죽여 댔다. 유다 군사들은 서둘러 퇴각하면서 망대에 올랐다. 높은 곳에서 아래를 내려다보니 적들끼리 살육이 벌어진 것이 보였다. 얼마 지나지 않아 벌판에는 적의 주검이 널리기 시작했다.

모압과 암몬이 마온을 쳤고, 마온의 군사들이 죽자 암몬과 모압 군사들이 서로를 쳤다. 적의 대오가 흐트러지고 무리의 주검이 땅에 엎드러졌다. 시간이 흘러 사위가 조용해졌을 때 유다군은 대부분 살아남아 망대 위에 있었고, 적들은 대부분 죽음을 면치 못했다. 언덕 위 진영에서 유다 군사들이 승리의 함성을 질렀다. 여호사밧은 백성들과 함께 시체를 치우고 전리품을 챙겼다. 옷과 귀중품이 얼마나 많았던지 백성들이 다 운반하기 어려울 정도였다. 전리품을 챙기는 데만도 사흘이나 걸렸다.

사흘 뒤, 브래지어가 골짜기에 예복을 갖춘 찬양대가 군사들 앞에 섰다. 위기 속에서 불렀던 찬양이 이번에는 승리의 노래가 되어 온 골짜기에 흘러넘쳤다. 여호사밧 왕과 유다 군사들의 개선 행렬이 예루살렘성으로 진입했다. 전쟁에 참여하지 않았던 백성들은 거문고, 수금,

나팔 소리로 승전고를 울렸다.

여호사밧은 예후 선지자의 직언에 마음을 쓸어내렸던 시간을 기억했다. 하나님 앞에 겸손하게 자기를 비우면 위기가 바뀌어 기회가 된다는 것을 알았다. 그 이후 유다 전국은 물론이고 주변 나라들에서도 여호사밧에 대한 저항이나 도발은 더 이상 일어나지 않았다. 아버지 아사왕의 전성기를 경험했던 평화가 다시 재현되었다.

그러나 여전히 여호사밧의 단점은 남아 있었다. 북이스라엘의 아합이 죽자 그의 아들 아하시야가 왕이 되었다. 아합도 악한 왕이지만 아하시야는 한술 더 떴다. 여호사밧은 아하시야와 거리를 두었어야 했는데 아합과 동맹을 맺었듯이 그의 아들과도 가깝게 지냈다. 어느 날, 아하시야는 여호사밧에게 상선을 만들 것을 권유했다.

"여호사밧 임금님, 솔로몬 왕 때 활발하게 무역을 했던 에시온게벨은 여전히 임금님의 땅입니다. 솔로몬 왕께서는 상선을 만들어 오빌로 보내 420달란트나 되는 금을 예루살렘으로 옮기신 적이 있습니다(왕상 9:26-28). 오빌은 물론이고 서바나 남방 지중해 연안의 무역시장인 다시스까지도 금이 넘쳐난다고 들었습니다. 이것이 모두 임금님의 것이 아니고 무엇이겠습니까?"

귀가 얇은 여호사밧은 에시온게벨에서 큰 상선을 만들게 했다. 그러나 그는 솔로몬이 아니었고 배를 만든 장인들은 솔로몬시대만큼 실력이 있지 않았다. 겉보기에 멀쩡해보였던 배는 에시온게벨 항구를 벗어나고 얼마 지나지 않아 바닷속으로 가라앉았다. 다시스와 오빌은커녕 근해를 벗어나지도 못했다(왕상 22:48-49, 대하 20:35-37).

성경이 여호사밧의 이와 같은 이야기를 사족처럼 달고 있는 이유는 무엇일까? 여호사밧의 단점을 보여줌으로써 북이스라엘 왕가와의 관계 속에서 여호사밧이 얼마나 단호하지 못했는지, 그것이 여호사밧의 사후 남유다를 얼마나 어려움으로 이끌어갈지 암시하는 대목일 것이다. 여호사밧이 죽고 그의 아들 여호람이 왕이 되었다.

# Chapter 05

# 창자가 빠져나와 죽은 왕

역사를 통해 우리는 선한 왕이 **반드시** 선한 왕을 낳고, 악한 왕이 **반드시** 악한 왕을 낳는 것은 아니라는 것을 알고 있다. 여호사밧처럼 훌륭한 왕 밑에서도 여호람같이 악한 왕이 나올 수 있는 것이다. 훌륭하고 좋은 왕 아래에서 왜 나쁜 왕이 탄생하고, 잔인하고 악한 왕 밑에서 어떻게 선한 왕이 태어날 수 있을까? 그것은 개인이 타고난 고유한 성질과 품성 때문이다. 본래 그의 바탕이 선하기 때문에 악한 왕 아래에서 태어나도 고귀한 인품이 드러날 수 있고, 거꾸로 본디 성정이 악한 자는 선한 왕 아래에서 자랐더라도 권력을 잡은 후 삐뚤어질 수 있다.

그러나 주변의 영향이나 가문의 분위기도 배제할 수 없다. 인간은 하얀 백지와도 같아서 자라는 환경의 영향을 받지 않을 수 없다. 인격이 완성되지 않은 어린 시절의 경험은 성품과 자아를 형성하는 데 지대한 역할을 한다. 그렇지 않다면 교육이 무슨 소용이 있으며, 학교나 스승이 있어야 할 이유가 무엇이겠는가? 본래 타고난 성품과 자라면서 받았던 영향력이 더해져서 한 사람을 형성한다.

유다의 역대 왕 중에 가장 선정을 베풀었던 왕을 꼽는다면 여호사밧을 빼놓을 수 없다. 반면에 역대 왕 중에 가장 악한 왕을 손꼽는다면 여호람을 들 수 있다. 여호람이 여호사밧의 아들이란 사실은 그래서 역설적이고 이해가 안 되는 부분이다. 훌륭한 여호사밧 왕 아래에서 악한 왕 여호람이 탄생하게 된 내막은 다음과 같았다.

여호사밧은 35세에 왕이 되어서 25년 동안 남유다를 다스렸다. 여호사밧이 60세의 나이로 서거한 뒤 그의 아들 여호람이 왕이 되어 8년간 유다를 이끌었다. 왕이 될 때 여호람의 나이는 32세였다. 아버지 여호사밧이 왕이 될 때보다 더 젊은 나이에 왕이 되었지만 여호람은 유다를 이끌어갈 준비가 안 된 상태였다. 선한 왕의 아들로 태어났으나 악한 영향력 속에 둘러싸여 자랐기 때문이다. 여호람이 태어났던 32년 전 유다는 어떤 모습이었을까? 시간을 거슬러 올라가보자.

여호람이 태어났을 때 유다는 여호람의 할아버지 아사가 정정하게 살아서 나라를 다스리고 있을 때였다. 그때는 아사 왕 재위 34년이라 20년 동안의 긴 평화시대의 마지막을 지나고 있었다. 여호람은 할아버지 치세에 예루살렘에서 태어나 할아버지가 다스리는 것을 보았다. 여호람의 어린 시절, 평화시대가 끝나고 할아버지 왕이 변절하는 것도 보았다.

아사 왕이 성전의 금은 보물을 아람 왕에게 갖다 바칠 때, 발병이 났는데도 하나님을 찾지 않을 때, 병은 호전될 기미가 없고 의사로 자처하는 온갖 의원이 궁궐을 어지럽힐 때 어린 여호람은 어떤 기분이었을까? 궁전 안팎으로 퍼져나가는 소식들을 엿듣거나, 신하들의 걱정하는 모습, 아버지와 왕가 사람들의 우려들이 나쁜 기운처럼 여호람에게 겁을 주었을 것이다. 그리고 7세가 되었을 때 아사 왕이 죽었다. 여호람이 겪었던 할아버지 왕의 죽음은 충격과 어둠이었다.

아버지 여호사밧이 왕이 된 뒤에는 좋은 영향을 받았을까? 여호사밧은 선한 왕이었기에 아들에 대한 각별한 사랑과 관심으로 여호람을 다독였을 거라 짐작할 수 있다. 그런데 여호사밧은 너무 바빴다. 35세로 왕이 된 그는 아사 왕이 어지럽힌 유다를 수습하기 위해 이리저리 뛰어다녔다.

한창 일할 때이기에 여호람에게 살갑게 대하고 도란도란 앉아서 남유다의 미래를 얘기할 틈이 없었다. 평화로운 예루살렘 궁전을 아버지와 아들이 함께 거닐 여유가 없었다. 여호람은 궁녀들에게 싸여서 자랐다. 그러던 어느 날, 아버지 여호사밧 왕의 정책에 따라 마음에도 없는 북이스라엘 아합 왕의 딸 아달랴와 혼인했다. 그때가 고작 10대 중반의 일이었다.

그렇다면 여호람은 몇 살에 아달랴와 결혼했을까? 정확한 나이는 알 수 없으나 대략적인 나이는 짐작할 수 있다. 여호람은 32세에 왕이 되어 8년간 유다를 다스리다가 40세에 죽었다. 여호람이 죽자 그의 막내아들 아하시야가 왕이 되었다(왕하 8:26). 막내가 왕이 될 수 있었던 것은 아라비아 부대가 다른 아들들을 다 죽였기 때문이었다(대하 22:1). 아하시야는 22세에 왕이 되었다. 여호람이 40세에 아하시야가 22세였으므로 18세에 막내를 낳은 것이다. 그렇다면 여호람은 아무리 많이 잡아도 10대 중반에 아달랴와 결혼했다는 계산이 나온다.

여호람이 막내의 이름을 아하시야라고 지은 것도 이상한 일이었다. 아하시야는 '여호와의 소유'라는 신앙적인 이름이지만 그 이름이 북이스라엘 아합 왕의 장남이자 아달랴의 오라비와 같은 것은 우연의 일치가 아니다. 어느새 여호람은 북이스라엘 친화적으로 되어 있었다.

정리해보자. 편의상 여호람이 15세에 장가를 갔다고 치면 아버지 여호사밧이 43세의 나이에 아들 여호람을 북이스라엘 아합 왕의 사위로 보내버렸고, 여호람은 아합 왕의 딸인 아달랴와 결혼해서 아들을 몇 낳는데, 18세에 낳은 막내에게는 아달랴의 오라버니와 같은 이름을 붙였다. 여호람에게 지대한 영향을 미친 것은 아버지 여호사밧과 남유다 쪽이 아니라 아합 가문과 북이스라엘이었다.

아합의 사위가 된 여호람은 북이스라엘을 여러 번 방문했다. 사위를 맞은 아합 왕은 북이스라엘의 자랑거리를 보여주었다. 여호람이 보았던 것은 무엇이었을까? 초대 왕 여로보암이 단과 벧엘에 세운 금송아지는 당연히 보았을 것이고, 그 밖에도 사마리아와 전국에 세워진 일련의 우상 제단을 방문했을 것이다. 여로보암이 저질렀던 죄의 길을 따라서 간 아합은 왕비 이세벨을 통해 바알과 아세라 우상도 국가적 사업으로 북이스라엘 땅에 들여놓았다(왕상 16:31). 여호람은 북이스라엘에서 온갖 우상을 보았다.

아합은 사위에게 사치스럽고 쾌락적인 사업도 체험하게 했다. 사회적, 도덕적으로 부패한 사마리아성의 모든 행사와 아합 왕의 가족과 귀족들이 펼치는 난잡하고 문란한 행태를 보면서 어린 여호람이 그것을 비판할 만한 안목은 없었다. 하나님을 섬겼던 같은 핏줄이며 원래 하나였던 북이스라엘이 이래도 되나 싶을 정도로 의아해하면서도 내색할 수 없었다. 여호람은 아합의 종교와 사회에 적응해 나갔다. 어린 나이에 숫염소 우상과 아세라 우상을 배우면서 역기능적인 영향력이 그의 마음에 깊이 뿌리내렸다.

32세에 왕이 된 여호람은 예루살렘에서 8년 동안 유다를 통치했다. 왕이 되었을 때는 이미 북이스라엘 아합 왕가의 부정적인 세례를 듬뿍 받은 뒤였다. 여호람의 신하들은 아버지 여호사밧 왕을 모시던 자들도 있었고 새롭게 등용된 자들도 있었다. 선하게 남유다를 이끌어가기에는 아버지의 흐릿한 영향력으로는 어림없었다. 신하들보다 더 가까운 것은 왕비 아달랴였다.

"그가 이스라엘 왕들의 길을 가서 아합의 집과 같이 하였으니 이는 아합의 딸이 그의 아내가 되었음이라 그가 여호와 보시기에 악을 행하였으나"(왕하 8:18).

여호람이 남유다의 역대 왕 중에 악한 왕으로 평가될 수 있는 그의 악행은 동생들을 향한 그의 태도에 있었다. 여호람에게는 아사랴, 여히엘, 스가랴, 아사랴후, 미가엘, 스바댜라는 아우들이 있었다(대하 21:2). 기억을 되돌려보자. 르호보암이 후처인 마아가에게서 태어난 아비야에게 왕권을 물려주었을 때 배다른 형들과 동생들에 대한 갈등을 미연에 방지하고자 르호보암은 왕자들에게 요새를 주었다. 왕자들에게 자신의 요새에서만 왕 노릇하라는 의미였다. 금과 여자까지 받은 왕자들은 동생 아비야가 왕이 되었을 때 아무 불만이 없었다. 그래서 왕권은 안정이 되었다.

아버지 여호사밧은 여호람을 위해 르호보암이 했던 일을 그대로 반복했다. 다른 아들들에게 금은 보물들과 요새화 된 유다의 성읍을 선물로 주었다. 왕위를 물려받은 장남 여호람을 건들지 말라는 뜻이었다. 여호람의 동생들은 주어진 성읍에서 만족하게 살 마음이었다. 그러나 얼마 가지 못해 그들은 비극적으로 죽게 된다.

여호람은 왕이 되자 동생들의 성읍이 탐났다. 어느 날, 왕의 부하들이 왕자들을 다 죽이고 보물을 예루살렘 왕궁으로 이동시켰다. 여호람이 시킨 일이었다. 자신의 성읍에서 조용히 살고 있던 왕자들에게 내린 날벼락이었다. 여호사밧 왕은 아들을 위해 왕자들에게 성읍을 줄 필요가 없었다. 여호람은 장남이었고 원칙적으로 왕권을 넘겨주면 그만이었다.

여호사밧이 장남을 위해 해준 배려가 나머지 아들들을 죽음으로 내몰았다. 여호사밧의 잘못은 아니었다. 여호람이 문제였다. 일반적으로는 동생들이 조용히 지내게 해준 아버지의 호의에 만족했을 것이다. 그러나 여호람은 달랐다. 탐욕을 위해 친동생이라도 가차 없이 죽일 수 있었다.

욕망에 충실하게 살도록 부추긴 것은 누구였을까? 원하는 것이 있다면 수단과 방법을 가리지 말고 다 빼앗으라. 선한 여호사밧 왕에게서 절대로 나올 수 없는 행동이 여호람에게서 나온 이유가 무엇일까? 악한 일을 아무 고민 없이 행할 수 있는 원동력은 어디에서 왔을까? 죄의식도 없이 동생들을 죽일 수 있는 것은 누구를 본받은 것일까? 그의 아내 아달랴와 아달랴 배후에 있는 아합과 이세벨의 모습이었다.

유다의 지도자 중에서 뜻있는 인사들은 여호람의 처사에 반대했다. 여호사밧 때라면 있을 수 없는 일이라고 반발했다. 여호람은 반대하는 신하들도 칼로 죽였다. 지도급 위치에 있는 자들이었다. 그들에게는 힘이 있었다. 기득권층이었고 여론을 움직이는 사람들이었다. 그러나 여호람은 눈치 보지 않았다. 마음에 들지 않으면 즉각 죽여버렸다. 왕자들이나 지도층도 이 정도인데 백성이야 말해 무엇하랴? 여호람에게는 브레이크가 없는 자동차처럼 무서운 속도로 내려가는 것밖에 남지 않았다.

권력을 잡고 세상을 다 가지려고 했지만 여호람의 힘은 아버지에 훨씬 미치지 못했다. 여호사밧은 대리자를 에돔에 보내서 다스리게 했는데, 여호사밧이 죽자 에돔이 반기를 들었다. 그들은 유다에서 온 대리자를 내쫓고 왕을 세워서 독립을 선포했다. 욕심쟁이 여호람이 가만히 있을 리가 없었다. 그는 지휘관과 병거대를 총동원했다. 에돔 정도라면 한순간에 제압될 것이라 생각했다.

그러나 지휘관들은 명령에 대충 따랐고 병사들은 맥이 없었다. 여호람은 손수 군대를 통솔하며 능력을 보여준답시고 에돔 진영 깊숙이 들어갔다가 그들의 작전에 말려들었다. 주변을 둘러보니 에돔의 군사들이 여호람의 군대를 둘러싸고 칼과 창으로 겨누고 있었다. 여호람은 지휘관들을 밀어서 다른 길로 돌아서는데 숨어 있던 에돔 군사들이 달려들었다. 말고삐를 돌려 반대 방향으로 틀면 에돔이 길을 끊어버렸다.

여호람은 어떻게든 예루살렘으로 돌아가려고 했으나 날이 저물도록 포위망을 한 발도 벗어나지 못했다. 밤이 되자 어둠을 틈타 날쌘 지휘관 몇 사람이 여호람을 호위하고 산등성이로 빠져나갔다. 다른 군사들에게 에돔의 시선을 돌리도록 명령한 뒤였다. 유다 군사들은 에돔에게 사살되거나 포로가 되었지만 여호람은 무사히 빠져나올 수 있었다.

그 후로 에돔은 유다의 지배에서부터 완전히 벗어나게 되었고, 막게다와 라기스 근처에 있던 가나안의 성읍인 립나도 여호람에게 반역하는 데 성공했다. 아버지 여호사밧이라면 단숨에 제압했을 나라였고 성읍이었다. 여호람은 대외적으로 점점 힘을 잃고 있었다.

그런데도 여호람은 유다 안에서는 절대적인 지위를 가지고 있었으므로 자신이 원하는 대로 나라를 이끌어갔다. 아버지와 할아버지 때에 없앴던 산당들을 다시 세웠고, 예루살렘 주민들에게 음행과 우상 숭배를 장려했다. 여호람의 주변에는 올바른 제사장이 없었고, 바른 소리를 하는 선지자도 없었다. 무력한 백성만이 왕의 눈치를 보며 살고 있었다.

북이스라엘의 엘리야 선지자가 보다 못해 나섰다. 그는 아합 왕가에 의해서 북이스라엘이 망쳐지는 것이 유다에서 그대로 재연된다는 소식을 들었다. 엘리야는 서신을 통해 하나님의 뜻을 알렸다.

"여호람 왕은 하나님의 말씀을 들으시오. 왕의 부친 여호사밧과 조부 아사 왕께서는 하나님을 섬기고 백성을 올바로 이끌었습니다. 그러나 왕께서는 그 길을 따르지 않고 이스라엘 아합 왕의 패역한 길을 따라가고 있습니다. 유다와 예루살렘에서는 사마리아에서도 볼 수 없는 해괴하고 음란한 일이 일어나고 있습니다. 이는 왕께서 심어놓은 일입니다. 왕께서는 왕의 아버지의 아들들, 당신의 동생들을 죽였습니다. 그들이 왕이 되었다면 남유다를 부흥으로 이끌 주역이었습니다. 이제 하나님께서 왕을 버리셨습니다. 왕의 자식들과 아내들과 모든 재산에 큰 재앙을 내리실 것입니다. 왕은 창자에 중병이 들 것이며, 그것에 비하면 아사 왕이 앓았던 발병은 무좀도 되지 않을 것입니다. 왕의 병은 매일매일 악화되어 차라리 죽고 싶을 것이고, 창자가 밖으로 나오는 것을 왕의 눈으로 보는 순간 죽게 될 것입니다"(대하 21:12-15).

여호람은 엘리야의 편지를 읽고 하나님께 기도했을까? 어림없는 소리였다. 여호람은 여전히 건강했으며 왕의 주변에는 왕의 비위를 맞추는 신하만 즐비했다. 그러나 하나님의 마음은 여호람을 떠나셨기에 재앙이 일어나는 것은 시간문제였다.

여호람에게 다가온 도전은 블레셋과 아라비아라는 외부에서 시작되었다. 그들이 유다를 쳤는데 유다의 군사들이 맥없이 무너졌다. 블레셋과 아라비아는 주인 없는 좌판에서 물건을 훔쳐 가듯이 왕궁의 재물을 탈취해갔다. 왕은 급히 자리를 피했지만 왕비들과 왕자들은 미처 도망가지 못하고 끌려갔다. 여자들은 그들의 노리개가 되었고 왕자들은 모두 죽임을 당했다. 막내아들 아하시야만 겨우 목숨을 부지했다.

폐허가 된 예루살렘을 수습하는 것은 백성들의 몫이었다. 여호람은 재산과 가족을 잃고 망연자실해 있었다. 그러나 그것도 잠시, 그는 가족 때문에 슬퍼할 겨를이 없었다. 그의 건강에 이상이 생겼다. 창자가 뒤틀리기 시작한 것이었다. 뼈가 부러졌거나 외부에 상처가 났다면 치료라도 해볼 테지만 창자가 썩어가는 병은 어느 의원도 손쓸 수가 없었다.

여호람은 고통에 몸부림쳤다. 왕이 된 지 6년째의 일이었다. 엘리야의 예언이 그대로 이루어졌다. 왕은 차라리 죽고 싶다는 생각을 하루에도 열두 번을 했다. 여호람은 여위어갔다. 고통은 그를 바짝 마르게 했다. 심한 통증에 기절했다가 다시 깨면 이전보다 더한 고통이 그를 사로잡았다. 그렇게 꼬박 두 해를 앓았다. 여호람은 더 이상 버틸 수 없다는 것을 알았다. 겨우 숨만 쉬면서 버티던 어느 날, 그의 배 밖으로 창자가 빠져나왔다. 눈으로 창자를 보면서도 그것을 수습할 기력이 없었다. 여호람의 눈이 서서히 감겼다.

아사 왕이 병으로 죽었을 때 백성들은 향을 피웠다. 이번에도 백성들이 향을 피울 것이라고 기대했지만 여호람을 위한 향은 준비되지 않았다. 여호람의 시체는 썩은 냄새를 풍겼다. 장의사가 코를 막고 염을 했다. 그의 시신은 다윗성에 묻혔으나 역대 왕들과 달리 왕실 묘지에 들어가지 못하고 변두리에 매장되었다. 여호람의 장례에 조문하는 백성도 없었다. 그렇게 끔찍했던 여호람의 치세 8년이 끝이 났다.

다시 처음 질문으로 돌아가보자. 여호람은 나라를 다스리는 동안에 유다를 악하게 이끌었고, 주변 국가로부터는 치욕을 당했으며, 그의 말년 역시 끔찍하게 마무리되었다. 그는 못된 왕으로 시작해서 악한 끝을 맺었다. 여호사밧이라는 선한 왕 아래에서 태어난 여호람은 왜 그토록 악한 왕이 되어야 했을까? 그의 타고난 성정이나 성품은 우리가 알 수 없다. 사후적으로 그가 한 일을 통해 타고나길 못된 사람이었다고 짐작할 뿐이다. 그래서 우리는 그의 인격을 형성하게 된 배경, 영향받을 수밖에 없는 상황에 대해서 살펴보았다.

아버지 여호사밧을 통해서 선한 영향력을 받은 것보다 아버지의 어이없는 정책으로 인해 아합 왕조의 사위가 된 것이 여호람이라는 악한 왕을 형성하는 가장 큰 동기가 되었다. 10대에 결혼을 한 이후 그의 장인인 아합, 그의 장모인 이세벨, 그의 아내 아달랴, 그의 사돈 형님인 아하시야…. 이런 사람들에게 둘러싸인 혼란스러운 환경에서 잔인하고 계산적이며 이기적인 사람으로 변모해갔다. 여호람이 개인이 아니라 한 나라를 책임지는 왕이기 때문에 그의 악한 행태는 단순한 문제가 아니었다. 그것으로 인해 겪게 될 다윗 왕조와 유다의 비극은 이제 겨우 시작일 뿐이었다.

# 아합 가문의 손자

　　10년이면 강산도 변한다. 여호람이 8년간 유다를 다스리는 동안 남유다와 예루살렘은 많이 변했다. 그것도 악한 쪽으로…. 유다의 여러 지방에는 산당이 세워졌고 곳곳에 우상이 성행했다. 율법에 따라 바르게 살려는 사람은 감옥에 들어가거나 칼에 죽었다. 아하시야의 아버지 여호람은 2년간 앓다가 창자가 썩으면서 죽었다. 향년 40세였다. 그가 아팠던 2년간 나라는 방치되었다. 여호람의 아들 아하시야는 22세에 왕이 되었다. 여호람의 유일한 아들이다. 아하시야를 키운 것은 어머니 아달랴였다.

　　북이스라엘에서는 아합의 장남 아하시야가 왕이었지만 다락 난간에서 떨어져 앓다가 2년도 안 되어 죽고 말았다. 그래서 왕권은 아합의 둘째 아들 요람(여호람)에게로 넘어갔다. 북이스라엘은 요람(여호람)이 다스리고, 남유다는 여호람에 이어 아달랴의 아들 아하시야가 다스렸다.

북이스라엘의 요람(여호람)은 남유다 왕조를 수족처럼 여겼다. 아하시야는 아합의 외손자이기 때문에 그만큼 만만하기도 했다. 요람(여호람)은 길르앗 라못에 대한 아버지 아합의 꿈을 이루기 위해서 다시 진용을 갖추고 전쟁을 벌였다. 요람은 유다의 아하시야 왕에게 참전을 요청했다. 북이스라엘과 남유다가 합세해서 길르앗 라못을 공격하기로 했다.

그러나 하나님은 선지자 엘리사를 통해서 새로운 시대를 열어가기로 뜻을 정하셨다. 엘리사는 길르앗 라못의 전장으로 예언자 수련생 하나를 비밀리에 보냈다. 수련생의 손에 기름 뿔을 쥐여줬다. 그것으로 아합 왕조를 대신할 새로운 왕에게 부을 예정이었다. 그 주인공은 님시의 손자이며 여호사밧의 아들인 예후였다. 예후는 길르앗 라못 전투에 참전한 북이스라엘의 장군이었다.

하나님의 인도하심을 알 리가 없는 요람(여호람)과 아하시야는 군사를 동원해서 길르앗 라못을 공격했다. 길르앗 라못을 점령 중인 아람의 왕 하사엘은 북이스라엘과 남유다의 연합 공격에 강하게 저항했다. 요람은 아람의 방어에 그만 부상을 입었고 상처를 치료하기 위해 이스르엘로 내려갔다. 왕은 자신이 없더라도 북이스라엘과 남유다의 군사들이 길르앗 라못을 점령해주기 바랐다.

길르앗 라못에는 팽팽한 긴장이 유지되고 있었다. 북이스라엘은 길르앗 라못 근처에 막사를 세웠다. 예후 장군을 중심으로 지휘관들이 그곳에서 모여 전략을 짰다. 아하시야는 남유다의 군사들을 길르앗 라못에 배치해 놓고 요람 왕을 문병하기 위해 이스르엘로 내려갔다. 아하시야에게는 자기 군사들보다 요람 왕이 더 중요했다.

요람의 병은 그다지 중해 보이지 않았다. 약간 다친 것을 핑계로 쉬는 것처럼 보였다. 전쟁터는 장군들이 책임을 지고 있기에 요양 중에 이기면 손 안 대고 코 푸는 격이었다. 아하시야도 요람에게 문병을 하러 간다는 핑계로 전쟁터를 떠날 수 있어서 좋았다. 아하시야는 요람 왕의 요령을 본받고 싶었다. 어머니 아달랴의 영향이 있었는지 아하시야는 북이스라엘의 왕과 정책에 매력을 느끼고 동조하고 있었다.

그 둘이 희희낙락하고 있을 때 예후 장군이 온다는 소식이 들렸다. 장군 앞에서 흐트러진 모습을 보이기 싫었던 두 왕은 의관을 갖추고 병거를 몰아 이스르엘 나봇의 땅으로 나아가 예후를 맞았다.

"예후 장군, 전장에는 무슨 일이라도 있소? 혹시 우리가 이겼다는 소식을 들고 왔소? 평화의 소식은 아니오?"

나는 듯이 달려온 말을 멈추고 선 예후는 엄한 표정을 지으며 말했다.

"요람 왕의 어머니 이세벨이 저지른 음행이 극에 달했는데 평화 소식이 있을 수 있겠소?"

요람은 예후의 말을 듣자마자 병거를 돌렸다. 요람은 눈치가 빨랐다. 예후가 가지고 온 소식이 길르앗 라못의 전쟁과는 아무 관계가 없다는 것을 알았다. 예후의 칼이 자신을 향하고 있다는 점도 금방 간파했다. 어리둥절해 있는 아하시야에게 요람이 소리쳤다.

"아하시야 왕이여, 반역입니다!"

예후는 도망가는 요람을 보면서도 서두르지 않았다. 들고 있던 화살에 활을 끼우고 힘껏 당겼다. 화살은 정확하게 요람의 등에 꽂혔고 그대로 심장을 관통했다. 땅에 떨어진 요람의 시체는 이스르엘 나봇의 밭에 던져졌다. 요람의 아버지 아합에게 억울하게 땅과 목숨을 빼앗긴 나봇의 땅이었다. 하나님 말씀대로 모든 것이 이루어졌다(왕하 9:26).

아하시야는 서둘러 말을 몰았다. 방금까지도 차를 마시며 노닥거렸던 요람이 눈앞에서 죽었다. 그는 예후가 노리는 것이 요람이기만을 바랐다. 아하시야는 요람이 도주한 방향과는 반대쪽인 벳하간 방향으로 달렸다. 예후는 부하들에게 아하시야를 쫓도록 명령했다. 아하시야는 이블르암 근처의 부르까지 도망했으나 그것이 한계였다. 오르막을 올라갈 때 뒤에서 쫓아오던 예후의 부하들이 칼을 휘둘렀다. 상처 입은 채로 도망가던 아하시야가 므깃도에 도착했을 때는 이미 시체가 되어 있었다.

뒤쫓아온 예후의 부하들은 아하시야의 시신을 예루살렘으로 운반했다. 불과 1년 전에 아버지 여호람의 장례가 치러진 곳이었다. 아하시야의 시체는 다윗성에 있는 조상의 묘지에 장사되었다. 그렇게 아하시야는 최후를 맞이했다. 1년 만에 두 번째로 왕을 잃은 남유다에게는 희망이 보이지 않았다. 더구나 아하시야는 여호람 왕의 유일한 아들이었다. 남유다가 망하는 것은 시간문제였다.

성경은 아하시야에 대해 길게 다루지 않는다. 열왕기하는 위에서 보는 대로 예후의 반역과 얼떨결에 죽은 아하시야의 이야기만 다루고 있다(왕하 8:25-9:29). 북이스라엘은 예후의 시대가 열리고, 남유다는 암흑의 시대가 도래하였다. 역대하 역시 아하시야에 대해서는 길게 다루지 않는다(대하 22:1-9). 그러나 역대기의 관점에서는 아하시야에 대해 생각할 거리를 던져준다.

여호람이 죽었을 때로 다시 시간을 돌려보자. 여호람은 40세의 나이에 창자가 빠져나와서 죽었다. 2년간 앓다가 죽었으니 유다 백성은 여호람의 아들 중에서 왕위를 이을 왕자를 준비시킬 여유가 있었다. 여호람이 그의 동생들을 다 죽였기에 여호람의 아버지 여호사밧의 다른 핏줄은 생각할 수 없었고, 여호람의 아들 중에서 왕위를 이어갈 인물을 골라야 했다. 블레셋과 아라비아가 침략해서 여호람의 아들들을 다 죽였기에 마지막 남은 막내아들 아하시야 외에는 선택의 여지가 없었다.

아달랴가 몇 명의 아들을 낳았는지 알 수 없다. 아달랴 외에도 여호람에게 부인과 후궁이 많았다. 여호람의 피를 이어받은 다윗 왕가의 자손이 왕궁에 많이 살고 있을 터였다. 그래서 아달랴는 자기가 낳은 아하시야에 대한 애정이 남다를 수밖에 없었다.

아달랴는 아하시야에게 북이스라엘의 예의와 전통을 가르쳤다. 자신의 어머니 이세벨에게 교육을 맡겼을 수도 있고, 사마리아로 데리고 다니면서 가르쳤을 것이다. 그렇게 아달랴는 아들 아하시야를 키웠다. 아하시야는 막내이기에 왕이 되지 않을 수도 있었다. 아달랴는 아하시야가 왕이 될 것을 예견하지는 못했을 것이다. 그러나 적어도 아달랴가 자기의 뜻에 맞추어서 아하시야를 교육하는 것에는 소홀하지 않았다. 아하시야만큼은 사마리아에서 키우는 것 이상으로 북이스라엘화시켰다. 왕자들이 다 죽을 때에도 아달랴가 어떻게든 아하시야만큼은 지켜냈다. 그 아하시야가 여호람을 이어서 왕이 되었다.

아달랴는 쾌재를 불렀다. 자신이 공들인 아하시야가 왕이 되었다. 이제 아하시야를 통해서 예루살렘도 사마리아 못지않게 우상으로 가득하게 될 것이었다. 아달랴는 아하시야가 아합 왕조와도 각별하게 지내도록 노력을 기울였다. 아달랴의 형제들과 친하게 지내게 했다. 그렇게 22세의 늠름하고 젊은 아하시야는 아달랴의 꼭두각시가 되었다.

 "아하시야도 아합의 집 길로 행하였으니 이는 그의 어머니가 꾀어 악을 행하게 하였음이라"(대하 22:3).

아하시야는 왕이 된 후 모든 정책을 아합 가문에 맞추었다. 여호람에게는 선왕인 여호사밧의 신하들이 더러 남아 있었지만 아하시야가 왕이 된 뒤에는 그런 신하도 없었다. 아하시야는 눈치 볼 필요도 없었다. 길르앗 라못의 전쟁도 선왕의 교훈을 따르면 참가하지 않는 것이 옳았다. 쉽게 참전할 형편도 아니었다. 그러나 아하시야는 북이스라엘의 요람(여호람) 왕이 요청하자 적극적으로 참전했다.

전쟁 중에 부상을 입은 요람(여호람)은 예후에 의해서 죽었다. 예후는 하나님의 심판 도구가 되어서 아합 왕가를 진멸했다. 아하시야는 남유다의 왕이기 때문에 예루살렘으로 도망하게 두고, 남유다의 군사들도 돌려보내거나 자신의 휘하에 둘 수 있었다. 그런데 예후는 아하시야도 살려두지 않았다. 왜 그랬을까? 아하시야는 어머니 아달랴의 손에서 자란 아합 왕가의 외손자였다. 아하시야의 정체성은 남유다보다는 북이스라엘에 더 가까웠다. 예후는 아합 왕가의 피가 섞여 있는 아하시야를 살려둘 수 없었다. 그렇게 아하시야도 죽임을 당했다.

예후는 아하시야는 물론이고 유다 군대의 지휘관과 아하시야를 섬기는 조카들까지 닥치는 대로 죽였다(대하 22:8). 부상을 입은 아하시야가 므깃도까지 도망갔다가 죽은 것으로 되어 있는 〈열왕기하〉와는 달리 〈역대하〉에서는 사마리아에 숨은 것으로 되어 있다. 므깃도가 사마리아보다 훨씬 북쪽에 있기는 하지만 아하시야가 사마리아의 영향력 아래에 있는 사람이기에 〈역대기〉의 저자는 므깃도마저도 사마리아 일부분으로 여긴 것 같다.

부하들은 사마리아에 숨은 아하시야를 잡아서 예후 앞에 데리고 와서 죽였다. 어디로 숨든지 하나님의 심판은 피할 수 없다는 것을 아하시야를 통해 보여주고 있다. 그의 할아버지 여호사밧이 일평생 하나님을 찾았다면, 그의 아버지 여호람은 아합 왕가의 사위로서 여호와 신앙을 버렸고, 아하시야 본인은 한 번도 하나님을 찾지 않았다. 결국 그는 1년 동안 남유다를 다스리다가 예후의 칼에 죽고 말았다. 예후가 죽인 것은 남유다의 왕이기보다는 아합 왕가에 속한 사람 아하시야였다.

이제 예루살렘에 다윗의 후손은 얼마 남지 않았다. 왕이 죽었으니 그의 모친 아달랴가 왕국을 자신의 것으로 삼을 것이며, 예루살렘은 아합 가문에게 완전히 장악될 일만 남고 말았다. 유다와 예루살렘은 얼마나 더 나락으로 떨어져야 할까?

# Chapter 07

# 아합의 딸, 유일한 여왕

'도미노 현상'이라는 것이 있다. 도미노란 도미노 팻말을 길게 줄을 지어 세운 뒤 하나를 넘어뜨리면 세워둔 팻말이 연달아 넘어지게 하는 것을 말하는데, 주로 일정한 크기의 팻말을 사용한다. 그러나 작은 도미노 팻말에서부터 점점 큰 팻말을 세워놓고 시작점의 성냥갑처럼 작은 도미노를 넘어뜨리고, 조금 더 큰 팻말을 순차적으로 넘어뜨리면 최종적으로는 사람 키를 훌쩍 넘기는 팻말이 넘어지기도 한다. 이 또한 도미노 현상이다.

이러한 현상은 단지 물리적인 도구에만 국한되지 않는다. 소련이 공산화된 이후에 주변의 위성국들이 적화되는 일도 도미노 현상의 일환이고, 한 나라가 핵을 만들면 주변 국가들이 견제를 위해서 핵을 만드는 것을 '핵 도미노 현상'이라고 한다. 사상과 기술의 도미노 현상이다. 여호사밧은 훌륭한 왕이었지만 악한 영향력의 도미노를 넘어뜨린 장본인이기도 했다.

여호사밧은 북이스라엘의 아합과 교류하면서 아들 여호람과 아합의 딸 아달랴를 혼인시켰다. 여호사밧이 죽은 뒤에 8년간 유다를 다스렸던 여호람 왕은 병에 걸려 죽었고, 이어 여호사밧의 손자 아하시야가 1년 동안 유다를 다스렸다. 그런데 그는 예후에게 살해당했고 유다는 위기에 빠져버렸다. 여호사밧의 며느리 아달랴는 아들의 비극적인 죽음 이후에 무장한 부하들을 이끌고 예루살렘 왕궁으로 들어갔다. 그리고 거침없이 남자들을 죽였다.

살해당한 사람들은 유다 왕가의 아들들이었다. 아달랴가 아들의 죽음에 정신이 이상해진 것일까? 그녀가 학살을 자행한 이유는 무엇이었을까? 다윗의 후손으로 유다 왕가에 속한 남자들이 왕궁에 살고 있었다. 역대 왕들은 정비와 후궁을 많이 두었기에 아하시야 왕이 죽더라도 그를 대신할 왕의 후보는 얼마든지 있었다. 그러나 아달랴는 다윗 왕가의 피가 조금이라도 섞여 있다면 닥치는 대로 죽였다. 궁궐에 피비린내가 진동했다.

왕가의 며느리가 된 이상 아달랴는 유다의 전통을 따르고 자손을 번창시키기에 주력해야 했다. 그녀가 그런 의무에도 불구하고 왕자들을 서슴없이 죽일 수 있었던 것은 다윗의 자손 중에서 누군가 왕이 된다면 자신의 안위를 보장받을 수 없기 때문이었다. 그녀의 어머니 이세벨에게서 배운 잔인한 성격 탓일 수도 있다. 아달랴는 부하들과 함께 왕궁을 샅샅이 뒤져서 아들과 손자뻘이 되는 남자들을 모두 죽였다. 그리고 남유다 왕조 최초의 여왕이 되었다.

아달랴가 여왕으로서 재위한 기간은 6년이었다. 예루살렘과 유다를 어떤 식으로 이끌고 어떤 정책을 세웠는지 성경은 말하지 않는다. 그러나 유다 백성을 위해 선정을 베풀지 않았다는 것은 짐작할 수 있다. 아달랴는 바알 숭배나 아세라 제단을 쌓는 일에 몰두했다. 그녀가 중용한 사람은 바알의 제사장 맛단이었다(왕하 11:18). 아달랴는 맛단과 함께 정치를 해나갔다.

아달랴의 계획은 무엇이었을까? 새로 결혼해서 아들을 낳아 왕위를 이어주고 남유다를 바알과 아세라를 숭배하는 나라로 만들 가능성이 있었다. 아니면 북이스라엘의 아합 왕족 중에 똑똑한 아들 하나를 데려와서 왕으로 세울 수도 있었다. 남유다 왕조는 아달랴로 인해 역사 속으로 사라질 위기였다. 이 모든 일은 여호사밧이 죽은 뒤 10년도 되지 않아 발생한 비극이었다. 남유다 왕조에 이런 일이 일어날 줄 알았다면 절대로 아합 왕과 사돈을 맺지 않았을 것이다. 그러나 여호사밧은 도미노의 작은 팻말을 쓰러뜨렸고 역사는 비극으로 흘러가고 있었다.

브엘세바 출신인 시바이라는 여인이 있었다. 브엘세바는 전체 이스라엘의 최남단 지역이다. 예루살렘에서 80km 정도 남서쪽에 있는 브엘세바는 창세기에도 여러 번 등장하는 곳으로 아브라함이 하갈을 보낸 곳이었고(창 21:14), 이삭의 우물이 터져 나온 곳이었으며(창 26:33), 야곱이 하나님께 희생 제사를 드린 곳이었다(창 46:1).

아달랴의 아들 아하시야는 22세에 왕이 되었는데 왕비를 많이 두고 있었다. 유다 전역에서 얻은 부인 중에 남쪽 브엘세바 출신인 시바이아가 있었다. 시바이아는 아하시야가 왕이 되었을 때 아들을 하나 낳았다.

아들을 낳은 기쁨도 잠시, 1년 정도가 지나고 남편인 아하시야가 사마리아에서 예후에게 살해당했다는 소식을 들었다. 이어서 시어머니 아달랴가 왕자들을 연쇄적으로 죽인다는 비보도 들었다. 자기 아들도 아달랴에게 죽을 위기였다.

어떻게 하면 아기를 살릴 수 있을까? 유모와 함께 아기를 안고 궁궐의 끝으로 피신하고 있을 때 구원은 뜻밖의 장소에서 왔다. 죽은 남편 아하시야의 누이인 에호세바는 왕자들이 죽고 있는 살육의 현장에서 그의 조카인 한 살 짜리 아기를 유모와 함께 침실에 숨겼다. 여호세바는 생각했다.

'아달랴가 닥치는 대로 왕의 후손들을 죽이고 있으니 이를 어쩌랴? 이대로는 왕의 씨가 마를 지경이구나. 비록 아기는 아달랴의 손자이기는 하나 광기에 사로잡힌 그녀가 왕자를 절대 가만두지 않을 것이다. 그래, 이렇게 하자. 아달랴는 한 번도 하나님의 성전에 들어온 적이 없고, 앞으로도 들어올 일이 없을 터라 성전에 숨어 지내면 목숨은 안전할 것이다. 어서 성전으로 들어가 뒷일을 도모하도록 하자.'

여호세바는 아기를 빼돌려 성전으로 들어갔다. 한 살이 된 왕자는 포대기에 싸여 유모의 품에서 자고 있었다. 여호세바의 남편 여호야다는 제사장이었다. 그는 다른 제사장들을 시켜서 먹을 것을 챙겨오게 했다. 이제 성전은 아기의 집이 되었다. 구사일생으로 살아남은 아기의 이름은 요아스였다.

아달랴가 남유다를 다스리는 6년 동안 왕자는 무럭무럭 자라서 7세가 되었다. 6년 동안 한 번도 성전 밖을 나가지 않았다. 제사장 여호야다는 요아스 왕자가 일곱 살이 되자 드디어 때가 되었다고 생각했다.

여호야다는 여로함의 아들 아사랴와 오벳의 아들 아사랴, 그리고 이스마엘, 마아세야, 엘리사밧, 이렇게 5명의 백부장과 비밀 회동을 했다. 백부장은 저마다 권력을 가지고 있었지만 아달랴가 정권을 잡은 이후 명분만 백부장이지 아무 힘없는 존재로 전락해 있었다. 그들은 성전 동문 쪽 행각에 모였다. 아달랴가 어떤 계략으로 유다를 이끌어갈지 아무도 몰랐다. 아달랴 치하는 하루하루가 지옥이었다. 백부장들 얼굴에는 성난 기색이 역력했다.

"자네들에게 긴히 할 얘기가 있네."

먼저 말을 꺼낸 것은 여호야다였다. 다섯의 백부장과는 친의를 다진 후였다.

"제사장께서 어떤 계획을 세우든지 저희는 따르겠습니다. 무슨 말씀이든 하십시오."

"이 나라가 어떻게 돌아갈지 모르겠네. 성전에는 부정한 사람도 마음대로 드나들고 있고(대하 23:19), 성전의 규율과 제사에 관한 법은 완전히 훼손되고 말았네. 바알의 제단은 해마다 커지고 있고, 여호와께 제사 드리는 백성은 눈치를 보아야 하네. 다행히 아달랴는 성전에 관심이 없으니 이제 거사를 치를 때가 됐네."

"어떻게 하고자 하십니까?"

"아달랴를 끌어내려야지."

여호야다의 말에 백부장들은 입을 다물었다. 누구나 마음속으로 생각하고는 있었지만 자신의 귀로 직접 듣는 것은 또 다른 무게감이 있었다.

"여왕을 끌어내려야지요. 그러나 그를 이어서 누가 왕이 되겠습니까? 왕자들은 모두 죽었고, 다윗 왕가의 혈통은 제사장님의 아내이신 여호세바밖에 없지 않습니까?"

제사장은 주위를 둘러보았다. 혹시라도 주변에 엿듣는 귀가 있는지 살폈다. 아무도 없는 것을 보고 말했다.

"자네들에게 지금까지 말하지 않았지만 아하시야 왕의 아들이 한 분 계시네. 시비아 왕비의 아드님이지. 성전에서 극비에 키워졌고 이제 일곱 살이 되었네."

다섯 명 백부장의 눈이 커졌다. 마지막 불씨가 살아남아 있었다. 여호야다는 각자가 해야 할 임무를 설명했다. 백부장들은 유다의 성읍을 돌아다니면서 족장들과 레위인들을 불러 모으기로 했다. 예루살렘으로 집결하게 되면 왕자를 알현하기로 했다. 밀약을 맺은 백부장들은 전국을 돌아다니며 레위인과 족장들을 모았다(대하 23:2). 예루살렘으로 들어갈 때 누군가가 물으면 아달랴 여왕에게 선물을 전달하러 모였다고 둘러대기로 했다.

백부장과 족장과 레위인들이 모여 성전으로 들어갔다. 보아스와 야긴이라는 두 개의 기둥을 지나 하층 다락에 모였다. 과연 왕자가 있을까 하는 의문이 들기도 했고, 하나님께서 유다를 완전히 저버리지 않으셨다는 기대에 들뜨기도 했다. 중층 다락에서부터 여호야다 제사장이 왕자 요아스를 모시고 모습을 드러냈다. 신하들이 요아스를 보았을 때 작은 탄성이 터졌다. 죽은 아하시야 왕의 이목구비를 쏙 빼닮았다.

"그들이 모두 하나님의 성전에 모여, 왕의 아들 요아스와 언약을 세웠다. 여호야다가 그들에게 말하였다. '여기에 왕세자가 계십니다. 이분이 왕이 되셔야 합니다. 이것은 다윗 자손이 왕이 되어야 한다는 주님의 약속을 따르는 것입니다'"(대하 23:3, 새번역).

제사장 여호야다는 삼 분의 일은 성전 문을 지키고, 삼 분의 일은 왕궁을 지키며, 삼 분의 일은 기초문을 지키게 했다. 그리고 백성들은 여호와의 뜰에 대기하도록 지시했다. 제사장들은 성전을 지키면서 왕자를 옹위했고, 레위인들은 무기를 들고 언제 쳐들어올지 모를 아달랴와 그의 병사들을 막을 준비를 했다. 여호야다는 방해하는 사람이 있으면 누구든지 죽여도 좋다고 말했다.

거사일은 돌아오는 안식일이었다. 평소의 안식일과 다를 바가 없었지만 팽팽한 긴장이 흐르고 있었다. 내막을 알고 있는 레위인과 제사장들은 입조심을 했다. 임무를 부여받은 백성들은 성전 뜰에 하나둘 모이기 시작했다. 여호야다는 안식일 전날 당번인 제사장들을 귀가하지 못하게 했다. 혹시라도 소문이 날까 염려해서였다. 백부장들은 창과 방패를 들었다. 다윗 왕 때부터 내려오던 창과 방패가 이런 일에 쓰일 줄은 그들도 몰랐다.

백부장의 지시에 따라서 백성들의 손에도 창과 방패가 들려졌다. 성전의 오른쪽에서 왼쪽까지, 제단 앞에서 뒤에까지 무기를 든 백성들로 빼곡하게 되었다. 드디어 즉위식이 열렸다. 제단 앞 계단으로 왕자가 나타났다. 아직 일곱 살밖에 되지 않은 어린아이지만 위엄을 지니고 있었다. 제사장은 왕자의 머리에 왕관을 씌웠고 손에 율법책을 들려주었다. 여호야다와 그의 아들들은 기름 뿔을 가져다가 왕의 머리에 부었다.

"왕이여, 만세수를 하옵소서."

그 소리를 신호로 백성이 함성을 질렀다. 6년 동안 참았던 설움이

폭발하는 것 같았다. 백부장의 부하들은 창을 높이 들었고 백성들은 방패로 바닥을 쾅쾅 내리쳤다. 나팔 소리가 울리고 찬송 소리가 성전에 가득했다. 예루살렘성이 함성으로 가득했으니 궁전에 있던 아달랴가 못 들을 리가 없었다.

아달랴는 성전으로 들어갔다. 성전 어귀 기둥 곁에 왕관을 쓴 어린 왕이 앉아 있었고 백성이 함성을 지르고 있었다. 성가대의 악기 소리와 제사장의 나팔 소리가 어지러웠다. 아달랴는 옷을 찢으며 날카로운 목소리를 냈다.

"반역이다!"

순간 성전은 얼음장이 되었다. 아달랴의 성난 목소리가 군중을 향했고 살기 띤 눈동자는 성전을 무너뜨릴 것 같았다. 그러나 여호야다 제사장이 예견한 바였다. 아달랴의 목소리보다 몇 배는 더 우렁찬 소리로 외쳤다.

"저 여자가 반역자이다. 어서 끌어내라. 누구든지 저 여자를 따르면 그 자리에서 죽음을 면치 못할 것이다!"

여호야다의 성난 명령에 군대가 일사불란하게 움직였다. 백부장들은 여호야다의 명령에 따라 부하들을 지휘했고 명령을 받은 군사들은 아달랴를 끌고 성전 밖으로 향했다. 아달랴는 버둥거리며 저항했다. 군사들이 아달랴를 창으로 찌를 수 있었지만 성전에서 피를 볼 수는 없는 일이었다.

아달랴는 왕궁의 '말의 문' 어귀로 끌려갔다. 하루에도 몇 번씩 말을 몰면서 지나가던 문이었다. 군사들이 끌어갈 때 백성은 홍해가 갈라지듯 길을 열어주었다. 누구도 여왕 편이 되지 않았다. 아달랴는 말문

어귀에 도착하자마자 처형되었다. 아달랴 옆에서 호가호위하던 신하들 역시 끌려가서 사형에 처해졌다.

여호야다가 이끄는 왕의 즉위식은 아달랴의 사형을 끝으로 성대하게 막을 내렸다. 백성들은 바알의 신당을 되는대로 부수었다. 바알 우상은 땅에 떨어지면서 깨졌고 제단은 돌과 흙으로 더럽혀졌다. 호화로운 옷을 입은 바알의 제사장 맛단은 우상과 함께 죽임을 당했다.

왕관을 쓴 요아스 왕은 당당한 걸음으로 왕궁으로 들어갔다. 귀족들과 방백들이 뒤를 따랐다. 아달랴는 마문으로 끌려나가서 죽었고, 요아스 왕은 윗문으로 들어가 왕궁에 이르렀다. 문은 단지 통행만 하는 곳이 아니었다. 상인들은 문에서 매매를 했고, 장로들은 백성의 고발에 대해 재판했으며, 선지자들은 율법을 낭독하거나 말씀을 외치기도 했다. 요아스가 윗문을 통해 왕궁에 들어가면서 어그러졌던 유다 왕가가 다시 세워졌다.

아달랴는 여호사밧이 넘어뜨린 도미노의 가장 커다란 부분이었다. 아달랴가 마음만 먹고 전략적으로 행동했다면 남유다는 완전히 북이스라엘의 손아귀에 들어갈 수 있었다. 어쩌면 그것을 준비했을지도 모른다. 그러나 아달랴는 처형당했고 꺼진 줄 알았던 남유다 다윗 왕조의 불씨는 다시 살아났다. 아달랴에 대한 봉기가 성공한 원인이 무엇일까?

아달랴가 성전과는 아무 관계가 없는 사람이었기 때문이다. 그는 성전에 관해 관심이 없었다. 다행히 성전을 부수어 바알과 아세라 신당으로 만들려고 하지 않았다. 아달랴는 다른 곳에서 바알의 당을 만드는 것에만 관심 있었다. 아달랴는 성전을 방치해버렸고, 거기에서 다윗의 불꽃은 조심스럽게 타오를 수 있었다. 하나님이 성전의 주인이셨다.

# 혁명의 중심에 선 일곱 살

어린 나이에 비극의 주인공이 된다는 것은 어떤 의미일까? 한 살에 아버지가 죽고, 형들은 할머니 손에 죽고, 자신은 그 비극 속에서 고모 손에 비밀리에 커야 했던 비운의 왕 요아스. 그는 7세가 되었을 때 혁명의 중심에 섰다.

일곱 살이면 초등학교에 들어가는 나이다. 인지 능력이 생기고 협상할 수 있는 여유도 생긴다. 어릴 적에는 울고 떼쓰는 것이 능사였다면 7세 정도가 되면 세상에 대해서 어느 정도 파악해서 도덕과 규칙에 대해서 알게 되고, 성취라든가 욕구에 관해서도 관심을 두게 된다. 정서적으로 타인과의 교감을 중요하게 여기고 다른 사람의 심리도 조금은 파악할 수 있다.

성전에서 지낼 때 크게 울기라도 하면 할머니가 잡아간다는 위협을 받으면서 참아야 했던 아이, 자신이 사는 성전이 세상의 전부라고 생각했던 아이 요아스. 그랬던 아이가 일곱 살이 되어 한 나라를 이끌게 되었다. 요아스는 선택의 여지가 없었다. 고모와 고모부의 말을 따르면서 왕의 자리에 올랐다. 그것이 중요한 생존방식이었다.

아달랴가 숙청된 뒤에 그녀가 할머니라는 것을 알았을 때 어떤 기분이 들었을까? 왕위에 오른 뒤 고모부인 여호야다 제사장이 가르쳐준 대로 왕도를 따라서 살았던 요아스는 어떤 마음이었을까? 7년 동안 살았던 삶과는 전혀 다른 세상을 살 때 어떤 생각을 했을까? 무서운 할머니의 위협도 없어졌고 더는 숨어 살지 않는 것만으로도 요아스는 숨통이 트였을 것이다. 요아스가 유다의 희망이었고 그의 인생도 제자리를 잡아갔다.

요아스는 여호야다의 추천으로 두 명의 아내를 얻었다. 그리고 자녀를 많이 낳았다(대하 24:3). 이제 다윗의 불꽃이 꺼질 일은 없게 되었다. 요아스는 자신이 자랐던 성전에 대한 마음이 커졌다. 성전을 담당하는 제사장들, 레위 사람들을 불러서 이렇게 지시했다.

"유다의 여러 성읍을 다니도록 하십시오. 백성에게 해마다 돈을 거두어야 합니다. 그 돈으로 성전을 보수하십시오. 유다의 모든 백성은 하나님의 성전을 아끼고 잘 세워가야 할 의무가 있습니다. 서두르십시오. 지금 즉시 유다 전역으로 가십시오"(대하 24:5).

어린 티도 벗지 않았는데 제법 왕다운 모습이었다. 레위 사람들은 왕의 의젓한 모습에 감탄하면서도 왕명을 따르는 데는 주저했다. 제사장들도 헛기침하며 먼 산만 쳐다볼 뿐이었다. 요아스는 그들을 움직이려면 여호야다 제사장이 열쇠라는 것을 알았다. 그는 고모부를 불러서 추궁했다. 조카로서가 아니라 왕으로의 명령이었다.

"여호야다 제사장님, 제사장님께서는 성전이 퇴락하고 무너진 곳이 많다는 것을 알고 계십니다. 그런데도 지금까지 제사장들이 유다 전역을 돌게 하는 것은 물론이고 예루살렘에도 보내지 않으셨습니다. 율법에 따르면 백성은 성전을 위한 세금을 내야 할 의무가 있습니다. 할머니 아달랴 때문에 성전의 보물과 성물들은 바알의 전으로 가 있습니다. 제사장님께서는 의무를 다하도록 하십시오."

성전에 대한 개혁이 실행된 것은 요아스의 나이 서른일 때였다(왕하 12:6). 왕이 되고 23년 동안 제사장과 레위인들에게 말했지만 그들은 움직이지 않았다. 서른이 되자 왕은 자신이 직접 나섰다.

"유다와 예루살렘 전역에 있는 백성은 들으라. 하나님의 성전을 깨끗이 하고, 쇠락된 곳을 고치는 것은 모세의 명령이다. 성전 문밖에 궤를 하나 준비해 놓을 테니 백성들은 누구든지 그 궤에 세금을 넣도록 하라. 이것은 하나님의 백성인 우리가 반드시 해야 할 일이다."

왕의 명령이 떨어지기가 무섭게 백성들이 은전과 금전을 가져다가 궤에 뚫린 구멍에 넣기 시작했다. 궤는 돈으로 가득해졌다. 왕실 서기관과 대제사장의 관리들은 궤의 돈을 계산했고, 빈 궤는 다시 성전 밖에 놓았다. 궤가 놓이면 어느새 백성들이 다가와 돈을 넣었다. 백성들은 성전이 수리되기를 기다린 것 같았다.

왕은 제사장 여호야다에게 성전 수리를 명령했고, 그는 왕의 명령을 받아 성전 공사 감독관에게 그 돈을 갖다 주었으며, 감독관은 그 돈으로 석수, 목수, 기능공, 기술자들을 고용할 수 있었다. 모처럼 성전에 활기가 돌았다. 냄새 나는 우상들을 청소하고, 무너져가는 벽은 단단한 돌로 세우고, 없어졌던 성전 기구들은 다시 제자리를 찾았다.

요아스가 왕위에 오를 때의 나이는 일곱 살이었고 성전을 고치는 일을 할 때는 서른이었다. 왕이 된 지 23년 뒤에 일어난 개혁적인 성과였다. 그는 40년 동안 유다를 다스렸다. 그러니까 47세의 나이로 죽었다. 그렇다면 요아스와 고모부 여호야다는 몇 살 차이가 났을까? 여호야다는 130세의 나이로 죽었다(대하 24:15). 그런데 요아스 왕은 여호야다가 죽은 후부터 변질되었다. 요아스의 후반부는 추하기까지 했다.

그 후반부를 약 5년 정도로 보았을 때 42세의 나이에 130세의 여호야다가 죽었으므로 요아스가 태어났을 때는 88세였다. 아무리 적게 잡아도 여호야다와 요아스의 나이 차이는 80세가 넘었다. 그러니까 요아스가 성전을 위한 개혁을 지시하자 여호야다가 쉽게 움직이지 못한 것은 고령을 탓할 수도 있겠다. 연륜과 지혜가 많은 여호야다가 보기에 섣부르게 정책을 세운 것으로도 보였다.

그러다가 서른의 나이에 헌금궤를 준비해서 많은 백성의 호응이 있자, 여호야다는 때가 되었다고 생각했고 왕명을 따랐다. 성전을 수리하고 남은 돈으로는 필요한 기구를 마련하는 데 사용했다. 그렇게 작업이 하나하나 이루어졌다. 성전에서 번제를 드렸고 제사장들은 자신의 역할을 잘 감당했다. 여호야다는 생각했다. '아기 요아스를 성전에 숨긴 것은 정말 잘한 일이었다. 아달랴에게 발각되면 자신은 물론이고 모든 제사장이 몰살당할 수 있는 위험한 시도였다. 그러나 아달랴에 의해 나라가 망할 위기였다. 팔십이 넘은 나이에 무엇인가를 새롭게 시도한다는 것은 어려운 일이었지만 여호야다는 아내인 여호세바와 함께 요아스를 잘 숨기고, 잘 키우고, 잘 세워나갔다. 요아스가 자라면서 유다의 미래도 밝아졌다.' 여호야다는 자신의 역할을 다했다고 생각했고, 130세의 나이가 되었을 때 인생의 무대에서 내려오게 되었다.

여호야다는 나라를 구했다. 요아스는 올바른 정책을 수립해 나갈 것이며, 다윗의 왕조는 영원할 것이고, 유다는 부흥하게 될 것이다. 여호야다는 기쁜 마음으로 영면에 들었다. 그는 왕이 아니었지만 다윗성의 왕실 묘지에 안장되었다. 그러나 그다음이 문제였다. 여호야다가 죽은 뒤 요아스 왕은 나침반 없는 배처럼 향방을 알 수 없었다. 요아스를 부추긴 것은 지도자들이었다.

"요아스 임금님, 임금님께서는 얼마든지 왕의 힘으로 다할 수 있습니다. 슬픔을 거두시고 여호야다 제사장이 해왔던 것과는 다른 길을 걸어가십시오. 저희가 임금님 옆에서 힘써 돕겠습니다."

요아스는 아버지가 없었고(한 살에 아버지가 죽었으므로), 어머니보다는 고모와 고모부의 손에서 자랐다. 그에게는 의지할 사람이 없었는데 온 나라는 그를 의지했다. 여호야다가 죽은 뒤에 요아스가 의지할 스승이 필요했다. 그 빈틈을 신하들이 차지했다. 요아스의 약점이 여호야다라는 것을 아는 그들은 요아스를 주물렀다. 요아스의 정책이 바뀌었다. 자신이 자랐던 성전 중심으로 이끌던 그는 아세라 목상과 우상을 섬기기 시작했다. 마치 아달랴가 살아 돌아온 것만 같았다. 예언자들이 요아스를 찾아가 그의 마음을 돌리려고 했지만 그는 누구의 말도 듣지 않았다. 죽은 여호야다 제사장의 아들 스가랴가 나섰다. 백성이 모여 있는 성전 뜰에서 스가랴는 목청껏 외쳤다.

"하나님께서 말씀하십니다. 어찌하여 하나님 명령을 거역하며 여호와를 버리십니까? 하나님을 버리신 것처럼 하나님도 여러분을 버리실 것입니다."

백성들을 향한 소리였지만 요아스가 들으라는 말이었다. 그것을 요아스가 모를 리가 없었다. 성전 뜰에서 외치는 스가랴를 향해 돌이 날아왔다. 처음에는 피했지만 그다음 돌은 그의 등에 맞았다. 쓰러진 스가랴의 몸 위로 돌들이 소나기처럼 쏟아졌다. 스가랴를 돌로 쳐서 죽인 사람들은 따로 있었지만 요아스 왕의 명령이 있었음은 물론이었다(대하 24:21). 스가랴는 죽으면서 하나님께서 이 일을 보시고 갚아달라고 절규했다.

요아스의 최후는 어떻게 되었을까? 그는 47세의 나이로 여전히 건강했다. 남유다를 이끌어가는 데는 아무 문제가 없었다. 그런데 여호야다 제사장이 죽은 뒤에 변질된 그를 백성들은 견디기 어려워했다. 여호야다의 아들을 죽인 일은 부하들의 반감을 사기에 충분했다.

시므앗의 아들 요사갈과 소멜의 아들 여호사바드가 밀로 궁에서 잠든 요아스를 암살했다(왕하 12:20-21). 요아스는 다윗성에 장사되기는 했으나 왕실 묘지에 안장되지 못했다(대하 24:25). 여호야다 제사장이 왕실 묘지에 묻힌 것과는 대조적이다. 요아스는 비극적인 어린 시절을 보내고 왕위 초반기에는 올바른 정책에 힘을 쏟았지만, 후반부에는 하나님을 배신했고 백성을 바르게 이끌지 못했다. 그리고 비극적으로 죽었고, 죽어서도 제대로 대접받지 못한 요아스였다.

# 승리하고도 우상 숭배에 빠진 왕

요아스에 이어 왕위를 물려받은 아마샤의 나이는 스물다섯이었다. 왕권이 확고하게 세워진 뒤에 제일 처음 착수한 일은 암살당한 아버지에 대한 실체와 진실규명이었다. 아버지가 변질된 것은 분명했지만 왕을 죽인 일에 대해서 관대할 수는 없었다.

아마샤는 아버지를 죽인 요사갈과 여호사바드를 잡아들였다. 그리고 사형에 처했다. 왕의 모살에 대해서는 자식까지 죽이는 것이 관행이었지만 아마샤는 그렇게까지는 하지 않았다. 모세의 율법에 '자녀가 아버지 대신에 처형 되어서는 안 되며 각 사람은 자신의 지은 죄에 따라서 처형되어야 한다'는 것이 적시되었기 때문이었다(대하 25:4, 신 24:16).

아마샤가 두 번째로 했던 일은 군사를 조직하는 것이었다. 스무 살 이상의 군사를 소집하니 30만 명이나 되었다. 그는 가문별로 조직된 군대에 백부장과 천부장을 세워서 체계적으로 이끌었다. 군사들에게는 창과 방패를 주었다. 유다의 공식적인 군사의 수는 30만이었다.

아마샤는 그것으로 만족하지 않았다. 돈을 주고 북이스라엘 군사들을 용병으로 고용했다. 10만 명이나 되는 군사들이 아마샤 아래로 모여들었다. 군사들을 사는 데 쓰인 비용이 은 100달란트였다. 그렇게 모두 40만 명의 군사들이 소집되었다. 아마샤는 에돔을 향해 전쟁을 벌일 참이었다. 그때 하나님의 사람이 아마샤를 막아섰다.

"임금님께서는 어찌하여 북이스라엘의 군대를 데리고 가십니까? 하나님은 북이스라엘과 함께하지 않으십니다. 만약 임금님께서 북이스라엘과 함께 전쟁에 참여하시면 반드시 지게 될 것입니다."

아마샤는 하나님의 사람에게 물었다.

"이미 은 100달란트나 지불했습니다. 이것을 어떻게 하면 좋겠습니까?"

"하나님께서는 그보다 더 많은 것을 주실 수 있습니다. 은 100달란트는 잊어버리시고 북이스라엘 용병들을 돌려보내십시오."

아마샤는 하나님의 사람 말을 들었다. 북이스라엘에서 온 군사들은 고향으로 돌아가면서 불평했다. 돈은 돈대로 받고 전쟁의 위험은 없어졌으니 속으로는 좋았을 것이다. 그러나 그들은 돌아가는 길에 분풀이로 사마리아와 벧호론 사이에 있는 유다 마을을 습격하고 민간인을 학살했다(대하 25:13).

아마샤는 유다의 군사들만 데리고서도 에돔 원정을 승리로 이끌었다. 에돔과의 전쟁은 '소금 계곡'(염곡)에서 이루어졌는데 에돔 사람, 즉 세일 자손 만 명이 계곡에서, 또 다른 만 명은 절벽 아래로 떨어뜨려 죽였다. 전쟁에서 승리하고 돌아온 아마샤는 배신한 북이스라엘의 용병을 추격하여 뺏긴 물건들을 되찾아야 할 텐데, 엉뚱한 일을 벌였다. 세일 자손이 섬기는 우상들을 전리품처럼 챙겨 예루살렘으로 가져와서는 그것들 앞에 분향하는 것이 아닌가! 전쟁의 승리는 하나님께 있었는데 승리 후에 우상 숭배에 빠져버렸다. 아마샤 왕 앞으로 예언자 한 사람이 나섰다.

"지금 임금님께서 경배하고 있는 세일의 우상들은 자기 백성도 구하지 못했습니다. 임금님께서는 어쩌자고 하나님을 버리고 우상을 섬기십니까?"

아마샤는 예언자의 말을 듣고 회개하며 우상을 치우고 하나님께 돌아올 것 같았는데, 이번에도 예상은 빗나갔다.

"그만두어라. 누가 너에게 함부로 충고하라고 했느냐? 죽고 싶지 않거든 그만 사라지도록 해라."

예언자는 왕의 대답에 적잖이 실망했다.

"임금님께서 저의 충고를 거절하시는 것을 보니 하나님께서 임금님을 버리시기로 하셨음을 알겠습니다."

예언자가 물러간 뒤 아마샤는 참모들을 불렀다. 에돔에서의 승리가 그에게 자신감을 주었다. 아마샤는 에돔 신에게 다음 전쟁에서도 이기게 해달라고 빌었고, 북이스라엘과 전쟁을 벌여서 승리할 것이라 확신했다. 하나님의 뜻은 없었으나 아마샤는 그것만 믿고 북이스라엘의 왕인 요아스(여호아스)에게 전령을 보내서 전쟁을 선포했다. 요아스 왕의 대답은 금방 돌아왔다.

"레바논에 가시나무가 있었습니다. 가시나무는 레바논의 백향목에게 전갈을 보내 딸을 달라고 요청했습니다. 가시나무의 청혼이 받아들여졌을까요? 천만에요. 들짐승이 지나가다가 가시나무를 짓밟고 말았습니다. 아마샤 왕께서 에돔과의 전쟁에서 이겼다고 교만해지셨습니다. 우리를 자극하다가 당신뿐 아니라 유다도 함께 멸망하게 될 것입니다"(대하 25:18-19).

아마샤는 요아스의 대답에 대해 오해를 했다. 아마샤는 요아스가 선전포고를 받아들인 것으로 해석했다. 요아스는 아마샤가 치러 올라오기 전에 군대를 이끌고 벧세메스로 먼저 올라갔다. 남유다와 북이스라엘 사이의 전쟁은 남유다의 패배로 싱겁게 끝났다. 유다의 군사들은 다들 집으로 도망가기에 바빴다. 요아스는 아마샤 왕을 사로잡고 예루살렘성으로 들어갔다. 북이스라엘 군사들은 예루살렘 성벽을 에브라임 문에서 성 모퉁이까지 헐어버렸다.

요아스는 예루살렘 성전에서 금과 은그릇을 약탈했고, 왕궁에서 보물을 훔쳤으며, 예루살렘 사람들도 포로로 끌고 사마리아로 돌아갔다. 아마샤는 목숨을 건졌지만 민심은 이전과는 완전히 달라졌다. 30만 명이나 됐던 남유다의 군대는 다 흩어졌고, 왕을 지지했던 백성은 싸늘한 시선을 던졌다.

아마샤 왕에 대한 반란이 예루살렘 곳곳에서 일어났다. 아마샤는 더 이상 버틸 수가 없었다. 그는 라기스까지 도망쳤다. 반란을 일으킨 사람들은 암살단을 보내서 왕을 죽였다. 백성은 그에 대해 아무 동요가 없었다. 아마샤의 시신은 다윗성에 묻혔다. 성경은 아마샤에 대해서 이렇게 평가했다.

"아마샤가 여호와 보시기에 정직히 행하였으나 그의 조상 다윗과는 같지 아니하였으며 그의 아버지 요아스가 행한 대로 다 행하였어도 오직 산당들을 제거하지 아니하였으므로 백성이 여전히 산당에서 제사를 드리며 분향하였더라"(왕하 14:3-4).

어디서부터 잘못된 것이었을까? 올바른 일을 하려면 아버지 정도에 머물러서는 안 되는 일이었다. 아버지 요아스처럼 용두사미가 되어서는 유다 왕의 자격으로서는 미달이었다. 처음에 잘하다가 어느 순간부터 제대로 못한다면 안 하느니만 못했고, 하나님을 등지고 돌아선 것과 같았다(대하 25:27). 그렇게 또 하나의 유다 왕이 역사 속으로 사라져갔다.

# 나병으로 죽은 왕

아마샤가 죽고 그의 아들 아사랴가 왕이 되었다. 〈열왕기〉에서는 아사랴로, 〈역대기〉에서는 웃시야로 불리는 그의 이름은 어느 것이 맞는 것일까? 아사랴는 '여호와께서 도우셨다'라는 의미이고, 웃시야는 '여호와는 나의 힘이시다'라는 뜻이다. 아사랴는 본명이고, 웃시야는 공식적인 왕명이라고 보면 좋겠다. 여기서는 〈역대기〉에 따라 '웃시야'라고 부르기로 하자.

16세에 왕위에 오른 웃시야는 52년 동안 남유다를 다스렸다. 지금까지 남유다를 통틀어 최장기간이다. 웃시야는 아버지가 했던 일 중에서 올바른 일을 본받았다. 그런데도 산당을 제거하는 데는 실패했다. 민간에 널리 퍼진 산당은 수효도 많았고 백성의 삶에 깊이 뿌리 내리고 있어서 쉽게 없앨 수가 없었다.

옷시야는 아버지 때보다도 영토를 더 넓혔는데 엘랏을 재건해서 유다에 편입시켰다(대하 26:2). 블레셋과의 전쟁을 통해서 가드, 야브네, 아스돗성의 성벽을 헐었고 블레셋 지역 안에 유다 성읍들을 세웠다. 옷시야가 블레셋을 실질적으로 지배한 것이었다. 옷시야는 그것으로 멈추지 않았다. 아라비아, 마온과도 전쟁해서 모두 승리를 거두었다. 암몬은 아예 처음부터 옷시야에게 조공을 바치면서 전쟁을 피했다. 옷시야가 얼마나 강하게 상대를 압박했는지 적군들은 모두 나가떨어졌다. 옷시야의 명성이 애굽에까지 퍼졌다(대하 26:8).

옷시야가 승리한 이유가 있었다. 옷시야는 엘리트 장교들을 육성해서 유다 군대를 세워나갔다. 훈련된 장교들이 2천600백 명이나 되었고, 그들의 일사불란한 지휘에 따라 언제든지 움직일 수 있는 군사들이 30만 7천500백 명이었다. 아버지 아마샤 때와 비슷한 규모지만 창과 방패에 불과했던 무기도 투구, 갑옷, 활, 무릿매 등을 더해서 중무장을 시켰다. 예루살렘에는 무기만 전문적으로 만드는 기술자들이 있어서 새로운 무기들을 고안하고 보급했다. 남유다 군대는 어느 때보다 강한 군대가 되었다(대하 26:15).

옷시야는 내치에도 신경을 썼다. 예루살렘의 주요 성읍에 망대를 세워서 예루살렘을 요새화했다. 아버지 아마샤 때에 북이스라엘이 쳐들어와 무너졌던 예루살렘 성벽을 복구한 뒤에 예루살렘을 더 강화한 결과였다. 옷시야는 농사에도 일가견이 있었다. 언덕과 평지에 농부들을 배치해서 곡식을 거둬들였고 산간지방에서 포도원을 경작했다. 물을 대기 위한 저수지를 많이 파서 가뭄에 대비했다.

옷시야는 어떻게 이렇게 훌륭한 일을 할 수 있었던 것일까? 옷시야는 52년이라는 긴 세월을 왕의 자리에 있었고 그를 위해 조언해줄 신하도 여럿 있었다. 그중에서도 스가랴(소선지서 스가랴와 동명이인)는 웃시야에게 율법을 가르치며 하나님을 경외하도록 했다.

"임금님, 하나님께서는 유다의 주인이시며 이 땅을 주관하시는 분이십니다. 임금님께서는 하나님의 말씀을 지키며 사셔야 합니다. 임금님의 이름처럼 여호와 하나님은 임금님의 힘이십니다. 임금님께서 하나님을 경외할 때 하나님은 임금님을 도우실 것입니다."

웃시야는 스가랴의 말대로 하나님의 뜻을 찾았고, 그럴 때마다 하나님은 웃시야가 잘되도록 인도해주셨다. 웃시야가 강한 군대를 갖추고, 외부 적들과의 전쟁에서 연이어 승리했고, 내치에도 성공해서 요새와 성읍을 세웠으며, 농사에서도 풍성하게 수확하게 된 것은 모두 하나님이 도우셨기 때문이었다.

그런데 문제는 그다음부터였다. 왕의 조부 요아스가 제사장 여호야다가 살아있을 때는 하나님을 경외하다가 그가 죽은 뒤에 급격히 변질되었듯이 웃시야 역시 그의 스승 스가랴가 죽자 달라지기 시작했다.

강한 힘을 갖게 된 웃시야 왕은 종교에도 손대기 시작했다. 바알과 아세라 우상을 없애고 산당을 치우는 데 앞장선 것이 아니었다. 오히려 산당은 손도 못 대면서 예루살렘 성전에서 여호와 하나님께 드리는 제사에 자신이 직접 나선 것이었다. 스가랴가 살아 있었다면 강하게 말렸을 것이고, 웃시야는 깨닫고 교만함을 회개했을 것이다. 그러나 웃시야를 제어할 사람은 아무도 없었다.

웃시야 왕은 제사장이 아니다. 분향단에 분향을 하는 것은 제사장의 고유권한이다. 하나님께서 엄격하게 규정한 일이란 사실을 왕도 모르지 않았다. 그러나 웃시야는 분향을 하려고 단 위로 올라섰다. 왕을 말리기 위해 아사랴 제사장이 왕을 따라 들어갔다. 그 뒤로 80명의 제사장도 동행했다.

"웃시야 임금님, 하나님께 분향하는 것은 임금님이 하실 일이 아닙니다. 제사장들도 아무나 제사를 주관하지 못합니다. 아론의 후손 중에서도 엄격하게 선발된 제사장만이 분향할 수 있는 일을 왕께서는 왜 가볍게 여기십니까? 이곳은 거룩한 곳입니다. 속히 물러나 주십시오"(대하 26:18).

웃시야는 향로를 들고 있었다. 뒤에서 자신을 꾸짖고 있는 아사랴 제사장이 마음에 들지 않았다.

"무엄하도다. 내가 준비한 향은 하나님께 드리기 위해 준비한 가장 귀한 것이다. 네가 감히 왕을 막아서다니 무사할 것 같으냐?"

웃시야 왕이 뒤로 돌아서 벼락처럼 꾸짖었다. 그는 현재 가장 잘나가는 왕이었다. 모든 권세와 힘이 웃시야에게 집중되어 있었다. 제사장들은 왕의 호령에 고개만 숙일 뿐이었다. 그때였다. 뒤따라온 제사장 중의 하나가 손가락으로 왕의 이마를 가리켰다.

"임금님의 이마에 하얀 반점이 생겼습니다. 틀림없이 나병입니다."

"임금님의 반점이 점점 커지고 있습니다."

향로를 내려놓은 웃시야는 자신의 이마를 짚어보았다. 움푹 들어갔다. 그는 제사장에게 얼굴을 내밀었다. 당시의 나병은 제사장이 진찰하고 확증했다. 아사랴 제사장과 다른 제사장들이 웃시야 왕의 이마와 팔뚝, 어깨, 가슴을 살펴보았다. 급성 나병이었다.

제사장들은 "부정하다"라고 말했다. 나병 환자로 결론이 나면 해당

되는 사람은 옷을 찢고 머리를 풀며 윗입술을 가리고 부정하다고 외쳐야 했다(레 13:45). 그것은 왕도 예외가 아니었다.

웃시야는 "부정하다, 부정하다"라고 외쳤고, 바로 그 자리에서 신하들에 의해 왕복이 벗겨지고 바깥으로 쫓겨났다. 웃시야는 죽을 때까지 별궁에 머물렀다. 그 후 그는 성전에 다시는 들어갈 수 없었으며 예루살렘에서도 자유롭게 다닐 수 없었다.

웃시야가 죽은 뒤 그의 많은 업적에도 불구하고 나병환자로 죽었기에 왕실 묘지에 묻히지 못하고 변두리 땅에 장사되었다. 웃시야가 왕위에서 내려와 별궁으로 쫓겨난 뒤에는 그의 아들 요담이 아버지를 대신해서 남유다의 왕실을 관리했다.

# Chapter 11

/요/담/

# 성전에는 얼씬하지도 않은 왕

나병으로 웃시야가 죽고 그의 아들 요담이 왕이 되었을 때 그의 나이는 스물다섯이었다. 16년간 유다를 다스렸다. 그러니까 요담은 41세의 나이로 죽었다.

요담은 아버지 웃시야 왕의 전반기 때의 선한 일을 그대로 계승했다. 웃시야는 신하 스가랴가 살아 있는 동안에는 하나님의 말씀대로 나라를 이끌었고 남유다는 부강했다. 요담은 스가랴가 없었음에도 선하게 나라를 이끌었다. 그가 아버지의 선한 일을 이어받기는 했으나 한계도 명확했다. 요담 역시 산당을 없애지는 못했다(왕하 15:35).

백성들은 여호와 신앙과 미신적인 신앙을 병행하고 있었는데 왕이 산당을 방치하는 이상 백성들의 신앙이 올바르게 될 리가 없었다. 백성들 사이에서 산당 제사에 참여하며 분향하는 일은 광범위하게 퍼져가고 있었다. 그렇다면 왕이라도 여호와 신앙을 지키고, 예루살렘 성전 제사를 강화해 나가면 백성들에게 바른 신앙이 전달될 수 있었다. 그런데 요담은 나라를 바르게 이끌면서도 신앙에서는 소극적이었다. 왕은 성전에 발을 들여놓지 않았다(대하 27:2). 요담이 하나님을 향한 제사를 지내지 않는데 어떻게 백성이 여호와 신앙을 올바르게 배울 수 있었겠는가?

요담이 성전에 들어가지 않은 데는 이유가 있었다. 아버지가 제사장이 해야 하는 분향하는 일을 하다가 나병이 생겼고 그것 때문에 왕궁에서 쫓겨났다. 요담은 그 사실을 잘 알고 있었다. 어쩌면 소란이 있었을 때 직접 그것을 보았을 수도 있었다. 잘못하다가는 자신도 나병에 걸릴 수 있다고 생각했다. 그는 너무나 무서웠고 그 후로 성전에 출입할 생각조차 하지 않았다. 그렇게 되면 나병에 걸릴 일은 없겠으나 제대로 된 신앙이 생길 수 없다는 데 문제가 있었다.

요담은 성전 북문을 건축하고 오벨 지역에 성벽을 많이 증축했다(대하 27:3). 그렇게 해서 나병 균이 막아질 리가 없을 것이다. 그러나 요담으로서는 예루살렘 성전과 절연하겠다는 확고한 의지를 보여주었다.

할아버지 아마샤가 에돔을 정벌했고, 아버지 웃시야가 블레셋, 아라비아, 마온을 쳐서 이겼다면 요담은 암몬과의 전쟁에서 승리했다. 암몬은 이미 웃시야 때에 유다에 조공을 바쳤는데(대하 26:8), 그 아들 요담에게도 많은 양의 조공을 바쳐야 했다. 은 100달란트, 밀과 보리 각 1만 석이 조공으로 바쳐졌다(대하 27:5). 요담은 아버지 때 못지않게 점점 강성해졌다. 그러나 아람의 르신 왕과 르말리야의 아들 베가가 남유다를 공격하기 시작했다(왕하 15:37). 그들은 요담이 죽고 아하스가 왕이 된 뒤에도 번번이 남유다 공격을 시도했다.

요담은 16년의 치세를 마치고 41세의 나이에 죽어 다윗성에 장사되었다. 그의 아버지 웃시야가 나병에 걸려서 죽은 나이는 68세였다. 아버지보다 더 오래 살고 싶어서 나병의 원인이라고 생각했던 예루살렘 성전에는 얼씬도 하지 않았지만 아버지보다 훨씬 젊은 나이에 죽었다. 죽음은 인간의 힘으로 막을 수 있는 것이 아니었다.

# Chapter 12

# 다메섹 우상을 수입한 왕

아하스는 22세에 아버지 요담을 이어 왕이 되었다. 아하스가 태어났을 때 아버지 요담은 19세였고 아직 왕자였다. 웃시야 왕이 죽고 25세에 왕이 된 요담은 41세에 죽을 때까지 성전에 가까이하지 않았다. 그렇다고 적극적으로 우상 숭배를 하지는 않았지만 여호와 신앙에도 참여하지 않았다. 마치 종교가 없는 사람 같았다.

그런 아버지 밑에서 아하스는 어떤 영향을 받았을까? 아하스는 태어나서 22세에 왕이 될 때까지 아버지가 예루살렘 성전에 들어가는 것을 한 번도 보지 못했다. 아하스는 아버지가 하나님께 제사를 지내는 것은 물론이고 기도하는 것도 보지 못했다. 아버지 요담은 무신론자처럼 보였다. 그런 아버지 밑에서 아하스가 올바른 신앙을 배웠을 리가 없었다.

아하스가 배운 것은 북이스라엘의 미신적인 신앙과 가나안 주변의 우상 숭배였다(대하 27:2). 그 이전까지 남유다의 역대 왕들은 예루살렘 성전을 중심으로 나라를 이끌었다. 왕정 후반기에 변질되어 우상 숭배를 하거나 유다 백성의 산당 제사를 방치하는 일은 있었으나 처음부터 여호와 신앙 자체가 없으면서 우상을 중심으로 살았던 왕은 아하스가 처음이다.

아하스는 바알 신상을 만들었다. 바알 우상은 사마리아에서 주로 이루어진 우상이었는데 아하스는 그것을 적극적으로 도입했다. 심지어 그는 '힌놈의 아들 골짜기'에서 분향하고 불에 아들을 태워 바치는 인신공양도 주관했다.

암몬이라는 나라는 조부 웃시야와 부친 요담에게 조공이나 바치는 약소국이었다. 그런데 아하스는 암몬의 신 몰렉에 대한 제사를 적극적으로 수용했다. '몰렉'은 임금이란 뜻의 '멜렉'과 같은 어원이었고, 몰렉을 섬기기 위해서 아이들을 희생 제물로 바쳐야 하는 끔찍한 종교행위를 해야 했다(레 18:21)(임미영, 「고고학으로 읽는 성경」(서울: 기독교문서선교회, 2016), 89-91쪽).

예루살렘 동남쪽 골짜기를 '힌놈의 아들 골짜기'라고 불렀는데, 아하스는 그곳에서 몰렉에게 제사하기 위해 자기 아들들을 불에 던져 넣었다. 아버지로부터 하나님에 대한 신앙을 배우지 못한 결과 아들을 불에 넣어 죽이는 역겨운 종교에 빠진 것이었다.

아하스는 백성들 사이에 퍼져 있는 산당들을 그냥 방치하는 정도가 아니라 적극적으로 산당을 만들어서 민간에게 주거나 언덕과 푸른 나무 아래에서 제물을 잡아 바치는 우상 숭배를 주도했다. 그렇게 남유다는 아하스 때문에 영적으로 매우 어지럽게 되었다.

하나님께서는 아하스를 치기 위해서 아람의 르신과 르말리야의 아들 베가를 심판의 도구로 사용했다. 아람의 르신 왕은 남유다의 군대를 포로로 잡아서 아람의 수도 다메섹으로 끌고 갔다. 남유다에 또 위기가 찾아왔다. 북이스라엘의 베가 왕은 군대를 이끌고 예루살렘으로 쳐들어왔다.

베가는 북이스라엘의 17대 왕 브가히야를 죽이고 왕이 되어 20년간 다스린 왕이었다. 예루살렘을 공격한 베가는 유다 군사들을 12만 명이나 죽였고, 유다의 백성 중에서 여자와 아이들까지 총 20만 명이나 사로잡아 사마리아로 끌고 갔다(대하 28:8).

아하스의 영적인 무지와 우상 숭배는 남유다를 멸망으로 이끌었다. 예루살렘은 망하기 일보 직전이었다. 그러나 하나님께서는 유다 백성 편이 되어주셨다. 20만 명의 포로를 이끌고 사마리아에 들어가는 베가 왕의 개선 행렬을 막아서는 사람이 있었다. 사마리아의 예언자 오뎃이었다.

"하나님께서 아하스의 죄악과 백성들의 악행을 보셔서 용맹한 우리 북이스라엘의 군사들을 통해 그들을 심판하셨습니다. 그러나 왕께서는 유다와 예루살렘의 여자와 아이들까지 노예로 끌고 오셨습니다. 그것은 하나님께서 기뻐하지 않는 일입니다"(대하 28:9-11).

북이스라엘의 군대를 막아서는 것은 오뎃만이 아니었다. 네 명의 에브라임 지도자들도 베가 왕을 말렸다.

"여자와 아이들을 포로로 끌고 왔기 때문에 우리는 하나님 앞에서 죄인이 되었습니다. 하나님의 진노가 이스라엘에 내리실 것입니다. 속히 이들을 풀어주십시오."

베가 왕에게는 양심이 남아 있었다. 그는 사마리아성 입구에서 포로들을 모두 풀어주었다. 오뎃과 네 명의 지도자들은 다친 사람을 치료해주고, 옷이 벗겨진 이들에게는 옷을 입혀주었으며, 맨발이 터진 사람의 발에는 신을 신겨주는 등 정성을 다해서 포로들을 돌봐주었다. 예루살렘에서 끌려온 이들은 무사히 고향으로 돌아갈 수 있었다.

그러나 그런 상황에서도 아하스 왕은 정신을 차리지 못했다. 아하스는 남유다 왕조가 무너지게 된 원인을 자신에게서 찾지 않고 힘 있고 강한 세력과 결탁하지 못했기 때문이라 여겼다. 그는 성전과 왕궁의 보물 창고뿐 아니라 신하들 집에 있는 보물까지도 다 꺼내서 당시 강하게 융성하고 있는 앗수르(앗시리아) 왕 디글랏빌레셀에게 보냈다.

"친애하는 디글랏빌레셀 임금님, 저는 임금님의 신하이며 아들입니다. 저희를 왕의 나라 중 하나로 여겨주십시오. 저희가 임금님께 귀한 금은 보물을 드리오니 우리를 괴롭히는 아람과 북이스라엘로부터 구해주십시오."

디글랏빌레셀은 아하스 왕의 요청에 대군을 이끌고 아람의 수도로 진군했고 다메섹을 접수해버렸다. 그리고 아하스를 괴롭히던 아람의 르신 왕을 죽였다(왕하 16:9). 아하스 왕은 신이 났다. 그는 디글랏빌레셀을 만나기 위해 다메섹으로 올라갔다. 다메섹에는 아람의 신전과 앗수르의 신전이 과시하듯 전시되어 있었다. 아하스는 디글랏빌레셀을 만난 후에 다메섹의 제단과 도본을 상세하게 그려서 예루살렘의 우리야 제사장에게 보냈다. 예루살렘에도 그것과 똑같은 제단을 만들라는 의미였다. 다메섹의 우상 제단을 만들기 위해 성전에 있는 기구와 제사용품들이 부서지고 망가졌다.

그는 디글랏빌레셀 왕을 존경하는 의미로 왕이 안식일에 성전으로 들어가기 위한 전용 출입구와 통로를 다 없애버렸다(왕하 16:18). 마치 수천 년의 유적지인 포로 로마노 거리에 무솔리니가 군사 퍼레이드를 위해 아스팔트를 깔아버린 것과 같았다.

"아람도, 앗수르도 모두 강하게 된 것은 그들의 신이 그 나라를 도왔기 때문이다. 예루살렘에 세운 다메섹 제단에서 제사를 지내자. 그 신들이 나를 도와줄 것이다"(대하 28:23).

아하스는 그렇게 애를 썼지만 아무 소용이 없었다. 하나님의 진노는 화산처럼 터지기 직전이었고 아하스는 악행만 남겨둔 채 죽어서 다윗성에 장사되었다.

아하스와 같은 최악의 왕이 등장하게 된 원인은 무엇이었을까? 그가 아버지 요담으로부터 아무것도 배우지 못한 것을 우선 꼽을 수 있겠다. 그러나 아하스 자신이 욕망의 사람이라는 것도 중요한 원인이다. 그는 욕심을 부려서 몰렉제사도 수용했다. 욕망을 이루기 위해서라면 자식도 죽일 수 있는 사람이었다. 아하스는 강한 나라인 앗수르의 지지를 받기 위해서 모든 수단을 동원하였다. 그러나 결국 그런 욕망으로 인해 그는 38세의 비교적 젊은 나이에 세상을 뜨고 말았다. 남유다에 점점 더 깊은 어둠이 드리우고 있었다.

# Chapter 13

# 위기를 기도로 극복한 왕

남유다를 엉망으로 만들어놓은 아하스가 죽은 뒤 그의 아들 히스기야가 25세의 나이에 왕이 되었다. 왕이 된 지 4년이 지났을 때, 그러니까 그의 나이 29세에 이웃한 나라인 북이스라엘이 외적에 침공당했다는 소식을 들었다. 앗수르의 살만에셀이 사마리아로 내려가서 성을 포위하고 있었다. 북이스라엘에 큰 위기가 왔다.

불과 2백여 년 전 다윗과 솔로몬시대에는 같은 나라였다. 같은 언어를 쓰고 같은 문화를 누리는 나라였는데, 남과 북으로 나뉘었다. 남유다는 북이스라엘과 전쟁을 벌이기도 했지만 사이좋게 지낼 때도 많았고, 이스라엘과 혼인관계를 맺기도 했다. 엘리야 같은 선지자는 북이스라엘에서 주로 활동했지만 예루살렘으로 서신을 보내 유다 왕에게 조언하기도 했다. 그렇게 밀접했던 북이스라엘이 망할 위기였다. 그것은 남유다의 위기이기도 했다. 사마리아를 점령하면 유다 쪽으로 침공할 것은 불 보듯 뻔한 일이었다.

히스기야가 다스리던 유다의 외부적인 환경은 이처럼 위기감이 팽배했다. 내부적인 상황도 좋지 않았다. 아하스 때문이었다. 아버지에게 배운 대로 나라를 이끌면 유다는 우상 숭배와 온갖 더러운 것으로 가득하게 될 것이었다. 그렇다고 그동안 해왔던 것을 바꾸기도 쉽지 않은 일이었다. 아버지의 부정적인 영향력이 주변에 깊이 뿌리 내려 있었다. 히스기야는 이런 위기에서 어떻게 했을까?

히스기야는 왕이 되자마자 산당을 헐기 시작했다. 산당은 그동안 아무리 훌륭한 왕이어도 손대지 못한 것이었다. 그런데 그는 산당부터 치워버렸다. 왕가와 민가에서 공통으로 섬기던 돌기둥도 부숴버렸다. 북이스라엘에서 가져온 아세라 목상은 도끼로 찍어서 땔감을 만들어버렸다. 모세시대에 광야에서 뱀에 물려 죽어가던 백성에게 구리로 뱀을 만들어 쳐다보면 살 수 있게 된 적이 있었다(민 21:9). 그리고서 수백 년의 세월이 흐르는 동안 그 구리 뱀은 민간 신앙의 영역으로 흘러들어갔다. 7백 년이 넘는 기간 동안 구리 뱀이 남아 있다는 것은 신기한 일이었다.

원본인 구리 뱀은 예전에 사라졌을 것이다. 누군가 그럴듯한 구리 뱀을 만들어놓고 그것을 위한 사당을 만든 것인지도 모른다. 모세의 구리 뱀 이야기가 민가에 퍼져서 무속종교가 되어 버린 것은 이 당시의 영적인 분위기가 어떠한지 짐작하게 한다. 어떤 우상이든 다 허용되는 때였다.

그런데 히스기야는 구리 뱀을 압수한 뒤 형체도 알아볼 수 없게 깨뜨려버렸다. 구리 뱀을 '느후스단' (구리 뱀의 히브리어) 신이라고 부르면서 분향하던 이스라엘 백성의 왜곡된 신앙을 산산이 부숴버린 것이었다.

"히스기야가 이스라엘 하나님 여호와를 의지하였는데 그의 전후 유다 여러 왕 중에 그러한 자가 없었으니 곧 그가 여호와께 연합하여 그에게서 떠나지 아니하고 여호와께서 모세에게 명령하신 계명을 지켰더라"(왕하 18:5-6).

히스기야가 하나님을 의지하며 올바르게 나라를 이끌어가자 내부의 위기는 점차 사라지기 시작했다. 왕은 외부적인 위기에도 슬기롭게 대처했다. 그는 서쪽으로는 가사의 경계까지, 또 파수꾼을 세워둔 망대에서부터 요새화된 성읍까지 방어를 강화하고 블레셋에 대한 공격을 수행했고 승리를 거두었다.

그렇게 내외부적으로 개혁적인 정책을 통해서 위기를 타파하고 있던 히스기야 재위 6년, 즉 그의 나이 서른하나였을 때, 북이스라엘과 사마리아가 앗수르의 살만에셀에 의해 완전히 망했다는 소식을 들었다(BC 722년).

히스기야는 유다의 성읍들을 요새화시켰다. 국방력을 강화하지 않으면 안 되었다. 앗수르는 살만에셀이 죽었고 그의 아들 사르곤 2세는 강력한 정책을 펼쳤다. 식민지가 된 이스라엘을 학대했으며, 사르곤에 이어 산헤립(BC 704-681년)이 왕이 되면서 남하정책을 펴서 애굽을 공격했다. 그들은 남유다를 정복하기 위한 작전도 실행했다. 유다의 성읍들은 앗수르의 강한 군사들에게 공격당했다.

"산헤립 임금님, 저희는 앗수르에게 항복을 선언합니다. 저희의 영토에서 후퇴하신다면 저희에게 요구하시는 대로 다 드리겠습니다."

히스기야는 어쩔 수 없었다. 비굴하지만 나라를 살리기 위해 굴욕적인 조약마저 불사했다. 히스기야는 전령을 보내서 항복의 뜻을 전했다. 산헤립은 전령에게 '은 300달란트와 금 30달란트'를 요구하며 예루살렘으로 돌려보냈다.

히스기야는 예루살렘 성전과 왕궁 보물창고에 있는 은과 금을 다 모았다. 아버지 아하스 때에 성전과 왕궁의 금과 은을 많이 사용했기에 남은 것은 얼마 되지 않았다. 모자란 금을 채우기 위해 히스기야는 직접 팔을 걷어붙이고 성전 문과 기둥에 입힌 금을 벗겨냈다. 이것을 받고 앗수르가 물러가기만을 바랐다.

그러나 히스기야의 바람과는 달리 산헤립이 보낸 군사들이 예루살렘성으로 올라왔다. 성안으로 들어가는 수로와 위 저수지 길에 앗수르의 군사들이 포진하였다. 공격하지는 않았지만 앗수르 군대의 등장만으로도 예루살렘 거민들에게는 큰 위협이 되었다.

예루살렘 성문을 굳게 닫아 출입하는 자를 막았다. 성안에 있으면 당분간은 안전하겠지만 적이 언제 쳐들어올지 몰랐다. 성 밖에서 진용을 갖춘 앗수르의 군사들 틈에 다르단, 랍사리스, 랍사게와 같은 산헤립의 부하들이 보였다. 그들 한 명 한 명은 웬만한 나라도 쉽게 점령할 수 있는 장수들이었다.

왕을 대신해서 궁내대신 엘리야김과 서기관 셉나, 역사 기록관 요아, 이렇게 세 사람이 의관을 갖추고 앗수르의 진영으로 내려갔다. 그들이 밖으로 나가자 성문은 다시 닫혔다.

"히스기야 왕에게 전하시오. 히스기야가 애굽 왕을 믿고 우리 앗수르에게 완전히 투항하지 않고 있소. 애굽은 부러진 지팡이에 불과하오. 괜히 그것을 붙잡다가는 손만 찔릴 뿐이오. 들자 하니 히스기야 왕께서 부왕 아하스가 예루살렘 성전에 만들어둔 앗수르의 제단을 다 없앴다고 합니다. 앗수르 왕에게 경의를 표하기 위해 왕의 전용 통로와 출입구를 없앴는데 그것 또한 다시 만들었다고 하니, 히스기야는 우리 앗수르를 배신한 것과 다름이 없소. 유다는 군사력도 없고, 전술도 없소. 내가 2천 마리의 말을 준다고 해도 탈 수 있는 사람조차 없을 것이오. 우리 군사 중의 한 명이라도 제대로 상대할 수나 있겠소? 히스기야 왕이 섬기는 하나님께서 우리가 올라가 예루살렘을 멸망시키라고 했소. 우리는 그 명령에 따라 온 것이니 다들 항복하도록 하시오."

히스기야의 신하들은 랍사게의 말과 태도를 보면서 넋이 나갔다. 저렇게 오만하고 가증스러운 태도라니. 성벽 위에는 백성들이 고개를 빼고 내려다보고 있었다. 랍사게의 도발은 백성이 들으라는 의도였다.

"백성들이 듣고 있습니다. 유다 나라 말로 하지 마시고 아람어로 말씀해주십시오. 저희가 당신들의 언어를 다 알아들을 수 있습니다."

"앗수르 왕 산헤립께서 나를 보내서 이런 말을 전하라는 것은 왕과 신하들만 들으라는 것이 아니오. 저 성벽 위에 있는 당신네 백성들은 자기가 싸놓은 배설물을 먹고 마시게 될 것이오"(왕하 18:27).

랍사게의 무례함은 도를 넘어서고 있었다. 랍사게는 일어서서 백성을 향해 큰 소리로 외쳤다.

"너희 유다 백성들은 히스기야 왕에게 속지 말라. 히스기야는 너희를 구할 수 없다. 히스기야가 여호와 하나님께서 너희를 구원해줄 것이라고 했지만 그 말도 믿지 말라. 앗수르 임금님의 말을 믿으라. 임금님께서는 너희를 죽이지 않을 것이고, 곡식과 포도주, 빵과 기름이 흐르는 땅으로 너희를 데려갈 것이다. 우리는 이미 하맛, 아르밧, 스발와임, 헤나, 아와를 쳤다. 사마리아가 어떻게 됐는지 다들 듣지 않았는가? 그들의 신은 우리에게 무릎을 꿇었다. 그러니 너희도 너희 신을 버리고 히스기야를 내놓고 투항하라.”

백성들은 랍사게의 말에 아무 대답도 하지 않았다. 히스기야가 미리 백성들에게 대꾸하지 않도록 엄히 명령한 까닭이었다. 백성들은 랍사게의 말에 대항도, 동조도 하지 않았다. 히스기야의 신하들은 성으로 돌아갔고 히스기야에게 모든 내용을 전달했다. 그들은 모욕을 참아내며 그 자리에 있었지만 히스기야 앞에서는 옷을 찢으며 울분을 토해냈다.

히스기야는 예언자 이사야에게 신하들을 보냈다. 앗수르의 랍사게가 하나님과 왕을 모욕하고 백성들을 도발하는데도 아무 힘이 없는 유다였다. 위기를 알리고 하나님께 기도해달라고 부탁했다. 신하들은 이사야가 전해준 하나님 말씀을 듣고 왕에게 돌아왔다. 예언자의 이름은 이사야였다.

“임금님, 하나님께서는 이사야 선지자를 통해 두려워하지 말라는 말씀을 전하셨습니다. 하나님은 한 영을 보내 앗수르가 자기 나라로 돌아가게 할 것이라고 하셨습니다. 그리고 산헤립 왕은 칼에 맞아 죽을 것이라고 말씀하셨다고 합니다.”

신하들의 이야기를 듣는데 밖에서 군사 중의 하나가 전장의 소식을 전하기 위해 나아왔다.

"임금님, 지금 앗수르 군대가 철수하고 있습니다. 에티오피아 왕 다르하가 앗수르와의 일전을 위해 출정했다는 소식 때문입니다. 그들은 모두 물러날 것입니다."

또 다른 군사 하나가 왕 앞으로 나아왔다. 그의 손에는 앗수르의 산헤립 왕이 보낸 서신이 들려 있었다. 내용은 이런 것이었다.

"앗수르는 그동안 여러 나라를 점령했고, 너희와 가까운 이스라엘뿐만 아니라 강한 나라들까지도 다 복속시켰다. 예루살렘은 그보다 못하니 누구도 너희를 구하지 못할 것이다. 우리는 에티오피아 원정을 끝내고 다시 돌아올 것이다. 그때까지 항복할 준비나 하여라."

히스기야 왕은 떨리는 손으로 산헤립의 편지를 읽었다. 당장은 퇴각하지만 더 강해져서 돌아올 것이었다. 앗수르의 위협이 언제 현실이 될지 몰랐다. 왕은 성전으로 들어갔다. 성전 안은 히스기야의 개혁정책으로 인해 아세라 목상을 비롯한 여러 우상이 깨끗이 치워져 있었다. 히스기야는 편지를 펴들고 하나님께 간절히 기도했다.

"여호와여 귀를 기울여 들으소서. 여호와여 눈을 떠서 보시옵소서. 산헤립이 살아 계신 하나님을 비방하러 보낸 말을 들으시옵소서. 여호와여 앗수르 여러 왕이 과연 여러 민족과 그들의 땅을 황폐하게 하고 또 그들의 신들을 불에 던졌사오니 이는 그들이 신이 아니요 사람의 손으로 만든 것 곧 나무와 돌 뿐이므로 멸하였나이다. 우리 하나님 여호와여 원하건대 이제 우리를 그의 손에서 구원하옵소서. 그리하시면 천하만국이 주 여호와가 홀로 하나님이신 줄 알리이다 하니라"(왕하 19:16-19).

아침 일찍 성전에 올라간 히스기야는 종일 꼼짝도 하지 않았다. 해가 질 무렵, 이사야 선지자가 보낸 심부름꾼이 왕을 찾았다. 히스기야는 기도를 마치고 성전을 나서고 있었다.

"선지자님께서 말씀을 전하라고 하셨습니다. 하나님은 왕의 기도를 들으셨습니다. 예루살렘을 모욕한 산헤립을 하나님께서 비웃으셨습니다. 산헤립이 여러 민족을 점령한 것은 하나님께서 오래전에 계획한 것이 이루어진 것뿐이며, 하나님께서는 산헤립의 코에 쇠 갈고리를 꿰고, 입에 재갈을 물려 되돌아가게 하실 것입니다. 하나님께서는 유다 사람들이 환난을 피하여 하나님의 땅 아래에 뿌리를 내리고 열매를 먹을 것이라 말씀하십니다. 예루살렘과 시온산에서 살아남은 자들이 나올 것이며, 주님의 열심이 이 일을 반드시 이룰 것이라고 하십니다"(왕하 19:31).

히스기야는 이사야가 전해준 하나님의 말씀을 기도의 응답으로 믿고 궁으로 들어갔다. 한참을 뒤척이다 잠이 들었다. 아침에 침소에서 일어나서 의관을 정제하기도 전에 급한 전갈이 왕 앞으로 배달되었다.

"임금님, 어젯밤 주님의 천사가 나타나 앗수르 진영에서 18만 5천 명이나 되는 앗수르 군대를 다 죽였습니다. 예루살렘을 향해 진군하던 앗수르의 군사들은 시체가 되어 사방에 쓰러졌습니다. 임금님, 하나님 말씀대로 우리가 승리하였습니다."

며칠 후, 히스기야 왕은 산헤립에 대한 소식도 들을 수 있었다. 앗수르 대군을 하룻밤 사이에 잃은 산헤립이 왕궁으로 돌아가 앗수르의 신 니스록의 신전에서 향을 피우고 있었는데, 그의 두 아들이 산헤립을 죽이고 도망갔으며 왕을 이어서 또 다른 아들 에살핫돈이 왕위에 앉았다는 소식이었다(왕하 19:37). 이사야에게서 들었던 하나님의 뜻이 그대로 이루어졌다.

히스기야가 왕이 되고 몇 년간 겪었던 일은 실로 대단한 일이었다. 아버지 아하스가 망쳐놓은 유다를 하나님의 뜻에 따라 개혁하고 새롭게 하면서도 과연 잘하는 일인지 확신이 서지 않았다. 북이스라엘이 망했다는 소식과 앗수르의 도발은 히스기야의 의심을 더욱 부추겼고, 백성들에게 산당 제사를 다시 허용하였고, 자신은 앗수르에 투항해야 하는지 심각하게 고민하지 않을 수 없었다. 그러나 성전에서 하나님께 기도드린 이후에 그의 마음은 확신하게 되었고, 그 후로 이어지는 소식은 하나님께서 살아 계신다는 것을 확증해주는 놀라운 소식들이었다.

히스기야시대 활약했던 선지자는 이사야이며, 그는 히스기야 왕과 밀접한 관계를 맺고 있었다. 그런데 한편 재야에서 활동하는 선지자도 있었다. 미가였다. 사마리아와 예루살렘이 어떻게 될 것인지 하나님의 계시가 미가에게 내려졌다. 우리는 〈미가서〉를 통해 그것을 확인할 수 있다. 재앙이 눈앞에 온다고 해도 중요한 것은 하나님 앞에 어떻게 서느냐이다. 히스기야는 강대국의 위협 속에서도 겸손히 하나님과 함께 행하였다. 그것이 위기를 이겨내는 가장 중요한 비결이었다.

"사람아 주께서 선한 것이 무엇임을 네게 보이셨나니 여호와께서 네게 구하시는 것은 오직 정의를 행하며 인자를 사랑하며 겸손하게 네 하나님과 함께 행하는 것이 아니냐"(미 6:8).

히스기야의 삶은 쉽지 않았다. 앗수르가 물러나고 산헤립이 암살당했다는 소식으로 한숨을 돌릴 틈도 없이 갑자기 아프기 시작했다. 유다의 왕 중에 병에 걸려 죽는 경우가 종종 있었다. 히스기야의 증조할아버지 웃시야는 나병에 걸려서 죽었고, 남유다의 3대 왕 아사는 발에 병이 나서 죽었다. 북이스라엘의 8대 왕 아하시야는 난간에서 떨어진 후에 병상에 누웠다가 죽었다.

역대 왕 중에서 병에 걸렸다가 다시 나은 경우는 없었다. 히스기야는 이전의 왕들과 마찬가지로 시름시름 앓다가 죽을 운명이었다. 이사야 예언자는 히스기야를 찾아가서 말했다.

"하나님께서 말씀하십니다. 임금님께서는 집안일을 정리하셔야 합니다. 다시 회복될 수 없는 중병입니다."

히스기야는 자리에서 일어나 앉았다. 그리고 얼굴을 벽으로 향했다. 성전에서 온종일 기도했던 것과 같은 절박함으로 하나님께 기도를 올렸다.

"하나님, 그동안 저는 주님 안에서 진실하게 살았습니다. 마음을 다해서 순종하였으며 주께서 보시기에 선한 일을 하였습니다. 저를 기억하여주십시오."

기도하는 중에 눈물이 멈추지 않았다. 하나님의 뜻을 전한 뒤 왕의 처소를 나와 궁전 안뜰을 지나는 이사야를 하나님께서 불러 세웠다. 이사야는 다시 왕에게 돌아갔다. 히스기야는 여전히 벽에 얼굴을 대고 기도하고 있었다. 이사야는 왕의 상처에 무화과 반죽을 붙여주었다.

"하나님께서는 임금님의 눈물을 보셨고 기도를 들으셨습니다. 임금님의 생명이 15년 연장되었습니다. 그 약속의 증거로 해 그림자가

10도 뒤로 물러가게 될 것입니다."

히스기야는 눈물을 닦고 궁궐 마당에 드리운 해 그림자를 보았다. 신기하게도 그림자가 거꾸로 물러섰다. 더욱 신기하게도 아팠던 몸이 점점 가벼워지는 것을 느꼈다. 그의 병은 나았고, 임금님이 병상에서 회복되었다는 소식이 궁궐 담장을 넘어 멀리 퍼졌다.

당시 신흥국가였던 바벨론 왕 므로닥발라단이 히스기야의 쾌유에 대한 소식을 듣고 축하사절단을 보냈다. 사절단의 손에는 친서와 예물이 들려 있었다. 그동안 히스기야를 찾아왔던 사절단은 그를 위협하거나 비극적인 소식을 전하는 것이 고작이었다. 그런데 막 뜨고 있는 나라의 왕이 선물을 보내며 축하하니 히스기야의 마음이 흡족했다. 그는 바벨론의 사절단에게 자신의 창고를 보여주었다. 금, 은, 향료들이 있는 보물 창고는 물론이고 대외 일급비밀인 무기 창고까지 다 공개했다. 히스기야는 바벨론에게 유다가 얼마나 대단한 나라인지 보여주고 싶었다. 사절단이 돌아가고 난 뒤에 이사야가 히스기야를 찾아왔다.

"임금님께서는 참으로 경솔하게 행동하셨습니다. 바벨론은 앞으로 거대한 나라가 되어서 온 세상을 다 장악할 것입니다. 그때 그들은 예루살렘에도 쳐들어와 왕께서 보여준 모든 보물과 무기들을 하나도 남김없이 쓸어가버릴 것입니다. 임금님의 후사 중에는 바벨론 왕궁에서 환관이 될 사람이 많을 것이며 포로로 끌려갈 후손도 적지 않을 것입니다. 그날이 다가오고 있습니다"(왕하 20:17-18).

히스기야가 변했다. 남유다를 다스리는 왕으로서의 원년, 그는 레위인들에게 성전에 있는 모든 더러운 것을 끌어내서 기드론 골짜기에 버리게 했다. 아버지와 유다 왕가의 죄를 대신해서 속죄 제물을 잡았

| 재위 | 나이 | 있었던 일 |
|------|------|-----------|
| 원년 | 25세 | 왕이 됨 |
| 4년 | 29세 | 살만에셀의 사마리아 침공 |
| 6년 | 31세 | 북이스라엘의 멸망 |
| 14년 | 39세 | 산헤립의 유다 침공, 병에 듦, 바벨론에게 창고 보여줌 |
| 29년 | 54세 | 죽음 |

고, 남유다뿐 아니라 단에서 브엘세바까지 이스라엘 전역에 유월절을 선포해서 예루살렘에서 유월절을 지키게 했다. 다윗 왕 때도 지키지 못했던 성대한 행사였다(대하 30:26).

히스기야는 재위 14년, 39세가 되었을 때 앗수르 산헤립의 도발을 겪었고, 병에 걸려 거의 죽다 살아났다. 그 모든 위기를 이겨냈다. 해 그림자가 돌아가는 것도 보았고, 건강하게 15년을 살 수 있다는 약속도 받아냈다. 그러나 그것으로 끝이었다.

하나님의 보증을 받고 창고에 보물이 가득하게 되었고, 곡식 창고에는 농산물이 쌓였으며, 성읍의 우리마다 짐승들로 가득했다. 땅속으로 수로를 파서 적이 예루살렘성을 포위해도 안정적으로 식수를 공급할 수 있게 되었다. 히스기야는 하는 일마다 잘되었다(대하 32:27-30).

그래서 그의 변질은 더 가슴 아픈 일이었다. 잘나가고 있을 때 하나님은 히스기야를 시험하셨다(대하 32:31). 바벨론의 사절단에게 진귀

한 보물과 무기들을 다 보여주었고, 선지자의 경고에도 돌이키지 않았
다. 그는 하나님의 시험에 탈락했다. 히스기야는 몰랐다. 자신이 죽자
마자 유다에 영적인 어둠이 몰려오고 거대해진 바벨론이 유다를 점령
하게 될 것을….

**Kings'**
**History**
/ 므 / 낫 / 세 /

>>> Chapter _ 14
--------------------------------

# 최장 기간, 최악의 왕

히스기야가 죽고 12세에 왕이 된 므낫세는 55년 동안 유다를 다스렸다. 이스라엘 전체를 통틀어 가장 긴 통치기간이었다. 므낫세가 세운 기록은 왕위에 최장기간 있었던 것 말고도 더 있다. 그것은 그가 역대 최악의 왕이란 사실이다. 아버지 히스기야는 부왕 아하스가 망쳐놓은 성전의 각종 우상을 치우고 백성들 사이에 퍼져 있는 산당을 없앴다. 그런데 아들 므낫세는 히스기야가 했던 일을 정반대로 했다.

그는 히스기야가 헐었던 산당마다 찾아가서 다시 세워놓았다. 바알을 섬기는 제단을 다시 쌓았고 북이스라엘 아합시대에 유행했던 아세라 목상도 다시 들였다. 하나님의 성전 안에 각종 우상을 세웠다. 예루살렘 성전은 하나님께서 "내 이름을 영원히 두겠다"라고 하신 곳인데(왕하 21:4, 대하 33:4), 하나님의 이름에 먹칠하기 위한 것처럼 온갖 우상을 두었다. 성전에는 안뜰과 마당이 있었는데 그곳에도 하늘의 별을 섬기는 제단을 만들었다. 성전 안팎에 이방신을 섬기는 우상과 제단이 빼곡히 들어섰다.

그게 끝이 아니었다. 그는 '힌놈의 아들 골짜기'에 자기 아들을 불살라 바쳤으며, 온갖 마술을 부려서 혼란하게 했을 뿐만 아니라 악령과 귀신을 불러내는 초혼의식도 행했다(대하 33:6). 므낫세는 자신이 직접 아세라 목상을 깎아 만들고는 하나님의 성전 안에서 가장 잘 보이는 곳에 놓기까지 했다. 므낫세는 솔로몬 때부터 외국에서 들여왔던 모든 종교를 예루살렘에 전시했다. 왕이 우상 숭배에 앞장서니 유다 백성은 온갖 미신과 우상에 휩싸이고 말았다. 할아버지인 아하스시대의 역겨운 풍습보다 더했고, 아버지 히스기야가 성전을 정화했기 때문에 비교되어 더욱 혼란스럽고 끔찍했다.

므낫세는 자신에게 대항하는 사람이든지, 아니면 아무 잘못이 없는 백성이라도 그들을 학살하는 데 주저함이 없었다. 므낫세의 정권 아래에서 죽은 사람이 예루살렘 시작점에서 끝점까지 한 줄로 세워질 정도였다. 그들의 피가 예루살렘을 흥건히 적시고 있었다. 므낫세는 그동안 어떤 왕보다 더 더럽고, 추하고, 역겹고, 가증스러웠으며, 무섭고, 불쾌하고, 악했다.

므낫세는 도대체 왜 남유다의 역대 최악의 왕이 되어 버렸을까? 그것은 돈과 힘 때문이었다. 그가 아버지 히스기야를 이어 왕이 되었을 때 남유다는 부유하고 평안했다. 히스기야는 천하의 영광을 누렸다(대하 32:27). 생명이 15년 연장된 후에 주변 나라의 도발도 없었고 국내에 어려운 일도 없었다. 모든 것을 누리던 어느 날, 자신이 죽을 때를 알았던 히스기야는 열두 살의 철없는 아들 므낫세에게 모든 재산과 권력을 주고는 홀연히 세상을 떠났다.

므낫세는 아버지로부터 부귀영화를 물려받았고 나라 안팎의 어떤 어려움도 없이 편하게 유다를 이끌어갔다. 견제하는 사람도 없었고 공격하는 나라도 없었다. 자기 마음대로, 자기가 원하는 대로 아무렇게나 살았다. 그에게는 힘이 넘쳤다.

언제나 힘이 문제였다. 다윗은 가장 평화롭고 권력의 정점에 섰을 때 남의 아내를 빼앗는 죄악을 저질렀고, 솔로몬은 가장 힘이 있을 때 여러 나라의 공주와 그들의 우상을 들여오는 데 국고를 낭비했다. 히스기야는 나라 안팎의 위기로 인해 눈물로 기도하다가 생명과 부유함을 얻고 나서는 더 이상 기도하거나 회개하는 모습을 보이지 않았다. 므낫세는 가장 평화롭고 힘이 있을 때 왕이 되어 가장 가증한 일을 하고야 말았다.

평화시대를 누리느라 아버지로부터 하나님을 향한 신앙을 제대로 배우지 못한 점도 므낫세를 최악의 왕으로 만드는 데 일조했다. 히스기야는 29년의 재위기간의 정확히 전반부까지는 선하고 신실한 왕이었다. 딱 중간기인 재위 14년에 산헤립의 공격과 중병에 들었던 사건 등 매우 어려운 때를 맞이했지만 그는 하나님께 겸손했고 눈물로 기도했다. 그러나 중반기를 지나면서 히스기야의 겸손한 모습은 사라졌다. 재위기간의 중반을 넘긴 42세에 므낫세를 낳은 히스기야는 죽기까지 위기도 없었지만 제대로 기도하는 시간도 없었다.

어린 므낫세의 눈에는 평화를 누리고 부유해진 아버지만 보일 뿐이었다. 건강하던 아버지는 약속된 15년을 더 살고 죽었고, 아버지를 잃은 12세의 므낫세는 아버지로부터 어떤 교훈도, 어떤 신앙도 배우지 못하고 비뚤어진 길을 가는 왕이 되어 버렸다. 예언자들이 므낫세에게 경고했지만 므낫세는 전혀 돌아서지 않았고 〈열왕기하〉에서는 그의 악행과 죄악이 역사에 기록되었다고 그를 평가하고 있다(왕하 21:17). 그러나 〈역대하〉에서는 조금 다른 사건이 일어난 것을 보게 된다.

예언자의 경고도 듣지 않는 그에게 앗수르가 도발해왔다. 앗수르는 므낫세 왕을 포로로 잡아서 바벨론으로 끌고 갔다. 그때 그는 쇠사슬에 묶여 있었다(대하 33:11). 비록 포로가 되었지만 한 나라의 왕인데 짐승처럼 끌려간 것으로 보아 어떤 대우도 못 받은 것 같았다. 그동안 그가 누렸던 것을 잊게 하는 극심한 고통이 찾아왔다. 그는 감옥에서 고통받으면서 비로소 하나님께 기도했다. 얼마나 지났을까? 타국에서 포로로 죽을 수 있었는데 그는 예루살렘으로 귀환하게 되었고, 그제야 하나님을 인정하게 되었다.

므낫세는 이후 예루살렘 성벽을 다시 튼튼히 세웠고 외곽에 '오벨' 성을 쌓았다. 성읍마다 군대 지휘관을 배치해서 적의 도발에 대비했다. 그는 성전 안에 있는 신상, 목상들을 없앴고, 산에 있는 우상과 제단들을 예루살렘성 밖으로 버렸다. 그는 또 하나님의 제단을 고쳐서 화목제와 감사제를 드렸고, 백성들에게는 이스라엘의 하나님을 섬기라고 명령했다.

백성들이 하루아침에 다 하나님께 돌아오지는 않았다. 여전히 산당 제사는 횡행했다. 그러나 예전 같지는 않았다(대하 33:17). 이렇게 〈역대하〉에서는 므낫세가 하나님을 찾으며 기도했고, 자신의 죄와 허물에 대해서 회개했다는 사실을 보여주고 있다. 〈열왕기〉와 〈역대기〉의 시

각의 차이를 보여주고 있다. 그렇게 역대 최장수한, 최악의 왕 므낫세
는 포로로 끌려간 최악의 위기 속에서 하나님께 돌아올 수 있는 최후의
기회를 잡았다.

# 최단 기간, 최악의 왕

　　쇠사슬에 묶여서 비참하게 끌려간 것이 므낫세의 인생을 건지는 기회가 되었다. 그러나 그와 달리 므낫세의 아들 아몬은 그마저도 잡을 수 없었다. 67세에 죽은 아버지를 이어서 22세에 왕위에 오른 아몬은 2년 동안 예루살렘에서 왕위에 있었다. 그는 아버지의 모든 악행을 2년으로 압축해서 보여주었다.

　　아몬의 부왕 므낫세는 앗수르에서 돌아오고 나서 개혁적인 일을 했다. 그러나 너무 짧았고 너무 얕았다. 히스기야가 종교개혁을 할 때 온갖 우상을 헐고, 부수고, 찍고, 버리고, 태운 것(왕하 18:4)과 달리 므낫세는 우상들을 성 밖으로 가져다 버린 것이 다였다(대하 33:15).

　　아몬은 아버지가 버린 그 우상들을 그대로 가져와서는 성안과 성전 곳곳에 세워두었다. 그리고 우상에게 제사를 지냈다. 아몬은 아버지 므낫세가 회개하는 모습을 보면서도 배운 바가 없었다. 그는 어렸을 때부터 익숙했던 우상 숭배를 왕이 되어서도 자연스럽게 진행하는 것처럼 보였다. 겨우 2년 동안 왕위에 있었는데 그의 악행은 아버지를 능가할 것만 같았다.

어느 날, 아몬의 신하들이 왕을 그대로 두어서는 안 되겠다고 생각했다. 그들은 역모를 꾸몄다. 아몬이 머무는 궁에 들어가서 왕을 암살했다. 유다 왕 중에서 8대 왕 요아스와 9대 왕 아마샤에 이어 암살당한 세 번째 왕이 되었다. 백성들은 왕을 살해한 신하들을 붙잡아 죽였고, 아몬의 아들 요시야를 왕으로 세웠다.

# Chapter 16

# 유다의 마지막 빛

북이스라엘의 첫 번째 왕이었던 여로보암이 벧엘과 단에 금송아지 우상을 세우고 자신이 직접 제단에 서서 분향하려고 했을 때 유다에서 온 하나님의 사람이 제단을 향해 외친 적이 있었다. 금송아지 제사를 진행하던 여로보암 왕은 모욕을 느껴서 그를 잡으려고 손을 뻗었다. 그 순간 그의 손은 마비되었고 하나님의 사람이 기도해주어서 회복될 수 있었다. 그때 하나님의 사람이 외쳤던 소리는 다음과 같았다.

"하나님의 사람이 제단을 향하여 여호와의 말씀으로 외쳐 이르되 제 단아 제단아 여호와께서 이와 같이 말씀하시기를 다윗의 집에 <u>요시 야라 이름하는</u> 아들을 낳으리니 그가 네 위에 분향하는 산당 제사 장을 네 위에서 제물로 바칠 것이요 또 사람의 뼈를 네 위에서 사르

리라 하셨느니라 하고 그날에 그가 징조를 들어 이르되 이는 여호
와께서 말씀하신 징조라 제단이 갈라지며 그 위에 있는 재가 쏟아
지리라 하매"(왕상 13:2-3).

　그때부터 세월이 많이 흘렀다. 북이스라엘은 19대 왕 호세아 때에
나라가 망했고, 남유다는 16대 요시야 왕까지 오게 되었다. 그때 하나
님의 사람이 말한 '다윗의 집에 요시야'는 과연 유다의 16대 왕 요시야
를 의미했던 것일까?
　24세의 아몬이 죽었을 때 그의 아들 요시야는 8세였다. 아몬은 16
세에 요시야를 낳았다. 어릴 때 아버지를 잃고 신하들 사이에서 자란
요시야는 아버지로부터 악한 영향력을 받지 않았다. 어린 왕을 대신해
서 신하들이 유다를 이끌어갔다. 그렇게 8년의 세월이 흘렀다.
　요시야가 16세가 되었다. 16세면 고등학생 나이다. 철없는 시절은
지났고 자아가 생기며 세계에 대한 나름의 관점을 가질 때가 되었다.
요시야는 질문하기 시작했다. "나는 누구인가? 하나님은 누구신가? 왕
이란 어떤 존재인가? 우리나라는 어떻게 시작되었나? 어느 왕 때가 가
장 이상적이었나?" 쉽게 답을 찾을 수 있는 질문은 아니었다. 그러나
좋은 징조였다. 그는 열여섯 살에 그의 조상 다윗의 하나님을 찾기 시
작했다(대하 34:3).
　요시야가 16세가 되었을 때 그의 곁에는 사반이라는 서기관이 있었
다. 그 당시 서기관은 율법에 능한 사람이었는데 다윗시대(삼하 8:17,
삼하 20:25), 솔로몬시대(왕상 4:3), 히스기야시대(왕하 18:18) 등을 제
외하면 서기관이 등장할 때는 거의 없었다. 역대 왕들은 서기관을 세우

지 않았거나 있더라도 명목상일 뿐이지 별 활동이 없었다. 그만큼 성경을 기록하고 보존하는 일, 율법을 필사하고 해석하는 일에 왕들은 관심이 없었다. 그러나 요시야는 달랐다. 그는 사반 서기관을 불러서 이렇게 지시했다.

"사반 서기관님, 백성들이 성전을 위해 성전 문지기에게 바친 헌금이 있습니다. 그 돈을 모두 계산해서 성전 공사 감독관에게 주어 목수, 석수, 미장의 품삯과 목재, 석재를 구입하는 비용에 쓰도록 하십시오. 힐기야 대제사장에게 왕명을 전해주십시오"(왕하 22:4-7).

왕은 하나님이 어떤 분이신지, 다윗이 걸어간 길이 무엇인지에 대한 답은 성전에 있다는 것을 깨달았다. 사반은 왕의 명령대로 힐기야와 함께 성전을 수리하고 정화하는 일을 했다. 성전은 므낫세 왕과 아몬 왕에 의해서 더럽혀졌기에 손보고 정리해야 할 곳이 많았다.

성전을 수리하는 사람들이 성전 구석을 치우다가 먼지 쌓인 항아리 안에 두루마리로 되어 있는 책을 발견해서 힐기야 제사장에게 주었다. 힐기야는 그것을 사반에게 주었고 사반은 왕에게 보고했다.

"임금님, 성전 수리는 잘되어 가고 있습니다. 백성들이 헌금한 돈도 공정하게 일꾼들에게 잘 전달했습니다. 성전 수리를 하다가 율법책을 발견했는데 임금님께 읽어드리겠습니다."

요시야는 그가 읽어주는 율법책의 내용을 가만히 듣고 있었다. 모세를 통해 이스라엘 백성에게 주신 여호와의 말씀이었다. 하나님의 말씀은 살아 있고 활력이 있어서 좌우에 날이 선 어떤 검보다 예리하여(히 4:12) 요시야의 가슴을 찔렀다. 요시야는 말씀을 다 듣고 그 자리에서 옷을 찢었다.

아름다운 전통으로 은혜로웠던 이스라엘이 왜 두 동강이 났으며, 북이스라엘이 어쩌다가 앗수르에게 짓밟혔으며, 찬란한 유산으로 가득했던 유다가 왜 그토록 망가졌는지 알 수 있었다. 사반이 읽고 있는 율법의 한 절 한 절이 요시야의 가슴을 아프게 했다.

"사반 서기관님, 힐기야 대제사장님, 그리고 아사야 시종장님, 여러분께서는 유다 전역을 돌아다니며 하나님 뜻이 어디에 있는지 해석할 수 있는 사람을 찾아오십시오. 앞으로 이 나라가 어떻게 될 것인지, 하나님 뜻을 알 수 있는 사람이 당장 필요합니다. 우리 조상의 죄가 큽니다. 지금이라도 바로 잡지 않으면 하나님께서 우리에게 크게 진노를 내리실 것입니다"(왕하 22:13).

예루살렘은 다윗시대에 구성된 오래된 구역이 있었고 이후에 계속 인구가 유입됨에 따라서 예루살렘 둘째 구역으로까지 확대되었는데 그 구역에 숨은 실력자인 여선지자 훌다가 살고 있었다. 할하스의 손자이자 디과의 아들인 살룸은 궁중 예복을 만들어서 임금과 궁궐의 신하들에게 보내고 관리하는 일을 했다. 훌다는 살룸의 아내로서 하나님의 말씀을 전하는 여선지자였다. 훌다가 왕에게 하나님 뜻을 전했다.

"여호와의 말씀이 내가 이곳과 그 주민에게 재앙을 내리되 곧 유다 왕이 읽은 책의 모든 말대로 하리니 이는 이 백성이 나를 버리고 다른 신에게 분향하며 그들의 손의 모든 행위로 나를 격노하게 하였음이라 그러므로 내가 이곳을 향하여 내린 진노가 꺼지지 아니하리라"(왕하 22:16-17).

"내가 이곳과 그 주민에게 대하여 빈 터가 되고 저주가 되리라 한 말을 네가 듣고 마음이 부드러워져서 여호와 앞 곧 내 앞에서 겸비하여 옷을 찢고 통곡하였으므로 나도 네 말을 들었노라. 여호와가 말하였느니라. 그러므로 보라. 내가 너로 너의 조상들에게 돌아가서 평안히 묘실로 들어가게 하리니 내가 이곳에 내리는 모든 재앙을 네 눈이 보지 못하리라 하셨느니라 하니 사자들이 왕에게 보고하니라"(왕하 22:19-20).

하나님의 심판이 남유다에도 임하게 될 것이었다. 하나님의 진노는 더 이상 참을 수 없을 정도였다. 하나님께서 결정하셨기 때문에 그것은 시간문제일 뿐이다. 하나님은 훌다 선지자를 통해서 "심판이 임한다. 재앙이 내린다"는 뜻을 보여주셨다. 하나님의 뜻이 드러난다면 어떻게 행동하는 게 맞을까? 어차피 다 망하게 될 텐데 그냥 포기하고 무너지게 놔두는 게 맞을까? 요시야는 그렇게 하지 않았다.

그는 어린아이부터 노인에 이르기까지 예루살렘의 모든 주민과 유대 백성과 함께 성전으로 올라갔다. 그는 백성에게 언약책의 말씀을 다 들려주었다. 하나님의 계명과 법도와 율례를 지킬 것을 당부했다. 그는 말로만 끝내지 않았다. 언약대로 예루살렘과 유다 전역의 우상들을 몰아냈다.

예루살렘은 물론이고 유다 지역에서 우상을 찾아보기 어렵게 되었다. 요시야의 개혁은 유다에만 국한되지 않았다. 그는 망한 나라 북이스라엘도 방문했다. 벧엘에 도착해보니 북이스라엘 왕조 내내 악행을 저질렀던 제단과 산당이 있었다.

## 〈도표 9〉 요시야가 유다와 예루살렘에서 없앤 우상들 (왕하 23:4-14)

| 구분 | 내용 |
|------|------|
| 기구들 | 바알, 아세라, 별을 섬기는 것 |
| 제사장 | 산당 제사장, 바알과 태양과 별의 제사장들 |
| 목상들 | 아세라 |
| 집 | 남창의 집 |
| 산당들 | 여호수아 문어귀, 성문 왼쪽, 멸망산 오른쪽 |
| 부정한 곳 | 힌놈의 아들 골짜기(도벳) |
| 동상들 | 태양신 말 동상, 태양 수레 |
| 제단들 | 아하스 다락방 옥상, 므낫세의 제단들 |
| 기타 | 솔로몬이 들여온 아스다롯, 그모스, 밀곰 등 |

"이곳이 북이스라엘을 망하게 한 시작이구나. 제단을 헐어라. 그리고 산당도 불태워서 가루로 만들고, 아세라 목상도 꺼내서 잿더미가 되도록 다 태워버리라."

벧엘 뒤편 산에 올라가니 동굴 무덤이 있었다. 무덤에는 뼈들이 있었는데 대부분 우상의 제사장들 뼈였다. 무덤에도 우상 숭배의 흔적이 있었다.

"무덤 속의 뼈들을 꺼내라. 그리고 제단 위에 모아서 다 불태우라. 더 뼈를 향해 제사를 지내지 못하게 완전히 없애버리라."

북이스라엘의 초대 왕 여로보암이 만들었던 벧엘의 제단은 요시야에 의해서 완전히 타버렸다. 하나님의 사람이 여로보암을 향해 외쳤던 예언이 그대로 이루어졌다.

"하나님의 사람이 제단을 향하여 여호와의 말씀으로 외쳐 이르되 제
단아 제단아 여호와께서 이와 같이 말씀하시기를 <u>다윗의 집에 요시
야라 이름하는 아들을</u> 낳으리니 그가 네 위에 분향하는 산당 제사
장을 네 위에서 제물로 바칠 것이요 또 사람의 뼈를 네 위에서 사르
리라 하셨느니라 하고"(왕상 13:2).

요시야 왕이 물었다.
"저기 보이는 비석은 무엇이냐?"
비석에 쓰인 글을 보고 부하가 대답했다.
"이것은 유다에서 벧엘에 왔던 하나님의 사람 무덤입니다. 그는 여
로보암 왕에게 벧엘의 제단에 대해서 예언하였는데 요시야 임금님께
서 지금 하시는 일을 정확하게 예언하였습니다."
"그렇구나. 그렇다면 이 예언자의 뼈는 그대로 두어라. 이 비석 아
래에 있는 뼈들을 제외하고 모든 뼈는 다 불살라라."
요시야는 사마리아로 가서도 벧엘에서 한 것처럼 산당을 다 없앴고
남아 있는 우상 숭배의 제사장들도 다 죽인 후에 태워서 없애버렸다.
요시야의 개혁은 아직 끝나지 않았다. 그는 우상의 제단을 없앤 뒤
에 비어 있는 그곳에 무엇을 채워야 할지 알았다. 백성들은 첫째 달 14
일에 어린 양을 잡았다. 유월절이었다. 레위 사람들이 왕 앞에 모였다.
"성전 안에 가득했던 온갖 우상은 치워졌소. 그러면 그곳에 무엇이
들어가는 게 맞겠소? 그렇소. 거룩한 궤를 성전 안에 두도록 하시오. 여

## 〈도표 10〉 요시야 연대표

| 재위 | 나이 | 있었던 일 |
|------|------|-----------|
| 원년 | 8세 | 왕위에 오름 |
| 8년 | 16세 | 하나님을 찾기 시작 |
| 12년 | 20세 | 우상을 없애기 시작 |
| 18년 | 26세 | 성전 수리, 율법책 발견, 유월절 지냄 |
| 31년 | 39세 | 므깃도 전투에서 사망 |

러분은 가문별로 서열에 따라서 제사를 지낼 수 있도록 준비하시오. 어린 양과 염소를 잡아서 하나님께 유월절 제사를 드리도록 합시다. 레위인과 제사장들은 모두 이 일을 위해서 몸을 성결하게 해야 합니다"(대하 35:3-6).

요시야는 유월절을 위해 3만 마리의 어린 양과 어린 염소, 3천 마리의 수소를 제물로 제공했다. 아무 대가도 받지 않았다. 신하들과 백성들도 힘닿는 대로 양과 소를 내놓았다.

양의 가죽이 벗겨지고 피가 제단에 뿌려졌다. 숱한 소와 양과 염소들이 번제단의 제물로 바쳐졌다. 아삽의 자손은 노래하는 사람들을 지정된 장소에 세웠다. 하늘로 번제물의 연기가 올라갈 때 찬양대의 노랫소리가 울려 퍼졌고 제단으로는 짐승의 피가 떨어졌다.

이 모든 것은 역대 왕들과 백성의 죄를 대신한 피와 희생이었다. 그토록 그들의 죄가 컸다. 성경은 사무엘 이후로 이스라엘 안에서 이처럼 유월절을 지킨 왕이 없었다고 증언한다(대하 35:18). 사무엘 이후라면 사울부터 모든 왕을 지칭했다.

왕정이 시작된 이후 요시야처럼 유월절을 정확히 지킨 왕이 없었다. 요시야는 유다의 마지막 빛이었다. 그렇다면 요시야로 인해서 유다는 다시 살아날까? 위기 속에 있는 유다는 하나님의 심판으로부터 유예하게 될까?

"그러나 여호와께서 유다를 향하여 내리신 그 크게 타오르는 진노를 돌이키지 아니하셨으니 이는 므낫세가 여호와를 격노하게 한 그 모든 격노 때문이라. 여호와께서 이르시되 내가 이스라엘을 물리친 것같이 유다도 내 앞에서 물리치며 내가 택한 이 성 예루살렘과 내 이름을 거기에 두리라 한 이 성전을 버리리라 하셨더라"(왕하 23:26-27).

안타깝게도 예루살렘을 향한 하나님의 심판 시계는 멈추지 않았다. 므낫세의 죄로 인한 하나님의 심판 뜻은 예정된 대로였다. 요시야 때에 그 일이 일어나지는 않았지만 요시야의 아들 때에 예루살렘은 망하고 말았다. 요시야의 최후도 비극적이었다.

당시 예루살렘 주변의 상황은 심상치 않았다. 전통의 강대국 애굽의 바로 느고가 중동과 지중해의 패권을 쥐고 있던 앗수르를 돕기 위해서 유브라데강 쪽으로 올라갔다(왕하 23:29). 유브라데강의 상류에는 갈그미스 도성이 있었다. 이 성읍은 메소보다미아와 소아시아의 연결점이었고 애굽 입장에서는 유브라데 지역으로 들어가는 관문이었다. 갈그미스는 앗수르의 식민지가 되어 있었다.

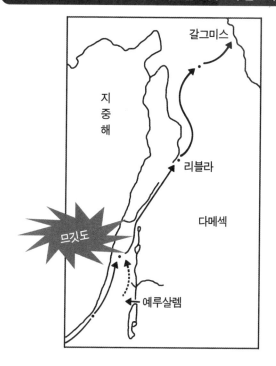

〈그림 1〉 요시야 왕이 애굽과 싸웠던 므깃도와 갈그미스 지도

갈그미스

지중해

리블라

다메섹

므깃도

예루살렘

그런데 떠오르는 강자 바벨론의 느부갓네살 왕이 앗수르를 물리치고 성읍을 복속시켰다. 바벨론이 갈그미스를 차지했다는 것은 곧 애굽 지역으로 정벌을 나서게 된다는 의미였다. 애굽의 바로 느고가 갈그미스로 올라간 이유였다. 애굽, 앗수르, 바벨론 이렇게 강한 세 나라가 갈그미스에서 붙게 되었다. 그때 요시야 왕은 북이스라엘을 무너뜨렸던 앗수르가 쇠퇴하고 있는데 애굽이 합류하게 되면 유다에도 악영향이 있을 거라 여겼다. 그는 애굽이 갈그미스로 올라가는 길목인 므깃도에

서 바로 느고를 막아섰다.

"요시야 왕이여, 우리는 유다를 치러 올라가는 것이 아니오. 하나님께서 나에게 속히 갈그미스로 올라가라고 했기에 명령을 따를 뿐이오. 길을 비키시고 예루살렘으로 돌아가시오."

요시야는 물러서지 않았다. 바로 느고가 왕인 자신을 노릴까 봐 변장까지 했지만 맹렬한 유다와 애굽의 전투 속에서 왕이라고 봐주지도 않았고 변장했다고 무사할 리도 없었다. 어디에선가 날아온 화살이 요시야 왕의 갑옷을 뚫었다.

그는 므깃도에서 예루살렘으로 돌아왔지만 부상이 심해서 죽고 말았다. 아합 왕이 길르앗 라못 전투에서 변장하고 나섰지만 화살에 죽은 것과 흡사했다. 다른 점이라면 아합의 죽음은 그의 악행에 대한 대가인 반면에 요시야의 죽음은 판단의 실수로 인한 죽임이란 것, 그리고 요시야의 죽음을 안타까워한 예레미야가 왕의 죽음을 애도하기 위해 '애가'를 지었다는 점도 달랐다(대하 35:25).

요시야 왕의 죽음으로 유다에서 마지막 반짝이던 빛이 사라졌다. 요시야 이후 22년간 4명의 왕이 등장했지만 어느 왕도 유다의 몰락을 막지 못했다.

# 3개월 만에 쫓겨난 왕

요시야가 죽고 그의 아들 여호아하스가 왕이 되었다. 그는 예루살 렘에서 즉위하여 석 달이 되었을 때 큰 위기를 맞게 되었다. 아버지를 죽인 애굽이 갈그미스까지 올라가서 바벨론과 전쟁을 벌였는데 상대 는 느부갓네살이었다. 애굽은 전쟁에서 패하고 돌아갈 수밖에 없었다. 돌아가던 바로 느고가 여호아하스를 붙잡아 애굽으로 데려갔다.

애굽의 느고 왕은 돌아가는 길에 예루살렘에 들어왔다. 이유가 있 었다. 요시야 왕이 므깃도에서 애굽을 쳐서 전력이 약화된 것에 대한 트집이었다. 느고 왕은 여호아하스를 폐위시키고 자신의 말을 잘 들을 것 같은 요시야의 또 다른 아들 엘리야김을 왕의 자리에 앉혔다.

"엘리야김, 잘 들어라. 너의 아비 요시야 왕이 므깃도에서 우리 발 목을 잡지 않았다면 갈그미스 전투는 우리 애굽이 이겼을 것이다. 그러니 너는 유다 백성에게 세금을 걷든, 보물창고에서 내오든 은 100달란트와 금 1달란트를 조공으로 바쳐라. 그리고 너의 이름은 이제부터 엘리야김에서 여호야김으로 바꾸도록 하여라. 그리고 여호아하스를 볼모로 잡아가겠다. 내 명령을 반드시 지키도록 하여라."

여호아하스 왕은 왜 그토록 무기력했을까? 그는 23세의 나이로 왕이 되었다. 그의 어머니는 리블라 출신의 하무달이었다. 여호아하스는 왕이 되고 석 달이 지났을 때 어머니의 고향인 리블라로 올라갔다. 외가 쪽 사람들에게 잘 보이려 하거나, 리블라에 있는 유다 백성을 위로하기 위한 방문이 아니었다. 갈그미스에서 패하고 내려오는 애굽의 느고 왕을 영접하기 위해서였다. 여호아하스는 애굽이 그냥 넘어가는 줄 알았다.

느고 왕은 여호아하스를 사로잡아 애굽으로 끌고 갔다. 그리고 내정간섭을 하기 시작했다. 여호아하스는 고작 3개월 왕위에 올랐다가 자신이 지지하는 강대국에 의해서 왕위에서 내려와야 했던 불운한 왕이었다. 그 이유는 명백했다. 그가 "하나님께서 보시기에 악한 일을 하였기 때문이었다"(왕하 23:32).

요시야 왕의 개혁적인 정책과 하나님 앞에서 선하게 했던 모든 수고가 그의 아들에 의해서 다 헛되게 되었다. 여호아하스를 대신해서 왕위에 오른 여호야김 왕은 요시야의 또 다른 아들이었다. 여호아하스는 애굽에서 죽었다(왕하 23:34).

# 친 애굽 왕

여호야김이 왕위에 올랐을 때 그의 나이는 25세였다. 여호아하스보다 두 살이 많은 배다른 형이었다. 여호야김의 어머니는 스비다였다. 여호야김 역시 "하나님 보시기에 악"하였다(왕하 23:37).

여호야김은 애굽에 은 100달란트와 금 1달란트를 보내야 했다. 국고는 바닥이었다. 왕은 백성에게 세금을 부과했고 백성들은 재산의 정도에 따라서 차등으로 배정된 세금을 냄으로써 애굽과 약속한 조공을 겨우 맞출 수 있었다. 여호야김은 애굽에 의해서 세워진 왕이기 때문에 친 애굽 성향이 강했다.

여호야김의 왕위는 절대 안전하지 않았다. 애굽에 조공을 보내서 겨우 한숨 돌리는가 했더니 이번에는 바벨론의 느부갓네살 왕이 예루살렘에 쳐들어왔다. 여호야김은 바벨론의 신하로 3년을 섬겨야 했다

(왕하 24:1). 어떻게 신하로 섬겼다는 말일까? 여호아하스 왕이 애굽으로 끌려간 것처럼 여호야김은 바벨론으로 끌려갔다. 여호아하스와 다른 점은 그는 볼모가 아니라 느부갓네살의 신하로 잡혀간 것이었다(대하 36:6). 왕이 바벨론의 신하가 되었는데 백성은 오죽했겠는가? 예루살렘 성전의 모든 기구는 바벨론으로 옮겨졌고, 많은 백성이 포로로 끌려갔다. 이것이 바벨론의 1차 침공이었다(BC 605년).

바벨론에 포로로 잡혀간 사람들은 여호야김 왕을 비롯해서 왕족, 귀족들이었고, 똑똑하고 명민한 젊은이들도 다수 포함되어 되었다. 이때 다니엘과 세 친구도 바벨론에 잡혀갔다. 그들은 바벨론을 위해서 일해야만 했다.

3년이 지난 뒤에 여호야김은 예루살렘으로 돌아올 수 있었다. 여호야김은 주변 나라의 상황을 살펴보았다. 애굽의 바로 느고와 바벨론의 느부갓네살이 다시 전쟁을 벌였는데 이번에는 바로 느고가 이기고 있었다. 친 애굽 왕이었던 여호야김에게는 기회였다. 그는 느부갓네살에게 저항했다(왕하 24:1). 그러나 상대는 느부갓네살, 여호야김이 대적할 수준이 아니었다. 바벨론에게 붙은 아람(시리아), 모압, 암몬의 군대가 예루살렘에 쳐들어와서 쑥대밭을 만들었다. 이것이 바벨론의 2차 침공이었다(BC 602년).

여호야김은 그 이후 힘도 써보지 못하고 명목만 왕으로 자리만 지킬 뿐이었다. 그는 왕이 된 지 11년 만에, 그의 나이 36세에 죽었다. 여호야김이 죽고 그의 아들 여호야긴이 이어서 왕이 되었다.

>>> Chapter _ 19

/여/호/야/긴/

# 너무 어리고 연약한 왕

18세에 왕위에 오른 여호야긴은 무너져가는 유다를 이끌기에 너무 어렸고 너무 연약했다. 왕이 할 수 있는 일은 아무것도 없었다. 그런데 성경은 그가 "여호와께서 보시기에 악을 행하였더라"(왕하 24:9, 대하 36:9)라고 기록하고 있다. 여호야긴이 얼마나 악했다는 말일까?

바벨론은 메소보다미아 지역의 최강자로 무섭게 떠올랐다. 이런 기세라면 전 세계가 바벨론 손아귀에 들어가는 것은 어려운 일이 아니었다. 바벨론은 동쪽으로는 유브라데강에서 서쪽으로는 애굽의 강까지 세력을 넓혔다. 느부갓네살은 너무나 강력해서 그를 넘볼 수 있는 나라는 없었다.

전통의 최강자였던 애굽마저도 바벨론이 정해놓은 애굽의 강(애굽과 팔레스틴의 경계를 이루었던 강(왕상 4:24)을 의미) 안쪽으로 국경

Section 2
분열왕국, 남유다의 왕들 **295**

이 축소되었고, 밖으로 세력을 뻗칠 수 없게 되었다(왕하 24:7). 여호 야긴이 왕 위에 있을 때 바벨론이 예루살렘을 포위했다. 바벨론의 3차 침공이었다(BC 597년).

느부갓네살이 예루살렘에 도착하자 여호야긴은 신하들, 지휘관들, 내시들과 어머니 느후스다를 대동하고 느부갓네살을 영접했다. 굴욕적인 일이었지만 강한 상대인 바벨론을 상대하려면 어쩔 수 없었다.

"느부갓네살 임금님, 저희는 임금님의 종입니다. 제 아버지 여호야 김 왕께서는 임금님께 반항하였지만 저는 임금님을 환영하며 모셔드립니다. 부디 노여움을 푸시고 저희의 환영을 받아주십시오."

느부갓네살은 앗수르 왕과는 달랐다. 앗수르가 정복한 땅에 들어가 닥치는 대로 사람을 죽이고, 포로들을 강제로 이주하는 정책을 펼쳤다면 바벨론은 식민국가의 왕족과 귀족, 똑똑한 젊은이들을 잡아다가 바벨론 제국을 강하게 만드는 데 사용했다. 여호야긴의 환영이 무색하게 바벨론의 군사들은 왕과 귀족을 붙잡아서 바벨론으로 끌고 갔다. 느부 갓네살이 왕이 된 8년에 일어난 일이었다.

느부갓네살은 예루살렘의 주민, 관리, 용사, 기술자, 대장장이를 잡아갔다(왕하 24:14). 그들은 바벨론 제국을 부강하게 만들기 위한 노역자로 일하게 될 것이었다. 느부갓네살은 예루살렘 성전과 왕궁의 보물도 모두 탈취했고, 가져갈 수 없는 그릇은 산산조각 내버렸다. 예루살렘 땅에는 바벨론의 입장에서 별로 필요 없는 가난하고 병든 사람들만 남았고, 예루살렘 성전과 궁전을 비롯한 주요 시설은 폐허가 되어 버렸다. 마치 거대한 태풍이 지나가고 난 뒤의 골조만 남은 건물 같았다. 그러나 아직 폭풍은 끝나지 않았다.

여호야긴은 18세에 겨우 3개월 동안 왕을 하다가 느부갓네살에 의해서 바벨론으로 끌려갔고 감옥에 갇혔다. 그리고 37년이 지난 55세 때 바벨론의 에윌므로닥 왕의 재위 원년 12월 27일에 특사로 석방되었다(BC 562년). 18세의 어린아이가 장년의 모습으로 장기수를 그치고 밖으로 나온 것이다(왕하 25:27).

여호야긴은 바벨론에 속한 왕들보다 더 높은 자리에 올랐다. 죽을 때까지 좋은 옷을 입고 왕과 함께 한 상에서 먹었고, 매일 일정한 생활비를 받았다.

>>> Chapter _ 20

# 눈 뽑혀 끌려간 마지막 왕

여호야긴은 18세에 바벨론으로 잡혀갔다. 여호야긴을 이어서 그의 아들이 왕이 되어야 하는데 어린 나이라서 아들이 없었다. 있더라도 왕으로 세울 정도는 아니었을 것이다. 바벨론은 야호야긴의 삼촌 맛다니야를 왕으로 세웠다. 그리고 그의 이름도 시드기야로 바꾸었다.

시드기야는 남유다의 17대 왕 여호아하스의 동생이었다. 여호아하스와 시드기야의 어머니는 리블라 출신의 하무달이었다. 요시야 왕은 16세에 여호아하스를 낳았고, 29세에 시드기야를 낳았다. 여호아하스와 시드기야는 열세 살 차이가 난다.

시드기야는 유다의 마지막 왕이 되어 11년 동안 다스렸다. 왕이 될 때 그의 나이는 21세, 시드기야 역시 "하나님 보시기에 악한 왕"이었다 (왕하 24:19). 왕이 된 지 9년, 그의 나이 서른이었을 때 바벨론의 공격이 있었다. 느부갓네살은 군대를 보내서 예루살렘성을 포위했다. 이것이 바벨론의 4차 침공이자 마지막 공격이었다(BC 588년). 그것으로 예루살렘성은 완전히 무너졌고 남유다는 망했다.

시드기야는 바벨론에 저항했다. 성문을 닫아걸고 죽기까지 저항하기로 했다. 바벨론은 화살을 쏘면서 성 위에서의 공격을 차단했다. 유다 백성은 성안에 고립되었는데 바벨론은 성을 함락하기 위해서 성벽 바깥으로 흙 언덕을 쌓았다. 바벨론의 공격은 1년 하고도 몇 개월이나 지속되었다. 그 사이에 시드기야의 나이는 32세가 되었다. 예루살렘성 안의 백성은 먹을 것이 떨어져서 아사하기도 했고, 심지어 아기를 잡아먹기도 했다(애 4:10). 백성들은 서서히 굶어 죽느니 차라리 칼에 맞아 죽는 게 낫다고 생각할 정도였다.

바벨론의 군대가 성벽을 뚫어버린 날 밤, 시드기야 왕은 군사를 동원해서 예루살렘성을 빠져나갔다. 일단 살고 볼 일이었다. 그는 요단 계곡을 지나 아라바 쪽으로 도주했다. 바벨론 군사들은 시드기야를 추격했고 여리고 평원에서 시드기야를 생포했다. 시드기야는 리블라에 있는 바벨론 왕에게 끌려가서 고문당했다. 죽이지 않을 정도로만 심문당하던 시드기야의 눈앞에 그의 가족들이 사슬에 매여서 나타났다. 시드기야는 아들들의 얼굴을 보았다. 공포에 질려 있는 어린아이들이 아버지 앞에 무릎을 꿇고 앉았다. 시드기야는 도망치기 전에 자신의 손으로 가족을 죽이지 못한 것이 한이 되었다.

잔인한 바벨론의 군사들은 시드기야가 보는 앞에서 왕자들의 목을 하나씩 쳤다. 나라를 잃는다는 것은 이런 것이다. 앞으로 왕이 될 아들들이 하나씩 적의 칼에 목숨을 잃었다. 바벨론의 군사는 아들들을 다

처형한 후에 시드기야의 두 눈을 뽑아버렸다. 시드기야의 눈으로 보는 마지막 장면이 자기 아들들의 죽음이었다. 시드기야는 쇠사슬에 묶여서 바벨론으로 끌려갔다. 사울의 아버지 '기스'가 아들의 왕 즉위식을 보고 얼마나 영광스러웠을까? 다윗의 아버지 '이새'가 아들이 왕이 되었을 때는 또 얼마나 감격했을까? 없던 눈도 떠지지 않았을까? 그것이 왕의 아버지가 갖는 영광이었다.

그런데 나라가 망할 때는 왕의 눈이 뽑히는 지경이 되었다. 아버지가 왕이 아니었다면 아들이 죽을 일이 없었을 것이다. 왕이란 이유로 왕자들이 다 죽었다. 왕이란 무엇인가? 그것은 영광스러운 것이기도 했지만 자신의 권위와 힘을 남용하고, 백성을 올바르게 이끌어가지 않으며, 하나님의 뜻을 구현하지 않는다면 왕이야말로 가장 참혹하게 죽는 존재에 지나지 않았다. 몰락한 왕조. 아무짝에도 쓸모가 없어서 버려진 쓰레기처럼 퇴락한 것이 몰락한 왕조였다. 그렇게 유다는 역사 속으로 사라졌다. 그러나 하나님의 빛은 멈추지 않았다. 하나님은 그의 아들 예수님을 통해서 몰락한 왕조 속에서 하나님의 빛을 보여주셨다.

"아브라함이 이삭을 낳고 이삭은 야곱을 낳고 야곱은 유다와 그의 형제들을 낳고. …이새는 다윗 왕을 낳으니라. **다윗**은 우리야의 아내에게서 솔로몬을 낳고. …히스기야는 므낫세를 낳고 므낫세는 아몬을 낳고 아몬은 요시야를 낳고. …바벨론으로 사로잡혀 갈 때에 요시야는 **여고냐(여호야긴)**와 그의 형제들을 낳으니라. …엘리웃은 엘르아살을 낳고 엘르아살은 맛단을 낳고 맛단은 야곱을 낳고 야곱

## 〈도표 11〉 여호아하스 - 시드기야 연대 비교

| 왕 | 즉위나이 / 연한 | 어머니 | 아버지 | 죽음 |
|---|---|---|---|---|
| 여호아하스 | 23세 / 3개월 | 하무달 (리블라 출신) | 요시야 | 하맛 땅 리블라에서 잡힌 뒤 애굽에 끌려가서 죽음 |
| 여호야김 | 25세 / 11년 | 스비다 | 요시야 | 예루살렘에서 사망 |
| 여호야긴 | 18세 / 3개월 | 느후스다 | 야호야김 | 바벨론으로 잡혀감 37년 뒤 석방 |
| 시드기야 | 21세 / 11년 | 하무달 | 요시야 | 아들 처형 후 두 눈 뽑히고 바벨론으로 잡혀가서 죽음 |

## 〈도표 12〉 바벨론의 침공

| 구분 | 연대 | 성경 구절 | 내용 |
|---|---|---|---|
| 1차 | BC 605년 | 왕하 24:1 | 여호야김 끌려감, 왕족과 귀족도 끌려감 |
| 2차 | BC 602년 | 왕하 24:1-4 | 여호야김이 돌아와서 바벨론을 배반 |
| 3차 | BC 597년 | 왕하 24:10 | 여호야긴 즉위 후에 |
| 4차 | BC 588년 | 왕하 25:1-2 | 시드기야 왕 9-11년, 예루살렘 완전히 함락 |

은 마리아의 남편 요셉을 낳았으니 마리아에게서 그리스도라 칭하는 **예수**가 나시니라"(마 1:2-16).

## 〈도표 13〉 남유다 왕조 연대표

| 대순 | 남유다 왕 | 즉위 나이 / 재위 연수 | 죽음 | 성경 출처 (열왕기) | 성경 출처 (역대기) |
|---|---|---|---|---|---|
| 1 | 르호보암 | 41세 / 17년 | 58세 | 왕상 12:1-24, 14:21-31 | 대하 10:1-12:16 |
| 2 | 아비얌 | / 3년 | | 왕상 15:1-8 | 대하 13:1-14:1 |
| 3 | 아사 | / 41년 | | 왕상 15:9-24 | 대하 14:1-16:14 |
| 4 | 여호사밧 | 35세 / 25년 | 60세 | 왕상 22:1-50 왕하 3:1-27 | 대하 17:1-21:1 |
| 5 | 여호람 | 32세 / 8년 | 40세 | 왕하 8:16-24 | 대하 21:1-20 |
| 6 | 아하시야 | 22세 / 1년 | 23세 | 왕하 8:25-9:28 | 대하 22:1-9 |
| 7 | 아달랴 | / 6년 | | 왕하 11:1-20 | 대하 22:10-23:15 |
| 8 | 요아스 | 7세 / 40년 | 47세 | 왕하 11:21-12:21 | 대하 22:10-24:27 |
| 9 | 아마샤 | 25세 / 29년 | 54세 | 왕하 14:1-20 | 대하 25:1-28 |
| 10 | 웃시야 (아사랴) | 16세 / 52년 | 68세 | 왕하 14:21-22, 15:1-7 | 대하 26:1-23 |
| 11 | 요담 | 25세 / 16년 | 41세 | 왕하 15:32-38 | 대하 27:1-9 |
| 12 | 아하스 | 20세 / 16년 | 36세 | 왕하 16:1-20 | 대하 28:1-27 |
| 13 | 히스기야 | 25세 / 29년 | 54세 | 왕하 18:1-20:21 | 대하 29:1-32:33 |
| 14 | 므낫세 | 12세 / 55년 | 67세 | 왕하 21:1-18 | 대하 33:1-20 |
| 15 | 아몬 | 22세 / 2년 | 24세 | 왕하 21:19-26 | 대하 33:21-25 |
| 16 | 요시야 | 8세 / 31년 | 39세 | 왕하 22:1-23:30 | 대하 34:1-35:27 |
| 17 | 여호아하스 | 23세 / 3개월 | 23세 | 왕하 23:31-34 | 대하 36:1-4 |
| 18 | 여호야김 | 25세 / 11년 | 36세 | 왕하 23:34-24:7 | 대하 36:4-8 |
| 19 | 여호야긴 | 18세 / 3개월 | | 왕하 24:8-17, 25:27-30 | 대하 36:9-10 |
| 20 | 시드기야 | 21세 / 11년 | 32세 | 왕하 24:18-25:7 | 대하 36:11-13 |

# 분열왕국, 북이스라엘의 왕들

# Kings'
# History

# 금송아지 우상의 시작

북이스라엘의 초대 왕 여로보암은 원래 솔로몬의 부하였다. 어머니의 이름은 스루아였는데 과부였다. 홀어머니 밑에서 자란 여로보암은 솔로몬에게 발탁되어 요셉 가문의 부역을 감독하는 사람으로 임명되었다. 여로보암은 일 처리를 잘해서 왕의 마음에 쏙 들었다.

어느 날, 일을 마치고 귀가하던 중에 예언자 아히야를 만났다. 새 옷을 걸친 아히야는 여로보암 앞에 서더니 갑자기 옷을 벗어 열두 조각을 냈다. 예언자는 그중에 열 조각을 여로보암에게 내밀었다.

"하나님께서 말씀하셨습니다. 솔로몬은 하나님을 버리고 아스다롯, 그모스, 밀곰 등 우상에게 절하고, 하나님의 규례와 법도를 지키지 않고 있습니다. 솔로몬이 살아 있는 동안에는 이 나라가 그의 것이지만 그 아들 대에는 나라를 쪼개서 열 지파를 여로보암, 당신께 맡긴다고 하십니다. 자, 받으십시오."

여로보암은 아히야가 내민 열 조각의 옷을 받았다. 아무도 모를 것 같았던 이 일이 솔로몬의 귀에 들어갔다. 왕은 여로보암을 가만히 둘 수 없었다. 위험을 직감한 여로보암은 애굽으로 망명했다. 솔로몬 왕이 40년 치세를 마치고 죽은 뒤에 그의 아들 르호보암이 왕위를 이어받았다. 소식을 들은 여로보암은 애굽에서 급히 귀국했다. 여로보암이 돌아왔다는 소식은 이스라엘 백성 사이에 퍼졌고 백성들은 그를 중심으로 모여들었다.

르보호암 왕은 귀국한 여로보암을 만났다. 이제 막 국정을 시작한 르호보암은 여러 사람의 이야기를 들어야 했기에 재야인사인 여로보암의 방문을 환영했다. 여로보암 뒤에 이스라엘 백성이 있다는 것을 잘 알고 있었다.

"르호보암 임금님, 솔로몬 왕께서는 위대한 업적도 많이 남기셨지만 우리 이스라엘 백성에게 과중한 노동을 시키기도 했습니다. 임금님께서는 백성의 고통을 덜어주시고 무거운 멍에를 가볍게 해주십시오. 그러면 저희가 임금님을 받들어 섬기겠습니다."

르호보암은 즉답하지 않았다. 원로들과 젊은 신하들의 충고를 듣기로 하고 여로보암을 돌려보냈다. 그리고 3일 뒤에 르호보암은 백성을 불렀다. 여로보암은 백성의 대표들과 함께 발표를 들었다. 르호보암은 이렇게 말했다.

"내 아버지가 지운 멍에가 무겁다고 했소? 내가 진짜 무거운 것이 무엇인지 가르쳐 드리겠소. 아버지가 가죽 채찍을 들었다면 나는 쇠 채찍으로 다스릴 것이오."

실망이었다. 이스라엘 백성은 르호보암을 버리고 여로보암을 왕으로 추대했다. 르호보암에게는 유다와 베냐민 지파만 남고, 나머지 지파는 모두 여로보암을 따랐다(왕상 12:20). 아히야 예언자의 말 그대로였다. 여로보암은 최강대국 이스라엘의 6분의 5를 차지하게 되었다.

여로보암은 세겜에서 이스라엘을 다스리다가 곧 브누엘로 천도했다. 수도를 옮기까지 했지만 불안을 떨칠 수 없었다. 지금은 이스라엘 백성이 자신을 지지하지만 언제라도 다윗 가문 쪽으로 붙을 가능성이 있었다. 예루살렘 성전을 중심으로 신앙생활을 하기에 얼마든지 있을 수 있는 일이었고, 그렇게 되면 자신의 왕위는 끝나는 거로 생각했다. 무슨 방법이든 써야만 했다.

여로보암은 근사한 두 개의 금송아지 상을 만들었다. 그리고 이스라엘 백성이 섬길 하나님이라고 선포했다. 아론이 했던 것과 똑같은 일이었다(출 32장). 아니 그보다 더 악한 짓이었다. 아론보다 두 배나 많은 우상이었다.

"이스라엘 백성아, 이것이 너희를 구해낸 하나님이다. 예루살렘에 올라가지 말고 이곳에서 제사를 드리자."

백성들이 벧엘과 단에 세워진 금송아지 상에 절하기 시작했다. 이스라엘 백성은 예루살렘 신앙을 버렸다. 여로보암은 금송아지 신상 외에도 산당을 많이 세웠다. 그러다 보니 제사장이 모자랐다. 그는 레위 지파가 아닌 일반 백성 중에서도 제사장을 세워서 산당과 신상 제사를 주도하게 했다. 그리고 8월 15일을 정해서 금송아지 제사를 본격화했다(왕상 12:32). 이스라엘에는 없던 절기였다.

왜 이런 일이 벌어졌을까? 여로보암은 애굽에 망명했다가 돌아왔다. 애굽의 다신교 신앙을 보고서 출애굽 때에 아론이 했던 일과 유사한 행동을 했다. 애굽의 다신관을 보면서 이스라엘에 그것을 심으면 효과적으로 다스릴 수 있을 줄 알았다.

그러나 그것은 명백한 잘못이었다. 애굽에서 나올 당시의 이스라엘 백성은 다신관에 물들어 있었지만 지금의 이스라엘 백성은 솔로몬 성전을 중심으로 한 여호와 신앙이 있었다. 여로보암은 절대로 송아지 우상을 만들어서는 안 되었다. 그러나 그가 애굽 망명생활에서 얻었던 방식을 이스라엘에 심으면서 북이스라엘을 우상에게 갖다 바치고 말았다. 그 이후 북이스라엘의 왕들은 모두 '여로보암의 길'을 걸었다.

하나님은 아히야 선지자를 통해서 여로보암을 왕으로 택한 뜻을 보여주셨다. 왜 여로보암을 선택하셨을까? 그것은 솔로몬의 잘못 때문이었다. 그렇기에 여로보암은 솔로몬보다 나아야 했다. 하나님은 여로보암에게 기회를 주셨다. 여로보암은 솔로몬보다 더 위대한 왕이 될 수도 있었다. 넓은 영토와 재산, 많은 백성을 거느리면서 하나님의 뜻대로 다스리면 되었다.

그런데 여로보암이 착각했다. 백성을 잘 다스리기 위해서 자신에게는 없지만 솔로몬에게 있는 것을 생각했다. 바로 성전이었다. 그는 예루살렘에 성전이 있는 한 자신의 권력은 언제나 위험하다고 생각했다. 백성들은 솔로몬 성전에 대한 갈망이 있었다. 그래서 여로보암은 예루살렘 성전보다 더 크고 웅장한 제단을 만들기로 했다. 그것이 찬란하게 보이는 금송아지 우상과 그 제단이었다.

북이스라엘에는 이스라엘 백성만 살지 않았다. 원주민인 가나안 종족도 있었고 블레셋 사람도 있었다. 여로보암은 그들을 의식해서 북이스라엘 지역의 통합된 왕이 되려고 애굽에서 가져온 금송아지 우상을 만들어 벧엘과 단에 세웠다. 이스라엘의 남과 북의 대표적인 지역이었다.

그는 백성에게 송아지 우상을 어떻게 섬기는지 보여주기 위해서 자신이 정한 8월 절기에 벧엘의 단에 올라섰다. 분향하면서 본격적인 우상 숭배를 하려고 했다. 그때였다. 유다에서 온 하나님의 사람이 여로보암을 향해 큰 소리로 외쳤다.

"나 주가 말한다. 다윗의 후손 중에 요시야 왕이 태어날 것이다. 그는 분향하는 제사장들을 죽여 제물로 바칠 것이고, 제사장들의 뼈를 태울 것이다. 이제 그 증거로 여로보암이 세운 이 제단은 갈라질 것이고, 재가 쏟아질 것이다"(왕상 13:2-3).

솔로몬의 성전 봉헌만큼은 아니어도 자신이 주관하는 제사는 화려해야 했고 백성의 주목을 받아야 했는데, 유다에서 온 사람이 소리를 지르는 바람에 김샜다. 여로보암은 그를 가만둘 수 없었다. 신하들에게 그를 잡으라며 손을 뻗었다. 그런데 순간 그의 손이 마비되어 딱딱한 나무처럼 되었다. 그때 제단이 갈라지고 재가 쏟아졌다.

여로보암은 그에게 고개를 조아렸다. 자신을 고쳐달라고 요구했다. 하나님의 사람이 기도하자 곧 여로보암의 마비되었던 팔이 풀렸다. 여로보암은 그를 집으로 초대해서 먹을 것도 주고 선물도 주겠다고 했으나 그는 거절했다.

"하나님께서 아무것도 먹어서는 안 되고 바로 집으로 돌아오라고 하셨습니다."

하나님의 사람은 서둘러 자리를 피했다. 그리고 "여로보암은 회개하여 하나님께로 돌아오고, 이스라엘은 다시 여호와 신앙으로 돌아왔다"라고 한다면 얼마나 좋았을까? 여로보암은 금송아지 우상을 버리지 않았다. 오히려 유다에서 온 하나님의 사람과 관련된 이상한 사건이 생겼다.

기적을 본 한 예언자의 아들이 집으로 돌아가 늙은 아버지에게 그일을 말했다. 늙은 아버지는 하나님의 사람을 구슬려서 집으로 초대해 음식을 제공했다. 왕의 식사대접을 거절했던 그였다. 그런데 늙은 예언자는 하나님께서 허락했다고 말했고, 하나님의 사람은 그 소리에 마음을 바꾸었다. 그러나 그것은 거짓말이었다.

밥과 물을 먹자, 늙은 예언자는 하나님의 명령을 저버렸다고 말했고, 놀란 하나님의 사람은 서둘러 그 집을 빠져나와 길을 나섰다가 사자에게 물려 죽었다. 이 사건은 무엇을 말하려는 것일까? 다윗과 솔로몬 이후 오랜 시간이 지나지 않았다. 어느새 북이스라엘에는 거짓말이 능한 예언자가 득세하고 있었다. 경고를 듣고 기적을 체험한 여로보암이었다. 그러나 그는 여전히 금송아지 제사를 주관했다. 이렇게 북이스라엘은 죄와 거짓으로 덮이기 시작했다.

>>> Chapter _ 02

# 부하에게 배신당한 왕

북이스라엘의 초대 왕 여로보암에게는 아끼는 아들이 있었다. 이름은 아비야였는데 병에 걸려서 신음하고 있었다. 여로보암은 왕비를 시켜서 아히야 선지자를 찾아가게 했다. 자신이 왕이 될 것을 예언했던 선지자였다. 빵 열 개와 과자, 꿀을 선물로 준비했는데 여로보암은 이상한 것을 아내에게 시켰다.

"당신은 변장하고 가시오. 왕의 아내라는 것을 알아차리지 못하게 하는 것이 낫겠소. 아히야를 만나면 그가 우리 아들에게 어떤 일이 일어날 것인지 말해줄 것이오."

실로에 사는 아히야는 나이가 많고 눈이 어두웠다. 변장하지 않았어도 알아보기 어려웠을 것이다. 아히야는 여로보암의 아내가 도착하자마자 이렇게 말했다.

"여로보암의 부인이시지요? 오실 줄 알았습니다. 왕에게 제 말을 전하십시오. 하나님께서 여로보암을 이스라엘의 지도자로 삼으셨습니다. 그러나 왕은 우상을 만들어서 하나님의 진노를 샀습니다. 여로보암 가문의 모든 남자는 하나도 남기지 않고 죽을 것입니다. 아픈 아비야 때문에 오셨지요? 아비야만이 착한 아이였습니다. 하나님은 그를 먼저 데려가실 것입니다. 어서 집으로 돌아가십시오."

여로보암의 아내는 두려운 마음을 안고 집으로 돌아갔다. 아히야 선지자의 말대로 집안에 들어서자 그의 아들 아비야가 죽었다. 여로보암 왕이 행한 모든 일에는 거짓과 위선이 있었다. 여로보암은 22년 동안 북이스라엘을 다스린 뒤에 죽었고, 그의 아들 나답이 왕이 되었다.

나답은 아버지 여로보암보다 훌륭한 왕이 되었을까? 여로보암은 에브라임 지파에 고향은 스레다였다. 아무도 주목하지 않은 스레다에서 왕이 나온 것이다. 그의 아버지가 왕이 되고 이어서 평화롭게 정권을 이양받은 것은 전적으로 하나님의 은혜였다. 나답은 북이스라엘을 정치적으로 안정시키고 백성을 하나님에 대한 신앙으로 이끌어야 했다. 그러나 나답은 아버지의 악한 길만 답습할 뿐이었다(왕상 15:25-26).

왕이 된 지 2년이었을 때였다. 나답은 뭔가 보여주어야겠다고 생각했다. 그는 외부의 적을 공격하기로 했다. 그러면 내부적으로 단합하여 자신의 인기가 올라갈 것이라 믿었다. 그는 북이스라엘의 군대를 이스라엘과 블레셋의 격전지인 깁브돈으로 소집했다. 깁브돈을 공격할 생각이었다. 그곳은 욥바와 아스돗의 가운데 있는 언덕이었다. 서쪽의 바다로는 완만한 비탈길이었고 내륙으로 들어가면 게셀이 나왔다.

깁브돈은 여호수아시대에 단 지파의 영토로 배정되었다(수 19:44).

하지만 단 지파는 깁브돈과 거기에 딸린 목장을 레위 지파에게 무상으로 주었다(수 21:33). 이후 블레셋이 깁브돈을 점령했는데 이스라엘의 서남쪽 경계선이라 블레셋과 이스라엘이 툭하면 시비가 붙는 지역이 되었다. 나답은 깁브돈을 점령한 뒤에 블레셋을 손에 넣을 계획이었다. 나답에게 깁브돈은 기회였다.

이스라엘 군대가 깁브돈을 포위했을 때만 해도 나답은 자기 전략이 정확히 맞아떨어진다고 생각했다. 블레셋 진영에서는 아무런 움직임이 포착되지 않았다. 나답은 깁브돈을 장악한 뒤에 아스돗으로 내려가고, 그다음에는 가사까지 칠 계획이었다. 그러면 자신의 영토는 지중해 진영까지 넓혀질 것이며 어느 왕도 해내지 못한 블레셋 정벌을 완성하는 것이었다. 나답의 장밋빛 꿈이 사라지는 데는 오래 걸리지 않았다.

나답의 허리에 칼이 들어왔다. 날카롭고 서늘한 칼이었다. 나답이 뒤를 돌아보니 자신의 부하 바아사였다. 나답은 숨이 끊어지는 순간 배신감에 치를 떨었다. 자신과 가장 가까운 바아사가 자신을 배신했다는 것이 믿어지지 않았다. 나답이 죽었다. 왕위에 오른 지 2년 만이었다. 바아사는 왕으로 즉위한 뒤에 여로보암 가문의 모든 남자를 죽였다. 아히야 예언자가 한 말 그대로였다(왕상 14:10). 나답이 죽은 이유는 명확했다. 아버지 여로보암의 범죄, 그리고 본인의 범죄 때문이었다. 그들은 하나님을 노엽게 했다.

"이는 여로보암이 범죄하고 또 이스라엘에게 범하게 한 죄로 말미암음이며 또 그가 이스라엘의 하나님 여호와를 노엽게 한 일 때문이었더라"(왕상 15:30).

>>> Chapter _ 03
----------------------------------------

# 먼지에서 나와 먼지가 된 왕

바아사는 나답 왕을 죽이고 왕이 되었다. 북이스라엘의 첫 번째 혁명이었다. 남유다와 달리 북이스라엘에는 역모와 반란이 일어나 새로운 왕조가 탄생하곤 했다. 250년 북이스라엘 역사에서 아홉 번이나 왕조가 바뀌었다. 가장 긴 왕조는 예후 왕조로 5대까지였다. 다윗 왕조가 20대 넘게 유지된 것에 비하면 너무 짧았다.

왕조가 바뀌었다는 것은 잘못된 것을 고친다는 의미가 있다. 북이스라엘은 잘못을 바꿀 기회가 아홉 번이나 있었다. 그러나 그동안 북이스라엘에는 제대로 된 왕이 단 한 명도 나오지 않았다. 잘못된 정권을 교체한 새로운 정권이 이전과 마찬가지로 악을 답습하는 바람에 그 또한 극복해야 할 대상이 되어 버렸다. 바아사 역시 마찬가지였다.

바아사는 여로보암 가문의 숨 쉬는 모든 사람을 다 전멸시켰다. 그리고 24년 동안 디르사에서 북이스라엘을 다스렸다. 그러나 바아사도 '여로보암의 악한 길'을 걸었다. 하나니의 아들 예후 선지자가 바아사에게 경고했다.

"왕은 들으십시오. 하나님께서 당신을 먼지 속에서 끄집어내서 이스라엘의 통치자로 삼으셨습니다. 왕은 여로보암 가문에 대한 심판자로 하나님 뜻을 이루기 위한 도구였습니다. 그런데 당신은 여로보암과 똑같은 길을 가면서 하나님의 분노를 샀습니다. 하나님은 여로보암 가문처럼 당신 가문을 심판하실 것입니다. 바아사 가문 사람 중에 성안에서 죽은 사람은 개들이 그 시체를 먹을 것이고, 성 밖에서 죽은 사람은 새들이 와서 쪼아 먹을 것입니다"(왕상 16:1-4).

예후는 왜 이렇게 끔찍한 예언을 했던 것일까?

바아사가 북이스라엘의 왕이었을 때 남유다는 아사가 다스리고 있었다. 바아사와 아사 사이에는 전쟁이 끊이지 않았다. 바아사는 유다를 치러 올라가서 라마를 건축했다. 라마를 건축했다는 것은 북이스라엘과 남유다 사이의 교류를 끊어버린다는 의미였다(왕상 15:17). 나답이 깁브돈을 치면서 지중해 쪽으로 영토를 넓히는 작전을 썼다면 바아사는 남유다를 공격하는 작전을 구사했다. 라마를 건축해서 남유다를 고립시키는 작전이었다.

라마는 남유다와 북이스라엘의 접경지였고 예루살렘으로 가는 통행로였다. 그곳은 예루살렘에서 8km 정도의 거리였다. 바아사가 라마를 건축한다는 것은 북이스라엘 백성이 예루살렘으로 가는 길을 차단하는 효과가 있었다. 바아사는 남유다 아사 왕의 전력을 약화시키고 북이스라엘의 힘을 강화하기 위해 라마를 건축한다고 말했지만, 몰래 예루살렘 성전으로 가서 제사드리던 북이스라엘 백성의 영적인 통로를 막으려는 의도가 더 컸다.

남유다의 아사 왕은 은과 금을 모아서 아람(시리아)의 왕자 벤하닷에게 보냈다. 북이스라엘을 쳐달라는 요구와 함께였다. 바아사 왕이 라마에 집중하는 동안 아사 왕의 사주를 받은 벤하닷은 이스라엘의 북쪽 아벨벧마아가 단, 이욘을 공격했다. 북방이 침공당했다는 소식을 들은 바아사는 군사를 이끌고 디르사로 황급히 철수했다. 그 때문에 라마 건축이 중단되었다. 라마를 짓던 건축 재료들은 그대로 방치되었다.

바아사는 북이스라엘의 수도를 디르사로 옮겼다. 북방이 침략당하면 아람이 디르사까지 올 수 있기에 총력을 기울여 디르사를 지킬 수밖에 없었다. 라마를 건축하는 것보다 시급한 문제였다.

아사 왕은 방치된 라마의 건축 자재를 가져오도록 유다 백성에게 명령했다. 그리고 그것으로 게바와 미스바를 보수하게 했다. 그 결과 라마의 좌우에 있던 미스바와 게바가 건설되었는데, 그것은 북이스라엘과 남유다 사이에 장벽이 놓인 것과 같았다. 바아사는 남유다를 치려다가 자신이 더욱 고립된 것을 알았다. 그는 북이스라엘 백성들을 하나로 묶을 방법을 찾았다. '여로보암의 길'이었다. 바아사는 금송아지 우상에 대한 제사를 강조하면서 왕권을 강화했다. 예루살렘 성전으로 가는 길은 완전히 끊겼고 북이스라엘은 우상의 소굴이 되고 말았다.

그때 하나니의 아들 예후가 바아사 왕에게 앞과 같은 예언을 한 것이었다. 끔찍한 경고에도 바아사 왕은 눈도 깜짝하지 않았다. 24년 동안 권세를 누리면서 북이스라엘을 우상 숭배로 이끌어갈 뿐이었다.

24년이면 짧은 시간이 아니다. 왕으로서 권세를 누리며, 여러 가지 사역을 할 수 있는 시간이었다. 그러나 그는 악한 일만 했다. 예후가 전한 경고를 한 줄기 빛처럼 여기고 회개하고 돌아왔다면 얼마나 좋았을까? 그러나 그런 일은 벌어지지 않았다. 예언을 들으면서 부들부들 떨며 괴로워하거나, 옷을 찢으며 회개하지도 않았다. 다행인 것은 선지자 예후를 감옥에 넣지 않은 정도였다. 그의 24년의 통치는 먼지처럼 사라지고 말았다. 먼지에서 나와서 권력의 정점에 섰다가 결국 먼지처럼 사라지고만 바아사였다.

# Chapter 04

# 술에 취해 방심한 왕

바아사가 죽고 그의 아들 엘라가 왕이 되었다. 왕을 암살하고 왕이 된 아버지 바아사는 아들에게 왕위를 물려주었고, 엘라는 아버지로부터 왕위와 함께 수도 디르사도 물려받았다. 그는 2년 동안 디르사에서 이스라엘을 통치했다.

엘라 왕에게 국정은 관심 밖의 일이었다. 그는 병거부대의 절반을 시므리 장군에게, 나머지 절반은 군사령관인 오므리 장군에게 주면서 국방을 맡겼다. 엘라 왕은 디르사에 있는 궁내대신 아르사의 집에 들어가 술에 취해 있기 일쑤였다.

먼저 움직인 것은 시므리 장군이었다. 거나하게 술에 취해 잠든 엘라 왕의 가슴에 칼을 꽂은 시므리는 그 자리에서 자신이 왕이 되었음을 선포했다. 그리고 바아사 가문의 모든 사람을 죽였다. 바아사가 여로보암 가문의 숨 쉬는 모든 사람을 죽였다면(왕상 15:29), 시므리는 바아사 가문에 딸린 모든 사람, 일가친척과 심지어 친구까지도 다 학살했다(왕상 16:11).

엘라가 아버지 바아사를 이어 왕이 될 때의 나이가 몇인지는 알 수 없다. 그러나 바아사가 24년 동안 왕좌에 앉았었기에 아버지를 이어 왕위에 올랐을 때 엘라는 어린아이가 아니었다. 그는 어려서부터 아버지가 왕이었고, 아버지가 하는 것을 보았고, 들었다. 그리고 엘라는 아버지를 이어서 악행을 저질렀다(왕상 16:13). 엘라는 자신만 죄를 짓는 것이 아니라 이스라엘 백성에게도 우상을 섬기도록 놔두었으며, 이스라엘 땅을 우상 숭배로 가득하게 만들었다. 그리고 그는 술을 마셨다.

엘라의 아버지 바아사는 원래 왕이 아니었다. 당시 왕이었던 나답은 전 이스라엘 군대를 깁브돈에 모아서 블레셋에 대한 총공격을 감행했다. 왕의 측근이었던 바아사는 역모를 꾀해 나답 왕을 죽이고 자신이 왕으로 등극했다. 아버지가 왕을 죽인 곳이 깁브돈이었기 때문에 깁브돈은 엘라 왕이 각별히 유의해야 할 지역이었다.

그런데 한편으로 깁브돈은 영토를 넓힐 수 있는 매력적인 곳이었다. 북이스라엘의 왕이라면 한번 도전해 볼 만한 곳이었다. 엘라는 자신이 전투에 참여하지 않으면서 부하들이 깁브돈을 함락시킨다면 자신의 입지가 올라갈 수 있을 거라 생각했다.

엘라 왕은 자기 옆을 지켜줄 든든한 부하 시므리가 있었고, 강력한 카리스마를 지닌 최고 군사령관 오므리가 이스라엘 군대를 지휘하고 있었기에 술이나 마시면서 기다리면 최고의 전성기가 오리라 믿었다. 그래서 아르사의 집에서 술에 취해 뻗어버렸다.

술에 취했다는 것은 어떤 의미였을까? 엘라가 백성에게 우상을 던져주고, 외부적으로는 끊임없이 전쟁이 벌어지는 와중에 아르사 궁내대신의 집에 가서 술에 취했다는 것은 모든 상황을 외면하고 방심했다는 뜻이었다. 그리고 사람을 믿었다. 시므리와 오므리라는 두 장군에게 군사를 맡겼고, 내부적인 일은 아르사를 믿었다.

궁내대신 아르사는 엘라에게 술과 안식처를 제공했지만 엘라의 진정한 친구가 되어주지는 못했다. 엘라에게 나라를 지켜야 한다고 말하지도 않았고 술에 취한 그의 안위도 지켜주지도 못했다. 시므리 장군은 엘라 왕도 죽이고 그의 측근인 아르사도 죽였다. 그렇게 북이스라엘에는 또 한 번의 역모가 일어났다.

# 칠일천하

시므리는 엘라를 죽이고 왕이 된 뒤에 엄청난 살육을 벌였다. 엘라 왕과 그의 가문뿐 아니라 일가친척과 친구까지도 모두 죽였다. 엘라의 아버지 바아사에게 경고한 예후 선지자의 말 그대로였다(왕상 16:12).

바아사가 24년 동안 왕위를 지켰고, 그의 아들 엘라가 2년이었으니 모두 26년간의 바아사 부자의 통치기간이 있었다. 그동안 그들은 자녀, 일가친척, 친구를 정치에 끌어들였고 높은 지위를 주었다. 시므리도 바아사의 측근이고 친구였을 것이다. 그러나 시므리는 바아사와 엘라가 쌓아놓은 모든 탑을 무너뜨렸다.

시므리가 엘라 왕을 죽일 때 이스라엘 군대는 깁브돈을 공격하는 중이었다. 수도 디르사에서 일어난 일이 소문으로 퍼졌다.

"엘라 왕이 죽었다. 시므리 장군이 왕을 죽였대."

"그래? 그러면 누가 왕이 되는 거야?"

"시므리 장군이 왕위에 앉았어. 정변이지."

"이대로 있을 수 없지. 시므리 장군보다 우리가 따르는 오므리 장군이 왕이 되는 것이 더 낫지 않겠나?"

"아무렴. 우리 오므리 장군이 이스라엘을 다스리는 것이 낫지."

엘라 왕에게는 세 명의 장군이 있었다. 시므리, 오므리, 디브니. 셋 모두 막강한 실력자들이었다. 시므리는 수도 방어와 보급을 맡았고, 오므리는 최전선으로 뛰어들었으며, 디브니 역시 전선에 투입되었다. 그런데 시므리가 엘라 왕을 배신하여 암살한 뒤에 스스로 왕이 되었다.

이스라엘 군대는 엘라 왕이 암살되었다는 소식을 듣자마자 군사령관인 오므리 장군을 왕으로 옹립했다. 왕의 신복이라는 것을 이용해 왕을 배신한 시므리를 이스라엘 군대가 따를 수 없었다. 오므리는 전 군대를 이끌고 깁브돈에서 디르사로 회군했다. '깁브돈 회군'이었다. 수도 디르사는 이스라엘 군사들에게 완전히 포위되었다.

돌아가는 사정을 살피던 시므리는 왕궁의 요새로 피신했다. 적은 이스라엘 군대였다. 그들에게 잡히면 사형을 면할 수 없다는 것을 알았다. 그렇다고 디르사의 왕궁 요새가 든든한 성벽이어서 이스라엘 군대를 막아낼 수 있는 형편도 아니었다. 전 군대가 깁브돈에 회집되었기 때문에 자신의 곁을 지키는 군사는 소수에 불과했다. 그들과 함께 역습을 노릴 수는 없었다.

시므리가 엘라 왕을 살해하고 왕위를 차지한 뒤 집단 살육을 벌일 수 있었던 이유는 시므리의 정적들이 전쟁터에 나가 있었기 때문이었다. 이스라엘 군대의 지지를 등에 업은 오므리가 수도 디르사를 포위했다. 군대가 다르사성 안으로 들어오는 것은 시간문제였다.

시므리는 알았다. 성읍이 함락될 것은 불 보듯이 뻔한 일이었다. 그는 왕궁의 요새에서 어떻게 할지 고민에 빠졌다. 그러다가 왕궁에 불을 질렀다. 화염이 하늘을 가득 메웠다. 시므리는 몸을 던져 불길 속으로 뛰어들었다. 7일 동안의 왕 노릇은 잿더미가 되고 말았다. 시므리 왕에 대한 평가는 다음과 같았다.

"이는 그가 여호와 보시기에 악을 행하여 범죄하였기 때문이니라. 그가 여로보암의 길로 행하며 그가 이스라엘에게 죄를 범하게 한 그 죄 중에 행하였더라"(왕상 16:19).

시므리는 고작 7일 동안 왕이었다. 그가 한 것이라고는 엘라 왕과 그의 일가친척을 학살한 것뿐이었는데, 죄를 범하였고 여로보암의 길을 따라갔다는 것은 무슨 뜻이었을까? 여로보암의 길은 언제나 우상 숭배를 의미했다. 7일이면 우상 숭배를 할 시간도, 이스라엘이 죄를 짓게 만들기에도 충분하지 않은 시간이다. 그러나 성경은 단지 7일로 그의 모든 악이 드러났다고 고발하고 있다.

이스라엘 백성은 엘라 왕이 죽고 그를 죽인 시므리가 7일 동안 왕이 되었다가 왕궁과 함께 불에 타서 죽고, 군부를 등에 업은 오므리 장군이 왕이 되었다는 소식을 들었다. 오므리 장군은 이스라엘 백성의 지지를 받았을까?

# 사마리아로 천도한 왕

오므리 장군은 백성의 지지를 받지 못했다. 시므리는 죽었고 군대는 오므리를 지지했지만, 이스라엘 백성은 디브니를 왕으로 추대했다. 엘라 왕은 시므리를 가장 신뢰했었다. 그에게 엘리트 부대인 병거를 절반이나 맡길 정도였다. 반면에 오므리를 군사령관으로 임명하긴 했으나 되도록 멀리 가게 했다. 군부를 장악하고 있는 오므리가 언제 배신할지 몰랐다. 디브니 역시 군부의 실력자였다. 그러나 엘라 왕에게 디브니는 관심 밖의 인물이었다. 엘라 왕은 시므리를 가장 믿었고, 믿었던 시므리에게 암살당했다.

시므리가 왕이 되었으나 일주일 만에 오므리 군대의 위엄에 불안을 느껴 불 속에서 자결함으로 내란이 종식되는 것 같았다. 이제 오므리가 왕으로 이스라엘을 다스리면 그만이었다. 그런데 이스라엘 백성 중에서 디브니를 추종하는 세력이 많았다. 백성들이 디브니를 지지하는 바람에 이스라엘의 정국은 안갯속으로 빠져들었다.

오므리는 군부의 지지를 등에 업고 왕으로 옹립되기는 했으나 일반 백성의 지지도 필요했다. 백성 중에서 오므리를 지지하는 사람들도 있었지만 백성들은 압도적으로 디브니를 좋아했다. 군사 중에 오므리를 달가워하지 않는 사람도 더러 있었다. 전체적인 지지율을 보면 조금 더 호감을 산 사람은 디브니였다. 백성들은 저잣거리에 모여서 이렇게 이야기를 나누었다.

"나는 디브니가 왕이 되었으면 좋겠어."

"디브니가 누군데?"

"그 왜 기낫의 아들이잖아."

"아, 기낫의 아드님이야? 그럼 나도 디브니가 왕이 되면 좋겠네."

우리는 기낫이 누구인지 모른다. 그러나 성경에서 누군가를 소개할 때 그냥 이름만 소개하는 것과 누군가의 아들이라고 소개하는 것은 달랐다. 아버지의 이름이 나온다면 그것은 전통 있고 뿌리 깊은 집안이라는 것을 암시했다. 성경은 디브니가 '기낫의 아들'이라고 함으로써 명문가임을 보여주고 있다. 그러니까 군부의 지지를 받으면서 급하게 왕으로 옹립된 오므리보다 기낫의 아들 디브니는 명망 있는 집안의 인물로 백성들의 호감을 더 샀다는 의미였다. 새로운 왕은 디브니였다.

오므리는 군대를 제외하면 백성 전체의 지지를 받지 못했기 때문에 급한 마음이 들었다. 오므리 인생의 최대 위기였다. 오므리는 행동으로 옮겼다. 백성들은 오므리 지지파와 디브니 지지파로 갈렸다. 오므리는 자신을 따르는 군사들이 디브니 지지파를 굴복시키도록 만들었다.

"오므리를 따른 백성이 기낫의 아들 디브니를 따른 백성을 이긴지라. 디브니가 죽으매 오므리가 왕이 되니라"(왕상 16:22).

'이긴지라'는 말의 히브리어 원어는 '하자크'라고 하는데, '강하다, 굳게 서다, 힘쓰다'라는 의미였다. 오므리파와 디브니파 사이의 갈등은 4년이나 되었다. 시므리가 왕이 된 것이 고작 7일밖에 되지 않았지만 오므리와 디브니 사이의 내전은 남유다의 아사 왕 27년(왕상 16:15)부터 아사 왕 31년 때(왕상 16:23)까지였으므로 긴 내전의 기간이었다. 오므리는 무력을 사용해서 디브니를 지지하는 백성들을 이겼다.

'죽으매'에 해당되는 히브리 원어는 '죽다'라는 뜻의 '무트'에 접속사 '와우'(그리고)가 결합한 '와이야 모트'로서 '디브니가 죽었다'는 뜻은 와우 계속법이 쓰인 미완료형, 즉 '원래는 디브니가 계속 살 수 있었는데 자신의 의지와 관계없이 죽게 되었다'는 의미였다. 디브니는 살해되었다. 그 배후에 오므리가 있었던 것은 물론이었다.

이로서 오므리는 정적을 다 제거하고 북이스라엘의 6대 왕이 되었다. 그는 12년 동안 이스라엘을 다스렸는데 절반인 6년은 디르사에서, 나머지 6년은 이전한 수도 사마리아에서였다. 왜 오므리는 디르사에서 사마리아로 천도했을까? 왕이 수도를 세우면 그곳을 중심으로 권력이 집중될 것이고, 그러면 수도를 세운 왕이 지지를 받게 되는 것은 당연한 수순이었다. 이전 수도였던 디르사에 살던 사람들은 강제로 이주되었다. 그들은 좋은 것을 선별해서 사마리아로 가져왔다. 사마리아는 계획도시가 되어 번영하게 되었다.

디르사는 끔찍한 역사가 있던 곳이다. 이전 왕이었던 엘라가 죽었고 시므리가 자살했다. 아무래도 꺼림칙할 수밖에 없다. 오므리가 디르사에 계속 있다가는 자신도 죽을 가능성이 있었다. 더욱이 시므리가 디르사의 요새를 불태우는 바람에 왕궁을 다시 건설해야 할 필요도 있었다. 오므리는 새로운 수도로 사마리아를 선택했다.

사마리아는 어떻게 수도가 되었을까? 사마리아 땅의 주인은 세멜이었다. 오므리는 세멜에게 돈을 주고 사마리아 산지를 샀다. 단돈 은 2달란트였다. 1달란트는 약 27kg인데 은 1kg이 대략 100만 원이니까 수도 사마리아는 2천7백만 원인 헐값이었다. 원래 주인이었던 '세멜'의 이름을 붙여서 '사마리아'라고 했다. '세멜의 땅'이란 뜻이다.

사마리아는 산지였다. 밑에서부터 올라오기 어렵게 산성을 쌓을 수 있는 최적지였다. 오므리는 사마리아에 외부의 공격을 막을 수 있는 도성을 건설했다. 사마리아에 산성을 쌓았고 도성을 건축했다.

자, 이렇게 정적도 제거하고 천도도 하며 자기 세력을 굳혔으니 이제 무엇을 하면 좋을까? 둘 중에 하나였다. 바른 정치를 구현하면서 북이스라엘에 안정과 평화를 가져오든지, 방탕하게 누리고 가지면서 엉망으로 살든지. 안타깝게도 오므리는 후자였다.

"오므리가 여호와 보시기에 악을 행하되 그 전의 모든 사람보다 더욱 악하게 행하여"(왕상 16:25).

오므리는 악한 일을 했고 그 정도가 이전 왕들보다 심했다. 앞선 다섯 왕의 공통적인 악행은 송아지 우상이었다. 그들은 하나님으로부터 멀어졌다. 오므리는 여로보암의 모든 길로 행했으며(왕상 16:26), 하나님의 진노를 샀고, 우상을 만들었으며, 권세를 누렸다. 그러나 앞선 왕들과 다른 점은 12년의 왕권을 누리고 편하게 살다가 간 점이었다. 측근들의 암살 시도도 없었고 선지자의 경고도 없었다. 오므리가 악행을 하고 우상 숭배한 것이 안일한 삶의 보증처럼 인식하게 되었다. 오므리 왕조가 시작되었다. 그리고 오므리가 죽고 북이스라엘을 완전히 바꾼 그의 아들 아합이 등장했다.

# Chapter 07

# 북이스라엘의 깊은 어둠

오므리가 죽고 그의 아들 아합이 남유다 아사 왕 38년에 즉위했다. 아합은 사마리아에서 22년을 다스렸다. 북이스라엘의 6대 왕 오므리까지 오면서 왕들의 악행이 갈수록 커졌는데 아합은 그것을 또 뛰어넘었다.

"느밧의 아들 여로보암의 죄를 따라 행하는 것을 <u>오히려 가볍게 여기며</u> 시돈 사람의 왕 엣바알의 딸 이세벨을 아내로 삼고 가서 바알을 섬겨 예배하고 사마리아에 건축한 바알의 신전 안에 바알을 위하여 제단을 쌓으며 또 아세라 상을 만들었으니 그는 <u>그 이전의 이스라엘의 모든 왕보다 심히</u> 이스라엘 하나님 여호와를 노하시게 하였더라"(왕상 16:31-33).

아합은 시돈 왕 엣바알의 딸 이세벨과 결혼했다. 시돈은 어떤 나라일까? 두로와 시돈은 북이스라엘의 북서쪽 지중해 해안에 있는 도시였다. 두로와 시돈 등 도시국가의 연합체를 페니키아(베니게)라고 불렀다. 두로의 히람 왕은 솔로몬에게 성전 건축을 위한 백향목과 기술자를 보내면서 이스라엘과 교류를 맺었고, 시돈은 솔로몬에게 여자를 보내 그의 아내들 중의 하나가 되게 했다(왕상 11:1). 솔로몬에게 시집을 온 시돈의 여인은 고향의 여신 아스다롯을 가져왔고(왕상 11:5) 솔로몬은 아스다롯 숭배에 빠졌다.

아스다롯은 하늘과 땅 사이에 태어난 여신으로 풍요와 전쟁을 담당하는 신이었다. 아스다롯 여신은 나체로 긴 머리를 뒤로 늘어뜨리고 양손에 꽃을 들고 있는 형상이었다(임미영, 「고고학으로 읽는 성경」(서울: CLC, 2016) 64쪽). 가나안에서 '아스다롯'과 '아세라'는 자매 여신이거나 같은 여신을 혼동해서 부르는 이름이었다. 아스다롯 숭배는 가나안 땅뿐 아니라 유럽에까지 이르렀다. 그리스에서는 아프로디테로, 로마에서는 비너스로 불리기도 했다(위의 책, 66쪽).

아합이 시돈의 공주 이세벨과 결혼하면서 북이스라엘에는 아스다롯, 아세라 숭배가 유행되었다. 수도 사마리아에는 웅장한 바알 제단이 생겼고 아세라 목상도 놓였다. 이전까지 북이스라엘의 왕들은 단과 벧엘의 금송아지를 우상으로 숭배했다. 변형된 여호와 신앙이었다. 그러나 이제 시돈에서부터 들여온 아세라라는 외국의 우상이 본격적으로 북이스라엘을 장악하기 시작했다. 사마리아가 타 종교의 중심지가 되어 버렸다.

그때 당시 이스라엘 백성은 어떤 삶을 살았을까? 한 가지 예를 들어보자. 여호수아시대에 여리고성이 무너졌는데 아합 왕 때에 재건축되었다(왕상 16:34). 하나님은 여리고성을 다시 쌓지 말 것을 엄히 경고하셨다. 그런데 벧엘 사람 히엘이 여리고를 건축했다. 왕의 허락 없이 여리고를 건축하는 것은 불가능한 일이었다. 아합 왕이 여리고 재건축을 공모했고 히엘이 여기에 장단을 맞추었다고 볼 수 있다.

여리고성의 기초를 쌓을 때 히엘의 장남 아비람이 죽었고 성문을 세울 때 막내 스굽이 죽었다. 여호수아에게 경고한 말씀이 그대로 이루어졌다(수 6:26). 아합 왕의 시대가 이런 시대였다. 하나님의 명령보다 왕의 말이 더 중요시되는 시대, 자식을 잃더라도 이권을 행사하는 시대, 이럴 때 일반 백성의 고통은 말할 수 없이 힘겨웠다.

그때 한 줄기 빛처럼 디셉 사람 엘리야가 나타났다. 엘리야는 아합 왕에게 가뭄을 예고하고는 요단강 앞 그릿 시냇가로 피신했다. 하나님 말씀을 전하는 것은 목숨을 거는 일이었다. 엘리야는 까마귀가 날라다 주는 빵과 고기를 먹었다. 그러나 가뭄으로 그릿 시내도 말라버렸다. 물이 없다면 까마귀가 주는 빵과 고기도 별 소용이 없었다.

엘리야는 요단강에서 시돈으로 이동했다. 그곳에서 사르밧 과부를 만났다. 가뭄을 예고한 이후 3년 동안 그곳에서 숨어 지냈다. 3년 뒤 하나님은 엘리야에게 아합을 만나라고 하셨다. 전국에 기근이 심했고, 특히 사마리아는 극심했다.

가뭄은 아합의 통치에 큰 위기를 가져왔다. 먹을 것이 떨어졌고 논밭이 타들어갔다. 백성의 원성이 자자했다. 왕은 이런 위기 속에서 리더십을 발휘해야 했다. 적은 곡식을 백성들과 어떻게 나눌지, 비가 오지 않을 때 할 수 있는 농사는 무엇인지, 외국에서 원조를 어떻게 구할

지 등을 결정해야 했다. 아합 왕의 자질을 검증하는 시험대였다. 왕이 제대로 못한다면 성난 민심으로 큰 곤혹을 치를 수 있었다. 그런데 아합 왕은 여호와의 예언자들을 학살하는 것으로 응전했다(왕상 18:4).

엘리야가 아합에게 기근을 예언했기 때문에(왕상 17:1) 아합 왕은 기근이 어떻게 시작되었는지 알고 있었다. 아합은 엘리야를 불러서 어떻게 하면 기근을 이길지 조언을 구하거나 하나님께 기도해달라고 요청해야 했다. 그러나 아합은 가뭄의 원인을 엘리야에게 돌렸다. 엘리야가 그릿 시냇가에서 시돈으로 도망갔기 때문에 하나님의 예언자들을 박해하는 것으로 대신했다.

그것은 그의 부인 이세벨의 계략이었다(왕상 18:4). 이세벨은 가뭄을 자신이 후원하는 바알과 아세라 선지자들을 육성하고 라이벌인 여호와의 예언자들을 숙청할 기회로 삼았다. 이세벨은 여호와의 예언자들을 학살했다. 완전히 씨를 말릴 기세였다. 그때 궁내대신 오바댜가 예언자들을 빼돌려서 목숨을 건져냈다. 그는 사마리아 근교의 동굴을 물색해서 거기에 50명의 예언자를 숨겨 놓고 먹을 것과 물을 대주었다. 그렇게 두 차례 100명의 예언자를 살렸다.

오바댜는 그릿 시냇가의 까마귀 같은 존재였다. 도망 다니는 엘리야에게 까마귀가 먹을 것을 주었듯이 하나님의 예언자 100명에게 먹을 것을 공수해주었다. 오바댜는 어떤 사람이었을까? 그는 아합 왕의 신임을 얻는 사람이었다. 아합 왕은 물이 있을 만한 샘과 시내를 찾기 위해서 전국을 돌았다. 그때 국토의 절반은 자신이, 나머지는 오바댜에게 살펴보게 했다. 아합 왕은 오바댜를 신뢰했고 그 덕분에 100명의 예언자를 살릴 수 있었다.

하나님의 선지자들이 이렇게 고생하는 동안에 이세벨은 바알과 아세라를 섬기는 젊은 예언자들을 양성했다. 사마리아를 비롯한 북이스라엘에는 우상 숭배의 단이 세워졌고 바알과 아세라 우상을 섬기는 일이 일상이 되어 버렸다. 엘리야는 아합 왕 앞에 섰다.

"드디어 이스라엘을 괴롭히는 자를 만났군."

"왕이시여, 이스라엘을 괴롭히는 것은 제가 아니라 바로 아합 왕 당신입니다."

"어쩌자고 나를 찾아왔는가? 가뭄은 도대체 언제 끝나는 것인가?"

"이세벨이 키우고 기르는 바알과 아세라 예언자 850명을 갈멜산으로 모아주십시오. 하나님의 뜻이 어디에 있는지 봅시다."

갈멜산에 두 제단이 세워졌다. 각각의 제단에는 각이 떠진 두 마리의 소가 올라가 있었다. 바알과 아세라 선지자들이 온종일 몸에 피를 내면서 자신들의 신을 불렀다. 아무 응답이 없었다. 엘리야 차례였다. 엘리야가 하나님께 기도하자 하늘에서 불이 내려왔다. 바알과 아세라를 위한 단에는 아무 반응이 없는 반면 엘리야 쪽의 제단은 활활 타올랐다. 하늘 높이 검은 연기가 피어올랐다. 엘리야는 백성들에게 850명의 바알과 아세라 선지자들을 잡아서 기손 강가로 데려가 죽이게 했다. 엘리야는 아합 왕에게 말했다.

"빗소리가 들립니다. 이제 가뭄은 끝이 났습니다."

엘리야는 서둘러서 갈멜산에서 이스르엘로 갔다. 아합은 궁전으로 돌아가고 있었다. 하늘에서 짙은 구름이 몰려와서 캄캄했다. 곧 큰 비가 퍼붓기 시작했고, 왕은 빗속에서 힘겹게 병거를 끌고 이스르엘 궁에 도착했다.

궁전에서 아합은 이세벨을 제일 먼저 찾았다. 이세벨은 갈멜산의 역사적인 대결을 보지 못했다. 아합 왕은 갈멜산으로 바알과 아세라 선지자 850명을 데려갔고 왕으로서 실력을 보여주고 싶었다. 850명이면 엘리야 한 명쯤은 이길 수 있다고 자신했다. 그러나 그는 완패했다. 엘리야의 말대로 가뭄이 그쳤고, 그는 빗물을 뚝뚝 흘리면서 아내인 이세벨에게 말했다.

"여보, 좋은 소식과 나쁜 소식이 있는데 무슨 이야기부터 듣겠소?"

"좋은 소식이요."

"드디어 비가 오고 있소. 엘리야 선지자의 저주는 끝이 났소. 이제 3년 동안의 지긋지긋한 가뭄은 그쳤소."

"이미 보고 있지 않습니까. 그렇다면 나쁜 소식은 무엇입니까?"

"미안하오. 당신이 후원하는 바알과 아세라 예언자 850명이 기손 강에서 모두 죽었소. 원수 엘리야가 그렇게 하고 말았소."

이세벨은 갈멜산에서 있었던 영적인 전투의 결과에 대해서는 아무 관심이 없었다. 하나님께서 어떻게 응답하셨고 하나님의 뜻이 어디에 있는지 신경도 쓰지 않았다. 자신이 애지중지하던 바알과 아세라의 젊은 예언자들을 엘리야가 죽였다는 사실에만 분노할 뿐이었다.

"이세벨이 사신을 엘리야에게 보내어 이르되 내가 내일 이맘때에는 반드시 네 생명을 저 사람들 중 한 사람의 생명과 같게 하리라. 그렇게 하지 아니하면 신들이 내게 벌 위에 벌을 내림이 마땅하니라 한지라"(왕상 19:2).

엘리야는 혼자서 850명을 상대해서 이긴 영웅이었다. 그런데 이세벨의 경고를 들은 뒤 두려워하며 도망갔다. 이스르엘에서 브엘세바로 갔다가 거기에서도 다시 광야로 들어갔다. 로뎀나무 한 그루가 있었다. 엘리야는 나무 아래 주저앉았다. 차라리 죽여달라고 하나님께 울부짖다가 쓰러졌다. 천사가 지쳐 잠들어 있는 엘리야를 깨웠다. 뜨겁게 달군 돌에 빵이 노릇노릇 구워지고 있었다.

엘리야는 천사가 준 빵을 먹고 기운을 차린 뒤 40일을 더 걸어서 호렙산까지 이르렀다. 거기에 동굴이 있어 밤을 지냈다. 하나님은 엘리야에게 자신이 지나갈 것이라고 말했다. 엘리야는 정신을 차리고 하나님을 기다렸다. 이윽고 바람이 불더니 바위가 부서졌다. 그러나 하나님은 보이지 않았다. 지진이 나서 온 땅이 흔들렸지만 역시 하나님은 보이지 않았다. 이어 불이 타올랐지만 역시 하나님은 안 계셨다. 그때 작은 소리가 들렸다.

"엘리야야, 너는 돌이켜서 다메섹으로 가거라. 하사엘에게 기름을 부어 아람의 왕으로 세우고, 님시의 아들 예후에게 기름을 부어 이스라엘의 왕으로 삼을 것이며, 엘리사에게 기름을 부어 너의 뒤를 이을 예언자로 삼아라. 바알에게 무릎을 꿇지 않은 7천 명이 있다. 너는 일어서라"(왕상 19:13-18).

새로운 사명이 주어졌다. 엘리야는 가는 길에 열두 겨릿소로 밭을 가는 엘리사를 만나서 외투를 건네줌으로써 제자로 삼았다. 하사엘을 아람의 왕으로, 예후를 이스라엘 왕으로 세우는 일은 후에 일어나게 된다. 그렇게 엘리야는 자신의 사명에 충실했다. 한편 아합 왕에게는 어떤 일이 있었을까?

아람(시리아)에는 벤하닷이라는 왕이 있었는데 그 지역의 최강자였다. 그는 아합에게 두 가지를 요구했다. 첫째 금과 은을 내놓을 것, 둘째 이스라엘의 아내들과 자식들을 보낼 것. 벤하닷을 호위하는 기마병과 병거들이 사마리아성을 포위했다. 아합에게 또 위기였다. 아합 왕은 벤하닷의 사절들에게 말했다.

"임금님께 가서 제 말을 전하십시오. 금과 은은 얼마든지 내놓을 수 있습니다. 그것은 벤하닷 임금님의 것입니다. 그러나 아내들과 자녀들은 보내줄 수 없습니다"(왕상 20:9).

아합이 신하들과 의논한 끝에 내놓은 답변이었다. 아합의 재위기간 잘한 일이 거의 없었는데, 그것만큼은 칭찬할 만했다. 금은보다 사람을 더 중요시했다. 그러나 상대는 벤하닷이었다. 화가 난 벤하닷은 사마리아를 잿더미로 만들겠다고 엄포를 놓았다. 벤하닷의 말은 협박으로 끝나지 않았다. 그는 이런 식으로 여러 나라를 침공하곤 했다. 아합은 벤하닷의 위협에도 굴하지 않았다. 사절단에게 이렇게 말했다.

"너의 왕에게 가서 참 군인은 갑옷을 입을 때에 자랑하지 아니하고 갑옷을 벗을 때에 자랑하는 법이라고 일러라."

굉장한 도발이었다. 이 말이 도화선이 되어서 벤하닷은 사마리아성을 공격할 준비를 하였다. 막사에서 술을 마시던 벤하닷은 당장에라도 군사들을 이끌고 사마리아로 올라갈 것처럼 굴었다. 그때 예언자 한 사람이 아합에게 찾아왔다.

"아합 왕은 들으시오. 벤하닷은 큰 군대이지만 오늘 하나님께서는 그들을 왕의 손에 넘겨주신다고 하셨습니다. 지방장관들과 젊은 부하들을 앞세우고 출정하십시오. 임금님께서 총지휘하시며 나아가십시오”(왕상 20:13-15).

아합 왕은 지방 장관들의 수를 셌다. 232명이었다. 이스라엘의 군사들은 몇 명이었을까? 공교롭게도 바알에게 무릎을 꿇지 않은 인원과 똑같은 7천 명이었다. 아합은 그들과 함께 벤하닷을 공격했다. 벤하닷은 사마리아로 올라갈 것처럼 위협한 것은 잠시이고 부하들과 함께 막사에서 술에 취해 있었다. 아합의 기습 공격에 아람 군대는 혼비백산이었고 벤하닷도 말을 타고 줄행랑을 쳤다. 예언자의 말 그대로 되었다.

"임금님, 힘을 키우셔야 합니다. 1년 뒤에 벤하닷은 다시 쳐들어올 것입니다."

예언자는 아합에게 조언했다. 다음 해에 아람은 더 많은 군사를 이끌고 사마리아를 포위했다. 그들은 작전도 새롭게 구사했다. 지난번에는 이스라엘의 신이 산의 신인데 산에서 싸워서 졌다고 생각했다. 그들은 평지에 진을 쳤다. 아람의 군사들이 얼마나 많았던지 그들에 비하면 이스라엘 군대는 염소 떼처럼 보잘것없어 보였다.

"하나님께서는 이 큰 군대를 임금님의 손에 주실 것이라고 하십니다. 임금님은 하나님이 이스라엘의 주님이심을 알게 될 것입니다."

하나님의 사람이 아합에게 용기를 주었다. 그러나 벤하닷은 만만치 않았다. 지난번처럼 방심하고 술에 취해 있지도 않았다. 그들의 전력인 병거를 운용하기에 쉬운 평지에서 진을 치기도 했다. 7일간의 팽팽한 대치 후에 드디어 전쟁이 벌어졌다. 그런데 이스라엘의 군대가 아람의 군대를 이겼다. 아람 군사 10만 명이 죽었다. 공포에 사로잡힌 아람의 군사들은 아벡성으로 도망치다가 성벽이 무너지는 바람에 2만 7천 명이나 깔려서 죽었다. 군사와 부하들을 잃은 벤하닷은 아합 왕 앞에 항복했다. 고개를 조아리는 벤하닷은 비굴하기가 그지없었다.

"아합 임금님, 저는 임금님의 종입니다. 제발 저의 목숨을 살려주십시오."

벤하닷과 그의 남은 신하들은 굵은 베로 허리를 동이고 목에 줄을 매고 아합 왕에게 나오며 왕의 선처를 부탁했다. 아합은 벤하닷을 자신의 병거에 태웠다. 벤하닷은 자신을 죽이지도 않고 오히려 왕의 옆자리에 태워주는 것을 보고는 안심하며 말했다.

"아합 임금님, 그동안 저의 부친이 빼앗은 모든 성읍은 다 돌려드리겠습니다. 사마리아성 안에 상업 중심지를 만든 것을 알고 있습니다. 아람의 수도 다메섹에도 아합 임금님을 위한 상업 광장을 만들겠습니다."

"알겠습니다. 벤하닷 임금님의 이 말씀을 조약이라고 생각하겠습니다. 이제 임금님을 보내드릴 테니 약속대로 해주십시오."

아합 왕의 선선한 대답에 벤하닷은 철렁했던 가슴을 쓸어내리며 아람으로 돌아갔다. 아합은 하나님께서 이스라엘을 승리하게 했다는 사실을 잊고 있었다. 대승을 거두기는 했지만 벤하닷을 살려두면 언제 다시 강성한 적이 되어 돌아올지 몰랐다. 아합은 승리에 취해서 아람 왕을 살려주었다. 그때 머리에 붕대를 칭칭 감고 있는 부상당한 군사 한명이 아합 왕을 찾아왔다.

"임금님, 긴히 드릴 말씀이 있습니다. 제가 이번 전쟁에 참여했는데 누군가 포로를 잡아다가 저에게 맡겼습니다. 만약 포로가 도망간다면 제가 대신 죽든지 값을 치러야 한다고 했습니다. 그런데 그만 포로가 없어지고 말았습니다. 저는 어떻게 하는 게 좋겠습니까?"

"자네가 포로를 잘 감시해야 했는데 그러질 못했으니 벌금을 물어야 하겠네."

그러자 병사는 붕대를 풀었다. 아람과의 전쟁에서 승리를 예언했던 예언자였다.

"하나님의 말씀입니다. 하나님은 벤하닷을 사로잡게 해서 아람을 다 멸망시키려고 했는데 왕께서 풀어주었으니 벤하닷의 목숨을 대신해서 임금님께서 값을 치러야 하십니다."

아합은 예언자에게 반박할 말이 없었다. 아합은 사마리아의 궁으로 돌아갔다. 아합에게 찾아온 전무후무한 승리를 허탈하게 버리고 말았다. 이것이 아합의 한계였다. 아합은 벤하닷에게는 한없이 관대했다. 그러나 또 한편으로 자신의 욕심에 대해서는 비열하고 집요한 구석이 있었다.

이스르엘 사람 나봇이 이스르엘 땅에 포도원을 하나 소유하고 있었다. 그의 포도원은 아합의 궁 근처에 있었다. 아합은 나봇의 포도원에 눈독을 들였다. 아합은 포도원을 팔라고 했다. 포도원에 따른 비용과 대가를 지불하겠다고 약속했다. 그런데 나봇은 거절했다.

아합은 실망했다. 이세벨 왕비는 남편을 달래면서 궤계를 꾸몄다. 왕의 이름으로 편지를 써서 인봉한 후에 나봇이 사는 성읍의 원로들과 귀족들에게 보냈다. 내용은 이런 것이었다. 나봇이 하나님과 임금님을 저주했다고 사람을 시켜서 고발하게 하고, 나봇을 끌고 나가 돌로 쳐죽여라. 원로들은 편지대로 했다. 나봇은 억울하게 죽었고 포도원은 아합 왕의 소유가 되었다.

나봇은 아합 왕에게 포도원을 파는 게 낫지 않았을까? 비싼 값에 팔면 되지 왜 미련하게 죽어야만 했을까? 이유가 있었다. 나봇에게 포도원은 특별한 의미가 있었다. 포도원은 이스라엘을 상징했다(사 5:7, 렘 12:10). 목장이나 감람나무 농장, 무화과 과수원이었다면 달랐을 것이다.

그러나 포도원은 첫 수확을 하기 전에 전쟁이 일어난다면 주인에게 병역의 의무가 면제되었다. 그 정도로 중요한 곳이고 이스라엘이 어떤 존재인지 알 수 있는 것이 포도원이었다. 나봇이라는 이름은 '열매' 라는 히브리어 어원에서 왔다. 부모는 대대로 포도농사를 지어 오다가 아들이 태어나자 '나봇'(Naboth)이라는 이름을 지어 아이에게 이렇게 말했을 것이다.

"애야, 너는 우리 집안의 자랑인 포도원을 위한 아이란다. 너의 이름을 '포도 열매'라고 지어주겠다. 너는 평생 포도원을 잘 가꾸어서 이스라엘의 자랑이 되도록 하려무나."

그는 이스르엘 출신으로 고향 땅에서 포도원을 경영하며 살았다. 어릴 때는 포도원에서 놀았고, 커가면서 포도원을 가꾸는 법을 배웠으며, 장성하여 포도원을 책임지며 운영했다. 자다 일어나도 포도원을 생각했고, 꿈에서도 포도원 경작을 꿈꾸며, 온종일 포도원에서 일해도 피곤한 줄을 몰랐다. 그의 인생은 포도원이 아니면 설명이 안 되었고, 자녀가 태어나면 포도원을 물려줄 계획이었다. 할아버지와 아버지를 이어 유업으로 내려갈 포도원이었다.

'이스르엘' 이라는 이름은 '하나님이 뿌리신다' 라는 뜻이었다. 근처에 수량이 풍부한 샘이 있는 비옥한 땅이었다. 아합의 궁은 사마리아에 있는 본궁이 아니라 이스르엘에 있는 별궁이었다. 이곳은 상아궁이었다(왕상 22:39).

아합은 이스르엘 별궁 바로 옆에 있는 나봇의 포도원이 마음에 들었다. 그렇다고 포도원을 경영할 생각이 있었던 것은 아니었다. 그저 땅을 빼앗아서 궁전을 더 넓힐 욕심이었다. 이세벨의 계략으로 나봇은 살해당했고 포도원은 아합의 손에 들어갔다.

아합과 이세벨의 통치 아래 백성들은 이런 고통을 당했다. 숨죽이며 살거나, 시키는 대로 하거나, 달라는 대로 줘야만 했다. 권력자의 비위를 맞추지 않고 권력자가 원하는 대로 해주지 않으면 죽을 수 있었다. 아합의 시대가 그런 시대였다.

하나님은 엘리야를 보냈다. 아합의 악행을 더는 보고 있을 수만은 없었다. 엘리야를 만난 아합은 원수가 찾아왔다고 비아냥거렸다. 그러나 엘리야는 찬 서리 같은 경고를 내렸다.

"하나님께서 말씀하십니다. 내가 너에게 재앙을 내려 아합 가문의 모든 남자는 심지어 종이라도 씨를 남기지 않겠다! 느밧의 아들 여로보암의 가문처럼, 아히야의 아들 바아사의 가문처럼 되게 하겠다. 개들이 나봇의 피를 핥은 그곳에서 아합의 피도 핥게 할 것이며, 이세벨은 성밖에서 개들이 주검을 찢어 먹을 것이다"(왕상 21:18-24).

엘리야처럼 산전수전 다 겪은 선지자도 목숨을 걸고서야 바른 소리를 할 수 있었다. 아합은 엘리야의 말에 충격을 받았다. 그는 옷을 찢고 베옷을 걸치고 금식했다. 그러나 그때뿐이었다. 하나님의 심판은 아합과 이세벨을 비껴가지 않았다.

아람(시리아)과의 전쟁에서 아합 왕에게 잡힌 벤하닷은 아람의 수도 다메섹에 아합 왕을 위한 상업로를 만들어주기로 약속했다. 그러나 시간이 지나도 아무 소식도 없고 빼앗았던 땅을 이스라엘에게 돌려주기로 한 약속도 저버렸다.

아합은 분노했다. 그는 원래 이스라엘의 땅이었으나 현재 아람이 실효적으로 차지하고 있는 '길르앗 라못'을 떠올렸다. 약속을 상기시켜주기 위해 길르앗 라못을 치기로 했다. 벤하닷을 보내고 3년이 지난 후였다. 아람은 그때까지도 이스라엘을 공격할 생각을 못했다. 대군을 잃었고 겨우 목숨을 보전했던 기억이 있었기 때문이었다. 이스라엘에게는 기회였다.

아합 왕에게 필요한 것은 군사와 예언자였다. 군사는 사돈관계에 있는 남유다의 여호사밧이 데려온 유다의 군사들과 이스라엘의 연합군이면 되었고, 예언자는 하나님의 뜻을 알기 위해서 꼭 필요했다. 아합 왕과 여호사밧 왕은 진군을 앞두고 사마리아 성문 어귀의 타작마당에서 담소를 나누고 있었다. 예언자 얘기를 먼저 꺼낸 사람은 여호사밧 왕이었다.

"아합 임금님, 전쟁을 앞두고 여호와의 말씀이 어떠하신지 물어봐야 하지 않겠습니까?(왕상 22:5). 듣자 하니 사마리아에도 하나님의 뜻을 전달할 예언자가 많다고 들었습니다."

"여호사밧 임금님, 안 그래도 선지자들을 불러올 생각이었습니다."

이스라엘의 예언자 400명이 두 임금 앞에 모였다. 그들을 이끄는 선지자는 그나아나의 아들 시드기야였다. 시드기야는 과시하듯 철로 만든 뿔을 가지고 예언을 했다. 길르앗 라못을 하나님께서 주셨으니, 얼마든지 올라가도 된다는 예언이었다. 그러나 오직 한 사람 이믈라의 아들 미가야는 다른 예언을 했다.

"그가 이르되 내가 보니 온 이스라엘이 목자 없는 양같이 산에 흩어졌는데 여호와의 말씀이 이 무리에게 주인이 없으니 각각 평안히 자기의 집으로 돌아갈 것이니라 하셨나이다"(왕상 22:17).

아합에게 군사와 예언자 외에도 필요한 것이 더 있었다. 전략이었다. 3년 전 아람과의 전쟁에서 기습공격과 전면전을 통해 승리했는데, 이번 전쟁에서는 아무 전략이 없었다. 시드기야와 400명의 예언자는 올라가면 무조건 이긴다고 앵무새처럼 말했고, 미가야는 전쟁에서 이길 수 없다고 했다.

아합은 전쟁에서 승리하는 것보다 자기가 죽지 않는 것을 최대 목표로 잡았다. 지더라도 자신이 살아 있다면 또 기회가 오는 것이고, 군사들이야 얼마든지 다시 모으면 되었다. 아합은 미가야의 말이 걸렸다. 적군인 아람의 군사들이 자기만 죽이려 들 것이 뻔했다. 아합은 살 수 있는 가장 좋은 방법을 생각했다. 변장이었다.

아합은 남유다 여호사밧 왕에게 자신의 왕복을 입혔다. 그리고 일반 군사의 복장을 하고 군사들 사이에 숨어 있으면 적의 표적이 되지 않을 것이라 여겼다. 비열하면서도 똑똑한 전략이었다. 그리고 아합 왕의 작전은 맞아떨어졌다. 아람의 왕은 아합만을 공격하라고 지시했다(왕상 22:31). 아합은 앉아서 상대방의 전략을 꿰뚫고 있었다. 아람의 지휘관들은 왕복을 입은 자를 추격하고 달려들었더니 여호사밧이어서 살려주기도 했다.

그러다가 반전이 일어났다. 무심코 당긴 활이 아합 왕의 갑옷 가슴막이 이음새 사이를 뚫고 들어갔다! 아합 왕은 과다출혈로 죽고 말았다. 격렬한 싸움 속이었다. 해가 질 때가 되자 전쟁은 가까스로 멈추었다. 지난 아람과의 전쟁하고는 완전히 양상이 달랐다.

아합 왕의 시체는 길르앗 라못에서 사마리아로 옮겨졌다. 사마리아 연못에서 왕의 병거와 갑옷의 피를 닦았는데 흘러내린 피를 개들이 핥았다. 엘리야 선지자가 경고한 그대로였다(왕상 22:38).

북이스라엘이 대국인 아람과의 두 번의 전쟁에서 이긴 것은 우연이 아니었다. 하나님의 섭리였고 이스라엘이 실력 있는 나라임을 증명한 것이었다. 두 번 다 아람의 대군이 이스라엘에게 전쟁을 걸어왔고 이스라엘은 전쟁을 주도해갔다. 첫 번째 전쟁은 수적 우세로 교만해진 벤하닷이 술에 취해 기습공격에 당한 것이라면 두 번째 전쟁은 증강된 군사들과 바뀐 작전으로 이스라엘이 감당할 수 없을 정도였다.

아람의 기마병이 마음껏 활약할 수 있는 아벡에서의 싸움이었고 보급로가 확보된 전투였다. 아람이 절대로 질 수 없는 전쟁이었다. 더욱이 벤하닷은 방심하지도 않았다. 압도적인 전투력을 가지고서도 7일간 이스라엘과 대치하면서 신중하게 접근했다. 아람과 이스라엘 두 나라 간의 전쟁은 작전, 격전지, 전술, 전력 등 모든 면에서 아람이 우월한 전쟁이었다. 그런데 놀랍게도 이스라엘이 이겼다. 12만 7000천 명이라는 아람 군대의 사망자에, 벤하닷의 항복을 받아낸 완벽한 승리였다.

그런데도 3년이 지나자 이스라엘은 아람에게 패배했고 벤하닷은 아합을 죽이는 데 성공했다. 어떻게 이런 일이 일어난 것일까? 그것은 아합 때문이었다.

아합 왕은 교만했다. 벤하닷은 아합에게 무역 광장을 약속했다. 당시 강대국인 아람의 수도 다메섹에 약소국인 북이스라엘의 독보적인 무역 장소를 준다는 말에 귀가 솔깃했다. 아합에게 막대한 경제적인 이익이 생길 수 있었다. 아합은 벤하닷을 사로잡았을 때 죽였어야 했는데, 이익에 눈이 멀어 그를 풀어주었다가 3년 뒤 벤하닷에게 죽게 되었다.

아합은 언제나 자기가 내키는 대로 행동했고 욕심을 우선으로 여긴 사람이었다. 아합이 의논한 상대는 힘 있는 사람, 그러니까 여호사밧 왕이나 아첨을 떠는 신하들이었다. 그리고 왕비 이세벨의 말을 절대적으로 신뢰했다.

아합 왕은 왜 그토록 이세벨에게 의존했을까? 아합은 뭔가 명확하게 결정하는 스타일이 아니었다. 두루뭉술하고 우유부단한 사람이었다. 그러면서도 욕심은 많아서 자기가 하고 싶은 것을 이루지 못하면 괴로워하는 사람이었다. 반면 이세벨은 승부사 스타일이었다. 머리도 비상해서 원하는 목표가 있으면 어떤 수단을 써야 할지 알았고, 반드시 목표를 이루고야 마는 대장부 같은 여인이었다.

이런 두 사람의 차이는 어디에서 기인했을까? 아합에게는 양심이 있었다. 엘리야의 경고에 회개하기도 했다(왕상 21:27). 뼛속까지 악한 자는 아니었다. 반면에 이세벨은 이방 여인이었다. 시돈 우상인 아스다롯 여신을 섬겼다. '아스다롯'은 하늘과 땅 사이에서 태어났고 엘의 부인이었다. 풍요와 전쟁의 신인 아스다롯은 평화 때는 자식을 많이 낳는 여성성이 강조되었고 전쟁 때에는 무서운 모습으로 전투에 임했다.

엣바알의 딸인 이세벨은 그런 문화와 종교 속에서 컸다. 아버지는 그녀를 북이스라엘의 왕과 결혼시켜서 풍요로움을 누리게 했고, 필요하면 자신의 매력을 이용해서 남자를 유혹할 수 있게도 했으며, 전쟁에도 뛰어들어서 원하는 것을 쟁취해내고, 원하는 목표를 향해서 수단과 방법을 가리지 않는 여장부로 키웠다. 이세벨은 그런 종교의 세례를 받은 여인이었다.

우유부단한 아합 왕을 누군가 여호와 하나님의 신앙과 믿음으로 이끌어주지 않는다면 그는 아내의 말에 따라갈 수밖에 없었다. 이세벨은 모든 역량을 총동원해서 남편을 이끌었다. 그것은 이세벨이 북이스라엘 전체를 좌지우지한다는 의미이기도 했다. 성경은 아합 왕의 어리석음을 이렇게 비웃고 있다.

"예로부터 아합과 같이 그 자신을 팔아 여호와 앞에서 악을 행한 자가 없음은 그를 그의 아내 이세벨이 충동하였음이라"(왕상 21:25).

아합이 화살에 맞아 죽고 아들 아하시야가 그를 이어서 북이스라엘의 8대 왕이 되었다.

>>> Chapter _ 08

# 절대적인 힘을 가졌다가 병들어 죽은 왕

17세기 프랑스에는 태양왕이라고 불리는 루이 14세가 있었는데 그는 "짐이 곧 국가다"라는 말로 절대 권력의 정점을 보여준 인물이었다. 국민에게 각종 세금을 거둬들여서 호화찬란한 베르사유 궁전을 지었고, 대단한 인기를 누리기도 했다. 그에게 있던 절대적인 힘 때문이었다.

북이스라엘의 8대 왕인 아하시야도 그와 비슷했다. 그의 아버지가 아합이고 어머니는 이세벨이다. 할아버지는 오므리 왕조를 열어 사마리아로 천도한 오므리, 외할아버지는 시돈의 왕 엣바알이었다. 아버지, 할아버지, 외할아버지까지 모두 왕인 대단한 로열패밀리였다. 북이스라엘의 왕이 된 아하시야는 무서울 것이 없었다. 그에게 있던 절대적인 힘 때문이었다.

그랬던 아하시야에게 비극적인 사고가 하나 터졌다. 사마리아의 왕궁 다락 난간에 걸터앉았던 그는 실수로 그만 바닥에 떨어지고 말았다. 그 후유증으로 아하시야는 큰 병이 났다. 왕은 에그론의 신 바알세붑에게 사절단을 보내서 자신의 병이 나을 수 있는지 물었다.

여기서 '바알세붑'은 주(主)라는 뜻의 '바알'과 파리라는 뜻의 '세붑'이 합쳐진 말로 '파리의 왕'이란 의미였다. 가나안 지역에서는 질병을 일으키거나 고칠 수 있는 신으로 여겼다. 왕이 보낸 사절단이 에그론으로 가는 중에 엘리야를 만나게 되었다. 엘리야는 호통쳤다.

"너희는 아하시야 왕에게 가서 말하라. 이스라엘에 하나님이 계신데, 왕이 이방 우상에게 물으러 가는 것이 과연 옳은 일이냐? 아하시야 왕은 병상에서 죽게 될 것이다"(왕하 1:3-4).

사절단은 에그론으로 가지도 못하고 왕궁으로 돌아왔다. 아하시야는 노발대발했다. 그는 50명의 군사를 엘리야에게 보내서 잡아 오게 했으나 하늘에서 불이 내려와 모두 불에 타버렸다. 왕은 다시 50명의 부하를 보냈다. 이번에도 하늘에서 불이 내려왔다. 왕은 세 번째로 50명의 부하를 보냈다. 엘리야를 찾아간 50명의 대장인 오십부장은 무릎을 꿇었다.

"하늘에서 불이 내려와서 벌써 100명의 목숨이 불에 탔습니다. 부디 저희 50명의 목숨을 귀하게 여겨주십시오. 엘리야 선지자께서는 왕께 와주십시오."

오십부장을 일으켜 세운 엘리야는 아하시야가 있는 왕궁으로 갔다. 왕의 병세는 위중해 보였다. 높은 곳에서 떨어졌는데 다리가 부러진 정도가 아닌 깊은 병에 걸려 있었다. 그런데도 하나님을 찾기는커녕 바알세붑 우상이나 찾고 있었다.

"왕이시여, 하나님께서 임금님께 말씀하십니다. 하나님을 찾지 않고 우상을 찾는 임금님은 지금 누워계신 병상에서 다시는 일어나지 못하고 죽고 말 것이라고 하십니다."

엘리야는 그 말을 전하고는 왕궁을 돌아 나왔다. 얼마 지나지 않아 아하시야는 병으로 죽었다. 아하시야에게는 아들이 없었다. 그래서 그의 동생 요람(여호람)이 그를 이어서 왕이 되었다. 아하시야는 겨우 2년간 북이스라엘을 다스린 것이 전부였다.

# 베옷 위에 왕복을 입은 왕

북이스라엘의 9대 왕 요람(여호람)은 아버지가 아합, 어머니가 이세벨이었고, 그의 형이 8대 왕 아하시야였다. 아하시야는 다락에서 떨어져 병을 앓다가 죽었다. 엘리야와 만나서 하나님의 말씀을 전해 들었을 때 회개하고 돌아왔다면 기회가 있었을지도 몰랐다. 그러나 아무것도 하지 않은 아하시야는 죽었고 이어서 요람(여호람)이 왕이 되었다. 때는 남유다의 여호사밧 왕 18년 때의 일이었다. 요람(여호람)은 사마리아에서 12년을 다스렸다.

요람(여호람) 역시 악한 왕이었다. 그러나 적어도 아버지와 어머니만큼은 아니었다(왕하 3:2). 그는 아버지가 만든 바알의 우상들을 철거했다. 잘한 일이었다. 개혁을 더 했다면 좋았을 텐데 거기까지가 한계였다. 요람(여호람) 왕 역시 여로보암의 길을 따라갔다. 요람(여호람)

왕과 관련된 몇 가지의 이야기가 있다. 첫 번째는 모압 왕을 정벌하는 이야기다.

모압 왕 메사는 아합에게 해마다 조공을 바쳤다. 그러나 아합이 죽자 모압은 입을 싹 씻었다. 요람(여호람)은 괘씸했다. 그는 이스라엘 군대를 소집했고 유다의 여호사밧 왕에게 합류를 요청했다. 북이스라엘과 남유다의 연합군이 모였다. 그들은 에돔의 광야길로 행군했다.

가는 길에 에돔의 왕에게도 합세를 권했고 세 나라의 동맹군이 결성되었다. 그런데 문제가 생겼다. 7일이 지나는 동안 목적지에는 도달하지도 못했는데 마실 물이 바닥났다. 물을 마시지 못한 말은 움직이지 않았고, 군사들 역시 목말라서 괴로웠다.

남유다의 여호사밧 왕은 요람(여호람) 왕에게 예언자를 초청해서 물어보자고 제안했다. 요람(여호람)은 엘리사를 불렀다. 아버지 아합시대에 활약했던 엘리야는 회리바람을 타고 승천했고, 그의 제자 엘리사가 현재 이스라엘을 이끄는 예언자였다. 엘리사는 요람(여호람)에게 말했다.

"여호람 임금님, 당신의 아버지와 어머니가 의지하던 바알의 예언자들에게나 가시지 왜 저 같은 자에게 오셨습니까?"

"그런 말씀 마십시오. 세 왕이 모두 모압의 손에 넘어가게 되었습니다. 그것이 하나님의 뜻입니까?"

"유다 왕 여호사밧 임금님의 체면을 보아서 어떻게 해야 하는지 말씀해 드리겠습니다. 거문고를 타는 사람을 보내서 악기를 연주하게 해 주십시오"(왕하 3:15).

엘리사는 한발 물러서는 것처럼 왕의 요청을 들어주었다. 그는 거문고 소리를 들으면서 영감을 얻었다.

"주님께서 말씀하십니다. 비도 오지 않고 바람도 불지 않지만 계곡에 도랑을 파면 물이 넘쳐나게 될 것입니다. 물로 가득 찬 계곡에서 가축과 짐승이 다 마실 수 있을 것입니다. 하나님께서 모압을 임금님들 손에 맡기셨습니다. 하나님께서 모든 일을 이루십니다."

군사들은 엘리사의 말대로 도랑을 많이 팠다. 그리고 하룻밤이 지나고 다음 날 아침에 보니 에돔 쪽에서 물이 흘러서 도랑으로 넘쳤다. 이제 군사들과 병마가 목을 축일 수 있게 되었다.

모압의 왕 메사는 첩보를 통해 세 나라의 연합군이 쳐들어온다는 소식을 들었다. 그는 모압 군사들을 모아서 국경까지 쫓아갔다. 선수 치면 이길 수 있을 것이라 여겼다. 모압 군사들은 접경지에서 하룻밤을 자고 아침 일찍 일어났다. 해가 막 뜨기 시작하고 있었다. 그들은 계곡의 도랑으로 물이 흘러내리는 것을 보았는데 이른 아침이라 해가 비쳐 붉게 보였다. 모압군은 그것을 피라고 확신했다.

"북이스라엘과 남유다와 에돔은 대대로 사이가 좋지 않은데, 전쟁도 시작하기 전에 자기들끼리 서로 찔러서 이렇게 피가 흘러내렸구나. 우리에게 절호의 기회가 왔으니 어서 올라가서 그들을 치자!"

한편 세 나라의 연합군은 물을 마시고 원기를 회복한 뒤 쉬고 있었다. 아래쪽에서 소리가 들려 고개를 들었다. 모압군이 올라오고 있었다. 연합군은 그들을 손쉽게 제압해버렸다. 연합군은 대열을 갖추고 모압까지 쳐들어갔다. 성읍을 파괴하고 농경지를 돌로 메워버렸다. 엘리사의 예언 그대로였다. 모압 왕은 약한 에돔 왕 쪽으로 돌파를 시도했으나 여의치 않았다. 전세가 완전히 기울어진 것을 안 그는 성벽 위로 올라갔다.

　연합군은 모압 왕이 올라간 성벽을 올려 보았다. 모두가 지켜보는 자리에서 모압 왕 메사는 아들을 죽였다. 자신을 이어 왕이 될 장자였다. 그리고 불에 태워서 번제로 드렸다. 끔찍한 일이었다. 병사가 죽는 것과 왕자가 죽는 것은 충격의 차이가 달랐다. 그것도 왕이 직접 죽여 불에 태우는 것을 보자 연합군은 전의를 잃었다. 그들은 참혹한 현장에서 철수했다. 요람(여호람) 왕 때 주변 나라들의 영적인 상태였다.

　두 번째는 아람(시리아)과 관련된 이야기다. 아람(시리아)의 군사령관은 나아만 장군이었다. 나아만은 아람을 당시 지역에서 가장 강한 나라로 만드는 데 많은 공을 세웠다. 그러나 치명적인 문제가 있었다. 나아만에게 나병이 있었다. 나아만은 어떻게든 병을 고치고 싶었다. 이스라엘 출신의 하녀가 사마리아에 있는 예언자를 만나면 고칠 수 있다고 말했고, 그 소식을 들은 아람 왕은 요람(여호람)에게 편지를 보냈다. 은, 금, 옷 등도 함께 배달되었다.

　"여호람 임금님, 우리나라의 나아만 장군에게는 나병이 있습니다. 이스라엘에는 장군의 병을 고쳐줄 사람이 있다고 들었습니다. 이 선물을 드리오니, 부디 병을 고쳐주십시오."

　요람(여호람)은 편지를 받고 괴로워했다. 그는 옷을 찢었다.

　"나아만의 나병은 구실이고, 필시 우리나라를 쳐들어오려고 하는 공작에 틀림이 없다. 국방력이 약한 우리가 무슨 힘으로 막을 수 있겠는가?"

　왕의 절망은 소문이 빨라서 엘리사의 귀에도 들렸다. 엘리사는 왕에게 나아만을 상대하겠으니 염려하지 말라고 했다. 나아만은 요단강에서 일곱 번 몸을 씻고 나병을 고쳤으며 엘리사에 대한 은혜를 안고 돌아갔다. 우리가 익히 아는 이야기다. 아람(시리아)과 관련된 이야기는 또 있다.

나아만 장군은 엘리사 덕분에 치료받았지만 아람 왕은 이스라엘에 대한 공격을 멈출 생각이 없었다. 아람 왕 벤하닷은 공격을 감행했다. 아람은 매복과 기습공격이라는 작전을 사용했다. 이스라엘 지역에 아람군의 게릴라가 숨어들었다가 북이스라엘 군대의 허를 찌르고, 이어서 아람의 정규군이 출동해서 판세를 주도하는 작전이었다. 작전은 극비에 이루어졌다.

그러나 벤하닷은 선지자 엘리사를 얕보았다. 아무리 은밀한 작전을 펼쳤어도 엘리사는 안방에서 CCTV를 보듯이 아람 군사의 일거수일투족을 알아냈다. 엘리사는 요람(여호람) 왕에게 아람 군사들의 동선을 전달했고, 미리 그 자리에 가 있는 북이스라엘의 군사들에 의해 공격은 번번이 막히고 말았다.

아람 왕은 도단에 있는 엘리사를 먼저 없애야 공격이 먹힐 수 있다고 판단했다. 그는 중무장한 기마와 병거부대를 보내 도단 성읍 전체를 포위했다. 엘리사 한 명을 상대로 하기에는 많은 군사였다. 엘리사의 사환은 아람의 군사들을 보면서 두려워 떨었다. 그러나 엘리사는 훨씬 많은 아군이 있다고 말했다. 영적인 눈으로 보니 도단 성읍의 외곽 언덕에 불 말과 불 병거가 가득히 들어찬 것이 보였다.

엘리사는 아람 군사들의 눈을 멀게 했다. 눈이 보이지 않는 그들을 사마리아로 인도해서 요람(여호람) 왕의 코앞에 데려다 놓았다. 엘리사를 처단하러 왔던 아람의 군사들이 다시 눈을 떴을 때 적진의 한복판에서 있는 것을 알고 적잖이 당황했다. 요람(여호람) 왕이 물었다.

"엘리사 선지자님, 제가 저 군사들을 쳐서 없애도 되겠습니까?"

"그러지 마십시오. 칼과 창으로 그들을 잡은 것이 아니지 않습니까? 임금님께서는 오히려 그들에게 푸짐한 상을 차려서 배부르게 먹여 보내주십시오."

죽을 줄 알았던 아람의 군사들은 호의를 받고 아람으로 돌아갔다. '그리고 다시는 북이스라엘로 쳐들어올 생각조차 하지 못했다'라고 하면 얼마나 좋았겠는가? 얼마 후 아람이 사마리아로 다시 쳐들어왔다.

아람의 군대를 이끈 벤하닷 왕은 근동의 패권을 차지하기 위해서 앗수르(앗시리아)와의 전쟁을 불사하는 등 격하게 전쟁을 수행했다. 그는 아람의 전성시대를 이끌었다. 전체 지역을 차지하려면 북이스라엘을 점령해야 했다. 벤하닷은 엘리사 선지자의 활동이 뜸한 틈을 타서 아람의 모든 군사를 총동원해 사마리아를 포위했다.

사마리아성은 산지였다. 구릉으로 되어 있는 사마리아는 도시를 조성하기에 좋았지만 적에게 포위되면 물자의 반입이 불가능해서 고립될 수 있다는 단점이 있었다. 아람의 군사들은 매복과 기습공격에서 사마리아성을 포위하는 것으로 작전을 바꾸었다.

사마리아는 쉽게 무력화되었다. 사마리아성 안에 샘이 있어서 물의 공급은 가능했지만 물자가 막혀서 주민들은 굶어야 했다. 그렇게 오래 버티다 보니 성안에서는 끔찍한 일이 벌어졌다. 어느 날, 왕이 성을 순찰하고 있는데 한 여인이 왕의 앞을 막았다.

"왕이시여, 저의 호소를 들어주옵소서. 너무나 배가 고파서 옆집의 여인과 약조를 맺고 어제는 저의 아기를 잡아서 먹고 오늘은 그 집의 아이를 잡아먹기로 했는데, 그 집에서 아기를 내놓지 않고 있습니다. 저의 억울함을 풀어주소서"(왕하 6:29).

아기를 잡아먹는 일은 듣기만 해도 몸서리쳐지는 일이다. 이런 극단적인 일은 역사에서도 확인할 수 있다. 느부갓네살이 유다를 침공했을 때 예루살렘 거민들이 자식을 잡아먹었고(애 4:10), 티투스 장군이 예루살렘을 함락했을 때도 이와 유사한 일이 있었다는 역사가 요세푸스의 증언이 있다. 이는 하나님의 말씀을 어기고 불순종할 때 받게 되는 저주의 말씀과 정확히 일치했다.

"자기 다리 사이에서 나온 태와 자기가 낳은 어린 자식을 남몰래 먹으리니 이는 네 적군이 네 생명을 에워싸고 맹렬히 쳐서 곤란하게 하므로 아무것도 얻지 못함이리라"(신 28:57).

이런 끔찍한 일이 있을 때 왕이 해야 할 일은 무엇일까? 그때라도 죄를 깨닫고 하나님께 돌아와 회개해야 했다. 요람(여호람) 왕은 아기를 잡아먹었다는 사마리아 여인의 이야기를 듣고 옷을 찢었다. 그가 회개하는 것일까? 그렇지 않았다. 그는 사마리아의 참담함의 책임을 엘리사에게 돌렸다.

"사밧의 아들 엘리사가 이 모든 비극을 만들었다. 내가 반드시 그의 머리를 자르고 말겠다. 그렇지 않으면 하나님이 나에게 벌을 내리실 것이다"(왕하 6:31).

아람 군사들이 눈이 먼 채로 끌려왔을 때 그들을 죽이지 않고 잘 먹여 보내라고 한 엘리사가 이 모든 위기의 원인이라고 보았다. 사마리아에 닥친 비극이 매우 비참했기 때문에 요람(여호람)은 비난을 피하고 싶었다. 그러나 엘리사가 원인이 아니었고 엘리사를 죽인다고 해결될 일도 아니었다.

요람(여호람)은 아람의 벤하닷을 만나 담판을 짓거나, 식량을 공급할 방법을 찾거나, 엘리사에게 기도를 요청하는 등 백성들과 함께 고난을 극복할 방법을 찾아야 했다. 그러나 그는 타인에게 원망을 돌렸다. 왕은 겉옷을 찢은 것과 함께 이상한 일을 하나 더 했다.

"왕이 그 여인의 말을 듣고 자기 옷을 찢으니라. 그가 성 위로 지나 갈 때에 백성이 본즉 그의 속살에 굵은 베를 입었더라"(왕하 6:30).

왕은 사마리아성 위를 지나가고는 했는데 그럴 때마다 백성들이 왕을 올려다보았고, 그때 왕복 아래 받쳐 입은 굵은 베옷이 살짝 보였다. 이것은 어떤 의미일까? 왕의 철저한 계산이었다. 그는 지금 백성의 원성이 자자한 것을 보았다. 민란이 터질 수준이었다. 그는 백성과 자신이 같은 편이란 것을 보여주어야 했다. 그래서 여인의 참담한 이야기를 들으면서 과장되게 '자신의 옷을 찢었고' 성벽 위를 지나갈 때는 '속에 입은 베옷'을 보여주었다. 고도의 심리전이었다. 백성의 이목이 집중되는 곳에서 메시지를 던져주었다. 이 비극은 내 탓이 아니라 엘리야 탓이라고.

요람(여호람)은 그런 사람이었다. 어려운 처지에 빠진 사마리아를 보며 왕복을 벗어야 했다. 요나가 니느웨에서 회개를 전했을 때 그 나라의 왕이 왕복을 벗고 베옷을 입었으며 백성과 짐승까지도 굵은 베옷만을 걸쳤던 것처럼(욘 3:5), 왕은 거추장스러운 왕복 대신 베옷을 입고 모든 백성에게 회개를 촉구해야 했다. 그러나 화려한 왕복은 고집해 입으면서 속에는 빤히 비춰 보이게 베옷을 입고서 성난 민심을 무마하려고 했다. 그는 책임감 있는 사람이 아니었다.

요람(여호람)은 엘리사를 찾아갔다. 그를 죽이려는 마음이었다. 왕은 신하의 부축을 받고서 엘리사가 있는 곳에 도착했다. 엘리사가 왕에게 말했다.

"하나님의 말씀을 들으십시오. 내일 이맘때쯤에 사마리아에는 밀가루 한 스아가 한 세겔 가격이 될 것이고, 보리 두 스아도 한 세겔이면 살 수 있을 것입니다."

왕을 부축하던 신하가 엘리사에게 화를 냈다.

"엘리사 선지자는 무슨 수작을 부리려는가? 하늘의 창고 문을 연다고 해도 그런 일은 일어날 수 없다."

"왕의 신하께서 그런 말씀을 하시니, 당신이 그 일이 생기는 것을 보겠지만 먹지는 못할 것입니다."

아람 군사들이 사마리아를 에워싸는 바람에 사마리아의 경제는 고공 인플레이션으로 심각한 상황이었다. 나귀 머리 하나가 은 80세겔에, 비둘기 똥 사분의 일 갑이 은 5세겔이었다(왕하 6:25). 은 1세겔은 노동자의 4일 품값에 해당하는데, 하루에 10만 원을 번다고 치면 나귀 머리처럼 질이 안 좋은 고기가 3천만 원 이상에 거래되었고, 비둘기 똥 같은 비천한 음식 1.5ℓ도 50만 원은 줘야 살 수 있었다.

그런데 지금 밀가루 1스아, 즉 7ℓ 정도와 보리 14ℓ를 10만 원에 살 수 있다면 경제가 안정된다는 말이고, 그것은 아람의 군사들이 물러나

지 않으면 있을 수 없는 일이었다. 요람(여호람)과 그의 부하는 믿지 않았다. 그런데 단 하루 만에 기적이 일어났다.

다음 날, 나병 환자 네 사람이 성문 어귀에서 온종일 굶고 앉아 있었다.

"이대로 굶어 죽느니 아람의 군사들에게 항복하는 게 어떤가?"

"그러세. 죽을 때 죽더라도 입에 풀칠이라도 해야 되지 않겠나?"

"어차피 이래 죽으나 저래 죽으나 마찬가지니 아람 군사들이 있는 곳으로 가세."

그들은 두 손을 들고 아람군의 진으로 들어갔다. 그런데 아람 진영은 이상하게 조용했다. 모든 물건과 짐승은 그대로 있는데 군사는 단한 명도 보이지 않았다. 나병 환자들은 장막의 이곳저곳을 기웃거리면서 먹을 것을 챙겨 먹다가 말했다.

"가만! 이럴 때가 아니지. 기적이 일어난 게 틀림이 없어. 사마리아성에서는 이 소식을 모를 테니 굶어 죽어가는 백성에게 가서 알리세."

"그래. 먹을 것이 천지에 널렸는데 우리만 먹기에는 너무 아깝지. 어서 사마리아성으로 들어가지."

그들은 성문을 지키는 문지기에게 진영에서 일어난 일을 말했다. 문지기들은 환호성을 질렀다. 소식은 왕과 신하들의 귀에 들어갔다. 요람(여호람)은 믿을 수가 없었다. 우선 의심부터 하고 보았다.

"아람의 군사들이 진영을 비우고 있다가 백성이 밖으로 나오면 생포하려는 작전임에 틀림이 없소."

"임금님, 그렇다면 말에 부하들을 태워 정찰해보면 어떻겠습니까?"

말을 탄 정탐꾼들은 요단강까지 내려가 보았다. 그러나 나병 환자들의 말처럼 아람군의 모습은 보이지 않았다. 숨어 있을 만한 곳도 뒤졌지만 아무도 없었다. 정탐꾼이 돌아와서 그 소식을 전했다. 왕의 명령이 떨어지기도 전에 백성들이 쏟아지듯 사마리아성 밖으로 나갔다. 그들은 널려 있는 물건을 가져갔고 먹을 것을 챙겼다. 얼마 지나지 않아 시장이 형성되었는데 엘리사의 말대로 고운 밀가루 한 스아와 보리 두 스아는 한 세겔이면 살 수 있게 되었다.

왕은 자신을 부축하던 신하를 성문 관리로 임명해서 시장의 정상화를 돕게 했다. 그런데 신하가 문 앞에서 백성의 출입을 관리하다가 성난 군중에게 밟혀 죽었다. 엘리사의 말이 그대로 이루어졌다(왕하 7:17).

아람의 군사들에게 어떤 일이 일어났던 것일까? 네 명의 나병 환자들이 두 손을 들고 아람의 진영에 들어갈 무렵, 아람 군사들의 귀에 엄청난 병거와 말발굽 소리, 군사들의 함성이 들렸다. 그들은 요람(여호람)이 요청한 헷 족속과 애굽의 군사들이 가까이 왔다고 믿었다. 겁이 난 그들은 물건을 다 버리고 도망갔다(왕하 7:6-7).

요람(여호람)과 관련된 이야기들은 이렇게 모압과 아람이란 나라와 관련된 것이다. 그것은 기적의 이야기였다. 왕이 하나님 앞에 온전히 서고 엘리사의 말에 순종하며 국정을 펼쳤다면, 어려움이 다가오지 않았을 것이고 적의 위협에서도 승리할 수 있음을 보여주는 이야기들이었다. 그러나 요람(여호람)은 기적을 누리기에 적합한 왕이 아니었다.

오히려 그는 하나님의 심판을 받아야 했다. 왕의 최후는 어떻게 되었을까? 그는 길르앗 라못을 치기 위해 남유다의 아하시야 왕에게 연합을 제안했다. 유다의 6대 왕 아하시야는 요람(여호람)의 죽은 형인 북이스라엘의 8대 왕과 같은 이름이었다. 이름이 같은 이유가 있었다.

아하시야는 아합 왕의 외손자였고 어머니 아달랴는 요람(여호람)의 누이였다. 북이스라엘과 남유다가 사돈관계로 묶여 있었다.

여기서 한 가지. 그런데 왜 '길르앗 라못'이었을까? 북이스라엘에는 수도 사마리아가 있었다. 사마리아에서 동쪽으로 40km를 가면 요단강이 나온다. 요단강을 건너 딱 그만큼 가면 '길르앗 라못'이다. 길르앗 라못은 원래 이스라엘 땅이었다. 레위 지파의 성읍으로 도피성이었고 솔로몬 때는 주요 지역이기도 했다.

종이 한 장을 준비하고 가운데 길게 선을 그어보자. 그것이 요단강이다. 요단강 왼쪽 적당한 곳에 사마리아를 그려보자. 이제 종이를 반으로 접자. 그러면 사마리아와 만나는 지점이 바로 길르앗 라못이다. 마치 데칼코마니처럼 두 지역은 비슷한 그곳에 있다. 길르앗 라못을 차지하면 수도 사마리아를 2개나 갖는 효과가 있었다.

그래서 아합 왕 때부터 길르앗 라못을 차지하기 위해 혈안이 되었었다. 요람(여호람)은 아버지의 못다 한 꿈을 이루기 위해 길르앗 라못을 얻어야 했다. 영토를 회복하고 영향력을 넓히고 국외로 진출하기 위해서도, 국력이 커지고 왕으로서 힘을 갖기 위해서도 해야 할 일이었다.

그러나 길르앗 라못을 점령하고 있는 아람은 쉬운 상대가 아니었다. 아람 군대는 요람(여호람)을 공격했고 그는 부상을 입고 후퇴했다. 여호람은 부상 치료차 이스르엘로 내려갔다. 요양도 하고 전쟁의 위험도 피하기 위해서였다. 전장은 님시의 손자이며 여호사밧의 아들인 예후에게 맡겨 두었다.

엘리사는 자신의 수련생 중에 하나에게 기름병을 주고 길르앗 라못으로 가게 했다. 그곳에는 아람과의 전쟁을 수행 중인 예후 장군이 있었다. 수련생은 예후를 불러냈다. 이스라엘의 막사 앞에서는 예후를 중심으로 장군들이 길르앗 라못에 대한 작전을 구상 중이었다.

"예후 장군님, 급히 드릴 말씀이 있습니다. 여기서는 말씀을 드릴 수 없고 안으로 들어가시지요."

예후는 다른 장군들을 야전에 두고 막사로 들어갔다. 수련생이 예후의 머리에 기름을 부었다.

"이스라엘의 하나님께서 하시는 말씀을 들으시오. 하나님은 예후 장군을 이스라엘의 왕으로 삼으셨습니다. 당신은 아합의 가문을 쳐서 예언자들을 죽인 그 모든 핏값을 갚아야 합니다. 아합의 가문에 속한 모든 사람을 이스라엘 안에서 끊어버리십시오. 아합의 왕비 이세벨을 잊지 마십시오. 개들이 이세벨을 뜯어 먹을 것이고 이세벨을 매장할 사람조차 없을 것입니다"(왕하 9:6-10).

수련생이 먼저 밖으로 나와서 쏜살같이 도망쳤다. 이어서 예후 장군이 다른 장군들이 있는 곳으로 나왔다. 그의 머리는 기름으로 번들거렸다.

"저 젊은이가 무엇 때문에 온 것이오? 좋은 소식이라도 전했소?"

예후가 장군들을 둘러보며 말했다.

"여호와 하나님께서 나를 이스라엘의 왕으로 기름 부어 세웠다고 했습니다."

장군들은 자리에서 일어났다. 그들은 요람(여호람) 왕을 위해서 일하고 있지만 그의 아버지 아합 때부터 왕가에 대한 실망과 불만이 많았다. 왕이기에 어쩔 수 없이 순종하는 중이었지 새로운 왕이 등장하기를 기다리고 있었다. 그런데 가장 듬직하고 믿을 수 있는 예후 장군이 왕이라면 따를 만했다. 새시대가 열리고 있었다. 장군들은 옷을 벗어서 예후의 발아래 놓았다.

"예후 임금님 만세!"

"북이스라엘에 새로운 왕이 탄생하셨다!"

예후는 장군들에게 함구령을 내렸다. 특히 요람(여호람)이 요양하고 있는 이스르엘에는 이 소식이 퍼지지 않도록 당부했다. 예후는 부하들과 함께 말을 몰고 이스르엘로 갔다. 이스르엘에는 남유다의 아하시야 왕이 요람(여호람)을 문병하기 위해 먼저 와 있었다. 여호람과 아하시야는 희희낙락하며 장군들이 길르앗 라못을 점령할 것을 기대하고 있었다.

예후가 이스르엘로 오고 있다는 소식을 들은 여호람과 아하시야는 의관을 정제하고 각각의 말을 몰면서 예후를 맞으러 나갔다. 장군에게 흐트러진 모습을 보이고 싶지 않았다. 말을 몰고 왕 앞에 선 예후에게 여호람이 말했다.

"장군, 길르앗 라못은 어떻게 되었소? 우리가 이기기라도 했소? 평화의 소식이오?"

예후는 말에서 내리지도 않고 엄한 표정을 지으며 말했다.

"왕의 어머니인 이세벨이 저지른 음행이 극에 달했습니다. 어찌 이 땅에 평화 소식이 있을 수 있겠습니까?"

요람(여호람)은 예후의 말을 신호처럼 자신의 말고삐를 돌렸다. 그는 급히 말을 몰면서 자신의 옆에 있는 아하시야 왕에게 소리를 쳤다.

"아하시야 임금님, 반역입니다!"

예후는 도망가는 요람의 등 뒤에서 화살을 당겼다. 정확하게 요람(여호람)의 등에 화살이 꽂히며 관통했다. 요람(여호람)은 병거에서 떨어졌다. 예후는 왕의 부하인 빗갈에게 말했다.

"왕의 주검을 나봇의 밭에 던지시오. 빗갈 장군, 당신은 아합 왕의 악행을 기억할 것이오. 그리고 하나님께서 나봇의 피를 보았고 그 밭에서 그 핏값을 거두겠다고 하신 말씀도 기억할 것이오. 하나님의 말씀대로 실행하시오"(왕하 9:26).

요람(여호람)의 죽음은 그의 아버지 아합의 최후와 유사했다. 아합 왕은 남유다의 여호사밧 왕과 함께 길르앗 라못을 치러 갔다가 화살에 맞아 죽었다. 아합의 아들 요람(여호람)은 남유다의 여호사밧의 손자 아하시야와 함께 길르앗 라못을 치러 갔다가 부상을 당했고 이스르엘에서 화살에 맞아 죽었다.

아합의 죄악의 결과가 아들인 요람(여호람) 때에 드러났다. 엘리사의 예언 그대로였다.

"여호와의 말씀이 내가 재앙을 네게 내려 너를 쓸어버리되 네게 속한 남자는 이스라엘 가운데에 매인 자나 놓인 자를 다 멸할 것이요 또 네 집이 느밧의 아들 여로보암의 집처럼 되게 하고 아히야의 아들 바아사의 집처럼 되게 하리니 이는 네가 나를 노하게 하고 이스라엘이 범죄하게 한 까닭이니라 하셨고"(왕상 21:21-22).

엘리야의 예언은 마치 저주처럼 아들과 후손에게도 미쳤다. 그러나 그것은 "자식들이 아버지로 말미암아 죽임을 당하지 않을 것이라"(신

24:16)는 말씀과 위배되어 보인다. 아합의 아들인 요람(여호람)이 아버지의 죄의 대가를 치르는 것은 억울한 측면이 있다. 이 저주를 막을 수는 없었을까? 있었다. 아들이 아버지와 다른 길을 가면 된다.

그러나 요람(여호람)은 아버지를 극복하지 못했다. 아버지와 똑같은 죄를 저질렀고 아버지와 유사한 악을 반복했다. 여호람 역시 아버지처럼 죄의 대가를 치르게 되었다. 그는 아버지 아합과 어머니 이세벨의 죄악에서 떠났어야 했다. 그러나 그는 그러지 않았고, 결국 예후라는 심판의 도구에 의해서 최후를 맞이하게 되었다. 이세벨은 어떻게 되었을까? 예후는 이세벨도 가만두지 않았다.

아합 왕이 죽은 뒤 장남 아하시야와 차남 요람(여호람)을 차례로 왕위에 올린 이세벨이다. 이세벨 모후는 막후 실력자로 왕들에게 영향을 미쳤다. 22년간 왕위를 차지했던 아합시대는 물론이고 아하시야의 2년과 요람(여호람)의 12년을 합쳐 36년간 실세로 살았다. 이세벨은 자신의 딸 아달랴를 유다 여호사밧 왕의 며느리로 보냈다. 남유다의 5대 왕 여호람은 사위였고, 6대 왕 아하시야는 외손자였다. 이세벨은 남북 왕조를 통틀어서 가장 거대한 힘이 되었다.

예후 장군은 요람(여호람)을 죽인 후에 혁명군과 더불어 이스르엘 궁으로 들어갔다. 이세벨의 최후는 어떠했을까? 이세벨은 이스르엘 상아궁 안방에서 아들 요람(여호람) 왕이 예후의 활에 맞아 죽었다는 비보와 외손자 남유다의 아하시야 왕이 예후의 부하들에게 살해되었다는 소식도 들었다.

비통한 소식을 들은 왕의 어머니이며 왕의 할머니라면 어떤 모습을 해야 맞는 것일까? 한날에 죽은 비운의 왕들을 추모하며 머리를 풀고 슬픈 모습으로 앉아 있어야 하는 것은 아닐까? 자식을 죽인 원수를 만나게 되면 비장하게 맞서야 하는 것은 아닐까? 그런데 이세벨은 예후를 맞이할 때 이런 모습이었다.

"예후가 이스르엘에 오니 이세벨이 듣고 눈을 그리고 머리를 꾸미고 창에서 바라보다가 예후가 문에 들어오매 이르되 주인을 죽인 너 시므리여 평안하냐 하니"(왕하 9:30-31).

이세벨은 비극적인 소식을 듣고서도 천연덕스럽게 눈 화장을 하고 머리를 근사하게 꾸며 올렸다. 왕모로서 갖출 수 있는 모든 화려한 양식을 다 갖춘 후에 상아궁의 창밖으로 고개를 내밀었다. 성문으로 들어오는 예후가 보였다. 이세벨은 예후를 내려다보며 말했다.

"주인을 죽인 너 시므리여 평안하냐?"

이세벨은 예후가 누구인지 알았다. 그런데 그의 이름을 부르는 대신에 엘라를 죽이고 7일간 왕이었다가 불에 몸을 던진 북이스라엘의 5대 왕 '시므리'의 이름을 불렀다. 예후의 반역도 시므리처럼 오래가지 못할 것이란 의미였다.

예후는 고개를 들어 이세벨을 올려다 보았다. 왕궁의 창틀에는 이세벨 말고도 시녀들과 신하들이 고개를 내밀고 있었다. 예후는 다른 창에 붙어 있는 내시들을 향해 말했다.

"누가 내 편이 되어주겠는가?"

그러자 두 명이 고개를 움직였다. 예후는 그들을 향해 확고한 어조로 명령했다.

"저 여자를 아래로 내던져라."

두 명의 내시는 이세벨에게 다가가서 창밖으로 던졌다. 이세벨은 바닥으로 떨어져 즉사했다. 이세벨의 피가 벽에 튀었고 말에게까지 튈 정도였다. 이세벨이 있던 방은 꽤 높은 곳에 있었다. 그러나 아래쪽에 있는 사람과 대화가 가능했기 때문에 터무니없이 높은 곳은 아니었다.

궁전의 바닥은 흙이나 잔디로 되어 있지 않았다. 떨어진 사람의 피가 터질 정도라면 바닥은 딱딱했을 것이다. 이스르엘에서 가장 현대적이고 고급스러운 궁이었다. 별칭이 '상아궁'이라고 불릴 정도였으니 그 화려함은 대단했을 것이다. 왕은 상아궁을 건설하면서 바닥에 넓고 평평한 돌을 깔았다. 거기에 궁의 주인이었던 이세벨의 몸이 부딪혀 다 깨어지고 터졌다.

예후는 말을 탄 채로 이세벨의 시신을 밟고 지나갔다. 화려한 궁전으로 올라가 신하들을 굴복시키시고 부하들과 함께 식사했다. 북이스라엘은 예후에게 완전히 점령되었다. 여유 있는 식사를 끝낸 뒤에 예후는 신하들에게 이세벨의 주검을 거두어 장사할 것을 명령했다. 신하들이 시신이 있던 곳에 가보았더니 해골과 손발만 남은 채 시신 대부분은 사라지고 없었다. 신하들이 돌아와서 사정을 말했다.

"돌아와서 전하니 예후가 이르되 이는 여호와께서 그 종 디셉 사람 엘리야를 통하여 말씀하신 바라 이르시기를 이스르엘 토지에서 개들이 이세벨의 살을 먹을지라"(왕하 9:36).

이세벨 옆에서 수종을 들던 내시들이 망설임 없이 그녀를 창밖으로 내던진 것도, 예후가 왕궁을 점령하는 동안 저항하는 사람이 없었던 것도 모두 이세벨이 평소에 어떻게 신하들을 대했는지 알 수 있는 것이었다. 이세벨의 두개골과 손발만 남은 것으로 보아 그녀의 옷, 신발, 장신구 등은 이미 왕궁 아래에 있던 백성이 다 가져가버렸고 시신은 개들이 뜯어먹었다. 누구도 바닥에 던져진 시신을 보호하지 않았다. 이세벨은 사람들에게 인심을 얻지 못한 존재였다. 길고 암울했던 아합 왕조가 끝나고 예후가 북이스라엘의 왕이 되었다.

# 아합 가문의 심판자

하나님은 엘리야를 통해 예후가 북이스라엘의 왕이 될 것을 말씀하셨다. 엘리야는 호렙산의 동굴 속에서 세미한 음성을 들었고 그곳에서 새로운 사명을 받았다(왕상 19:15-18). '하사엘'은 아람(시리아)의 왕이 되고, '예후'는 북이스라엘의 왕이 되며, '엘리사'는 엘리야의 후계자가 되는 것이 그가 받은 예언이었다. 엘리사에 대한 예언부터 실현되었다. 엘리야는 엘리사를 제자로 받아들인 뒤에 그가 보는 앞에서 회리바람을 타고 승천했다. 그러면 나머지 '하사엘'이 왕이 되는 것과 '예후'가 왕이 되는 것은 누가 해야 할까?

그 둘은 엘리사에 의해서 이루어졌다. 엘리사가 아람(시리아)의 수도 다메섹에 갔을 때 아람의 왕 벤하닷은 병들어 있었다. 벤하닷의 귀에 엘리사의 방문 소식이 들렸다. 엘리사는 아람의 군사령관 나아만의 나병을 고친 선지자였다. 벤하닷은 그의 신하 하사엘에게 예물을 준비해서 엘리사를 모셔오라고 명령했다. 하사엘은 온갖 예물을 실은 낙타를 몰고 엘리사에게 갔다.

"아람의 왕 벤하닷 임금님께서 저를 예언자님께 보냈습니다. 이 예물을 받으시고, 벤하닷의 병이 나을 수 있는지 말씀해주십시오."

"왕에게 가서 이렇게 말씀하십시오. 왕께서는 회복되실 거라고 하십시오. 그러나 사실을 말씀드리자면 왕은 반드시 죽게 될 것입니다."

엘리사는 하사엘을 쳐다보았다. 하사엘도 엘리사의 눈을 보았지만 너무 빤히 쳐다보는 바람에 부끄러워 고개를 숙였다. 엘리사의 눈에서 눈물이 흘러내렸다.

"예언자님, 왜 우시는 겁니까?"

"당신은 아람의 왕이 될 것입니다. 그리고 당신은 북이스라엘에 쳐들어올 것이며, 요새에 불을 지를 것이고, 젊은이는 칼로 죽이고, 아이들은 땅에 메어쳐 죽이고, 임신한 여인은 배를 갈라 죽일 것입니다. 그것이 슬퍼 울고 있습니다."

엘리사는 그 말을 남기고 하사엘을 떠났다. 왕궁으로 돌아온 하사엘에게 왕이 물었다.

"예언자를 만나 보았는가? 엘리사께서 무엇이라고 하시던가?"

"임금님께서 반드시 회복될 것이라고 하셨습니다."

벤하닷 왕은 안심이 되었다. 다음 날, 누워 있는 벤하닷에게 하사엘이 다가갔다. 예언자의 말대로 어제보다 조금 나은 것으로 보였다. 하사엘은 물에 적신 담요를 손에 감추고 있었다. 담요는 곧 벤하닷의 숨통을 끊었고, 하사엘은 왕의 죽음을 알렸으며, 자신이 아람의 왕위에 올랐다(왕하 8:7-15).

예후는 길르앗 라못에서 아람과의 전쟁을 위해 준비하고 있을 때 엘리사가 보낸 예언자 수련생을 통해서 기름 부음을 받았다. 수련생은 엘리사가 보낸 것임을 알고 있었다. 수련생을 통해 전해받은 대로 예후는 요람(여호람) 왕을 죽였고 남유다의 아하시야 왕과 왕비 이세벨도 죽였다.

그러나 그가 북이스라엘의 10번째 왕이 되기 위해서는 아직도 넘어야 할 산이 있었다. 아합의 아들은 70명이나 되었고 그들은 사마리아에 살고 있었다. 예후는 그들을 보호하고 있는 성읍의 원로와 관리, 시종들에게 편지를 써보냈다.

"너희에게는 왕의 아들들이 있고 무기도 있으며 요새화 된 성읍도 있다. 아합의 아들 중에서 가장 훌륭한 인물을 찾아서 그를 왕좌에 앉히고 나와 겨루도록 하라."

이스르엘 출신의 관리와 원로들은 예후에게 답장을 보냈다.

"우리는 장군님께 맞서지 않겠습니다. 저희는 장군님의 신하입니다. 장군께서 좋으실 대로 하십시오."

예후는 아합의 아들 70명의 목을 베어오라고 했고, 다음 날 자루에 담긴 왕자들의 목이 예후 앞에 도착했다. 예후는 성읍 어귀에 왕자들의 목을 전시했다. 그리고 백성들에게 말했다.

"나 예후는 역모를 꾀해서 왕을 죽였다. 아합 왕의 아들 요람(여호람) 한 사람을 내가 죽였다. 그런데 여기 아합 왕의 아들 70명의 목이 여기에 있다. 누가 이들을 죽였는가? 아합 왕의 비호를 받으면서 호의호식하던 자들이 아닌가? 왕 한 명을 죽인 나의 죄가 큰가? 아니면 이스르엘에 있는 관리와 친지들의 죄가 더 큰가?"

백성들은 예후를 지지했다. 예후는 아합 가문의 모든 사람과 아합 가문을 관리하는 사람들, 친지, 제사장들까지도 다 처형했다. 그 인원이 대단했다.

아합은 왕위에 있는 동안 자기 인맥을 관리했다. 피붙이는 물론이고 자신에게 아첨하는 사람, 자기 말을 잘 듣는 사람, 일가친척, 외척 등을 등용해 권력을 나눠주었고 자신을 옹립하게 했다. 아합이 죽은 후에도 북이스라엘의 수도인 사마리아와 왕의 별장이 있는 이스르엘 궁에는 그의 수많은 인척이 권력의 달콤함에 취해 있었다. 예후는 그 모든 구시대 권력의 찌꺼기들을 다 쓸어버렸다.

이스르엘을 정리한 예후는 수도 사마리아를 향해 갔다. 중간쯤 벳에켓하로임이라는 곳을 지나갈 때 한 무리의 귀족들을 만났다. 그들은 유다 왕 아하시야의 친족이었다. 북이스라엘 왕조의 실세였던 이세벨과 그녀의 아들들과 긴밀하게 연결된 자들이었다. 예후는 그들의 정체를 파악한 뒤에 구덩이에 던져 죽였다. 모두 42명이었다.

예후는 심판자의 역할만 하지 않았다. 자신과 함께 북이스라엘 왕조를 이끌어갈 새로운 리더를 발탁하는 일도 했는데, 사마리아로 가는 길에 레갑의 아들 여호나답을 만난 예후는 그를 특별우대해서 자신의 병거에 태웠다. 왕으로 취임하러 가는 예후의 옆자리에 앉은 여호나답은 예후를 위한 협력자가 되었다.

사마리아에 도착한 뒤에 예후는 아합의 지지자들을 모두 죽였다. 그렇게 피의 숙청을 할 수 있었던 정당성은 무엇이었을까? 그것은 엘리야의 예언, 즉 하나님의 말씀이었다.

"사마리아에 이르러 거기에 남아 있는 바 아합에게 속한 자들을 죽여 진멸하였으니 여호와께서 엘리야에게 이르신 말씀과 같이 되었더라"(왕하 10:17).

예후는 사마리아에서 아합의 지지자들을 죽였고 바알 신과 연결된 자들을 잡아들이기 시작했다. 바알의 예언자와 제사장, 종들이 살아 있다면 북이스라엘의 미래는 안전하지 못했다. 예후는 백성을 모아놓고 말했다.

"아합이 바알을 섬기는 일을 다 보았을 것입니다. 그러나 저는 예후보다 더 열심히 바알을 섬길 것입니다. 여러분은 바알의 예언자들과 종들, 제사장들을 모두 저에게 보내주십시오. 바알에게 성대하게 제사를 지낼 것입니다. 한 명도 빠져서는 안 됩니다."

바알의 종들을 진멸하기 위한 계획이었다. 아합과 이세벨이 북이스라엘을 바알 종교로 가득 차게 했고 수많은 바알의 제사장들이 암약하고 있었다. 그들을 다 없애야만 했다. 공개적으로 바알의 제사장들을 죽인다고 하면 숨을 수 있기에 그는 여호나답과 합심하여 바알에게 제사드린다고 하면서 제사장을 모아달라고 요청했다.

"여러분 가운데 하나님을 섬기는 종들이 섞여 있지 않은지 살펴주십시오. 여기에는 바알의 종들만 있어야 합니다."

바알을 섬기는 집회에 숱한 선지자들이 모였다. 얼마나 많았던지 바알 신당의 입구에서 출구까지 가득 들어찼다. 예후는 80명의 군사를 바알 신전 주위에 포진해 놓고 바알 제사가 끝나자마자 신전으로 들어가 몰살하도록 했다. 호위병과 시종무관들은 그들을 살육했다. 바알 제사장들은 칼에 맞아 죽었고 우상은 불태워졌으며 바알 신들은 모두 깨어졌다. 불타고 남은 신전은 변소가 되었다. 이렇게 예후는 이스라엘의 10대 왕으로 취임하였다(왕하 10:1-27).

> "여호와께서 예후에게 이르시되 네가 나보기에 정직한 일을 행하되 잘 행하여 내 마음에 있는 대로 아합 집에 다 행하였은즉 네 자손이 이스라엘 왕위를 이어 사대를 지내리라 하시니라"(왕하 10:30).

예후 왕은 피의 숙청을 통해서 아합 가문의 더러운 죄악을 제거했다. 하나님께서는 그런 예후를 인정하셨다. 앞으로 그의 왕권은 강하게 될 것이었고 그의 자손이 북이스라엘을 통치하게 될 것이었다. 예후 왕조는 4대가 이어질 예정이었다.

예후가 해야 할 일은 무엇이었을까? 그는 왕권을 강화하고 권력을 키우는 것에 힘을 쏟을 것이 아니라 여호와 하나님의 신앙을 충실하게 하여 무너졌던 신앙의 기초를 다시 쌓으며, 하나님의 말씀과 규례 속에 아들, 손자, 증손자로 이어지는 예후 왕조를 세워 이스라엘 백성들이 하나님께로 돌아서고 하나님을 섬기게 만들어야 했다. 그것이 하나님의 인정과 칭찬의 의미였다. 예후는 그렇게 했을까?

예후는 수많은 사람을 죽였다. 아합의 뒤에서 호가호위했던 권력자들과 친척들은 다 사라졌다. 바알 우상으로 북이스라엘을 영적으로 어지럽혔던 세력도 다 사라졌다. 그런데 때로는 아합을 지지했다는 이유로 숙청당한 사람들이 있었다. 죽음이 무서워서 아합의 지지를 철회하거나 예후의 눈을 피해 숨어버린 사람들도 있었다.

예후의 아합 가문에 대한 숙청이 거듭되면서 피로도가 쌓이고 백성들은 언제든지 예후를 버릴 수 있었다. 예후는 숙청하고 하나님의 칭찬을 들은 뒤부터 무엇인가 변하기 시작했다. 북이스라엘에 찾아온 종교 개혁의 기회를 놓치고 그가 했던 일이 있었다.

"그러나 예후가 전심으로 이스라엘 하나님 여호와의 율법을 지켜 행하지 아니하며 여로보암이 이스라엘에게 범하게 한 그 죄에서 떠나지 아니하였더라"(왕하 10:31).

예후는 벧엘과 단의 금송아지 우상, 즉 여로보암의 죄에서는 완전히 돌아서지 못했다. 여로보암의 우상은 바알과 아세라 종교와는 다른 종류의 것이었다. 그것은 예루살렘 성전을 대신한 것이었다. 북이스라엘 사람들은 여로보암이 만들었던 금송아지 우상이 여호와 신앙과 뿌리가 같다고 여겼다. 예후는 백성들에게 금송아지 우상 숭배를 용납했다.

어떤 사람에게서 더러운 귀신이 나갔다. 귀신은 이리저리 다니면서 자기가 거주할 곳을 찾았는데 마땅한 곳이 없었다. 귀신은 원래 살았던 집인 그 사람이 어떤 형편인가 돌아와 보았다. 그런데 이게 웬일인가? 집은 청소되고 수리되어 비어 있었다. 귀신은 더 악한 귀신 일곱을 데려와서 그 집으로 들어갔다. 그 사람의 형편은 이전보다 더 고통스럽게 변했다(마 12:43-45).

예후가 한 것이 꼭 그와 같았다. 아합 때문에 바알과 아세라 종교에 심취했던 이스라엘의 백성은 마치 청소된 집과 같았다. 바알 종교를 없애는 데 성공한 예후는 비어 있는 백성의 마음에 여호와 하나님의 신앙을 넣어주어야 했다. 그러나 예후는 여로보암의 금송아지 우상을 허용했고 이는 이전보다 더 강하게 백성을 사로잡았다.

북이스라엘에 위기가 다시 찾아왔다. 아람(시리아)의 새로운 왕 하사엘이 공격해왔다. 북이스라엘의 국경 사방이 아람의 공격을 받았다. 마치 댐의 일부가 깨지기 시작하더니 댐 전체가 무너지는 것처럼 하사엘은 국경의 취약한 곳을 공격한 뒤에 요단강 동쪽을 장악하더니, 곧이어 아르논 강에 맞붙어 있는 아로엘에서 길르앗과 바산까지 아람의 군사들이 몰려들었다(왕하 10:32-33). 북이스라엘에 어둠이 몰려왔다.

급한 성질의 사람, 말을 미친 듯이 모는 사람 예후, 그는 아합과 아하시야와 요람(여호람) 왕을 거치면서 아합 가문의 왕권을 지키던 수호자였다. 엘리사의 예언을 통해서 혁명을 일으켰고 왕이 되었다. 급한 성질대로 전광석화처럼 이전 왕의 모든 흔적을 제거했다. 엘리야의 예언은 그를 통해서 실현되었다. 그러나 그것뿐이었다. 예후가 북이스라엘을 올바르게 이끌어간 위대한 왕은 되지 못했다.

예후는 제도를 올바르게 개선하지도, 신앙적으로 백성들을 이끌지도 못했다. 아합의 권력과 독선, 잘못된 우상 종교로부터 깨끗이 청소는 했지만 그렇게 정리해 놓은 곳에 바른 신앙을 담아내지 못했다. 예후의 옆에는 엘리야나 엘리사 같은 선지자가 없었다. 그에게 올바르게 지도해 줄 스승이 없었다.

예후의 남은 사적과 행한 모든 일과 업적은 이스라엘 왕 역대지략에 기록되어 있었다(왕하 10:34). 예후는 죽을 때까지 개인적인 권세를 누렸다. 그의 사적과 행적이 있었다. 그러나 나라와 민족을 위해서는 한 일이 없었다. 이것이 북이스라엘의 한계였고 예후의 한계였다.

>>> Chapter _ 11

# 가장 적은 군사력의 왕

예후의 아들 여호아하스가 아버지를 이어 북이스라엘 왕이 되었다. 때는 남유다 요아스 왕 23년에 있었던 일이었다. 여호아하스는 17년간 사마리아에서 이스라엘을 다스렸다. 결론적으로 말하자면 그는 하나님께서 보시기에 악했다. 여로보암의 죄를 따라갔고 돌이킬 줄을 몰랐다.

여호아하스는 왜 그렇게 되었을까? 그는 아버지의 영향을 받았다. 피의 숙청을 할 때 옆에 있었는지 알 수는 없다. 그러나 아버지가 하나님에 대한 올바른 신앙으로 북이스라엘을 이끌어가는 것을 볼 수는 없었다. 예후는 여로보암의 길을 따라 금송아지 우상을 백성들에게 허용했고 그는 아버지에게 배운 대로 했다. 그것 때문에 치러야 할 대가가 너무나 컸다.

아람(시리아)의 하사엘 왕은 예후시대에 이어 그의 아들 여호아하스에게도 공격을 감행했다. 이미 북이스라엘의 국경은 무너졌고 아람은 제집 드나들 듯 이스라엘을 습격했다. 여호아하스가 군대를 조직해서 방어했지만 '타작마당의 먼지'와도 같았다(왕하 13:7).

이스라엘은 주변 나라들과 전쟁했을 때 승리하기도 했고 패배하기도 했다. 그러나 성경은 이스라엘의 입장에서 승리하는 내용을 자세히 기록하고 역전의 짜릿한 모습을 보여줄 때가 많지만 이스라엘의 패배를 이렇게 신랄하게 묘사한 것은 드물다. 농부가 가을 타작마당에서 곡식을 털면 먼지가 흩날리게 된다. 아람의 공격은 그렇게 강했고 이스라엘은 먼지처럼 무력하게 무너졌다.

여호아하스에게 남은 것은 기마병 50명과 병거 10대, 보병 1만 명이 전부였다(왕하 13:7). 한때 북이스라엘에는 80만 명의 정예군이 있었다(대하 13:3). 남유다보다 인구도 많았고 군사의 수에서도 언제나 압도했다. 그러나 여호아하스 때는 다 합쳐서 1만 명이 조금 넘는 군대에 불과했다. 이 정도면 전멸 수준이다. 북이스라엘의 국방력이 엄청나게 약화되었다. 주변 국가인 아람은 하사엘을 이어 아들 벤하닷 2세가 왕권을 잡고 강성한 나라가 되었고, 멀리 앗수르(앗시리아)가 무서운 기세로 발흥하고 있었다.

"아람 왕이 이스라엘을 학대하므로 여호아하스가 여호와께 간구하매 여호와께서 들으셨으니 이는 그들이 학대받음을 보셨음이라"(왕하 13:4).

여호아하스는 아람에게 패했고 사마리아는 곧 아람에 넘어갈 위기였다. 어려움 속에서 여호아하스가 한 것이 있었다. 그는 하나님께 기도했다. 그러자 하나님은 그의 기도를 들으셔서 아람으로부터 구해주셨다. 하나님은 구원자를 보내주셨는데 앗수르(앗시리아)의 '아닷니라리 3세'였다. 앗수르는 강한 군사와 자비를 모르는 공격으로 주변 국가들을 차례로 정복하고 있었다. 아람의 수도 다메섹도 앗수르의 공격을 피하지 못했다(BC 803년). 아람군은 급히 북이스라엘에서 다메섹으로 올라갔다.

여호아하스는 아람의 군사들이 퇴각하는 것을 보았다. 1만 명의 보병으로는 더 이상 방어하기 어려웠던 사마리아가 극적인 구조를 받았다. 이스라엘에 평화가 찾아왔다. 이제 여호아하스가 할 일은 우상을 버리고 하나님께 나아가는 것이었다. 그러나 그는 위기에서 배운 것이 없었다. 여호아하스는 여전히 금송아지 우상을 섬겼고 사마리아에 세워져 있는 아세라 목상도 그냥 내버려두었다. 그리고 다시 외적의 침입을 받았다.

어디에선가 보았던 패턴과 같지 않은가? 사사시대에 우상을 섬기는 이스라엘에 적이 침입해서 노예로 삼으면 그들은 하나님께 부르짖어 기도했다. 그러면 '사사'라는 구원자를 보내주셨고 평화가 찾아왔다. 그러나 그들은 다시 우상 숭배에 빠졌다. 여호아하스의 행태는 사사시대를 그대로 재현하고 있었다. 우리가 사사시대를 영적으로 어두운 시대로 보았듯이 여호아하스시대 역시 암흑기였다. 여호아하스의 기도는 일시적인 회개였으며 기도의 응답을 받은 후 그는 어떤 변화도 일으키지 않았다.

"여호아하스의 남은 사적과 행한 모든 일과 그의 업적은 이스라엘 왕 역대지략에 기록되지 아니하였느냐"(왕하 13:9).

17년 동안 여호아하스가 했던 사적, 행한 일, 업적은 무엇이었을까? 북이스라엘은 위기를 겪고 있었지만 왕은 권세를 다 누렸다. 나라는 도탄에 빠졌고 백성의 삶은 위기에 처했다. 외부의 적들은 서슬 퍼렇게 살아 있는데 어려울 때 잠시 기도하고 하나님의 보호하심을 받은 왕은 권력과 권세를 누리며 살았다.

그의 아버지 예후는 강력하게 적들을 숙청하고 어지러웠던 사마리아를 치우기라도 했다. 그러나 여호아하스는 무력했다. 그런데 그를 견제할 세력은 더 무력했다. 누가 감히 예후와 여호아하스로 이어지는 부자의 권력과 힘에 저항할 수 있었겠는가? 누군가 나서서 "임금님, 나라의 경제를 일으키고 대외적인 정치에 힘을 기르십시오"라고 조언할 때 그가 마음에 안 든다면 어떻게 하면 될까? 그를 숙청하는 일은 간단했다. 아합의 잔당이라는 낙인을 찍으면 끝이었다. 여호아하스는 그렇게 권력을 누렸다.

백성들은 북이스라엘 사상 가장 무능한 왕이 등장했어도 아무 말도 못하고 순응할 수밖에 없었다. 여호아하스는 '여로보암의 죄'를 따라가면서 백성들이 적당히 우상을 숭배하도록 내버려두고 살았다. 하나님은 아람의 하사엘과 벤하닷으로 이어지는 강력한 부자의 모습과 예후, 여호아하스로 이어지는 북이스라엘의 무능한 부자를 비교하셨다.

왕이라는 권력 앞에 자신을 반대하거나 비판하는 세력이 없다는 것이 무조건 좋은 일은 아니다. 여호아하스처럼 의무는 적당히 하고 권력은 마음껏 누리면서 살 수 있기 때문이다. 그렇게 되면 왕국의 곳간은 텅텅 비고 국방력은 약화되며 나라는 금방이라도 무너질 것처럼 위기에 빠지기 때문이다.

적당한 회개와 적당한 정책과 적당한 정치와 적당한 노력…. 그것이 여호아하스가 했던 일의 전부였다. 신하와 백성들도 아합 때보다는 나았다고 위로하면서 여호아하스에게 굴종하며 살았다. 이것이 여호아하스시대였다. 북이스라엘에 어둠이 깊이 드리우고 있었다.

# Chapter 12

# 엘리사에게 아버지라 부른 왕

여호아하스가 죽고 그의 아들 요아스(여호아스)가 왕이 되어 16년 동안 사마리아를 다스렸다. 요아스(여호아스)시대는 엘리사가 마지막으로 활동한 시기였다. 요아스 왕과 엘리사 선지자는 각별한 사이였다. 엘리사가 죽을병이 들어서 기력도 없이 고향에서 은둔하고 있을 때 요아스는 그를 찾아갔다. 왕은 엘리사를 만나자마자 눈물부터 흘렸다.

"엘리사가 죽을병이 들매 이스라엘의 왕 요아스가 그에게로 내려와 자기의 얼굴에 눈물을 흘리며 이르되 <u>내 아버지여 내 아버지여 이스라엘의 병거와 마병이여</u> 하매"(왕하 13:14).

엘리사는 왕의 말을 듣는 순간 깜짝 놀랐다. 똑같은 말을 엘리사가 한 적이 있기 때문이다. 절대로 잊을 수 없는 말이다. 그의 스승인 엘리야가 회리바람을 타고 승천할 때였다. 엘리사는 기적적인 모습에 놀라면서도 한편으로는 스승이 떠나는 것이 안타까웠다. 그때 아쉬워하며 했던 말이었다.

"엘리사가 보고 소리 지르되 <u>내 아버지여 내 아버지여 이스라엘의 병거와 그 마병이여</u> 하더니 다시 보이지 아니하는지라. 이에 엘리사가 자기의 옷을 잡아 둘로 찢고"(왕하 2:12).

요아스는 어떻게 똑같은 말을 엘리사에게 할 수 있었을까? 요아스가 엘리사에 대한 존경과 안타까운 마음을 담아서 한 말이 우연히도 엘리사의 말과 똑같았을 가능성이 있다. 요아스의 절절한 마음이 담겨서 나왔다. 그러나 한편으로는 엘리사의 엘리야를 향한 그 말이 북이스라엘에서 유행하는 아주 유명한 말일 수도 있다.

엘리사는 유명인이었고 그의 행동과 말은 널리 회자되었다. 그것을 들은 요아스 왕은 존경하는 마음으로 엘리사를 만나는 자리에서 같은 말을 했다. 요아스는 엘리사를 흠모하고 있었고 스승으로 여겼다. 그의 할아버지 예후를 왕으로 만든 것부터 감사하고 있었을 것이다.

엘리사는 요아스의 말을 듣고 그 정도라면 이스라엘을 위해 왕이 할 일이 있으리라 생각했다. 요아스 왕은 강해질 필요가 있었다. 요아스의 아버지 여호아하스 때에 국력은 완전히 바닥났다. 북이스라엘은 유리처럼 아슬아슬한 나라가 되었다. 외부의 적이 쳐들어오면 끝장날 수 있었다. 엘리사는 요아스에게 강한 힘을 부여하는 것이 좋겠다고 생각했다. 그러나 무턱대고 힘을 줄 수는 없었다. 테스트가 필요했다. 요아스에게 활과 화살을 가져오게 했다.

첫 번째는 매우 쉬운 테스트였다. 활과 화살을 가져오는 것은 누구라도 할 수 있었다. 그러나 요아스는 왕이었다. 그는 거절하거나 무시할 수 있었다. 그런데도 왕은 엘리사의 말에 순종했다. 활을 잡은 요아스의 손에 엘리사의 손이 겹쳐졌다(왕하 13:16). 안수였다. 엘리사의 영감이 요아스에게 흘러갔다.

두 번째 테스트는 동쪽 창문을 열고 화살을 쏘라는 명령이었다. 이 역시 쉬운 테스트였다. 그냥 쏘면 되었다. 요아스는 "왜 화살을 쏴야 하느냐? 밖에 있는 사람이 맞으면 어떡하느냐?"라면서 거절하지 않았다. 그는 그대로 순종했다. 창밖으로 화살이 날아갔다. 동쪽은 아람(시리아)이 있는 곳이었다. 아람에 대한 공격과 승리의 의미였다. 엘리사가 말했다.

"이것은 승리의 화살입니다. 임금님께서는 아람을 쳐서 진멸할 것입니다."

요아스는 군사는 몇 안 되었지만 얼마든지 이길 수 있다는 자신감을 갖게 되었다. 요아스는 전의가 불붙는 것을 느꼈다.

세 번째 테스트는 땅을 치는 것이었다. 엘리사는 요아스에게 화살을 집고 땅을 치라고 했다. 요아스는 땅을 세 번 쳤다. 땅! 땅! 땅! 엘리사는 왕에게 화를 냈다. 대여섯을 쳤으면 아람을 전멸시킬 수 있었을 텐데 고작 세 번만 쳤느냐고 했다. 이 테스트는 어려운 것이었다. 미리 말해주었더라면 열 번이라도 칠 수 있었다. 여러 번 쳤다가 경박하다는 핀잔을 받을 수도 있고, 한 번만 치는 것은 적은 것 같고, 그래서 요아스는 적당히 세 번을 쳤을 뿐이었다. 많지도 적지도 않은 수, 세 번이었다. 요아스는 그랬다. 아주 잘하는 것도 그렇다고 아주 못하는 것도 아닌 왕이었다.

요아스는 '먼지 같은' 군사력을 가지고서도 강한 아람을 이길 수 있다는 확신을 얻은 것만으로도 좋았다. 요아스는 아람의 왕 벤하닷과 전쟁을 벌여 승리했다. 아버지 때에 빼앗겼던 성읍을 하나하나 되찾았다. 요아스는 아람과 세 번의 전쟁에서 승리했다. 엘리사가 한 말 그대로였다(왕하 13:25).

북이스라엘에는 세 가지 어려움이 있었다. 첫 번째는 모압의 도적 떼였다(왕하 13:20). 아합 왕 때는 모압이 해마다 양털을 갖다 바쳤는데 이스라엘의 힘이 없어지자 모압이 도적 떼가 되어 이스라엘을 약탈했다. 그것도 해마다 침범했고 그것은 이스라엘의 골칫거리였다.

두 번째는 엘리사의 죽음이었다. 엘리사는 요아스 왕을 위해서 마지막 예언을 해주었고 역사 속으로 사라졌다. 엘리사는 왕족이나 귀족이 아니었기에 여느 백성들과 마찬가지로 고향 땅에 장사되었다. 그의 고향은 모압과 가까운 아벨므홀라였다(왕상 19:16).

당시 장례풍습은 자연 동굴이나 인위적으로 판 굴에 시신을 안치해 놓고 입구에 돌을 막는 형식이었다. 세마포 천에 쌓인 시신이 시간이 지나 뼈만 남으면 수습을 해서 항아리에 넣고 빈자리에 다른 시신을 넣곤 했다.

엘리사가 죽어 장사 지낸 그 동굴에 막 죽은 사람의 시체를 장사하는 일이 있었다. 그 주변으로 모압의 도적 떼가 나타나자 장사를 치르는 사람들은 놀라서 시신을 동굴에 던져놓고 달아났다. 그런데 놀랍게도 시신이 엘리사의 뼈에 닿자 살아나 제 발로 일어서는 일이 있었다.

이것은 북이스라엘의 어려움에도 하나님께서 어떻게 일하실지 보여주는 사건이었다. 요아스시대 정도가 되니까 이스라엘은 죽은 것과 같은 나라가 되어 버렸다. 그러나 하나님은 이미 뼈가 된 선지자 엘리사를 통해 시신을 살린 것처럼 이스라엘을 돌보시고 있다는 사실을 보여주셨다.

세 번째 어려움은 남유다의 9대 왕 아마샤로부터 왔다. 그는 '소금 계곡'(염곡)에서 에돔을 쳐서 이긴 뒤에 자신감을 얻고서 요아스에게 전령을 보냈다. 북이스라엘과 남유다 사이의 진검승부를 펼치자는 제안이었다. 요아스는 아람과의 전쟁에 총력을 기울였고 국경 근처에서 출몰하는 모압의 도적 떼 때문에 골머리를 앓고 있었다. 요아스는 아마샤에게 대답해주었다.

"레바논에 가시나무가 있었습니다. 가시나무는 레바논의 백향목에게 전갈을 보내 딸을 달라고 요청했습니다. 가시나무의 청혼이 받아들여졌을까요? 천만에요. 들짐승이 지나가다가 가시나무를 짓밟고 말았습니다. 아마샤 왕께서 에돔과의 전쟁에서 이겼다고 교만해지셨습니다. 우리를 자극하다가 당신뿐 아니라 유다도 함께 멸망하게 될 것입니다"(대하 25:18-19).

요아스의 대답은 아마샤의 오해를 샀다. 아마샤는 선전포고를 받아들이는 것으로 해석했다. 요아스는 이대로 가다가는 남유다가 치고 올라올 것 같아서 군사들을 모으고 남유다의 영토인 벧세메스로 먼저 올라갔다. 북이스라엘과 남유다의 전쟁이 벌어졌는데 큰소리치던 아마샤의 자신감과는 달리 유다 군대를 쉽게 이길 수 있었다. 군사들은 죽거나 집으로 도망을 하였다.

요아스는 전투지에서 아마샤 왕을 사로잡았고 그를 인질로 삼아 예루살렘성으로 향했다. 성을 지키는 군사들은 저항했지만 요아스는 예루살렘 성벽을 에브라임 문에서 모퉁이까지 약 200m를 헐고 성안으로 진입했다(왕하 14:13).

요아스는 성전과 왕궁의 보물 창고에서 금, 은, 그릇들을 챙기고 몇 명의 귀족을 인질로 잡아 사마리아로 돌아갔다. 요아스는 위기도 있었지만 아람과의 전쟁에서 세 번의 승리에 이어 남유다 아마샤와의 전쟁에서도 북이스라엘을 승리로 이끌었다.

요아스는 북이스라엘을 15년 동안 다스렸다. 예후의 28년과 여호아하스의 17년, 여호아스의 15년을 더하면 60년이었다. 예후 왕조는 60년간 굳건하게 서 있었다. 요아스의 나머지 행적, 그가 누린 권세, 그가 아마샤 왕과 싸운 일 등은 '이스라엘 왕 역대지략'에 기록이 되었다(왕하 14:15).

요아스는 잘한 것도 있었고 못한 일도 있었다. 그러나 결론적으로 말하면 하나님이 보시기에 악한 왕이었다. 그는 여로보암의 죄악 된 길을 그대로 걸었다. 그는 죽어 사마리아에 안장되었고 그의 아들 여로보암이 왕이 되었다(왕하 14:16).

# Chapter 13

# 요나의 예언대로 회복시킨 왕

초대 왕 사울의 이름을 따서 왕의 이름을 사울이라고 짓는다고 해 보자. 그러면 그는 사울을 존경하고 닮으려는 사람임이 틀림없다. 북이 스라엘의 13대 왕이자 요아스의 아들 여로보암이 왕이 되었다. 그의 이름은 북이스라엘 초대 왕 여로보암과 같았다. 그래서 여로보암 2세 라고도 불린다. 느밧의 아들 여로보암과 요아스의 아들 여로보암은 이 름만 같은 것이 아니었다. 여로보암 2세는 여로보암의 죄를 본받아 그 길로 갔다(왕하 14:24).

여로보암 2세는 북이스라엘의 국경을 회복했다. 하맛 어귀에서 아 라바 바다(사해)까지를 이스라엘의 경계로 삼았다. 바다가 국경이 되면 좋은 점이 있었다. 바다는 육지와 달라서 완벽한 경계선이 있다. 정확 한 국경이 정해지면 그 지역만 잘 수비해도 경계선 안에 있는 백성은 안심할 수 있다. 국경을 보호하고 순찰하며 경비를 강화하는 것은 국력에 도움이 된다.

여로보암이 해낸 일은 아밋대의 아들 요나의 예언을 이룬 것이었다(왕하 14:25). 우리가 알고 있는 바로 그 요나다. 요나는 여로보암 2세 때에 북이스라엘에서 활약한 예언자였다. 요나가 했던 여로보암을 향한 예언의 구체적인 내용은 성경에 나와 있지 않다. 다만 요나는 여로보암에게 예언을 했고 여로보암의 40년 치세 동안에 그 예언이 이루어졌다는 것을 알 뿐이었다. 그렇다면 요나의 이 예언은 무슨 기능을 하고 있을까?

요나는 니느웨에 가서 "3일 안에 무너질 것이다"라는 예언을 한 것으로 유명했다. 그러나 그 예언은 이루어지지 않았다. 니느웨의 왕부터 모든 백성, 심지어 가축까지도 하나님 앞에서 회개하였기 때문이다. 요나의 예언은 들어맞지 않았지만 그가 위대한 예언자인 것은 요나로 인해서 회개의 역사가 일어났기 때문이었다. 그의 예언이 맞지 않음으로써 하나님의 뜻이 이루어졌다.

그렇다면 "이스라엘의 국경이 하맛 어귀에서 아라바 바다까지 회복된다"라는 요나의 예언이 이루어졌다는 것은 어떤 의미가 있을까? 이 예언이 이루어지면서 여로보암 2세가 더욱 교만해졌다. 증조할아버지에서 시작된 예후 왕조가 할아버지 여호아하스, 아버지 요아스를 이어서 자신의 때에 국경이 넓어지고 국력이 커졌다. 여로보암은 커진 힘으로 인해서 안하무인이 되어 버렸다.

"이는 여호와께서 이스라엘의 고난이 심하여 매인 자도 없고 놓인

자도 없고 이스라엘을 도울 자도 없음을 보셨고"(왕하 14:26).

여로보암의 아버지 요아스 때에 아람을 세 번이나 이기고 남유다의 아마샤에게도 승리했지만 북이스라엘 백성의 형편은 여전히 어려웠다. 그들의 고난은 여전히 진행 중이었다. 국경이 회복되고 국내외 정세가 안정되었어도 백성들은 괴로운 시절을 지나고 있었다. 그러나 아직 북이스라엘은 망할 때가 아니었다.

"여호와께서 또 이스라엘의 이름을 천하에서 없이 하겠다고도 아니 하셨으므로 요아스의 아들 여로보암의 손으로 구원하심이었더라" (왕하 14:27).

하나님은 이스라엘을 천하에서 없앤다고 하지 않으셨다. 아직은 이스라엘이 망할 때가 아니었다. 하나님은 여로보암을 사용하셨다. 여로보암 2세는 전쟁에서 계속 이겼다. 남유다가 빼앗았던 지역이라든지 아람의 접경지를 다시 되돌렸다. 그는 40년간 이스라엘을 이끌면서 영토 확장에 주력했고 성공을 거두었다.

예후의 왕권은 여로보암 2세 때까지 안정적으로 유지되고 있었다. 이것은 하나님께서 예후에게 그의 자손이 4대까지 이어갈 것이라고 하신 약속 그대로였다(왕하 10:30). 그러나 그것은 예후가 정직하며 하나님의 마음에 합할 때 가능한 것이었다. 하나님은 약속을 지키셨으나 예후 왕조는 어땠을까? 예후를 비롯한 후대의 모든 왕은 '여로보암의 길'을 따라갔다. 하나님 앞에서 정직하지 못했다.

여로보암 2세도 마찬가지였다. 그의 능력은 출중했고 국력은 강해
졌다. 그러나 영적으로는 매우 가난했다. 그것이 백성에게 그대로 이어
지고 있었다. 예후는 하나님의 약속을 아들에게 잘 전달해야 했다. 왕
권을 보장해주신 하나님의 말씀 앞에서 자기 아들과 자손들이 어떻게
나라를 이끌어가야 하는지 왕도를 가르치고 교훈을 주어야 했다.

그러나 그들은 국내외의 정세를 안정시키고 나라를 부강하게 만들
었지만 하나님을 믿고 의지하며 살지는 않았다. 그래서 예후 왕조를 통
해서 위대한 일들이 일어나지는 않았다. 오히려 예후 왕조를 통해서 절
망만 더욱 깊어졌다.

여로보암 2세는 북이스라엘 왕들 중에서 가장 긴 세월인 40년을 왕
좌에 있으면서 요나 예언자의 말대로 땅을 회복하는 것까지는 했으나
백성들을 위해서, 역사를 위해서 아무 일도 하지 않았다.

# Chapter 14

# 예후 왕조 100년의 마지막 왕

여로보암 2세가 죽은 뒤에 그의 아들 스가랴가 왕이 되었다. 그는 6
개월간 이스라엘을 다스렸다. 아버지 여로보암은 40년 재위라는 북이
스라엘 최장수의 왕이었는데 그 아들 스가랴는 아버지의 80분의 1밖에
통치하지 못했다. 그 짧은 기간에도 역시 하나님 보시기에 악을 행했고
이스라엘이 죄를 짓게 했다. 스가랴는 '여로보암의 길'을 본받았다.

예후 왕조에는 총 100년의 기간이 있었다. 예후는 28년, 여호아하
스는 17년, 요아스는 15년, 여로보암은 40년간 통치했다. 이들을 모두
합치면 정확하게 100년이다. 부친, 조부, 증조부, 고조부에 이르기까지
100년의 세월이 예후 왕조에게 주어졌다. 10년이면 강산도 변한다는
데 100년 동안 북이스라엘은 무엇이 변했는가? 아무 변화도 없었다.

그동안 북이스라엘은 금송아지에 절했고, 이방에서 들여온 우상에

게 무릎 꿇었고, 온갖 죄악을 저지르는 것을 반복했다. 예후 왕조도 똑같았다. 그들 중에 하나님 앞으로 돌아온 왕은 하나도 없었다. 스가랴는 6개월 동안 왕위에 있었지만 아무리 훌륭해도 100년이라는 세월을 거스르기는 어려웠을 것이다. 안일하게 왕의 자리나 지키며 앉아 있는 것이 다였다.

그러니 야베스의 아들 살룸 같은 야심 많은 정치가가 '이 정도면 나도 왕을 한번 해보리라'는 생각을 품고 역모를 꾀할 만했다. 예후 왕조는 어느새 살룸이란 사람이 스가랴를 죽이고 왕이 되어도 별수 없는 허약하고 볼품없는 왕조가 되어 버렸다. 백성들은 왕이 죽었으나 어떤 영향을 받지도 않았다. 누가 와서 왕을 죽이든지 말든지 자포자기 심정이었다. 100년이란 기간 동안 예후 왕조가 한 것이 아무것도 없었다.

6개월이면 지금까지 북이스라엘에서 두 번째 최단기간이다. 가장 짧았던 것은 7일 동안 왕좌에 있었던 북이스라엘 5대 왕 시므리였다. 시므리와 달리 스가랴는 조상의 후광이 있었다. 빛나는 예후 왕조의 적자였다. 그런데도 그가 암살당하는 동안 신하는 물론이고 백성들도 다 그를 외면했다. 왕이 암살당하면 백성들이 암살자를 처단하고 죽은 왕의 아들을 다음 왕으로 세우는 남유다(왕하 21:24)와는 완전히 달랐다.

"여호와께서 예후에게 말씀하여 이르시기를 네 자손이 사 대 동안 이스라엘 왕위에 있으리라 하신 그 말씀대로 과연 그렇게 되니라"(왕하 15:12).

하나님은 약속을 지키셨다. 100년의 세월 동안 예후와 그의 자손

사 대까지 이스라엘 왕좌를 보장해주셨다. 예후 아들들의 막장 통치의 맨 마지막은 6개월이었다. 이스라엘에게는 6개월도 견디기 힘든 시간이었다.

하나님께서 "사대 동안 이스라엘 왕위에 있으리라"는 약속은 그들에게 제대로 통치해야 할 의무와 사명감을 준 것이었다. 그 긴 시간 동안에 예후와 그의 후손들은 대대로 악한 일만 되풀이했고 '여로보암이 걸었던 길'에서 한 치도 벗어나지 않았다. 하나님은 약속을 지키셨으나 그들은 악한 정권만 이어갔다.

하나님의 말씀을 이루기 위해서 예후 왕조는 영화나 누리며 권좌에 앉는 것만을 즐겨서는 안 되었다. 소명감을 갖고 시대를 새롭게 하며 하나님 나라를 위해 고민해야 했다. 그러나 누구에게서도 그런 흔적조차 찾아볼 수 없었다. 하나님께서 주신 약속을 누리고 즐겼지만 의무와 사명은 이루지 못했다. 북이스라엘의 어둠은 짙어만 갔다.

>>> Chapter _ 15

# 야베스의 아들

살룸은 악한 왕조를 무너뜨리고 올바른 시대를 열겠다는 대단한 열의나 시대적 소명을 가지고 모반을 일으킨 것이 아니었다. 그가 왕이 된 것은 마침 예후 왕조가 약화되었고 자신에게는 왕이 되려는 야심이 있었기 때문이었다. 그는 야베스의 아들이었다.

"야베스는 그의 형제보다 귀중한 자라. 그의 어머니가 이름하여 이르되 야베스라 하였으니 이는 내가 수고로이 낳았다 함이었더라. 야베스가 이스라엘 하나님께 아뢰어 이르되 주께서 내게 복을 주시려거든 나의 지역을 넓히시고 주의 손으로 나를 도우사 나로 환난을 벗어나 내게 근심이 없게 하옵소서 하였더니 하나님이 그가 구하는 것을 허락하셨더라"(대상 4:9-10).

앞의 성경에 나오는 '야베스'는 유다 지파이기 때문에 살롬의 아버지와 동일 인물은 아니다. 그러나 살롬의 아버지 야베스라는 이름도 '고통'이라는 뜻이다. 고통이라는 이름으로 고통스러운 삶을 살았던 아버지 야베스를 보면서 아들 살롬은 아버지의 고통을 자양분 삼아 분노와 적개심을 먹으며 자랐다. 성인이 된 그는 기회를 틈타 왕을 죽이고 왕이 되는 데 성공했다.

그러나 왕이 된 기쁨도 오래가지 못했다. 그는 사마리아에서 왕이 된 지 한 달 뒤에 므나헴에게 살해당했다. 고통스럽게 죽어, 고통 속에서 사라져갔다. 아버지의 이름이 아니라 자신의 이름이 '고통'이어야 할 것 같았다.

살롬이 스가랴를 죽이고 왕이 되었으니 건재하게 나라를 다스릴 수 있었다. 그가 왕이 된 곳 사마리아는 안전하게 왕의 자리를 지킬 수 있는 곳이었다. 살롬이 스가랴 왕을 죽이고 왕의 자리에 앉았던 것은 치밀한 계획을 세우고 준비한 일이 아니었다. 왕궁에서 자신을 호위할 신하라든지, 사마리아를 지킬 군사들도 미리 갖춰놓지 않았다.

살롬 왕을 죽인 므나헴은 왕궁에 있었던 신하가 아니라 다른 지역에서 올라온 사람이었다. 살롬은 우월한 사마리아 지역과 왕이라는 권세 속에서 자신의 왕위를 지키지도 못했다. 그는 겨우 1개월의 왕으로 살해당해 끝날 정도로 즉흥적인 반란을 일으켰을 뿐이었다.

살롬은 왕이 되지 않았다면 더 오래 살았을 것이다. 그는 왕이라는 야심에 넘어가 왕이 되는 데는 성공했지만 자신의 생명을 단축시키고 말았다. 살롬이 스가랴를 죽인 것과 므나헴이 살롬을 죽인 것은 매우 비슷했다.

"야베스의 아들 살룸이 그를 반역하여 백성 앞에서 쳐죽이고 대신하여 왕이 되니라"(왕하 15:10).

"가디의 아들 므나헴이 디르사에서부터 사마리아로 올라가서 야베스의 아들 살룸을 거기에서 쳐죽이고 대신하여 왕이 되니라"(왕하 15:14).

"쳐죽이고." 상당히 폭력적인 언어이다. 살룸은 스가랴 왕을 쳐죽였다. 그리고 므나헴도 살룸 왕을 쳐죽였다. 뒤에서 찔렀거나 독극물을 먹이는 등 은밀하고 조용하게 암살했다는 의미가 아니었다. '쳐죽이다'라고 할 때의 '쳐'는 세게 때리다는 '나카'라는 말에서 왔는데 '사람들이 보는 앞에서 때려서 살해했다'는 의미가 있다.

므나헴은 당당하게 왕궁으로 들어와 왕을 난도질했다. 주변에는 살룸을 지켜줄 사람이 없었고 신하들은 구경했다. 불과 한 달 전 살룸이 왕궁에 들어와 스가랴 왕에게 했던 것이 그대로 반복되었다. 한 달이면 왕궁의 위치나 부하들에 대해서도 제대로 파악하기 어려운 기간이었다. 살룸은 '자손 사대까지의 예후 왕조가 있을 것'이란 하나님의 예언을 실현시키고는 한 달 천하로 사라진 왕이 되었다.

# 디르사가 낳은 괴물

'디르사'는 한때 북이스라엘의 수도였다. 북이스라엘의 1대 왕 여로보암이 세겜에서 왕이 되었고, 브누엘로 천도한 뒤에 벧엘에서 세운 금송아지 재단에서 손이 뒤틀리게 된 사건이 있었다. 그 이후에 여로보암의 집은 디르사로 바뀌었다(왕상 14:17). 북이스라엘의 3대 왕 바아사가 디르사에서 왕이 되었고, 그 후 디르사는 북이스라엘의 수도가 되었다.

북이스라엘의 5대 왕 시므리는 역모를 통해서 왕이 되었다. 그는 '디르사'에서 엘라 왕을 죽이고 자신이 왕위에 올랐으나 디르사 왕궁을 불태우고 몸을 던져 죽으면서 생을 마감했다. 시므리가 죽은 뒤 6대 왕 오므리는 디르사에서 6년간 통치한 뒤에 북이스라엘의 수도를 사마리아로 이전했다.

디르사는 오므리가 사마리아로 천도하기 전까지 역대 왕들의 통치 수도였고 북이스라엘의 중심지였다. 수도가 바뀐 뒤에 디르사의 사정은 매우 열악해졌다. 기관과 공공시설이 사마리아로 옮겨졌고 우수한 인력도 사마리아로 이주했다. 디르사는 그렇게 방치되고 말았다.

통치자들은 디르사에 관심이 없었다. 디르사는 시므리가 궁전을 불태웠고 몸을 던져 죽은 곳이다. 오므리가 디르사에서 사마리아로 수도를 이전한 것은 그런 끔찍한 사연이 있었기 때문이었다. 수도가 바뀐 이후 역대 왕 중에서 디르사를 방문하거나 전략지로 생각하는 사람은 하나도 없었다. 디르사가 오랜 시간 방치된 사이에 므나헴 같은 괴물이 그곳에서 살게 되었다. 가디의 아들 므나헴은 디르사에서 세력을 키웠다.

아무리 야망을 가진 사람이라고 해도 혼자서 사마리아로 올라와 왕을 죽이는 일은 불가능하다. 살룸은 역모를 통해 왕을 죽였기 때문에 언제든지, 누구라도 자신을 죽일 수 있다는 사실을 어느 정도 인지했을 것이다.

므나헴은 살룸이 궁궐을 지키는 문지기를 많이 세웠을 것이라 예견했다. 마음을 먹었다고 아무나 왕에게 와서 왕을 죽일 수 없음을 누구보다 잘 알았다. 므나헴은 자신과 뜻을 같이하는 반역자들을 모으고, 자신의 앞길을 막는 사람을 잔인하게 죽일 수 있는 살인자들을 모았다. 디르사에는 그런 살인자가 많았다.

"그때에 므나헴이 디르사에서 와서 딥사와 그 가운데에 있는 모든 사람과 그 사방을 쳤으니 이는 그들이 성문을 열지 아니하였음이

라. 그러므로 그들이 그곳을 치고 그 가운데에 아이 밴 부녀를 갈랐더라"(왕하 15:16).

므나헴은 혁명군을 모은 뒤 디르사에서 사마리아로 진격했다. 그는 살룸을 쳐죽이고 딥사를 공격했다. 딥사는 디르사 근처의 작은 동네였다. 성경에서는 그곳이 딥사(Tiphsah)가 아니라 답부아(Tappuah)라고 표현되기도 한다(RSV, 공동번역). 답부아는 세겜에서 18km 정도 떨어진 에브라임 지경이었다. 디르사에서 가까운 도시였다. 므나헴이 답부아를 거의 전멸하는 수준으로 침략했다.

그는 성문을 닫고 방어한 사마리아의 군사들을 잔인하게 죽였다. 문지기는 나라에서 가장 말단에 속한 공무원이다. 그들은 아무 힘도 없었다. 시키는 대로 문을 닫아걸고 저항했을 뿐이었다. 그런데 궁궐에 들어온 므나헴과 그의 부하들은 성문을 열어주지 않았다는 이유로 잔인하게 문지기들을 살해했다.

더 끔찍한 일이 남아 있었다. 므나헴은 임신한 여자들의 배를 갈라서 죽였다. 캄보디아의 폴포츠 정권의 실상을 고발한 전쟁기념관에 가면 폴포츠의 군인들이 임신한 여인의 아기 성별을 두고 내기한 뒤 배를 가르는 장면이 나온다. 이 같은 일은 폴포츠 정권이 얼마나 악한 정권인지 고발하는 이야기이다. 어느 시대나 임산부는 보호해야 하는 약자이다. 임산부를 죽이고 뱃속의 아이를 해치는 이가 있다면 그는 극악무도한 인물임에 틀림이 없었다. 므나헴은 잔혹한 자였다.

므나헴은 디르사에서 그렇게 괴물이 되어 사마리아를 점령하여 왕을 죽이고 왕이 되었다. 므나헴이 잔인하게 굴었던 대상은 다른 민족이 아니었다. 자기 나라였고 자신이 통치해야 할 같은 민족 이스라엘이었다. 그는 북이스라엘 16대 왕이 되어 12년 동안 다스렸다.

므나헴은 이전의 왕을 지우는 데 앞장섰지만 변하지 않은 것이 있었다. 그는 하나님이 보시기에 악을 행했고 여로보암의 죄를 떠나지 않고 그 길을 그대로 본받았다(왕하 15:18). 그것도 '평생' 그 악을 따라갔다.

므나헴이 다스리는 동안 앗수르의 불 왕이 북이스라엘을 치려고 왔다. 므나헴은 은 천 달란트를 모아 불에게 주었다. 그는 앗수르를 이용해서 자기 왕권을 강화하고 싶었다. 돈으로 힘과 권력을 사려고 했다. 그 돈으로 군사를 모집하고 백성의 생활을 안정시킬 생각은 없었다. 이스라엘 모든 백성을 한마음으로 모아 외적과 싸우고 나라를 지키게 할 생각은 하지 않았다. 자신보다 강하면 엄청난 돈을 쏟아서 뇌물을 바치는 등 통치 권력을 강화하는 데 사용할 뿐이었다(왕하 15:19). 그는 약한 자에게 강하고, 강한 자에게 약한 사람이었다.

므나헴은 은 천 달란트를 모으기 위해 이스라엘의 모든 부자에게 각각 은 50세겔을 바치게 했다. 1세겔은 노동자 4일 품삯이므로 계산하기 쉽게 10만 원으로 잡으면 50세겔은 2천만 원이었다. 은 천 달란트는 3백만 세겔이며 부자 6만 명이 낸 것으로 모두 1조 2천억 원에 해당하였다. 왕이 부자들에게만 내도록 한 것은 가난한 사람들이 감당할 수 없는 금액이기 때문이었다.

부자들이든 중산층이든 왕의 말을 들어야 했다. 백성의 지지도가 떨어져도 상관없었다. 누가 감히 므나헴의 통치에 반기를 들 수 있으랴! 임산부의 배를 가르면서 공포정치로 나라를 다스리는 왕에게 아무도 저항하지 못했다.

　은 천 달란트라는 엄청난 뇌물로 앗수르를 끌어들인 므나헴은 부를 축적하고, 자기가 원하는 대로 나라를 이끌 수 있었다. 므나헴이 죽고 30년이 조금 지난 후에 앗수르는 거대한 나라가 되어 북이스라엘을 완전히 삼키고, 이스라엘이란 나라는 사라지게 된다.

　성경에서 앗수르가 만난 북이스라엘의 첫 번째 대면은 므나헴 왕이었다. 므나헴은 국방을 강화하고 군사들을 잘 준비시켜서 북이스라엘이 만만치 않은 나라라는 것을 보여주었어야 했다. 그러나 그는 자신의 부를 축적하고, 어떤 백성의 눈치도 보지 않으면서 마음대로 나라를 이끌다가 자신보다 힘 센 앗수르에게 천 달란트라는 엄청난 뇌물을 바치면서 북이스라엘을 얕잡아보게 했다. 10년간 북이스라엘을 다스린 뒤에 므나헴이 죽고 그의 아들 브가히야가 왕이 되었다.

# 므나헴의 혁명 동지

므나헴이 10년간 사마리아를 다스렸다. 디르사에서 시작한 역모였다. 그는 사마리아를 제압하고 끔찍하고 잔인하게 북이스라엘을 이끌어갔다. 그에게 저항하는 백성도 없었고 그를 향해서 외치는 선지자도 없었다. 무소불위의 권력을 쥐고 나라를 이끌어갔다. 그런데 므나헴은 두 가지를 알지 못했다.

한 가지는 자신보다 더 센 사람이나 권력이 있다는 사실이었다. 므나헴의 권력은 유리 같았다. 그는 국내에 국한된 인물이었다. 국제적으로 보면 그는 아무 힘도 없었다. 주변 나라 중에서 앗수르가 무섭게 일어서고 있었다. 앗수르는 소국들을 밤톨 줍듯이 점령하면서 점점 북이스라엘로 진군했다. 북이스라엘은 위기에 처했다.

므나헴이 위기를 타파하는 방법은 뇌물이었다. 뇌물이란 상대의 힘에 대한 대가로 치러지는 값비싼 희생이다. 은 천 달란트. 므나헴이 앗수르의 왕 소에게 갖다 바친 금액은 엄청난 양의 뇌물이었다. 6만 명의 부자들은 은 50세겔씩을 므나헴에게 바쳤다. 북이스라엘은 다 쓰러져가는 나라였지만 부자들은 6만 명이나 있었다. 백성은 고통 속에서 신음하고 있는데 부자들은 그 정도를 낼 수 있는 여력이 있었고, 므나헴은 부자들의 피를 빨았고 부자들은 백성을 착취했다. 그렇게 모아놓은 돈으로 강한 나라인 앗수르에 뇌물을 바쳤다. 모든 나라가 수도를 방어하고 앗수르에 저항할 때 므나헴은 권력에 아부하고 있었다. 므나헴은 그렇게 약삭빠른 자였다.

므나헴이 몰랐던 두 번째는 자신이 죽으면 그 거대한 힘과 권력도 다 사라지고 만다는 사실이었다. 므나헴이 반역으로 나라를 장악했으니 극도로 경계한 것은 자신에게 대항하는 세력이었다. 부하들을 더 많이 세우고 방어막을 이중, 삼중으로 쳐놓았다. 그것은 성공을 거두어 10년 동안 별 탈 없이 북이스라엘을 다스렸다.

그러나 므나헴도 죽을 때가 되었다. 그는 죽기 전에 아들 브가히야에게 왕위를 넘겨주고 평화롭게 영면했다. 아들에게 정권을 넘겨주었어도 죽은 이상 그에게 도전하는 세력을 막을 수는 없었다. 므나헴은 가까운 부관에게 아들이 살해당할 줄은 전혀 몰랐다.

> "그 장관 르말랴의 아들 베가가 반역하여 사마리아 왕궁 호위소에서 왕과 아르곱과 아리에를 죽이되 길르앗 사람 오십 명과 더불어 죽이고 대신하여 왕이 되었더라"(왕하 15:25).

베가는 디르사에서 혁명을 일으킨 므나헴의 혁명동지였다. 므나헴
은 가장 믿을 수 있는 사람을 자기 곁에 두었다. 베가가 므나헴의 '장
관'이라는 것은 혁명시절부터 함께해 온 친구를 의미했다. '장관'이라
는 말은 히브리어로 '쌀리쉬'라고 하는데 이것은 '셋'을 의미하는 수
사 '왈라쉬'에서 왔다. 왕의 병거에 타고 있는 세 번째 사람이라는 뜻
이다. 왕이 타는 병거는 세 명이 타게 되어 있었는데 한 명은 말을 모
는 자이고, 또 한 명은 왕이며, 왕의 뒤에 세 번째 사람인 '왈라쉬'가
있었다.

'장관'은 왕의 말이 거친 길을 달리거나 급히 출발할 때 뒤에서 버
티고 있으면서 넘어지는 왕을 받쳐주는 쿠션 같은 존재이자 보좌였고,
왕을 위험에서 보호하는 존재였다. 베가는 므나헴 왕의 옆에서 경호를
담당하는 장관이었다. 그랬던 베가가 므나헴의 아들 브기히야를 죽이
고 왕이 되었다.

므나헴은 디르사에서 반역을 시작했다. 그의 아들 브기히야 때는
왕의 바로 옆에서 반역이 시작되었다. 므나헴은 사마리아에서 가까운
딥사를 쑥대밭으로 만들었다(왕하 15:16). 디르사에서 조용히 세력을
모아서 사마리아에 쳐들어온 것처럼 딥사 역시 위험한 곳이라 판단했
다. 그러나 므나헴은 옆에 있는 장관이 아들을 죽일 것은 예상하지 못
했다. 은 천 달란트라는 막대한 뇌물로 바깥의 적인 앗수르를 물러나게
했지만 근거리 장관의 마음을 막지는 못했다.

베가는 므나헴과 함께 반역을 일으킨 뒤에 기회를 엿보았다. 10년
의 세월이었다. 므나헴의 빈틈없는 일 처리, 권력에 대한 지나친 집착,
공격적이고 잔인한 성격을 보면서 왕을 쉽게 제압할 수 없다는 것을 알

았다. 때는 기다리면 오는 법, 므나헴이 죽었고 베가에게 기회가 찾아왔다.

베가는 조심히, 은밀히, 비밀리에 세력을 모았다. 므나헴의 아들 브가히야가 왕이 되자 그는 모든 권력과 힘을 고스란히 차지했다. 브가히야 왕은 아주 가까운 곳에서 자신을 노리는 세력이 고양이의 새끼를 노리는 쥐새끼들처럼 모여들고 있는 걸 눈치 채지 못했다. 베가는 혼자서 역모를 꾀하지 않았다. 그는 세력을 모았고 길르앗 사람 50명이 그의 부하가 되었다.

> "그 장관 르말랴의 아들 베가가 반역하여 사마리아 왕궁 호위소에서 왕과 아르곱과 아리에를 죽이되 <u>길르앗 사람 오십 명과 더불어 죽이고 대신하여 왕이 되었더라</u>"(왕하 15:25).

베가는 왜 이런 사람들을 길르앗에서 골랐을까? 돈만 주면 왕을 죽이는 일도 서슴없이 할 수 있는 무지막지한 깡패들이 길르앗에 있었다. 베가는 그들과 함께 사마리아를 장악했다. 단 50명을 가지고서도 왕궁을 손아귀에 넣었다. 그는 므나헴의 때와 달리 왕궁의 형편을 손바닥 보듯 빤히 볼 수 있었다. 어디로 들어가면 문지기 몰래 성안으로 들어갈 수 있는지, 어느 복도가 취약한지 정확히 꿰뚫고 있었다.

므나헴의 아들 브가히야 왕은 왕궁 요새 깊은 곳에서 권력에 마음껏 취해 있었다. 백성이 어떤 삶을 살고 있는지 관심이 없었다. 권력에 취했고 힘을 과시하고 있었다. 왕은 하나님 보시기에 악을 행했으며 여로보암의 죄에서 떠나지 않았다(왕하 15:24).

왕궁 바깥에서부터 시끄러운 소리가 들렸을 때 브기히야는 본능적으로 위험을 감지했다. 안전한 곳으로 숨으려고 몸을 돌렸을 때는 이미 베가와 그 일행이 가까이 온 뒤였다. 베가는 왕을 죽였다. 브가히야 왕은 죽으면서 베가의 눈빛을 보았다.

　　12년 전 아버지 므나헴이 동료들을 이끌고 사마리아에 들어와 왕을 쳐죽이고 왕으로 등극했을 때, 무차별적으로 사마리아와 딥사를 공격할 때의 광기 어린 바로 그 눈빛이었다. 아버지가 조금 덜 독했다면, 아버지를 이어받은 그가 권력에 취하지 않고 이스라엘을 더 잘 다스렸더라면 이런 일은 없었을지도 모른다.

　　그러나 브가히야가 희미해져 가는 눈으로 베가가 왕의 배에 칼을 꽂아놓고 왕관을 벗겨 왕좌로 올라가는 모습을 보았을 때는 너무 늦은 뒤였다. 북이스라엘의 17대 왕 브가히야는 2년의 재위기간을 마치고 목숨을 잃었다.

>>> Chapter _ 18

------------------------------------------

# 고작 그러려고 왕이 되었나?

르말리야의 아들 베가가 브가히야 왕을 죽이고 왕이 되었다. 베가 역시 하나님 보시기에 악을 행했으며 여로보암의 죄에서 떠나지 않았다(왕하 15:28).

'여로보암의 죄'는 북이스라엘 왕들 19명이 한 번도 극복해내지 못한 악의 원형 같은 것이었다. 남북 왕조에 기준이 있었다. 남유다는 다윗이었고 다윗의 길로 간 왕이 9명이 있었다. 9명은 선한 왕이었다. 북이스라엘은 여로보암이 기준이었다. 북이스라엘 왕들 전체가 여로보암의 길로 갔다. 모두 악한 왕이었다.

베가는 20년 동안 왕이었다. 그는 길르앗 출신 50명을 데리고 사마리아 왕궁을 점령했다. 베가는 그들에게 적절한 보상을 했다. 그들이 목숨을 걸고 왕을 세웠으니 사마리아의 전리품을 함께 나누면서 누리고 살았다. 그렇게 20년의 세월이 쏜살처럼 날아갔다.

베가가 왕이 된 지 17년이었을 때의 일이었다. 그때 남유다의 왕은 아하스였다. 아하스는 최악의 왕 중의 하나였다. 하나님 보시기에 올바르지 않았으며 아들을 불에 태워 제물로 바치는 잔인한 우상 숭배에 참여했다. 남유다의 방어력은 최악으로 떨어졌다.

베가가 그 기회를 놓칠 리 없었다. 그는 예루살렘으로 올라갔다. 베가가 하루에 남유다에서 죽인 군사가 12만 명이나 되었다(대하 28:6). 베가는 그것으로 멈추지 않고 예루살렘의 각종 물건을 훔치고 유다의 여자와 아이들까지 12만 명을 사로잡아 사마리아로 돌아왔다. 승전하는 베가를 맞이한 것은 선지자 오뎃이었다. 오뎃은 말했다.

"하나님께서 베가 임금님을 아하스 왕의 악행을 심판하는 도구로 삼았습니다. 그러나 예루살렘의 여자와 아이들까지 끌고 온 것은 임금님의 욕심이었습니다. 포로를 돌려보내지 않으면 하나님께서 벌하실 것입니다"(대하 28:9-11).

베가는 포로를 풀어주게 했다. 오뎃과 네 명의 에브라임 지도자들은 포로들의 상처를 치료해주고 고향으로 돌아가게 해주었다. 베가 20년의 재위기간 남유다와의 전쟁에서 승리한 것과 포로를 풀어준 일은 유일하게 잘한 일이었다. 그러나 이 이야기는 유다의 아하스 왕이 얼마나 악한 인물인지 보여주는 것이지 베가가 바른 왕이라는 뜻은 아니다.

베가 왕의 위기는 남쪽이 아니라 북쪽에서 왔다. 므나헴 때 은 천 달란트를 받고 돌아갔던 앗수르가 다시 쳐들어왔다. 앗수르의 디글랏빌레셀 왕은 이욘, 아벨벧마아가, 야노스, 게데스, 하솔, 길르앗을 비롯해서 갈릴리와 납달리 지역을 손아귀에 넣었다(왕하 15:29). 앗수르가 차지한 지역은 이스라엘의 가장 북쪽에서 남쪽으로 강하는 구조였다. 베가 왕은 앗수르가 북쪽 지역을 차지하는 동안 아무 손도 쓰지 못했다. 베가에게는 천 달란트가 없었다.

앗수르가 차지한 땅은 북이스라엘의 주요 지역이 아닌 북쪽 변방이었다. 그러나 그곳에서 나오는 모든 토산품, 수산물, 지역 상품 등이 모두 앗수르로 넘어갔다. 그 지역에 살았던 백성들은 노예가 되어서 멀리 바벨론까지 잡혀갔다. 은 몇 달란트와는 비교할 수 없는 엄청난 희생이었다.

앗수르는 잔혹한 나라였다. 다른 나라를 침입해서 그곳을 쑥대밭으로 만들고 저항하는 자는 가만두지 않았다. 노예로 끌고 갈 때도 귀를 자르고 목에 끈을 걸어서 끌어갔다. 부상을 입으면 길에 던져서 죽게 내버려두었다. 나라가 힘이 없을 때 겪게 되는 백성의 비극이었다.

베가 왕은 위기 속에서 무력하게 자리만 지키고 있었다. 야심을 가진 사람이 위기를 틈타 그의 자리를 노렸다. 북이스라엘의 19번째 왕이자 마지막 왕인 호세아가 등장했다.

# 앗수르에 잡혀간 마지막 왕

베가 왕 때 앗수르가 이스라엘 북쪽 지역을 장악하면서 나라의 상당 부분을 잃고 말았다. 베가가 왕이 된 지 20년이 되었을 때 엘라의 아들 호세아가 반역했다. 강대국의 공격을 받고 정신을 못 차리는 베가 왕을 죽이기는 쉬웠다. 왕을 배신하고 죽이는 일이 반복되었다. 왕을 죽였던 베가가 죽는 당사자로 바뀌었을 뿐이었다.

호세아는 사마리아에서 9년간 다스렸다. 그는 악을 행했다. 다행히 호세아는 이전 왕들만큼 악하지는 않았다(왕하 17:2). 호세아가 선한 왕이라는 의미가 아니라 호세아 이전의 왕들이 얼마나 악했는지 짐작하게 하는 말이다.

호세아가 왕이 된 지 6년이었을 때 앗수르가 이스라엘을 다시 공격했다. 앗수르의 살만에셀 왕은 거칠 것이 없었다. 아람의 수도 다메섹도 점령했고(왕하 16:9), 이욘에서 납달리에 이르는 이스라엘의 북쪽 지역도 이미 차지했기 때문에(왕하 15:29) 이스라엘은 식은 죽 먹기였다.

디글랏빌레셋에서 살만에셀로 이어지는 앗수르는 최강의 군사를 갖추고 있었다. 살만에셀이 군사들을 이끌고 사마리아로 왔을 때 호세아는 그에게 항복하고 조공을 바쳤다. 호세아는 어떻게든 이스라엘을 유지하고 싶었다. 호세아가 왕이 된 지 6년부터 앗수르에 대한 조공이 시작되었다. 사마리아를 포위한 살만에셀은 돌아가지 않았다. 그렇게 3년의 세월이 흘렀다. 몇 달 동안 포위되었을 때 아기를 잡아먹을 정도였는데(왕하 6:28) 사마리아가 3년을 버틸 수 있었을까? 사마리아는 호세아 재위 9년에 끝장나고 말았다. 어떻게 끝장이 났을까?

호세아는 해마다 조공을 바치면서 어떻게든 전쟁을 막고 있었다. 그 사이에 북이스라엘의 모든 자원이 앗수르로 흘러갔다. 앗수르는 므나헴 왕으로부터 은 천 달란트라는 엄청난 뇌물을 받았다. 돈의 맛을 본 앗수르는 계속 위협해서 잔고까지 다 끌어갈 생각이었다. 살만에셀에게 이스라엘은 보물 창고 같았다. 호세아는 압박과 포위에서 벗어나기 위해 애굽 왕 소에게 사절단을 보냈다.

약한 나라로서 할 수 있는 선택지는 많지 않았다. 죽을 때까지 싸우거나, 비굴하게 무릎 꿇거나. 무릎을 꿇었더니 모든 것을 다 가져갔다. 그렇다고 앗수르와 맞서기에 너무 약했다. 모든 백성이 전쟁에 나가도 떼죽음을 당할 것은 뻔한 일이었다. 그때 호세아의 머리에 전통의 강자 애굽이 떠올랐다. 애굽 정도라면 앗수르와 한판 붙어볼 만했다. 사자와 호랑이를 대결시키면 싸우는 동안 퇴로가 열릴지도 모를 일이었다.

그는 국고의 남은 모든 것을 끌어모아 사절단의 손에 들려서 애굽 왕에게 보냈다. 애굽의 왕 소의 마음을 움직일 수 있을 정도로 엄청난 거금이었다. 그런데 어쩐 일인지 뇌물을 받고서도 애굽은 움직일 생각을 하지 않았다. 호세아는 초조하게 애굽의 응답을 기다리고 있었다.

　애굽보다 먼저 움직인 것은 앗수르였다. 뇌물을 보내느라 해마다 바치던 조공을 보낼 수 없게 되자 앗수르의 살만에셀은 호세아의 의도를 알아챘다. 앗수르는 그것을 빌미로 사마리아를 공격했고 호세아 왕을 잡아 감옥에 넣었다. 앗수르는 호락호락한 상대가 아니었다.

　왕이 잡혀가자 남은 백성 중에 누구도 저항할 생각을 하지 못했다. 왕이 잡혀간 사마리아는 텅 비고 말았다. 왕을 대신할 장군과 신하들이 있었지만 버티지 못했다. 왕은 감옥에 갇혔고, 그 후 3년이 지나 사마리아는 앗수르에 완전히 함락되고 말았다. 앗수르는 북이스라엘 사람들을 노예로 끌고 갔다. 그들은 할라, 고산 강가에 있는 하볼, 메대의 여러 성읍으로 강제 이주되었다(왕하 17:6).

>>> Chapter _ 20

# 분열왕국의 끝은 어떻게?

북이스라엘의 마지막 왕 호세아 9년에 수도 사마리아가 점령되면서 백성들은 모두 낯설고 먼 이방 땅으로 이주하게 되었다. 마침내 나라가 망하고 말았다. 사마리아를 점령한 앗수르는 바벨론, 구다, 아와, 하맛, 스발와임에서 포로들을 데려와서 사마리아에 살게 했다. 그들은 이스라엘 성읍에 정착하기 시작했다(왕하 17:24).

이스라엘이 망한 이유는 무엇이었을까? 그것은 그들이 하나님을 거역하여 죄를 지었기 때문이었다. 다른 신을 섬겼고, 이방의 관습을 따랐으며, 이스라엘의 모든 성읍 안에 산당을 세웠고, 아세라 목상을 세웠으며, 예언자와 선견자들의 경고를 무시했다. 이스라엘은 완고했고 헛된 것에 미혹되었다. 그들은 두 금송아지 형상을 그들의 하나님이라고 여겼다. 아세라 목상을 만들었고, 별들에게도 절했으며, 바알을 섬겼고, 자녀를 불살라 바쳤고, 복술과 주문과 점치는 일을 반복했다. 하나님은 더 이상 참을 수 없었다. 그들은 하나님의 진노를 샀다.

남유다는 어땠을까? 그들도 잘하지 못했다. 유다도 곧 북이스라엘을 따르고야 말았다. 이스라엘은 다윗의 집에서 갈라져 나와 여로보암을 왕으로 세웠고, 자손들은 여로보암의 모든 죄를 그대로 따라갔다. 경고대로 하나님께서는 이스라엘을 내쫓고 말았다(왕하 17:7-23).

북이스라엘의 사마리아에서는 어떤 일이 벌어졌을까? 사마리아에 정착한 이방인들은 하나님이 누구이신지 몰랐다. 그들은 하나님을 경외하지 않았다. 하나님은 사나운 사자들을 보냈다(왕하 17:25). 사자는 닥치는 대로 사마리아에 사는 사람들을 물어 죽였다. 그들은 앗수르의 왕에게 구조를 요청했다. 앗수르의 왕이 답을 보냈다.

"그것은 필히 사마리아 땅에 대해서 너희들이 무지하기 때문이다. 사마리아 출신의 제사장 한 명을 그곳으로 돌려보낸다. 그를 통해서 지역 신의 관습을 가르치게 하라"(왕하 17:27).

제사장 한 사람이 북이스라엘로 돌아왔다. 그는 벧엘에 돌아가서 하나님께 예배하는 방법을 가르쳤다. 여기까지는 좋았다. 이스라엘이 망한 이유가 하나님의 명령과 규례를 저버리고 우상들을 섬겼기 때문이기에 이방인이라도 제사장을 통해 하나님을 알게 되고 예배한다면 좋은 일이었다.

그러나 이방인들은 잠시 제사장의 말을 들었을 뿐 제각각 자기의 신을 만들어서 섬겼다(왕하 17:29). 우상들이 사마리아 산당 안에 차곡차곡 쌓여갔다. '사자들의 활약'이 무색해지고 말았다.

사마리아에서는 하나님을 향한 제사도 행해졌다. 그러나 그것은 일부였다. 사마리아에 들어온 이방의 신들인 숙곳브놋, 네르갈, 아시바, 닙하스, 다르닥, 아드람멜렉, 아남멜렉 등등 이전과는 전혀 다른 새로운 종교와 우상들이 섞여서 사마리아에 유통되었다(왕하 17:30).

"그들이 오늘까지 이전 풍속대로 행하여 여호와를 경외하지 아니하며 또 여호와께서 이스라엘이라 이름을 주신 야곱의 자손에게 명령하신 율례와 법도와 율법과 계명을 준행하지 아니하는도다"(왕하 17:34).

이제 더는 그곳을 '이스라엘'이라고 부를 수 없게 되었다. 여호와 신앙은 하나님을 경외하기 위해서가 아니라 사자를 피하기 위한 구실에 불과했다. 그곳에는 하나님의 율례와 법도가 없었고 있어도 아무도 지키지 않았다. 이스라엘은 역사 속으로 사라졌고 사마리아는 이제 영영 딴 나라가 되어 버렸다.

## 〈도표 14〉 북이스라엘 왕조 연대표

| 대순 | 북이스라엘 왕 | 재위 연수 | 혁명 | 성경 출처 |
|---|---|---|---|---|
| 1 | 여로보암 | 22년 | | 왕상 11:26-14:20 |
| 2 | 나답 | 2년 | | 왕상 15:25-28 |
| 3 | 바아사 | 24년 | ○ | 왕상 15:27-16:6 |
| 4 | 엘라 | 2년 | | 왕상 16:6-10 |
| 5 | 시므리 | 7일 | ○ | 왕상 16:8-20 |
| 6 | 오므리 | 12년 | | 왕상 16:15-28 |
| 7 | 아합 | 22년 | | 왕상 16:29-22:40 |
| 8 | 아하시야 | 2년 | | 왕상 22:47-53, 왕하 1:1-18 |
| 9 | 요람(여호람) | 12년 | | 왕하 3:1-9:37 |
| 10 | 예후 | 28년 | ○ | 왕하 9:1-10:36 |
| 11 | 여호아하스 | 17년 | | 왕하 13:1-9 |
| 12 | 요아스(여호아스) | 16년 | | 왕하 13:10-14:16 |
| 13 | 여로보암 2세 | 41년 | | 왕하 14:23-29 |
| 14 | 스가랴 | 6개월 | | 왕하 15:8-12 |
| 15 | 살룸 | 1개월 | ○ | 왕하 15:13-15 |
| 16 | 므나헴 | 10년 | ○ | 왕하 15:14-22 |
| 17 | 브가히야 | 2년 | | 왕하 15:23-26 |
| 18 | 베가 | 20년 | ○ | 왕하 15:27-31 |
| 19 | 호세아 | 9년 | ○ | 왕하 17:1-6 |

우리의 왕
**예수 그리스도**

Kings'
History

Kings'
History
/예/수/그/리/스/도/

## 예수님의 대관식

예수님은 왕이다. 그러나 왕이기에 겪어야 했던 시험이 있었다. 예수님이 요한에게 세례를 받으시고 요단강에서 올라오셨을 때 하늘이 열리고 성령이 비둘기처럼 내렸다. 하나님은 "이는 내 사랑하는 아들이요 내 기뻐하는 자라"(마 3:17)는 말씀을 하셨다. 이스라엘의 어떤 왕의 대관식보다 분명하고 은혜로운 것이었다. 하나님께서 친히 인증했기 때문이다. 예수님은 왕으로 취임하셨다.

공식적인 왕의 일정을 시작하기 전에 예수님은 마귀에게 시험을 받게 되었다. 마귀의 세 가지 시험은 왕으로서 받게 된 도전이었으며, 왕이란 사실을 입증해야 하는 것들이었다. 마귀의 첫 번째 시험은 "하나님의 아들이어든 명하여 이 돌들로 떡 덩이가 되게 하라"(마 4:3)였다. 40일간 금식으로 주리신 예수님의 절박함을 시험하는 것이었다. 이것이 왕과 무슨 관련이 있을까?

예수님을 따라다니는 수많은 인파는 항상 배가 고팠다. 어느 날, 예수님의 가르침을 받던 무리가 온종일 굶었다는 것을 알게 된 예수님은 제자들에게 먹을 것을 주라고 하셨다. 제자 중 하나가 사람들 사이에서 얻어 온 것은 보리떡 다섯 개와 물고기 두 마리가 전부였다. 예수님은 그것을 축복하신 후에 사람들에게 나눠주셨다. 남자만 5천 명이 넘는 인원이 배부르게 먹고도 남은 것이 열두 바구니에 찼다. 떡을 먹고 배부르게 된 군중들은 예수님을 임금 삼으려고 했다(요 6:15).

민이식위천(民以食爲天)이라는 말이 있다. "백성은 먹을 것을 하늘로 삼는다"라는 뜻으로 백성에게 중요한 것은 먹고사는 일이란 뜻이다. 임금이란 무릇 백성에게 먹을 것을 제대로 공급해야 할 의무가 있었다. 마귀가 시험한 그 떡은 배고프신 예수님이 잠시 허기를 달랠 떡이 아니라 돌을 떡으로 만들 수 있는 능력이었고, 그것은 예수님이 왕이란 것을 증명할 기회이기도 했다.

예수님은 배고픈 백성에게 먹을 것을 제공해 줄 수 있는 분이시고 무한한 능력의 왕이시다. 그러나 백성에게 먹을 것과 더불어 더 중요한 것이 있음을 아셨다. 먹을 것이 떨어지면 민란이 일어날 수도 있다. 그렇지만 인간이 먹을 것으로만 사는 것은 아니다. 사람이 사람 되게 하려면 말씀이 있어야 했다. 예수님은 돌을 떡으로 만들어 백성의 배만 채우는 왕이 아니라 하나님의 말씀을 따라야 진짜 하나님의 백성이라는 것을 천명하셨다.

마귀는 두 번째로 예수님을 거룩한 성으로 데려다가 성전 꼭대기에 세우고 하나님의 아들이라면 뛰어내리라고 시험했다. 이스라엘의 역대 왕들은 성전 꼭대기에 서고 싶었다. 그리고 그 위에서 뛰어내리는 것을 좋아했다. 겸손히 왕좌를 지키는 것이 아니라 성전 꼭대기에 서서 성전보다 더 높은 자리를 차지하려고 했으며, 성전에서 뛰어내리는 것과 같은 무모한 일을 벌였다.

사울은 사무엘을 기다리지 않고 자신이 직접 번제를 드렸다. 성전보다, 신앙보다, 제사보다, 제사장보다 자신이 훨씬 우위에 있다는 것을 보여주려는 의도였다. 사울은 성전 꼭대기에 섰으며 그곳에서 뛰어내리는 것과 같은 일을 했다. 그래서 그는 왕의 자리에서 내려와야 했다. 웃시야 왕은 성전에 들어가서 향단에 분향하려다가 이마에 나병이 생겼고 그 자리에서 쫓겨났다. 이 또한 성전 꼭대기에 올라가서 뛰어내리는 것과 같은 일이었다. 그는 성전보다 자신이 더 높다고 생각했다. 자신의 권위를 높이려고 했고 성전을 뛰어넘는 사람임을 보여주려고 했다. 그리고 곧 추락했다.

사탄은 예수님이 왕이라면 높은 곳에 서야 하며 높은 곳에서도 뛰어내릴 수 있어야 한다고 시험했다. 왕은 세상 모든 사람보다 위에 있는 존재이다. 그러나 하나님보다 높지는 않다. 하나님을 시험할 수는 없다. 예수님은 섬김을 받으러 오신 왕이 아니라 섬기기 위해 오신 왕이셨다(막 10:45). 높은 곳에서 뛰어내려 인기를 얻으려는 것은 왕으로서 올바른 모습이 아니었다. 예수님은 "주 너의 하나님을 시험하지 말라"고 하시며 사탄이 도전한 시험에 통과하셨다.

마귀의 세 번째 시험은 지극히 높은 산에서 이루어졌다. 그 산은 매우 높아서 천하만국을 다 굽어볼 수 있었다. 눈에 보이는 온 세상의 찬란한 것들이 발아래 놓여 있었다. 사탄은 자신에게 엎드려 경배하면 그 모든 것을 다 주겠다고 약속했다. 역대 모든 왕이 걸려 넘어진 지점이 바로 그 시험이었다.

사울은 왕이 되었을 때만 해도 겸손했다. 자신이 속한 베냐민 지파가 이스라엘 지파 중에 가장 작고, 자신의 가족은 베냐민 지파 중에서도 가장 미약하다고 고백했다(삼상 9:21). 그러나 그런 겸손은 여러 나라를 연속으로 이기고, 백성의 지지를 받으며, 왕국이 안정되어 가면서 점점 사라졌다. 사울은 자신의 지위가 높아지면 높아질수록 참된 왕의 모습을 잃어버렸다. 천하만국을 아래로 굽어보면서 모든 영광을 누리려다가 하나님의 외면을 받았다.

다윗은 하나님의 마음에 합한 사람이었다. 골리앗을 이길 때 그에게는 결연한 의지와 하나님을 향한 분명한 믿음의 선포가 있었다. 그가 사울을 피해 도망을 다닐 때도 하나님 앞에서 의로움을 잃지 않았고, 왕이 되어서 이스라엘을 다스릴 때도 하나님께 겸손히 여쭈었던 사람이었다. 그러나 그가 천하만국의 모든 영광을 얻고 난 뒤에는 범죄에 빠지고 말았다. 그는 밧세바가 목욕하는 장면을 본 순간부터 밧세바의 남편 우리야를 죽이기까지 단 한 번도 하나님께 기도하거나 묻지 않았다. 자신이 가장 높은 산 위에 올라가 있기 때문이었다.

솔로몬은 이스라엘 역사상 가장 큰 영광을 누리었다. 그의 지혜는 세상에 소문이 났고, 그가 누리는 모든 부귀영화는 세상 어떤 왕과도 견줄 수 없을 정도였다. 그러나 바로 그런 자리에 올랐기 때문에 그는 타락하기 시작했고, 하나님만을 경배하고 하나님만을 섬기는 것과는 정반대의 행동을 했다. 그는 하나님을 버리고 우상에게 절했다. 솔로몬은 세상 모든 나라와 그 영광을 얻어낸 뒤에 온갖 우상 앞에 엎드려 경배하는 일을 벌였다.

남북 왕조를 통틀어서 모든 왕이 이 세 번째 시험에서 떨어졌다. 북이스라엘의 모든 왕은 '여로보암의 길', 즉 금송아지 우상을 섬기는 길로 걸어갔고, 그것은 곧 마귀에게 절을 하는 것과 마찬가지였다. 남유다 왕조의 왕들 역시 가장 높아졌을 때 교만해지면서 여러 우상에게 절하기 시작했다. 그리고 무엇보다 자기 자신이라는 우상에게 절했다. 하나님만 경배하고 섬겨야 할 왕이 세상의 영광을 위해 타협해버렸다.

숱한 왕을 넘어뜨렸던 그 시험이 예수님께 주어졌지만 예수님께는 그것이 통하지 않았다. 지극히 높은 산 위에서 천하만국의 영광을 보여주며 나에게 절을 하면 그 모든 것을 다 주겠다는 마귀에게 "사탄아 물러가라. 기록되었으되 주 너의 하나님께 경배하고 다만 그를 섬기라 하였느니라"(마 4:10)고 하시며 악마를 쫓아내셨다. 예수님이 진정한 왕임이 선포된 순간이었다.


## 예수님의 나라와 귀신의 나라

안식일에 예수님께서 가버나움 회당에서 가르치신 적이 있었다. 사람들은 예수님의 권위 있는 가르침에 놀랐다. 회당에는 사람이 많이 모여 있었다. 안식일을 지키기 위해 모인 사람들이었다. 그때 누군가가 예수님을 향해서 소리쳤다. 악한 귀신에 들린 사람이었다.

"나사렛 예수님, 왜 우리를 간섭하려 하십니까? 우리를 없애려고 오셨습니까? 나는 당신이 누구인지 압니다. 당신은 하나님께서 보내신 거룩하신 분입니다"(막 1:24).

사람들이 웅성거렸다. 예수님의 말씀이 울려 퍼지던 은혜로운 회당은 갑자기 소란스러운 곳이 되어 버렸다. 사람들은 소리치는 사람과 예수님을 번갈아 보았다. 과연 예수님은 어떻게 하실까? 예수님은 엄숙한 소리로 귀신에게 말했다.

"잠잠하고 그 사람에게서 나오라."

그 소리에 그는 경련을 일으키며 쓰러졌다. 고래고래 고함을 치더니 귀신은 떠나갔다. 이윽고 그 사람은 제정신으로 돌아왔다. 예수님의 권위 있는 가르침에 놀랐던 사람들은 귀신이 떨며 나가는 것을 보면서 더 놀랐다.

사람들은 예수님이 누구인지 몰랐다. 그런데 귀신은 알았다. '하나님께서 보내신 거룩하신 분.' 귀신은 예수님이 누구신지 알았다. 귀신들은 어떻게 알아보았을까? 이 세상은 귀신들이 마음껏 활개 치는 곳이다. 그곳에 왕이신 예수님이 오셨다. 귀신의 나라로서 가장 먼저 알아야 할 대상이 예수님이었다. 상대의 왕을 잡아야 전쟁에서 승리하기 때문이었다. 상대 진영의 수장을 알아야 싸우든, 도망가든, 화친을 요청하든 할 수 있기 때문이었다.

그런 의미로 귀신들은 예수님이 누구인지 분명히 알았다. 예수님은 만왕의 왕이시며 참된 왕이셨다. 예수님이 오셨다는 것은 하나님의 나라가 임했다는 것이며, 그것으로 그들의 나라가 궤멸할 것이라는 사실을 알았다. 그래서 귀신은 예수님이 하나님께서 보내신 거룩한 자임을 알고 떨었던 것이다.

예수님은 귀신을 꾸짖으셨다. 그 입을 다물라고 하셨다. 그것은 예수님의 정체가 들통날까 걱정되기 때문이 아니라 그들의 더러운 입에서 존귀한 이름이 불리는 것을 경계했기 때문이었다. 아무리 '거룩하신 분, 하나님께서 보내신 분'이라는 존경하고 높은 말을 하고 있지만 그 말을 하는 귀신이 더럽기에 더러운 입에 거룩하신 예수님의 이름이 오르내리는 것조차도 허용되지 않았다.

예수님께서 귀신에 들려서 눈이 멀고 말을 못하는 사람을 고치셨을 때(마 12:22) 바리새파 사람들은 예수님을 의심하면서 말했다.

"귀신의 왕 바알세불의 힘을 빌리지 않고서는 귀신을 쫓아내지 못한다. 그러므로 예수는 바알세불의 힘을 입은 것이다"(마 12:24).

바리새인들은 귀신의 나라와 예수님의 나라가 무엇인지 분별하지 못했다. 예수님은 사탄이 사탄을 쫓아낼 수 없으며, 오직 하나님의 영을 힘입어서 귀신을 쫓아내는 것임을 그들에게 말씀하셨다. 예수님께서 하나님의 손을 힘입어 귀신을 쫓아냈기 때문에 그들에게 하나님의 나라가 왔다는 것을 선포하셨다(마 12:28).

예수님께서 제자들에게 주신 권위 중 하나도 귀신을 쫓아내는 것이었다(막 3:15). 하나님 나라와 귀신의 나라가 싸울 때 제자들은 예수님께서 주신 권위를 가지고 귀신들을 쫓아낼 수 있었다. 예수님은 왕이시기에 제자들에게 적군과 싸워 이기는 힘을 주셨고, 그것은 이후 예수님의 제자라면 가질 수 있는 무기였다. 그것은 세상 나라의 모든 악한 적을 물리치고 하나님 나라의 승리를 가져오게 하신 왕의 뜻이었다. 예수님은 승천하시면서 제자들에게 귀신을 쫓아내는 권위를 주셨다.

"믿는 자들에게는 이런 표적이 따르리니 곧 그들이 내 이름으로 귀신을 쫓아내며 새 방언을 말하며 뱀을 집어 올리며 무슨 독을 마실지라도 해를 받지 아니하며 병든 사람에게 손을 얹은즉 나으리라 하시더라. 주 예수께서 말씀을 마치신 후에 하늘로 올려지사 하나님 우편에 앉으시니라. 제자들이 나가 두루 전파할새 주께서 함께 역사하사 그 따르는 표적으로 말씀을 확실히 증언하시니라"(막 16:17-20).

이스라엘 왕들은 왕이 된 뒤에 군사들을 모집하고 군대를 정비했다. 언제든지 적들이 쳐들어올 수 있고 필요하면 적의 나라에 들어가야 하기 때문이었다. 예수님은 출정을 앞둔 군사들을 격려하고 그들에게 무기를 주는 것과 같은 비장함으로 제자들에게 귀신을 쫓아내는 권세와 여러 능력을 주셨다. 귀신의 나라는 끝나고 예수님의 나라가 시작되었다. 예수님은 왕이시다.


## 유대인의 왕이요?

예수님은 대제사장들과 장로들에 의해 잡히시고 밤새 고초를 겪으셨다. 십자가를 지시기 전의 일이었다. 사법적인 결정을 내릴 수 없는 유대인의 의회는 예수님을 로마의 총독인 빌라도에게 보냈다. 조작된 증거들과 증인들이 있었기에 그들을 통해 다양한 고발을 했고 예수님에게 사형을 선고하도록 회유했다.

장로들, 대제사장들, 율법학자들로 구성된 유대인의 공의회는 예수님의 죄명을 신성모독으로 규정했다. 예수님이 하나님의 아들이라고 한 것이 그들에게는 하나님을 모욕한 것이며, 율법은 어긴 것이고, 성전을 더럽힌 것일 뿐 아니라 백성들을 오도한 것으로 보았다. 이는 당연히 사형에 해당한다고 여겼다(눅 22:66-71).

빌라도는 예수님을 처음 만날 때 이렇게 물었다.

"당신이 유대인의 왕이요?"(마 27:11, 막 15:2, 눅 23:3, 요 18:33).

빌라도는 예루살렘 공의회가 가져온 고발에 대해서는 궁금하지 않았다. 하나님에 대한 신앙이나 성전에 대해서는 아무 관심이 없었다. 예수님이 왕인지 아닌지가 그에게는 중요했다.

"당신이 방금 한 말이 맞소."

예수님은 빌라도의 질문에 대해 맞다고 확인해주었다. 빌라도는 예수님께 왜 유대인의 왕인지 물었을까? 예수님이 왕이라면 이런 대우를 받아서는 안 되며, 예수님이 왕이라면 총독으로서 어떤 예우를 갖추어야 할지 결정해야 하기 때문이었다. 예수님의 대답을 듣자마자 빌라도는 예수님의 말씀이 맞다는 것을 알았다. 그는 무리에게 이렇게 말했다.

"이 사람에게는 아무 죄가 없다"(눅 23:4).

빌라도는 결론을 내렸다. 그런데도 공의회는 빌라도에게 압력을 넣었기에 그는 이 골칫거리를 갈릴리의 분봉왕인 헤롯에게로 전가했다. 빌라도는 헤롯에게 예수님을 보냈다. 헤롯은 예수님의 소문을 들어서 잘 알고 있었다. 그는 예수님을 만나고 싶어 했다. 기적을 보고 싶었고 신기한 구경을 하고 싶었다. 그러나 예수님은 헤롯 앞에서 기적은 물론이고 단 한마디의 말씀도 하지 않으셨다(눅 23:9).

헤롯은 가짜 왕이었다. 할아버지 때부터 수완을 발휘해서 강한 나라에 뇌물을 주고 권력을 얻었고, 마침내 유대를 다스리는 왕의 자리에 까지 올랐으나 '분봉왕'에 불과했다. 유대 지역을 몇 구역으로 나누어서 그중에 일부(갈릴리)를 다스리는 것이 전부였고, 그나마 실질적인 권한은 로마 총독에게 있었다.

진짜 왕이신 예수님이 가짜 왕인 헤롯을 상대할 필요가 없었다. 아무리 헤롯이 조롱하고 모욕해도 그 처지가 바뀌는 것이 아니었다. 예수님 앞에서 그는 있으나 마나 한 존재였다. 예수님은 빌라도에게 다시 보내졌다.

빌라도는 예수님이 죄가 없다는 사실, 그리고 진정한 왕이란 사실을 알고 놓아주려고 애썼다. 당대 가장 유명한 살인자인 바라바를 죽이고 예수님은 놓아주려고 했다. 빌라도의 손으로 왕을 죽일 수는 없는 노릇이었다. 그러나 공의회의 사주를 받은 유대인들은 바라바를 놓아주고 예수님을 십자가에 못 박으라고 소리 질렀다. 빌라도는 진실을 알고 있었지만 민란이 두려워서 예수님을 내주고 말았다. 빌라도는 왕을 죽이는 데 동조했다.

〈요한복음〉에서는 빌라도가 예수님께 "당신이 왕인가?"라고 묻는 장면이 보다 자세하게 기록되어 있다. 대제사장인 가야바의 집에는 로마 군인과 성전을 지키는 유대 경비병들이 삼엄한 경비를 서고 있었다. 예수님은 대제사장에게 심문받았다. 대제사장이 물었다.

"너는 너의 제자들과 함께 유대 땅과 예루살렘을 온통 어지럽히고 있다. 성전에서 장사하는 사람들의 상을 엎어버린 것은 성전 법을 어긴 일이었다. 네가 무슨 말로 군중을 선동했는지 말하라."

"나는 숨어 다니지 않았다. 유대인이 모이는 회당과 성전에서 가르쳤기에 나의 가르침을 들은 모든 사람이 알고 있다. 그들에게 직접 물어보라."

예수님의 대답은 단호했다. 그때 예수님 옆에 있던 성전 경비병 중의 하나가 손바닥으로 예수님의 뺨을 때렸다.

"무엄하다. 감히 대제사장님께 그따위로 대답을 하느냐?"

묶여 있던 예수님은 아픈 뺨을 만지지조차 못했다. 예수님은 경비병에게 말씀하셨다.

"너희들은 내가 잘못한 것이 있다면 그것을 증언하면 된다. 그러나 너희는 무력을 사용하면서 나를 치는구나"(요 18:23).

편을 들어주거나 호의를 베푸는 사람 하나 없는 그곳에서 예수님은 온갖 비난과 폭력을 견뎌야 했다. 밤새 고문당한 다음 날 예수님은 로마 총독 빌라도의 관저로 가게 되었다. 예수님을 처음 만난 빌라도가 물었다.

"당신이 유대인의 왕이요?"(요 18:33).

예수님은 빌라도의 질문에 반문하셨다.

"당신이 방금 물은 그 말은 당신의 생각이오? 아니면 사람들이 하는 말을 듣고 묻는 것이오?"

"나는 유대인이 아니오. 당신은 당신의 나라 대제사장들에게 고발당해 나에게까지 왔소. 도대체 그들이 당신을 나에게 넘길 정도로 무슨 잘못을 저질렀소?"

빌라도는 예수님과 대제사장 사이에 일어난 일을 유대 민족 내부의 문제라고 생각했다. 예수님이 유대인의 왕이라면 스스로 그 문제를 해결하라는 의미였다. 예수님이 대답하셨다.

"예수께서 대답하시되 내 나라는 이 세상에 속한 것이 아니니라. 만일 내 나라가 이 세상에 속한 것이었더라면 내 종들이 싸워 나로 유대인들에게 넘겨지지 않게 하였으리라. 이제 내 나라는 여기에 속한 것이 아니니라"(요 18:36).

예수님은 "유대인의 왕이냐?"라는 빌라도의 질문이 잘못되었다고 하셨다. 예수님이 유대인이니, 같은 유대 민족끼리 알아서 해결할 문제가 아니었다. 누가 세상을 다스리는가, 하는 문제였다. 예수님은 유대인의 왕이지만 유대 나라에만 속한 왕이 아니었다. 예수님은 만왕의 왕이며 온 세상의 왕이셨다.

빌라도는 예수님의 말씀이 의미하는 바를 금방 알아들었다. 그는 질문을 바꾸어서 이렇게 물어보았다.

"그러면 당신은 왕이요?"(요 18:37).

개역개정판에서는 "네가 왕이 아니냐?"라고 부정적으로 질문을 하고 있지만 다른 역본에서는 '네가 왕인가?'라는 놀라움과 긍정적인 질문으로 보고 있다. 빌라도는 "당신이 온 세상의 왕인가?"라는 의미의 질문이었다. 예수님이 대답하셨다.

"네 말과 같이 내가 왕이니라."

"빌라도가 이르되 그러면 네가 왕이 아니냐. 예수께서 대답하시되 네 말과 같이 내가 왕이니라. 내가 이를 위하여 태어났으며 이를 위하여 세상에 왔나니 곧 진리에 대하여 증언하려 함이로라. 무릇 진리에 속한 자는 내 음성을 듣느니라 하신대"(요 18:37).

예수님은 왕이시다. 왕이 되기 위해 태어났고, 왕으로서 세상을 다스리고 계시며, 진리에 대해서도 증언하셨다. 그러나 빌라도는 예수님의 이런 선언을 이해할 만큼 뛰어난 사람은 아니었다. 그는 "진리가 무엇이냐?"라고 자조적으로 묻고는 유대인들과 합의하기 위해서 가장 흉악한 강도 바라바를 내왔다. 예수님 대신에 바라바를 죽일 참이었다.

그러나 빌라도가 바로 눈앞에 있는 진리이자 진정한 왕이신 예수님을 알아보지도 못하는데 그의 의도대로 될 리가 없었다. 성난 군중은 빌라도의 기대와는 달리 바라바를 풀어주고 예수님을 죽이라고 소리질렀다. 요구를 들어주지 않으면 폭동이라도 일으킬 기세였다.

빌라도는 예수님을 십자가에 내주면서 명패에 '나사렛 예수 유대인의 왕'이라고 썼다. 그는 예수님에 대해서 이 정도의 이해밖에 할 수 없었다. 유대 사람들과 대제사장들이 '자칭 유대인의 왕'이라고 쓰길 종용했지만 빌라도가 마지막까지 고집을 피운 것은 '유대인의 왕'이었다.

예수님은 무지한 유대 백성들과 간악한 대제사장과 장로들, 잔혹한 로마 군인들과 왕을 알아볼 줄 모르는 로마의 총독 빌라도에 의해서 십자가에 못 박혀 죽으셨다.

## 왕의 승리, 부활

예수님의 적은 유대 백성이나 공의회에 속한 유대 지도자들 또는 빌라도나 헤롯이 아니었다. 그들은 어리석고 악했지만 예수님과 상대

할 만한 적이 아니었다. 예수님의 진짜 적은 따로 있었다. 그것은 죽음
이었다.

"사망이 한 사람으로 말미암았으니 죽은 자의 부활도 한 사람으로
말미암는도다. 아담 안에서 모든 사람이 죽은 것같이 그리스도 안
에서 모든 사람이 삶을 얻으리라. 그러나 각각 자기 차례대로 되리
니 먼저는 첫 열매인 그리스도요 다음에는 그가 강림하실 때에 그
리스도에게 속한 자요 그 후에는 마지막이니 그가 모든 통치와 모
든 권세와 능력을 멸하시고 나라를 아버지 하나님께 바칠 때라. 그
가 모든 원수를 그 발아래에 둘 때까지 반드시 왕 노릇 하시리니 맨
나중에 멸망받을 원수는 사망이니라"(고전 15:21-26).

아담에서 시작된 모든 인류는 다 죽음에 이르렀다. 세상의 모든 권
한과 힘을 가진 왕들도 죽음을 막지 못했다. 어떤 권세보다 세고 어떤
왕들보다 강한 적은 바로 죽음이다. 아무리 건강하고 최고 전성기를 갖
춘 왕이어도 죽음이 오면 그는 끝이 난다.

그런데 예수님께서 죽음을 깨뜨리고 부활하심으로 세상에서 가장
강한 원수였던 '죽음'을 이기셨다. 인류 역사상 첫 번째로 죽음을 이긴
예수님은 부활의 첫 열매가 되셨고, 그 이후 예수님께 속한 모든 사람
은 부활에 참여하게 되었다.

예수님께서 모든 통치와 권위와 권력을 다 멸하시고, 이전의 세상
과 지금의 세상과 앞으로 올 세상을 하나님께 바치셨다. 모든 원수가
예수님의 발아래 복종하게 되었다. 특히 '죽음'은 예수님의 통치 앞에

서 완전히 굴복하게 되었으며 예수님이 왕이란 사실이 선포되었다.

"사망아 너의 승리가 어디 있느냐. 사망아 네가 쏘는 것이 어디 있느냐. 사망이 쏘는 것은 죄요 죄의 권능은 율법이라. 우리 주 예수 그리스도로 말미암아 우리에게 승리를 주시는 하나님께 감사하노니 그러므로 내 사랑하는 형제들아 견실하며 흔들리지 말고 항상 주의 일에 더욱 힘쓰는 자들이 되라. 이는 너희 수고가 주 안에서 헛되지 않은 줄 앎이라"(고전 15:55-58).

세상의 그 어떤 왕들도, 세상의 그 어떤 권능도 사망 앞에서는 다 쓰러져갔다. 왕이 왕의 자리에서 내려올 때는 언제나 죽음이었다. 누구도 사망을 이길 수 없었다. 죽음은 모든 통치 중에서 가장 으뜸이 되어서 왕 노릇을 하였다. 그러나 예수님께서 사망을 깨뜨리고 부활하셨다. 죽음을 이기고 부활하셨다. 부활하신 예수님, 그분이 우리의 왕이시다.

어린 시절, 어머니의 무릎 위에 앉아서 들었던 다윗 왕과 엘리야의 이야기는 무한한 상상력을 자극했다. 호메로스가 쓴 전설적인 장군 아킬레우스의 원한과 복수의 이야기인 「일리아스」라든가, 중세 독일의 기사도를 노래하는 「니벨룽겐의 노래」라든가, 진시황시대에 항우와 유방이 천하를 놓고 대결하는 「초한지」도 모두 대단한 영웅 서사시다. 그러나 성경에 등장하는 왕들의 이야기는 우리에게 더욱 가깝고 보다 더 큰 교훈을 준다. 그리고 더 재미있다. 이 땅에 발 딛고 살았던 왕들의 살아 있는 이야기이기 때문이다.

성경을 읽는 방법은 다양하다. 통독을 할 수 있고, 묵상하거나 암송할 수도 있다. 교훈을 찾기 위해서 읽을 수도 있으며, 문제를 해결하기 위해 절박하게 읽을 수도 있다. 그러나 성경을 이야기로 읽어보면 어떨까? 헷갈리고 이해하기 어려웠던 왕들의 이야기, 이스라엘의 최초의 왕 사울부터 가장 위대한 왕이었던 다윗, 엄청나게 많은 것을 누렸던 솔로몬 왕, 그리고 그 이후 펼쳐지는 남유다와 북이스라엘 두 나라 왕들의 이야기가 펼쳐졌다.

왕들에게는 시작이 있었고, 위기가 있기도 했으며, 갈등을 이겨내기도 하고, 유혹에 무너지기도 했다. 그들은 끝내 몰락하고 쓰러졌다. 그런 이야기들이 오늘 우리에게 다가왔다. 왕들의 영광과 추락의 이야기가 우리 눈앞에 펼쳐졌다. 이보다 더 재미있는 이야기가 세상 어디에 있을까?

이 책에는 왕들의 역사와 이야기가 담겼다. 이 책을 쓰면서 참 행복했다. 왕들의 몰락에 안타까워하기도 했고, 어려움을 이겨낼 때는 힘이 나기도 했다. 그동안 함께 씨름했던 이야기를 세상 속으로 띄워 보내려고 한다. 「삼국지」처럼 흥미진진한 이야기가 여기에 있다. 온갖 추악한 것들로 가득한 인간의 이야기, 그러나 끝내 놓치지 않고 기다리시는 하나님의 이야기가 있다. 따분하고 이해하기 어려운 성경이 아니라 오늘 우리 삶에 파고든 하나님의 사랑 이야기를 따라가보자. 진짜 왕이 누구이며, 우리는 어떤 왕으로 살아야 하는가를 생각해보자. 왕들이 당신에게 다가와 건네주는 이야기에 귀를 기울여보자.

캐나다 캘거리로 이사 온 지 1년이 지났다. 부족한 사람을 담임목사로 인정해주고 따라주신 캘거리 한인장로교회 성도들께 한없는 감사와 사랑의 인사를 올린다. 목회와 집필이라는 두 가지 토끼를 잡기에 힘겨웠지만 옆에서 응원해 준 가족이 있었기에 가능했다. 모든 것이 감사였다. 이 한 권의 책이 성경을 이해하고, 오늘 우리가 살아가는 의미를 찾는 데 조금이라도 도움이 된다면 이보다 더한 기쁨은 없을 것이다.

# | 참고도서 |

강학종, 「이스라엘 왕조실록」(서울: 베드로서원, 2019)

김서택, 「다윗의 영광」(서울: 솔로몬, 2006)

김서택, 「순종하는 자의 형통, 불순종하는 자의 파멸」(서울: 솔로몬, 2006)

김서택, 「이스라엘의 부흥」(서울: 솔로몬, 2006)

김서택, 「이스라엘의 번영과 실패」(서울: 솔로몬, 2006)

김홍전, 「이스라엘 열왕의 역사」(서울: 성약, 2017)

남성덕, 「갓 히스토리」(서울: 브니엘, 2018)

남성덕, 「바이블 히스토리」(서울: 브니엘 2019)

류모세, 「역사 드라마로 읽는 성경 구약편, 신약편」(서울: 두란노, 2013)

박성혁, 「이스라엘 왕정사」(서울: CLC, 2020)

임미영, 「고고학으로 읽는 성경」(서울: 기독교문서선교회, 2016)

조병호, 「성경과 5대제국」(서울: 통독원 2011년)

최진기, 「최진기의 전쟁사」(1-2권)(서울: 이지퍼블리싱, 2019)

편집부 저, 「성경 2.0 쉬운 지도」(서울: CM Creative, 2016)


마틴 길버트, 최명덕 역, 「지도로 보는 이스라엘 역사」(서울: 하늘기획, 1997)

말콤 글래드웰, 선대인 역, 「다윗과 골리앗」(서울: 21세기북스, 2015)

사이몬 젠킨스, 박현덕 역, 「성경과 함께 보는 지도」(서울: 목회자료사, 2004)

존 브라이트, 박문재 역, 「이스라엘 역사」(서울: 크리스찬다이제스트, 1981)
존 맥아더 외 22명, 윤종석 역, 「예수 그리스도, 하늘의 왕」(서울: 디모데, 2020)
진 에드워드, 허령 역, 「세 왕 이야기」(서울: 예수전도단, 2002)
J. 리처드 미들턴, 이용중 역, 「새하늘과 새땅」(서울: 새물결플러스, 2015)

「메튜헨리 주석」(서울: 크리스찬다이제스트, 2015)
「옥스퍼드 주석」(서울: 바이블네트)
「IVP 성경 주석」(서울: IVP, 2015)
「WBC 주석」(서울: 솔로몬, 2014)